KB180607

중국 조선어 방언 텍스트 총서 ②

초산(집안)지역어 텍스트
평안북도 ②

中國國家社會科學基金一般項目(13BYY131)階段性研究成果 (중국 국가사회과학기금 일반프로젝트(13BYY131) 중간 연구 성과)

南京大學"985"項目資助 (남경대학 "985"프로젝트 지원을 받아 수행됨.)

江蘇高校優勢學科建設工程資助 (강소대학교 우세학과 건설 프로젝트 지원을 받아 수행됨.)

초산(집안)지역어 텍스트

평안북도 ②

이금화

역락

‖ '중국 조선어 방언 텍스트 총서' 간행사 ‖

　어릴 적, 평양 출신인 어머니의 말과 경주 출신인 아버지의 말이 많이 다른 것을 느꼈고, 중학교를 타지에서 다니면서 말의 차이가 거리와 비례해서 커지는 것을 느꼈다. 연변에서 대학을 다닐 때에는 말의 차이로 인해 동기들 사이에 웃지 못할 에피소드가 많이 있었다. 이러한 말의 차이는 어간, 어미, 억양에서 주로 느껴졌고 그럴 때마다 호기심과 흥미가 커져갔다. 필자는 바로 이런 호기심과 흥미로 인해 그 후 방언연구의 길을 걷게 되었고 방언으로부터 우리 고유의 문화와 전통의 흔적을 찾는 재미에 푹 빠질 수 있었다.

　필자가 본격적으로 방언조사를 시작한 것은 2001년 경주 방언에 대한 석사논문을 쓸 때로서, 벌써 13년 전의 일이다. 이 기간 동안 한·중 양국의 많은 지역을 돌며 방언조사를 하면서 느꼈던 것은 묵묵히 고향을 지키며 살아오신 어르신들의 따뜻함과 넉넉함이었다. 만약 어르신들의 배려와 가르침이 없었다면 이 일을 계속 하지 못했을 수도 있을 것이며 감칠맛 나는 우리말이 아쉽게 많이 사라졌을 수도 있을 것이다.

　1900년대 전후 조선반도 각지에서 중국 동북 3성으로 이주한 조선족들은, 이주 초기에 자신의 원 방언을 그대로 사용하다가 중화인민공화국 수립 후 정착지 여러 곳에 조선족 학교가 설립되면서 북한의 표준어인 문화어를 기반으로 만들어진 조선어(중국 조선어 표준어)를 배웠다. 이로 인해 이주 시의 조선어 원 방언화자들이 점차 줄어들게 되었다. 더욱이 1970년대 말 경제개방 정책으로 도시화가 진행되면서 조선족 집단

거주지가 급격히 공동화되고 해체되기 시작하였으며 그와 함께 조선족 학교의 폐교가 계속되면서 조선어 방언의 전승과 조선어의 지속적인 발전이 어렵게 되었다. 또한 '공적인 업무는 공용어인 한어(漢語) 사용'이 당연시되어 있는데다가 한어가 서툰 경우 여러 불이익을 당함에 따라 이민 3세대들은 조선어 학습을 포기하는 상황도 나타나고 있다.

그나마 다행인 것은 조선족이 대규모로 모여 사는 전통적인 농촌 지역과 집거 지역에서는 아직까지 조선어의 원형이 다소 유지되고 있다. 1970년대 초반만 해도 전통적인 조선족 집거 지역에서는 대가족이 한 집에서 살며 아이들은 부모와 이웃 사람들의 말을 들으면서 그 지역의 말을 배웠다. 그러므로 그 시기에는 이주 초기에 사용했던 원 방언을 그대로 사용하였으며 동질성을 유지할 수 있었다. 같은 방언을 쓰는 사람들은 공통된 언어구조에 이끌려 공통된 정신과 생각을 가지게 되고 이를 바탕으로 고유한 문화를 창조한다. 그러므로 한 지역의 방언은 이를 사용해온 사람들의 오랜 경험과 지혜를 고스란히 담고 있고 조상으로부터 전승된 사고의 축적물이라는 점에서 그 지역의 고유한 역사가 숨 쉬고 얼이 스며있는 무형문화재로서의 가치를 지닌다. 하지만 조선족 농촌 공동체가 점차 공동화되거나 해체됨으로 인해 오랫동안 전승되어 온 토박이 농촌 방언들이 이미 많이 소멸되게 되었으며 앞으로 10년이 지나면 농촌 지역의 전통적인 고유 어휘와 표현들이 대부분 소멸하게 될 것이다. 이런 상황에서 이 기간에 우리가 최우선적으로 해야 할 것은 그

들 토박이 노년층의 방언들을 최대로 수집하여 보존하는 일이다.

 '중국 조선어 방언 텍스트 총서'는 중국으로 이주해 온 평안도, 함경도, 경상도, 충청도, 전라도 등의 여러 방언 사용 지역 중 대표적인 집거 지역을 12곳 가량 선정하여 간행할 계획이다. 중국으로 이주하여 살고 있는 모든 조선족 거주 지역을 돌며 조사하고 기록할 수 있으면 좋겠지만 불가능한 상황이기에 가능한 한 집거 지역을 우선적으로 조사하고자 한다. 이런 이유로 첫 조사 지역을 평안도 화자가 가장 집중된 심양 지역을 선정했으며 이하도 모두 그 방언의 대표적인 집거 지역을 선정할 계획이다. 본 총서의 각 권은 모두 4단으로 구성할 것이다. 제1단은 방언의 음성에 대한 한글 자모 표기이고, 제2단은 제1단에 제시된 방언의 음성에 대한 국제 음성기호(IPA)와 보충 기호 표기이며, 제3단은 제1단의 음성형에 대한 어간과 어미의 분절 표기이다. 그리고 마지막 제4단은 제3단의 표기 내용에 대한 표준 한국어 대역이다. 이것은 독자들에게 이 텍스트가 가장 좋은 연구 자료가 되고 독자들이 그 내용을 가장 분명하게 이해할 수 있게 하기 위한 것이다. 그 외에도 이해하기 어려운 단어나 언어학적인 설명이 필요한 부분에는 주(註)를 달 것이다.

 그러므로 이 방언 텍스트는 현대 조선어의 보존이라는 역사적 의의 외에, 조사 지역의 어휘는 물론이고 음운과 문법의 특징을 이해할 수 있을 뿐 아니라 담화 연구의 자료로서도 요긴하게 이용할 수 있을 것이다. 또한 자연어로서의 조선어에 대한 사고의 폭을 넓힐 수 있게 해줄 것이다.

필자가 감히 '중국 조선어 방언 텍스트 총서'라는 야심찬 계획을 세울 수 있었던 것은 전적으로 지도교수인 최명옥 선생님의 덕분이다. 선생님께서 동경대학 근무 시에 일본 국립국어연구소를 방문하시어 거기 소장되어 있는 엄청난 양의 방언자료집과 방언 텍스트를 보고 받으신 충격을 말씀해주시던 모습이 아직도 기억에 생생하다. 선생님께서 방언자료의 중요성을 그토록 강조하시지 않으셨다면 필자는 자료 조사 작업을 게을리 하였을 것이기에 지금의 많은 조사 자료를 수집할 수 없었을 것이고 이런 방대한 일을 감히 상상도 못했을 것이다. 최명옥 선생님께 진심으로 감사드린다. 그리고 상업성이 전혀 없음에도 불구하고 역사적이고도 학술적인 가치를 인식하여 이 총서 간행의 제의를 선뜻 받아들여 주신 이대현 사장님께도 진심으로 감사드린다.

2014년 12월 12일
중국 난징에서 이금화 씀

‖ 서 문 ‖

　이 책은 중국 길림성 <집안>시 <양수>조선족자치향 석청촌(吉林省集
安市京水朝鮮族自治鄕 石淸村)에 거주하시다가 현재 <심양>시의 큰 아들
댁으로 와 계시는 원자범(元子範) 할아버지의 평북 <초산> 지역어 구술
발화를 녹취하여 전사한 것이다. 총서 ①『의쥬(심양)지역어 텍스트』의
'서문'에서도 말했듯이 중국 전 지역의 조선어 방언을 일일이 조사하여
기록할 수 있었으면 좋겠지만 어차피 그럴 수 없는 상황이기에, 가능한
한 조선족이 가장 집중적으로 모여 살고 있는 지역을 우선적으로 조사
할 필요가 있다고 생각했다. 이런 이유로 총서 ②는 평안도 사람이 많이
모여 사는 지역인 <집안>(集安)을 선정하게 되었다.

　제보자 말의 바탕이 되는 <초산>은 평안북도 중북부에 위치한 군으
로 북쪽은 압록강을 경계로 중국과 접경하고 있어 반도의 서북쪽 관문
역할을 한다. 영조 때 편찬된『초산읍지』에 의하면 1724년(경종 4) 평안
감사 오명항(吳命恒)의 장청(狀請)으로 초산도호부로 승격하여 이로부터
<초산>이 공식 명칭으로 사용되기 시작하였고 1895년(고종 32) 5월 지
방관제가 개편되면서 평안북도에 속하게 되었다. <초산>면은 <초산>
군의 북부에 있는데 초산천과 충만강의 유역에 형성된 소규모의 평야에
서 논농사가 이루어지며, 그 밖에 제한된 경지에서 주로 조, 수수 등 밭
농사가 이루어진다. 그런 관계로 제보자의 구술발화에도 '수수'에 관한
내용이 꽤 나온다. 그 외 임산자원이 풍부하여 임업이 발달하였으며
<신의주>~<혜산> 간의 1등 도로와 <신안주>~<초산> 간의 2등 도

로가 있어 교통 역시 발달한 편이다.

그리고 제보자가 장기 거주했던 <양수>조선족자치향은 <집안>시 서남쪽에 있는데 조선과 압록강을 사이 두고 있다. 만주사변 후 일본의 식민지가 된 뒤에는 반도로부터 많은 조선인들이 이곳으로 이주해 와서 이곳은 점차 조선인들의 집거구가 되었다. 1985년 5월에 중화인민공화국의 행정 개편으로 <양수>조선족향으로 되었는데 현재 <집안>시의 유일한 소수민족자치향이다. <석청>촌의 원명은 <석청골>이었는데 지금은 <석청>촌으로 바뀌었으며 주민들은 주로 농업과 임업에 종사하고 근래에는 삼 재배를 많이 하고 있다. 제보자가 그곳에서 거주하던 80년대 초반만 하여도 조선족이 140여 가구였는데 지금은 20여 가구만 남아 있고 거의 모두 <양수>향이나 <집안>시로 이사 갔다고 한다.

끝으로 제보자 원자범 할아버지는 1925년 평안북도 초산군 초산면 연풍동(楚山郡楚山面蓮豊洞)에서 태어나 14세 때 부모님을 따라 마을 사람들과 함께 길림성 <집안>시 <양수>조선족자치향의 <석청>골(현 석청촌)로 집단 이주하셨다. 그 후 이웃 마을 <초산> 출신분과 결혼하고 그곳에서 장장 60여 년간 거주하시다가 10여 년 전 역시 평북 화자들이 집거하고 있는 <심양>시의 집선촌으로 이사를 오게 되었다.

이주 초기에는 어려운 삶을 극복하기 위해 5일장인 <초산> 장을 다니시면서 장사를 하기도 하였고 중국의 양식으로 조선의 소금, 사탕 등 생필품을 바꾸어 오기도 하였으며 마땅한 장사거리가 없는 경우에는 그저 구경을 갈 정도로 <초산> 장을 자주 다녔다. 그 후 50년대에 다시 고향으로 돌아가고자 <초산>과 <강계>를 사전 답사했지만 여러 가지 원인으로 중국에 계속 남아 있기로 결정하고 돌아와서 줄곧 <집안>과 <심양> 두 조선족 집거지역에서 생활했다.

그러므로 이 책에 반영된 구술발화에는 제보자의 힘겨운 인생살이, 건강비결, 하루 일과, 후손들에 대한 걱정, 후반생에 대한 계획, 새 할머님과의 교제 등 개인사와 만주사변, 일정, 토지개혁에 대한 회억, 도시화로 인한 후환, 중국의 무한한 잠재력 등에 대한 나름의 독특한 생각, 그리고 결혼, 임신, 출산 등 인생 전반이 담겨 있고, 방과 가구, 가옥 등 거주 생활과 관련된 내용들이 담겨 있어 언어뿐 아니라 생활상까지 그대로 반영되어 있다.

이 책에 수록된 구술발화 자료는 필자가 2009~2014년에 조사한 자료 중 3시간 분량을 뽑은 것이다. 구술발화 자료는 조사 지역 토박이들이 자연스럽게 구술하는 발음과 내용을 그대로 전사하였다. 따라서 이 구술 자료는 <초산> 지역어의 어휘는 물론이고 음운과 문법적인 특징을 이해할 수 있을 뿐 아니라 담화 연구의 자료로서도 요긴하게 이용할 수 있을 것이다. 또한 이후 지속될 평안북도 기타 지역의 구술 자료와 함께 평안북도 방언은 물론 더 나아가 중국의 조선어 방언 전반을 이해하는 데 유용할 것이다.

방언을 조사하고 전사하는 데는 엄청난 시간과 노력이 필요하다. 이런 고되고 험난한 작업을 수행할 수 있도록 늘 채찍질해주신 최명옥 선생님이 없었다면 이 책은 세상에 나오지 못했을 것이다. 박사과정 시작부터 방언을 조사하는 일, 조사된 자료를 한글 자모와 국제음성기호로 전사하는 일, 그리고 독자들이 텍스트 내용을 분명하게 이해할 수 있도록 표준 한국어로 대역하는 일, 그 결과물을 책으로 엮어 내는 일 모두 선생님의 가르침이 없었다면 어느 것 하나 온전히 해내지 못했을 것이다. 선생님은 게으름을 피울 수 없도록 이 제자에게 늘 부지런하다는 칭찬을 해 주셨기에, 솔직히 실망시켜 드릴 것이 두려워 나 스스로를 채찍하고 격려하는 일을 멈출 수 없었다. 선생님께 진심으로 감사의 말씀을 올린다.

그리고 조사 때마다 싫은 기색 없이 더없이 친절하게 대해주시고 바쁜 일상을 모두 뒤로 하신 채 적극적으로 조사에 응해주시고, 2014년 제3차 조사 때는 당시 90세의 고령임에도 불구하고 열대야 속에서도 꼬박 닷새 동안 견지해주신 원자범 할아버지께 깊은 감사를 드린다. 끝으로 이 책의 간행을 흔쾌히 수락하여 주신 이대현 사장님과 까다롭고도 힘든 과정을 거쳐서 훌륭한 책으로 만들어 주신 권분옥 편집장님께 깊은 감사의 말씀을 올린다.

2015년 12월 8일
이금화 씀

‖ 차 례 ‖

1 이 텍스트는 모두 4단으로 구성된다. 제1단은 지역어의 음성을 한글 자모로 표기한 것이며 제2단은 제1단에 제시된 지역어의 음성을 국제음성기호(I.P.A)와 보충 기호로 표기한 것이다. 제3단은 제1단의 음성형에 대한 기저형을 어간과 어미로 분철하여 표기한 것이며 제4단은 제3단의 표기 내용을 표준어로 대역한 것이다. 각주 대괄호 안의 것은 I.P.A가 아닌 한어 병음 자모이다.

2 이 지역어는 8개의 단(單)모음소 /이(i)/, /에(e)/, /애(ε)/, /으(ɯ)/, /어(ʌ)/, /우(u)/, /오(o)/, /아(a)/를 가진다.

3 이 텍스트에 사용되는 국제음성 기호와 그에 대한 한글 자모 음가를 ( ) 속에 표시하면 다음과 같다.
　① 모음 : i(이), e(에), ε(애), ɯ(으), ʌ(어), u(우), o(오), a(아)
　② 자음 : ⓐ 무성음 : p(ㅂ), p'(ㅃ), pʰ(ㅍ), t(ㅌ), t'(ㄸ), tʰ(ㅌ), s(ㅅ), s'(ㅆ), tɕ(ㅈ),
　　　　　　　　　　　 tɕ'(ㅉ), tɕʰ(ㅊ), k(ㄱ), k'(ㄲ), kʰ(ㅋ), h(ㅎ)
　　　　　　ⓑ 유성음 : b('ㅂ/p'의 유성음), d('ㄷ/t'의 유성음), r(초성의 'ㄹ'), l
　　　　　　　　　　 (종성의 'ㄹ'), dz('ㅈ/tɕ'의 유성음), g('ㄱ/k'의 유성음), ɦ('ㅎ/h'의
　　　　　　　　　　 유성음)
　　　　　　ⓒ 비음 : m(ㅁ), n(ㄴ), ŋ(종성의 'ㅇ')
　　　　　　ⓓ 구개음 : ɕ('ㅅ/s'의 구개음), ç('ㅎ/h'의 구개음)
　③ 활음 : j('얘[이+아]'의 '이'), w('왜[오+아]'의 '오')

		양순음		치경음		경구개음		연구개음		성문음	
		무성	유성	무성	유성	무성	유성	무성	유성	무성	유성
파열음	평	ㅂ(p)	b	ㄷ(t)	d			ㄱ(k)	g	ʔ	
	경	ㅃ(p')		ㄸ(t')				ㄲ(k')			
	격	ㅍ(pʰ)		ㅌ(tʰ)				ㅋ(kʰ)			
마찰음	평			ㅅ(s)		(š)ɕç		(x)	(ɣ)	ㅎ(h)	(ɦ)
	경			ㅆ(s')		ɕ'		(χ ʍ)			
파찰음	평					ㅈ(tɕ)	dz				
	경					ㅉ(tɕ')					
	격					ㅊ(tɕʰ)					
비음			ㅁ(m)		ㄴ(n)				ŋ		
유음	탄설음				ㄹ(r)						
	설측음				ㄹ(l)						
활음							j		w		
š(=ʃ), ǰ(=ʧ), ǰ(=dʒ), č'(=ʧ'), čʰ(=ʧʰ)											

4 이 텍스트의 제1단 괄호안의 음성은 듣는 그대로 반영한 실제 음성형인 바 예를 들면 '허(하)고'인 경우 이 지역어의 기본형은 '허고'이지만 여기에서는 '하고'의 음성형으로 나타남을 뜻한다.

5 기호나 약호는 다음과 같다. 제＝제보자, 조＝조사자

제보자 **원자범**元子範

인적사항	1925년 2월 8일생, 남, 2014년 녹음 당시 90세, 소띠, 초등 6년, 농업
출 생 지	평안북도 초산군* 초산면 연풍동(楚山郡楚山面蓮豊洞)
선대거주지	평안북도 초산군 초산면 연풍동(楚山郡楚山面蓮豊洞)
제보자가 중국으로 이주한 시기 및 장기거주지	1938년(제보자 이주 시 나이 14살) 중국 길림성 집안시 양수조선족자치향 석청촌 (中國 吉林省集安市凉水朝鮮族自治鄕石淸村)
조 사 지	중국 요녕성 심양시 동릉구 혼하역향 전선촌 (中國 遼寧省瀋陽市東陵區渾河站鄕前鮮村)
조 사 일	제1차 2009년 1월 18~22일　　제2차 2014년 3월 20~25일 제3차 2014년 7월 26~31일　　제4차 2015년 10월 15~21일
조사장소	제보자 큰 아드님의 집
내 용	중국으로 이주 전, 후의 일상생활들을 생생하게 증언한 구술내용

* 초산군은 본래 평안북도에 속하여 있다가 1949년 1월 자강도가 신설되면서 자강도에 속하게 되었지만 할아버지께서 이주하신 후에 진행된 행정구역개편으로 여기에서는 여전히 평안북도로 함.

파란만장한 인생사

조 하라버지, 연세가 어떠케 되셛따고요?

harabʌdzi, jʌnsega ʌtʼʌkʰe töɕjʌttʼagojo?

▶ 할아버지, 연세가 어떻게 되셨다고요?

제 이제 구시베 소띠라요.

idze kuɕibe sotʼirajo.

이제 구십에 소띠라요.

▶ 이제 구십에 소띠예요.

조 소띠심니까?

sotʼiɕimnikʼa?

▶ 소띠십니까?

제 예.

je.

예.

▶ 예.

조 그러면 이십사년, 이시보년 생이예요?

kuɾʌmjʌn iɕipsanjʌn, iɕibonjʌn sɛɲijejo?

▶ 그러면 이십사 년, 이십오 년 생이에요?

제 이십, 이시보년 생이요.

iɕip, iɕibonʌn sɛɲijo.

이십, 이십오년 생이요.

▶ 이십, 이십오 년 생이에요.

조 그런데 이러케 절므셨씀니까 ?

kɯɾʌnde iɾʌkʰe tɕʌlmɯɕʌtsʼɯmnikʼa?

▶ 그런데 이렇게 젊으셨습니까?

제 허허, 저 : , 기리케 살디요 머.

hʌɦʌ, tɕʌ, kiɾikʰe saldijo mʌ.

허허, 저 : , 기렇게 살디요 머.

▶ 허허, 저, 그렇게 살지요 뭐.

조 아, 저녀 그러케 안 보임니다.

a, tɕʌnjʌ kɯɾʌkʰe an poimnida.

▶ 아, 전혀 그렇게 안 보입니다.

조 바븐 혼자 해 드심니까?

pabɯn hondʑa hɛ tɯɕimnikʼa?

▶ 밥은 혼자 해 드십니까?

제 예, 혼자 함니다.

je, hondʑa hamnida.

예, 혼자 합니다.

▶ 예, 혼자 합니다.

조 네, 정말 건강해 보임니다.

ne, tɕʌŋmal kʌŋgaɲɦɛ poimnida.

▶ 네, 정말 건강해 보입니다.

제 예.

je.

예.

▶ 예.

조 하라버지, 저 다릉 게 아니고요, 그저 사라오신 과정, 어릴 때 어떠케 사셛

20

꼬, 생활하시던 가운데서 재미난 이야기만 들려주시면 됩니다.

harabʌdzi, tɕʌ taɾɯŋ ge anigojo, kɯdzʌ saɾaoɕin kwadzʌŋ, ʌɾil t'ɛ ʌt'ʌkʰe saɕjʌtk'o, sɛŋɦwalɦaɕidʌn kaundesʌ tɕɛminan ijagiman tɯlljʌdzuɕimjʌn tömnida.

▶ 할아버지, 저 다른 게 아니고요, 그저 살아오신 과정, 어릴 때 어떻게 사셨고, 생활하시던 가운데서 재미난 이야기만 들려주시면 됩니다.

제 아이구, 이잔 머 다 : 니지뿌려 나와서라무니 머.

aigu, idzan mʌ ta : nidzip'uɾjʌ nawasʌɾamuni mʌ.

아이구, 이잔 머 다 : 닛이뿌려 나와서라무니 머.

▶ 아이고, 이제는 뭐 다 잊어버려서 뭐.

조 네.

ne.

▶ 네.

제 허허, 할마리 업씨요.

hʌɦʌ, halmaɾi ʌpɕ'ijo.

허허, 할 말이 없이요.

▶ 허허, 할 말이 없어요.

제 내 그거 요기메 두러오기를, 조서네서 두러오기를.

nɛ kɯgʌ jogime tuɾʌogiɾɯl, tɕosʌnesʌ tuɾʌogiɾɯl.

내 그거 요김에 둘어오기를, 조선에서 둘어오기를.

▶ 내가 그것 여기에 들어오기를, 조선에서 들어오기를.

제 그 일본놈 학꾜에, 학꾜에 눙항너늘 조럽 해서두 그 : 를 몰라요. 지금 다 : 니지뿌리구.

kɯ ilbonnom hakk'joe, hakk'joe nuŋɦaŋnʌnɯl tɕoɾʌp hɛsʌdu kɯ : ɾɯl mollajo. tɕigɯm ta : nidzip'uɾigu.

그 일본놈 학교의, 학교의 눅학넌을 졸업 햇어두 글 : 을 몰라요. 지금

다 : 넋이뿌리구.

▷ 그 일본 사람 학교의, 학교의 육 학년을 졸업했어도 글을 몰라요. 지금 다 잊어버리고.

조 네.

ne.

▷ 네.

제 그때는 그저 일본 그(끄) : 를 보옌는데[1].

kɯt'ɛnɯn kɯdʑʌ ilbon kɯ(k'ɯ) : rɯl pojennɯnde.

그때는 그저 일본 글(끌) : 을 보옛는데.

▷ 그때는 그저 일본어를 배웠는데.

조 네.

ne.

▷ 네.

제 그저 하루 한 시간씩.

kɯdʑʌ haru han ɕiganɕ'ik.

그저 하루 한 시간씩.

▷ 그저 하루에 한 시간씩.

조 네.

ne.

▷ 네.

제 예, 조선말, 조선 그 과모글 하나 니에개지구 이.

je, tɕosʌnmal, tɕosʌn kɯ kwamogɯl hanna niegɛdzigu i.

예, 조선말, 조선 그 과목을 하나 넣에개지구 이.

▷ 예, 조선말, 조선어 그 과목을 하나 넣어서 이.

---

1 이 지역어의 '보이다'는 표준어의 '배우다'와 동일한 뜻임.

제 기리케 공부해구 머 핸끼 때무네 눙항년 조럽해두 머, 해서두 머 안대요.
kirikʰe koŋbuɦɛgu mʌ hɛtkʼi tʼɛmune nuɲɦaŋnʌn tɕoɾʌpʰɛdu mʌ, hɛsʌdu mʌ andɛjo.

기렇게 공부해구 머 햇기 때문에 눅학년 졸업해두 머, 햇어두 머 안 대요.

▶ 그렇게 공부하고 뭐 했기 때문에 육 학년을 졸업해도 뭐, 했어도 뭐 안 돼요.

조 저히한테는 공부 마니 항 거 피료 업꼬요. 재미난 이야기만 하실 쑤 인는 할 머님, 하라버지면 됩니다.
tɕʌɕiɦantʰenɯn koŋbu mani haŋ gʌ pʰiɾjo ʌpkʼojo. tɕɛminan ijagiman haɕil sʼu innɯn halmʌnim, haɾabʌdʑimjʌn tömnida.

▶ 저희한테는 공부 많이 한 것이 필요 없고요. 재미난 이야기만 하실 수 있는 할머님, 할아버지면 됩니다.

조 그러면, 하라버지 형제는 혹씨 멷 뿐 되심니까?
kɯɾʌmjʌn, haɾabʌdʑi çjʌŋdzenɯn hokɕʼi mjʌt pʼun töɕimnikʼa?

▶ 그러면, 할아버지 형제는 혹시 몇 분 되십니까?

제 형 : 데가 ......
çjʌ : ŋdjega

형 : 데가 ......

▶ 형제가 ......

조 네.
ne.

▶ 네.

제 사 : , 사 남(람)매, 오 남매라요 실띠는 오 남맨데.
sa : , sa nam(ɾam)mɛ, o nammɛɾajo ɕiltʼinɯn o nammɛnde.

사 : , 사 남(람)매, 오 남매라요 실디는 오 남맨데.

▷ 사, 사 남매, 오 남매라고요 실제는 오 남매인데.

조 네.
　ne.
▷ 네.

제 북쪼서네 인는 우리 큰 뉘ː이가 그 디주, 좀 잘 사는데 가ː 사랃딴 마리.
　pukʨ'osʌne innɯn uri kʰɯn nü ː iga kɯ tidzu, ʨom ʨal sanɯnde ka ː
　saratt'an maɾi.
　북조선에 잇는 우리 큰 뉘ː이가 그 디주, 좀 잘 사는데 가ː 살앗단
　말이.
▷ 조선에 있는 우리 큰 누나가 그 지주, 좀 잘 사는데 가서 살았단
　말이.

제 그래개지구 이 중(주)구게 와서라무니 그 모주석[2] 그 시대에 그.
　kɯɾɛgɛdzigu i ʨuŋ(ʨu)guge wasʌɾamuni kɯ modzusʌk kɯ ɕidɛe kɯ.
　그래개지구 이 중(주)국에 와서라무니 그 모주석 그 시대에 그.
▷ 그래서 이 중국에 와서 그 모주석 그 시대에 그.

제 그 성분 까타나 그 성부니 나즌 사람 인는데는 가질 말라구 기래개주구.
　kɯ sʌŋbun k'atʰana kɯ sʌŋbuni nadzɯn saɾam innɯndenɯn kadzil
　mallagu kiɾɛgɛdzugu.
　그 성분 까타나 그 성분이 낮은 사람 잇는데 가질 말라구 기래개
　주구.
▷ 그 성분 때문에 그 성분이 낮은 사람 있는 데는 가지를 말라고 그
　래서.

조 네.
　ne.
▷ 네.

---

2 모주석은 중화인민공화국을 건국한 초대 국가주석 모택동(毛澤東)을 가리킴.

제 우리 큰 뉘 : 이 나이는 쏘겓띠요 머.

uri kʰɯn nü : i nainɯn s'ogett'ijo mʌ.

우리 큰 뉘 : 이 나이는 쏙엣디요 머.

▶ 우리 큰 누나의 나이를 속였지요 뭐.

제 쏘기구 그저 여구 사 남매라구 이섣띠요 머.

s'ogigu kɯdzʌ jʌgu sa nammɛragu isʌtt'ijo mʌ.

쏙이구 그저 여구 사 남매라구 잇엇디요 머.

▶ 속이고 그저 여기 사 남매라 하고 있었지요 뭐.

조 그래서 사 남매 지금 다 어디에 사심니까?

kɯɾɛsʌ sa nammɛ ʨigɯm ta ʌdie saʨimnik'a?

▶ 그래서 사 남매 지금 다 어디에 사십니까?

제 사남매가 내가 이자 마디구.

sanammɛga nɛga idza madigu.

사남매가 내가 이자 맏이구.

▶ 사 남매에서 내가 이제 맏이고.

조 네.

ne.

▶ 네.

제 예, 두채(째)는 더 연변 조양촤(朝陽川)³네 지궈닌데.

je, tutʨʰe(ʨ'ɛ)nɯn tʌ jʌnbjʌn ʨojaŋʨʰwane ʨigwʌninde.

예, 두채(째)는 더 연변 조양촨(朝陽川)의 직원인데.

▶ 예, 둘째는 저 연변 조양천의 직원인데.

제 게 : 서 그때 수지(書記)⁴ 노릏 핸는디.

ke : sʌ kɯt'ɛ sudzi noɾɯt hɛnnɯndi.

---

3 조양촨(朝陽川[chaoyangchuan])은 연변 지역의 지명으로 조양천을 말함.
4 수지(書記[shuji])는 '서기'를 뜻하는 중국어.

게 : 서 그때 수지(書記) 노릇 했는디.

▶ 거기에서 그때 서기를 했는데.

제 머 처잔(車站)⁵, 처자네서 수지 노릇 핸따구 글 : 대요.

mʌ tɕʰʌdzan, tɕʰʌdzanesʌ sudzi noɾɯt hɛtt'agu kɯ : ldɛjo.

머 처잔(車站), 처잔에서 수지 노릇 했다구 글 : 대요.

▶ 뭐 기차역, 기차역에서 서기를 했다고 그러대요.

제 그 : 구 지금 투이슈(退休)⁶ 다 : 해시요. 팔십 다 : 너머시느꺼니 다 : 투
이슈 다 : 해서.

kɯ : gu tɕigɯm tʰuiɕju ta : hɛɕijo. pʰalɕip ta : nʌmʌɕinɯk'ʌni ta : tʰui
ɕju ta : hɛsʌ.

그 : 구 지금 투이슈(退休) 다 : 햇이요. 팔십 다 : 넘엇이느꺼니 다 :
투이슈 다 : 햇어.

▶ 그리고 지금은 퇴직을 다 했어요. 팔십이 다 넘었으니 다 퇴직을
했어.

제 그 사람 그러쿠, 우리 세채(째)레 여동생인데.

kɯ saɾam kɯɾʌkʰu, uɾi setɕʰɛ(tɕ'ɛ)ɾe jʌdoŋsɛɲinde.

그 사람 그렇구, 우리 세채(째)레 여동생인데.

▶ 그 사람 그렇고, 우리 셋째는 여동생인데.

조 네.

ne.

▶ 네.

제 지반(集安)헌⁷ 이시요.

tɕibanfiʌn iɕijo.

집안(集安)헌 잇이요.

---

⁵ 처잔(車站[chezhan])은 '기차역'을 뜻하는 중국어.
⁶ 투이슈(退休[tuixiu])는 '퇴직'을 뜻하는 중국어.
⁷ 집안(集安[ji'an])은 중국 길림성 통화시 소속의 지명으로 집안시를 말함.

▷ 집안현에 있어요.

제 지반현, 우리 매부가 그 공안구게 읻따가서라무니 그 혀네 미수(秘書)[8]루 읻따가.

tɕibanɦʌn, uɾi mɛbuga kɯ koŋanguge itt'agasʌɾamuni kɯ çjʌne misuɾu itt'aga.

집안현, 우리 매부가 그 공안국에 잇다가서라무니 그 현의 미수(秘書)루 잇다가.

▷ 집안현, 우리 매부가 그 경찰서에 있다가 그 현의 비서로 있다가.

조 네.

ne.

▷ 네.

제 세상 떠시요. 그래 우리 여동생만 읻꾸.

sesaŋ t'ʌɕijo. kɯɾe uɾi jʌdoŋsɛŋman itk'u.

세상 떳이요. 그래 우리 여동생만 잇구.

▷ 세상 떴어요. 그래서 우리 여동생만 있고.

제 세채는 이 중(주)구게 읻따가.

setɕʰɛnɯn i tɕuŋ(tɕu)guge itt'aga.

세채는 이 중(주)국에 잇다가.

▷ 셋째는 이 중(주)국에 있다가.

제 어, 자강도에 가서라무니 그 디뵤주(低標準)[9]네 나가개지구.

ʌ, tɕagaŋdoe kasʌɾamuni kɯ tibjodʑune nagagɛdzigu.

어, 자강도에 가서라무니 그 디뵤준(低標準)에 나가개지구.

▷ 어, 자강도에 가서 그 삼년 재해 때 나가서.

제 나가개지구 자강도에 나가서 읻따가.

---

8 미수(秘書[mishu])는 '비서'를 뜻하는 중국어.
9 디뵤준(低標準[dibiaozhun])은 1958년 대약진(大躍進) 후 삼년 재해가 있었을 때를 가리킴.

nagagɛʥigu ʨagaŋdoe nagasʌ itt'aga.

나가개지구 자강도에 나가서 잇다가.

▶ 나가서 자강도에 나가서 있다가.

제 지금두 인는디 엄는디? 지그문[10] 소시글 모르겓쑤다.

ʨigumdu innɯndi? ʌmnɯndi? ʨigumun soɕigɯl moɾɯgets'uda.

지금두 잇는디 없는디? 지금은 소식을 모르겟수다.

▶ 지금도 있는지 없는지? 지금은 소식을 모르겠어요.

제 요 멷해 제네는 두(드)러왇따갇따 핸는데.

jo mjʌthɛ ʨenenɯn tu(tɯ)ɾʌwatt'agatt'a hɛnnɯnde.

요 몇해 젠에는 둘(들)어왓다갓다 햇는데.

▶ 요 몇 년 전에는 들어왔다 갔다 했는데.

조 네.

ne.

▶ 네.

제 그 던 : 물 이시요.[11] 던 : 물, 난핑(暖瓶)[12]에 던 : 물 읻따구요.

kɯ tʌ : nmul iɕijo. tʌ : nmul, nanpʰiŋe tʌ : nmul itt'agujo.

그 던 : 물 잇이요. 던 : 물, 난핑(暖瓶)에 던 : 물 잇다구요.

▶ 그 더운물이 있어요. 더운물, 보온병에 더운물이 있다고요.

조 아, 괜차나요, 저는 괜차나요.

a, kwɛnʨʰanajo, ʨʌnɯn kwɛnʨʰanajo.

▶ 아, 괜찮아요, 저는 괜찮아요.

제 끄레 노 : 응 거야.

k'ɯɾe no : ɯŋ gʌja.

끓에 놓 : 은 거야.

▶ 끓여 놓은 거야.

제 던 : 물 거 : 구 이시요. 난핑에.

tʌ : nmul kʌ : gu iɕijo. nanpʰiŋe.

던 : 물 거 : 구 잇이요. 난핑에.

▶ 더운물이 거기에 있어요. 보온병에.

조 이제 가져가셔도 돼요.

idze kadzjʌgaɕjʌdo twɛjo.

▶ 이제 가져가셔도 돼요.

제 글 : 구 네채(째)는 인제 걷 : 뚜 이제 조양촤(朝陽川)네서라무니.

kɯ : lgu netɕʰɛ(tɕʼɛ)nɯn indze kʌ : ttʼu idze tɕojaŋtɕʰwanesʌramuni.

글 : 구 네채(째)는 인제 것 : 두 이제 조양촨(朝陽川)에서라무니.

▶ 그리고 넷째는 이제 그 동생도 이제 조양천에서.

제 털로구게 처~~~ , '나 안 머거요.'

tʰʌlloguge tɕʰʌ~~~, 'na an mʌgʌjo.'

털로국의 처~~~ , '나 안 먹어요.'

▶ 철도국의 처~~~ , '나는 안 먹어요.'

제 털로구게 처장 노른 하다가 다 : 투이슈허(하)구 지금 다 : 이서요.

tʰʌlloguge tɕʰʌdzaŋ norɯt hadaga ta : tʰuiɕjufiʌ(fia)gu tɕigɯm ta : isʌjo.

털로국의 처장 노릇 하다가 다 : 투이슈허(하)구 지금 다 : 잇어요.

▶ 철도국의 처장을 하다가 다 퇴직하고 지금 다 있어요.

조 아, 그래요? 그래도 다 잘 되션네요.

a, kɯrɛjo? kɯrɛdo ta tɕal tösjʌnnejo.

▶ 아, 그래요? 그래도 다 잘 되셨네요.

제 예, 나 한나 그전 농토네 도라댕기다가 그저 이러케 늘걷쑤다.

je, na hanna kɯdzʌn noŋtʰone toɾadeŋgidaga kɯdzʌ iɾʌkʰe nɯlgʌts'uda.

예, 나 한나 그전 농톤에 돌아댕기다가 그저 이렇게 늙엇수다.

▶ 예, 나 하나 그저 농촌에서 돌아다니다가 그저 이렇게 늙었어요.

조 그래도 하라버지 건강이 아주 조아 보이심니다.

kɯɾedo haɾabʌdzi kʌŋgaɲi adzu tɕoa poiɕimnida.

▶ 그래도 할아버지 건강이 아주 좋아 보이십니다.

제 예, 머 그저 큰 힘든 이른 안 해서요.

je, mʌ kɯdzʌ kʰɯn ɕimdɯn iɾɯn an hɛsʌjo.

예, 머 그저 큰 힘든 일은 안 햇어요.

▶ 예, 뭐 그저 크게 힘든 일은 안 했어요.

제 그저, 농초네두 읻꾸 공당에두 읻꾸.

kɯdzʌ, noŋtɕʰonedu itk'u koŋdaŋedu itk'u.

그저, 농촌에두 잇구 공당에두 잇구.

▶ 그저, 농촌에도 있고 공장에도 있고.

제 디뵤주(低標準)네 내레와개지구 이 혼하푸(渾河堡)[13]래는데 와 이서서.

tibjodzune nɛɾewagedzigu i honɦapʰuɾenɯnde wa isʌsʌ.

디뵤준(低標準)에 내레와개지구 이 혼하푸(渾河堡)래는데 와 잇엇어.

▶ 삼 년 재해 때 내려와서 이 혼하보라는 데에 와 있었어.

조 네.

ne.

▶ 네.

제 농토에 나가서 그 머 양수기두 보구 머, 그저 그러꺼니 이리 크게 업띠
요 머.

noŋtʰoe nagasʌ kɯ mʌ jaŋsugidu pogu mʌ, kɯdzʌ kɯɾʌk'ʌni iɾi kʰɯge

---

13 혼하푸(渾河堡[hunhebao])는 요녕성 심양시 남쪽에 있는 지역으로 혼하보를 가리킴.

ʌpt'ijo mʌ.

농토에 나가서 그 머 양수기두 보구 머, 그저 그러꺼니 일이 크게 없디요 머.

▶ 농촌에 나가서 그 뭐 양수기도 보고 뭐, 그저 그러니까 (힘든) 일이 크게 없지요 뭐.

조 양수기가 뭡니까?

jaŋsugiga mwʌmnik'a?

▶ 양수기가 뭡니까?

제 그 머 던공 사마 그저 그리케.

kɯ mʌ tʌngoŋ sama kɯdzʌ kɯrikʰe.

그 머 던공 삼아 그저 그렇게.

▶ 그 뭐 전기공 삼아 그저 그렇게.

제 그계두 수리허(하)구 그저 기리케, 물 푸능 거.

kɯgjedu suriɦʌ(ɦa)gu kɯdzʌ kirikʰe, mul pʰunɯŋ gʌ.

그계두 수리허(하)구 그저 기렇게, 물 푸는 거.

▶ 기계도 수리하고 그저 그렇게, 물을 푸는 거.

조 아, 양수기가 이렁 거 마림니까?

a, jaŋsugiga irʌŋ gʌ marimnik'a?

▶ 아, 양수기가 이런 거 말입니까?

제 그링 거이 아니구 그계로 물 푸디요 머, 모다루.

kɯriŋ gʌi anigu kɯgjeɾo mul pʰudijo mʌ, modaɾu.

그린 거이 아니구 그계로 물 푸디요 머, 모다루.

▶ 그런 것이 아니고 기계로 물 푸지요 뭐, 전동기로.

조 아, 그러세요? 지바(集安)네 계시는 여동생은 혼자 계시능가요? 아니면 자제부니랑 가치 계시능가요?

a, kɯɾʌsejo? ʨibane kjeɕinɯn jʌdoŋsɛŋɯn hondza kjeɕinɯŋgajo? animj

ʌn tɕadʑebuniraŋ katɕʰi kjeɕinɯŋgajo?
▷ 아, 그러세요? 집안에 계시는 여동생은 혼자 계시는가요? 아니면 자제분이랑 같이 계시는가요?

제 지금 자제분 인는 사라미 업써. 다 : 나가서라무니 사 : 방 댕기니[14].
tɕigɯm tɕadʑebun innɯn sarami ʌps'ʌ. ta : nagasʌramuni sa : baŋ tɕŋgi
ni.
지금 자제분 잇는 사람이 없어. 다 : 나가서라무니 사 : 방 댕기니.
▷ 지금 자제분이 있는 사람이 없어. 다 나가서 사방 다니니.

제 걷 : 뚜 혼자 이시요, 지금.
kʌ : tt'u hondʑa iɕijo, tɕigɯm.
것 : 두 혼자 잇이요, 지금.
▷ 그 동생도 혼자 있어요, 지금.

조 그럼 오빠 겨테 좀 오서서 가치 이쓰면 조켄네요?
kɯrʌm op'a kjʌtʰe tɕom oɕjʌsʌ katɕʰi is'ɯmjʌn tɕokʰennejo?
▷ 그럼 오빠 곁에 좀 오셔서 같이 있으면 좋겠네요?

제 예, 서루 머러서라무니 함께 인나요 머.
je, sʌru mʌrʌsʌramuni hamk'e innajo mʌ.
예, 서루 멀어서라무니 함께 잇나요 머.
▷ 예, 서로 멀어서 함께 (있을 수) 있나요 뭐.

조 그저 전화나 티세요?
kɯdʑʌ tɕʌnɦwana tʰisejo?
▷ 그저 전화나 하세요?

제 예, 전화나 일꾸 그저 그러티요.
je, tɕʌnɦwana itk'u kɯdʑʌ kɯrʌtʰijo.

___
14 '댕기다'는 표준어의 '다니다'를 뜻함.

예, 전화나 잇구 그저 그렇디요.
▶ 예, 전화나 하고 그저 그렇지요.

어려운 이주 초기 생활

조 하라버지 여기 혹씨 멷 쌀 때 오셔써요?

harabʌʥi jʌgi hokɕ'i mjʌt s'al t'ɛ oɕjʌs'ʌjo?

▶ 할아버지 여기 혹시 몇 살 때 오셨어요?

제 여구, 중구게 열네 살 때, 이맘때 일본놈 시대에 건너와서요.

jʌgu, ʨuŋguge jʌlne sal t'ɛ, imamt'ɛ ilbonnom ɕidɛe kʌnnʌwasʌjo.

여구, 중국에 열네 살 때, 이맘때 일본놈 시대에 건너왔어요.

▶ 여기, 중국에 열네 살 때, 이맘때 일본 사람 시대에 건너왔어요.

제 그때 게회근 아바지 딸라서 건너 와개지구.

kɯt'ɛ keɦögɯn abaʥi t'allasʌ kʌnnʌ wagɛʥigu.

그때 계획은 아바지 딸라서 건너 와개지구.

▶ 그때 계획은 아버지를 따라서 건너 와서.

제 그때 머 농사가, 농사라구 좀 하는데 머 농사하야 일본놈새기들.

kɯt'ɛ mʌ noŋsaga, noŋsaragu ʨom hanɯnde mʌ noŋsaɦaja ilbonnomsɛgidɯl.

그때 머 농사가, 농사라구 좀 하는데 머 농사하야 일본놈새기들.

▶ 그때 뭐 농사가, 농사라고 좀 하는데 뭐 농사해야 일본 사람들.

제 전부 끄러가구 머 낭식 아물러 다 : 끄러가디요.

ʨʌnbu k'ɯrʌgagu mʌ naŋɕik amullʌ ta : k'ɯrʌgadijo.

전부 끌어가구 머 낭식 아물러 다 : 끌어가디요.

▶ 전부 끌어가고 뭐 양식마저 다 끌어가지요.

제 그걸, 낭식 버르먼 인제 다 : 끄레가기 때 : 메.

kɯgʌl, naŋɕik pʌrɯmʌn inʥe ta : k'ɯregagi t'ɛ : me.

그걸, 낭식 벌으면 인제 다 : 끝에가기 땜 : 에.
▷ 그것 양식을 하면 이제 다 끌어가기 때문에.

제 종자를, 종자는 안 개간다구요 그놈드리.
tɕoŋdzaɾɯl, tɕoŋdzanɯn an kɛgandagujo kɯnomdɯɾi.
종자를, 종자는 안 개간다구요 그놈들이.
▷ 종자를, 종자는 안 가져간다고요 그 사람들이.

제 종자는 안 개가는데 종자를 좀 마(나)니 내노쿠.
tɕoŋdzanɯn an kɛganɯnde tɕoŋdzaɾɯl tɕom ma(na)ni nɛnokʰu.
종자는 안 개가는데 종자를 좀 많(낳)이 내놓구.
▷ 종자는 안 가져가는데 종자를 좀 많이 내놓고.

제 그대멘 낭시글 좀 감촨따가 머거야 대는데.
kɯdɛmen naŋɕigɯl tɕom kamtɕʰwattʼaga mʌgʌja tɛnɯnde.
그댐엔 낭식을 좀 감촷다가 먹어야 대는데.
▷ 그 다음에 양식을 좀 감췄다가 먹어야 되는데.

제 할 째간 업씨 변소, 그 변소가늘 야카게 짇꼬서는 그 미테다가야.
hal tɕʼɛgan ʌpɕʼi pjʌnso, kɯ pjʌnsoganɯl jakʰage tɕitkʼosʌnɯn kɯ mitʰ
edagaja.
할 재간 없이 변소, 그 변소간을 약하게 짓고서는 그 밑에다가야.
▷ 할 수 없이 변소, 그 변소를 임시 짓고서는 그 밑에다가.

제 구뎅일 파구, 겔 : 땀 무더노쿠 우 : 에는 그저.
kudeŋil pʰagu, ke : tʼam mudʌnokʰu u : enɯn kɯdzʌ.
구뎅일 파구, 겟 : 담 묻어놓구 우 : 에는 그저.
▷ 구덩이를 파고, 거기에다 묻어놓고 위에는 그저.

제 겨우레, 겨울 디내가먼 이럽따 마리.
kjʌuɾe, kjʌul tinegamʌn iɾʌptʼa maɾi.
겨울에, 겨울 디내가면 일없다 말이.

▶ 겨울에, 겨울이 지나가면 괜찮다 말이.

제 기 : 고 고구메 걸그믈 척 갇따 모아노쿠 머.
ki : go kogume kʌlgɯmɯl tɕʰʌk katt'a moanokʰu mʌ.
기 : 고 고굼에 걸금을 척 갖다 모아놓구 머.
▶ 그리고 거기에 거름을 척 가져다 모아놓고 뭐.

제 고구 몯 뛰디레, 그저 기리케 살구.
kogu mot t'üdiɾe, kɯdzʌ kirikʰ salgu.
고구 못 뒤디레, 그저 기렇게 살구.
▶ 거기는 못 뒈져, 그저 그렇게 살고.

제 글 : 다가 그저 해방대개지구 내가 해방, 근데.
kɯ : ldaga kɯdzʌ hɛbaŋdɛgɛdzigu nɛga hɛbaŋ, kɯnde.
글 : 다가 그저 해방대개지구 내가 해방, 근데.
▶ 그러다가 그저 해방돼가지고 내가 해방, 그런데.

제 근데 내가 그때 그 일본놈 그때 그 예이생이라구.
kɯnde nɛga kɯt'ɛ kɯ ilbonnom kɯt'ɛ kɯ jeisɛŋiragu.
근데 내가 그때 그 일본놈 그때 그 예이생이라구.
▶ 그런데 내가 그때 그 일본 사람 시대의 그 예과생이라고.

조 네.
ne.
▶ 네.

제 그 남자들 그 스물한나 대면 군대를 다 : 가야 댄단 말이.
kɯ namdzadɯl kɯ sɯmulɦanna tɛmʌn kundɛɾɯl ta : kaja tɛndan mari.
그 남자들 그 스물한나 대면 군대를 다 : 가야 댄단 말이.
▶ 그 남자들은 그 스물한 살 되면 군대를 다 가야 된다 말이.

제 그때두 이, 그때 그 아매 모를꺼라요.

kɯt'ɛdu i, kɯt'ɛ kɯ amɛ morɯlk'ʌrajo.

그때두 이, 그때 그 아매 모를거라요.

▶ 그때도 이, 그때 그 아마 모를 거예요.

제 그 우리 성하믈, 내 다 : 고테서요.

kɯ uri sʌŋɦamɯl, nɛ ta : kotʰesʌjo.

그 우리 성함을, 내 다 : 고텟어요.

▶ 그 우리 성씨를, 나도 다 고쳤어요.

제 성을 이제 두 자루 이, 머 금성이면 금성, 그 이리케.

sʌŋɯl idze tu ʨaru i, mʌ kɯmsʌŋimʌn kɯmsʌŋ, kɯ irikʰe.

성을 이제 두 자루 이, 머 금성이면 금성, 그 이렇게.

▶ 성씨를 이제 두 자로 이, 뭐 금성이면 금성, 그 이렇게.

제 김씨두 그 이르믈 하나 더, 일보노미 그 성이 두개 아니우?

kimɛ'idu kɯ irɯmɯl hana tʌ, ilbonomi kɯ sʌŋi tugɛ aniu?

김씨두 그 이름을 하나 더, 일본놈이 그 성이 두 개 아니우?

▶ 김씨도 그 성씨를 한 자 더, 일본 사람이 그 성씨가 두 자 아니요?

조 네.

ne.

▶ 네.

제 그러꺼니 금성이머 금성 머, 가 : 네 다 : 머 이 머 이리케 불럳띠요 머.

kɯrʌk'ʌni kɯmsʌŋimʌ kɯmsʌŋ mʌ, ka : ne ta : mʌ i mʌ irikʰe pullʌtt'i jo mʌ.

그러꺼니 금성이머 금성 머, 가 : 네 다 : 머 이 머 이렇게 불럿디요 머.

▶ 그러니까 금성이면 금성 뭐, 그 사람들은 다 뭐 이 뭐 이렇게 불렀지 요 뭐.

조 그럼 하라버지께서는 성씨가 무어시션씀니까?

kɯɾʌm harabʌdzik'esʌnɯn sʌŋɕ'iga muʌɕiɕjʌts'ɯmnik'a?

▶ 그럼 할아버지께서는 성씨가 무엇이셨습니까?

제 나 원씨라요.

na wʌnɕ'irajo.

나 원씨라요.

▶ 나는 원씨예요.

조 원씨 이러케 두 글짜임니까?

wʌnɕ'i iɾʌkʰe tu kɯltɕ'aimnik'a?

▶ 원씨 이렇게 두 글자입니까?

제 원원(元原), 원워누루 고텔따구, 원원.

wʌnwʌn, wʌnwʌnuru kotʰett'agu, wʌnwʌn.

원원(元原), 원원우루 고텟다구, 원원.

▶ 원원, 원원으로 고쳤다고, 원원.

조 아, 원원(元原)요?

a, wʌnwʌnjo.

▶ 아, 원원(元原)요?

제 원, 원짜는 이 이뤄니라구 그 재(字) : 구, 원워늘 허데 두 뤈째.

wʌn, wʌntɕ'anɯn i iɾwʌniragu kɯ tɕɛ : gu, wʌnwʌnɯl hʌde tu ɾwʌntɕ'ɛ.

원, 원자는 이 일원이라구 그 재(字) : 구, 원원을 허데 둘 원재.

▶ 원, 원자는 이 일원이라는 그 자이고, 원원이라고 하는 들 원자.

조 아, 들 원(原)짜예요?

a, tɯl wʌntɕ'ajejo.

▶ 아, 들 원자예요?

제 아이구, 그때 말두 말디요. 머, 저 : 어데 해방돼개지구.

aigu, kɯt'ɛ maldu maldijo mʌ. tɕʌ : ʌde hɛbaŋdwɛgɛʥigu.

아이구, 그때 말두 말디요. 머, 저 : 어데 해방돼개지구.

▶ 아이고, 그때 말도 말아요. 뭐, 저 어디에 해방돼가지고.

제 일본놈 살던 데서라무니, 우리는 가주 드러갈꺼니.

ilbonnom saldʌn tesʌramuni, urinɯn kaʥu tɯrʌgalk'ʌni.

일본놈 살던 데서라무니, 우리는 가주 들어갈꺼니.

▶ 일본 사람이 살던 곳이어서, 우리가 금방 들어가니.

제 그 지원구누루 갇떤 사람드른 다 : 올 때 대 : 가 다 : 주구.

kɯ tɕiwʌngunuru katt'ʌn saramdɯrɯn ta : ol t'ɛ tɛ : ga ta : tɕugu.

그 지원군우루 갓던 사람들은 다 : 올 때 대 : 가 다 : 주구.

▶ 그 지원군으로 갔던 사람들은 다 올 때가 돼서 다 주고.

제 신두 시 : 게 보내구 구두만 : 두, 우리는 초신¹⁵ 그 싱꾸 갇따가.

ɕindu ɕi : ge ponɛgu kuduma : ndu, urinɯn tɕʰoɕin kɯ ɕiŋk'u katt'aga.

신두 시 : 게 보내구 구두만 : 두, 우리는 초신 그 신구 갓다가.

▶ 신도 신겨 보내고 구두도, 우리는 짚신을 그 신고 갔다가.

제 가라헐(할)꺼니 시늘 벧낄꺼니, 시니 읻쏘 머?

karafiʌl(fial)k'ʌni ɕinɯl petk'ilk'ʌni, ɕini its'o mʌ?

가리헐(할)꺼니 신을 벳길꺼니, 신이 잇소 머?

▶ 가라고 하며 신을 벗기니, 신이 있소 뭐?

제 그 군화를 주덩 거인데 군화를 쥔는데.

kɯ kunfiwarɯl tɕudʌŋ gʌinde kunfiwarɯl tɕwʌnnɯnde.

그 군화를 주던 거인데 군화를 줬는데.

▶ 그 군화를 주던 것인데 군화를 줬는데.

제 군활 다 : 벧끼노쿠 가(카)라할 꺼 그래두 돋씁띠다 머.

---

15 이 지역어에서 '초신'은 표준어의 '짚신'을 말함.

kunɦwal ta : petk'inokʰu ka(kʰa)raɦal k'ʌ kɯɾɛdu tots'ɯpt'ida mʌ.

군활 다 : 벳기놓구 가(카)라할 거 그래두 돟습디다 머.

▷ 군화를 다 벗겨 놓고 가라고 하는데 그래도 좋더라고요 뭐.

제 그 아무래 머 발빠다글 찔리구 하두 도(조)테요 머.

kɯ amuɾɛ mʌ palp'adagɯl ʨ'illigu hadu to(ʨo)tʰejo mʌ.

그 아무래 머 발바닥을 찔리구 하두 돟(좋)데요 머.

▷ 그 아무리 뭐 발바닥이 찔리고 해도 좋데요 뭐.

제 머 그때 말허먼 머 몯해요.

mʌ kɯt'ɛ malɦʌmʌn mʌ motʰejo.

머 그때 말허먼 머 못해요.

▷ 뭐 그때 말하면 말도 못해요.

제 요즈메 머 대먼 사람두 아니라요, 원시사회와 가태요.

jodzɯme mʌ tɛmʌn saɾamdu aniɾajo, wʌnɕisaɦöwa katʰejo.

요즘에 머 대먼 사람두 아니라요, 원시사회와 같애요.

▷ 요즘에 뭐 비하면 사람도 아니에요, 원시사회와 같아요.

제 그때 그 지반허네 이슬 때 저 : , 더 통화(通化)[16]꺼지 와개지구.

kɯt'ɛ kɯ ʨibanɦʌne isɯl t'ɛ ʨʌ, tʌ tʰoɲɦwak'ʌdzi wagɛdzigu.

그때 그 집안헌에 잇을 때 저 : , 더 통화(通化)꺼지 와개지구.

▷ 그때 그 집안현에 있을 때 저, 저 통화까지 와가지고.

제 초꺼지 다 : 내주개구 머 쏘런, 그 건너와개지구.

ʨʰok'ʌdzi ta : nɛdzugɛgu mʌ s'oɾʌn, kɯ kʌnnʌwagɛdzigu.

초꺼지 다 : 내주개구 머 쏘런, 그 건너와개지구.

▷ 총까지 다 내줘가지고 뭐 소련, 그 건너와가지고.

제 그거는 쏘런전쟁에 나간다 나간다 허(하)더니.

---

[16] 통화(通化[tonghua])는 길림성 산하에 소속된 도시명인데 길림성의 동남쪽에 위치해 있고 평안도 화자
가 집거해 있는 곳임.

kɯgʌnɯn sˀoɾʌndzʌndzɛŋe naganda naganda hʌ(ha)dʌni.

그거는 쏘런전쟁에 나간다 나간다 허(하)더니.

▶ 그때는 소련전쟁에 나간다 나간다고 하더니.

제 일본놈 그 소늘 드러개지구.

ilbonnom kɯ sonɯl tɯɾʌɡɛdzigu.

일본놈 그 손을 들어개지구.

▶ 일본 사람이 그 손을 들어가지고.

제 저 : 나가라, 지비 가라 헐(할)꺼니 머 참 도테요.

tɕʌ nagaɾa, tɕibi kaɾa hʌl(hal)kˀʌni mʌ tɕʰam totʰejo.

저 : 나가라, 집이 가라 헐(할)꺼니 머 참 돟데요.

▶ 저 나가라, 집에 가라 하니 뭐 참 좋더라고요.

조 아, 그래도 하라버지 기엉녀기 조으심니다.

a, kɯɾedo haɾabʌdzi kiʌŋnjʌgi tɕoɯɕimnida.

▶ 아, 그래도 할아버지 기억력이 좋으십니다.

제 야, 안주꺼진 머 저 : 그리 큰 겨를 안허(하)구 해슬꺼니.

ja, andzukˀʌdzin mʌ tɕʌ : kɯri kʰɯn kjʌɾɯl anɦʌ(ɦa)gu hesɯlkˀʌni.

야, 안주꺼진 머 저 : 그리 큰 결을 안허(하)구 햇을꺼니.

▶ 야, 아직까지는 뭐 저 그렇게 큰 타격을 안 받고 했으니.

조 아 그래도 얼마나 졷씀니까? 잠시만요 하라버지.

a kɯɾedo ʌlmana tɕotsˀɯmnikˀa? tɕamɕimanjo haɾabʌdzi.

▶ 아 그래도 얼마나 좋습니까? 잠시만요 할아버지.

제 그저 두러오능 거 볼꺼니 따른 아니구 낟썬 부니라.

kɯdzʌ tuɾʌonɯŋ gʌ polkˀʌni tˀaɾɯn anigu natsˀʌn puniɾa.

그저 둘어오는 거 볼꺼니 딸은 아니구 낮선 분이라.

▶ 그저 들어오는 것을 보니 딸은 아니고 낮선 분이라.

조 그저 딸처럼 생각해주시면 됩니다.

kɯdzʌ t'altɕʰʌɾʌm sɛŋgakhɛdzuɕimjʌn tömnida.

▶ 그저 딸처럼 생각해주시면 됩니다.

제 긴데 이 : 심양에서 교워늘 하오?

kinde i : ɕimjaŋesʌ kjowʌnɯl hao?

긴데 이 : 심양에서 교원을 하오?

▶ 그런데 이 심양에서 교원을 하오?

조 저 혹씨 남경대하기라고 드러봗씀니까? 남경대하게 읻씀니다. 그래서 비행기 타고 하라버지 뵈러 일부러 옹 거예요. 어제 비행기 타고 왇씀니다.

tɕʌ hokɕ'i namgjʌŋdɛɦagirago tɯɾʌbwats'ɯmnik'a? namgiʌŋdɛhage its'ɯmnida. kɯɾesʌ piɦeŋgi tʰago haɾabʌdzi pörʌ ilbuɾʌ oŋ gʌjejo. ʌdze piɦeŋgi tʰago wats'ɯmnida.

▶ 저 혹시 남경대학이라고 들어봤습니까? 남경대학에 있습니다. 그래서 비행기 타고 할아버지 뵈러 일부러 온 거예요. 어제 비행기 타고 왔습니다.

제 아 : 구, 그리케 먼 : 데서 그걷뚜 머 내보기엔.

a : gu, kɯɾikʰe mʌ : ndesʌ kɯgʌtt'u mʌ nɛbogien.

아 : 구, 그렇게 먼 : 데서 그것두 머 내보기엔.

▶ 아이고, 그렇게 먼 곳에서 그것도 뭐 내보기에는.

제 머슨 큰 이리 업쓴데 이리케 왇꾸만요.

mʌsɯn kʰɯn iri ʌps'ɯnde irikʰe watk'umanjo.

머슨 큰 일이 없은데 이렇게 왓구만요.

▶ 무슨 큰 일이 없는데 이렇게 왔네요.

조 아님니다, 하라버지 마리 저히들 연구에는 아주 중요함니다.

animnida, haɾabʌdzi mari tɕʌçidɯl jʌnguenɯn adzu tɕuŋjoɦamnida.

▶ 아닙니다, 할아버지 말이 저희들 연구에는 아주 중요합니다.

마을 노인협회에 대한 소개

조 오늘 노인협회에서 무슨 활똥에 나리라고 하시네요.

onɯl noinɦjʌphöesʌ musɯn hwalt'oŋe narirago haɕinejo.

▶ 오늘 노인협회에서 무슨 활동의 날이라고 하시네요.

제 만 : 날 춤 춰요, 춤 보예다가서 지금 머.

ma : nnal tɕhum tɕhwʌjo, tɕhum pojedagasʌ tɕigɯm mʌ.

만 : 날 춤 춰요, 춤 보예다가서 지금 머.

▶ 매일 춤을 춰요, 춤 배우다가 지금 뭐.

제 만 : 날 노는데 여자들 모예 놀구 남자드리라구는.

ma : nnal nonɯnde jʌdzadɯl moje nolgu namdzadɯriragunɯn.

만 : 날 노는데 여자들 모예 놀구 남자들이라구는.

▶ 매일 노는데 여자들이 모여 놀고 남자들이라고는.

제 한 눅씹 너믄 사람 읻꾸 칠씹 너믄 사람두 저거요.

han nukɕ'ip nʌmɯn saram itk'u tɕhilɕ'ip nʌmɯn saramdu tɕʌgʌjo.

한 눅십 넘은 사람 잇구 칠십 넘은 사람두 적어요.

▶ 한 육십이 넘은 사람이 있고 칠십이 넘은 사람도 적어요.

조 아, 그러세요. 그럼 보통 팔씹 너므셛씀니까?

a, kɯrʌsejo. kɯrʌm pothoŋ phalɕ'ip nʌmɯɕʌts'ɯmnik'a?

▶ 아, 그러세요. 그럼 보통 팔십이 넘으셨습니까?

제 팔씹 너믄 사람 머 멛 안대요. 그리구 이거 내다메 골형이라요.

phalɕ'ip nʌmɯn saram mʌ met andɛjo. kɯrigu igʌ nɛdame kolɕjʌŋirajo.

팔십 넘은 사람 머 몇 안대요. 그리구 이거 내담에 골형이라요.

▶ 팔십이 넘은 사람은 뭐 몇 안돼요. 그리고 이것 내랑은 고령이에요.

조 네, 고령이심니까?

ne, korjʌŋisimnik'a?

▷ 네, 고령이십니까?

제 여자 늘그니가 이제 나보다 한 해 우이 읻꾸(꼬).

jʌdza nɯlgɯniga idze naboda han hɛ ui itk'u(k'o).

여자 늙은이가 이제 나보다 한 해 우이 잇구(고).

▷ 여자 늙은이가 이제 나보다 한 살 위에 있고.

제 그대멘 전부 내 아래 읻띠요 머.

kɯdɛmen tɕʌnbu nɛ arɛ itt'ijo mʌ.

그댐엔 전부 내 아래 잇디요 머.

▷ 그 다음에는 전부 내 아래에 있지요 뭐.

제 이거 오래 살기, 그 어데 구일팔사변.

igʌ orɛ salgi, kɯ ʌdɛ kuilpʰalsabjʌn.

이거 오래 살기, 그 어데 구일팔사변.

▷ 이것 오래 살기, 그 언제 9·18만주사변.

제 그 일본놈 건너오는 걷뚜 우리 다 : 봐시요.

kɯ ilbonnom kʌnnʌonɯn kʌtt'u uri ta : pwaɕijo.

그 일본놈 건너오는 것두 우리 다 : 봣이요.

▷ 그 일본 사람이 건너오는 것도 우리 다 봤어요.

제 딕쩝 봐시요, 닐굽쌀 날 때.

tiktɕ'ʌp pwaɕijo, nilgups'al nal t'ɛ.

딕접 봣이요, 닐굽살 날 때.

▷ 직접 봤어요, 일곱 살 날 때.

기억속의 만주사변 전후

<u>조</u> 그러셨쓰니까? 천구백삼씹 일련도인데요.
　　kɯɾʌɕjʌtsʼɯmnikʼa? tɕʰʌŋgubɛksamɕʼip illjʌndoindejo.
　<u>▶</u> 그러셨습니까? 천구백삼십일 년도인데요.

<u>제</u> 기리 구일팔, 그 내 닐굽쌀 대디 안칸씨요?
　　kiri kuilpʰal, kɯ nɛ nilgupsʼal tɛdi ankʰatɕʼijo?
　　기리 구일팔, 그 내 닐굽살 대디 않갓이요?
　<u>▶</u> 그래 9·18만주사변, 그 내가 일곱 살이 되지 않겠어요?

<u>제</u> 구일팔사변, 그 암녹깡 건너오능 거 다 : 봐시요.
　　kuilpʰalsabjʌn, kɯ amnokkʼaŋ kʌnnʌonɯŋ gʌ ta ：pwaɕijo.
　　구일팔사변, 그 압녹강 건너오는 거 다 : 봤이요.
　<u>▶</u> 9·18만주사변, 그 압록강을 건너오는 것을 다 봤어요.

<u>조</u> 네.
　　ne.
　<u>▶</u> 네.

<u>제</u> 그 건너오능 거 거 : 이 어제 걷쑤다, 봉 : 거이.
　　kɯ kʌnnʌonɯŋ gʌ kʌ ：i ʌdze kʌtsʼuda, po ：ŋ gʌi.
　　그 건너오는 거 거 : 이 어제 겉수다, 본 : 거이.
　<u>▶</u> 그 건너오던 것이 그것이 어제 같네요, 본 것이.

<u>제</u> 그거시 이거는 북쪼서니라 허(하)먼 저거는 중구기란 마리.
　　kɯgʌɕi igʌnɯn puktɕʼosʌnira hʌ(ha)mʌn tɕʌgʌnɯn tɕuŋgugiran maɕi.
　　그것이 이거는 북조선이라 허(하)먼 저거는 중국이란 말이.
　<u>▶</u> 그것이 여기는 조선이라 하면 저기는 중국이란 말이.

제 우리 살던 데가 딱 초산 건나페니야오, 양수선자(凉水泉子)[17]래구 그러
는데.

uri saldʌn tega t'ak tɕʰosan kʌnnapʰenijao, jaŋsusʌndzarɛgu kɯrʌnɯnde.

우리 살던 데가 딱 초산 건나펜이야오, 양수선자(凉水泉子)래구 그러
는데.

▷ 우리가 살던 곳이 딱 초산 건너편이에요, 양수천자라고 그러는데.

제 암녹깡이 이제 이리케 읻꾸(꼬), 더건 중국 읻꾸(꼬).

amnokk'aŋi idze irikʰe itk'u(k'o), tʌgʌn tɕuŋguk itk'u(k'o).

압녹강이 이제 이렇게 잇구(고), 더건 중국 잇구(고).

▷ 압록강이 이제 이렇게 있고, 저기엔 중국이 있고.

제 이건 북쪼서니라 허(하)게 대먼 일보노미 여구 와개지구.

igʌn puktɕ'osʌnira hʌ(ha)ge tɛmʌn ilbonomi jʌgu wagɛdzigu.

이건 북조선이라 허(하)게 대먼 일본놈이 여구 와개지구.

▷ 여기는 조선이라 하게 되면 일본 사람이 여기 와서.

제 머 그때두 일보노미요 기관총이 이서시요.

mʌ kɯt'ɛdu ilbonomijo kigwantɕʰoŋi isʌɕijo.

머 그때두 일본놈이요 기관총이 잇엇이요.

▷ 뭐 그때도 일본 사람이 기관총이 있었어요.

제 기관총, 대포 다 : 이서시요. 근 : 데 기관총을 멛뻔 쏘더니 그대메는.

kigwantɕʰoŋ, tɛpʰo ta : isʌɕijo. kɯ : nde kigwantɕʰoŋɯl metp'ʌn s'odʌni
kɯdɛmenɯn.

기관총, 대포 다 : 잇엇이요. 근 : 데 기관총을 몇번 쏘더니 그댐에는.

▷ 기관총, 대포 다 있었어요. 그런데 기관총을 몇 번 쏘더니 그 다음
에는.

제 그 중구게는 그 암녹깡 벼누루 전부 포태가 이서시요.

---

17 할아버지께서 중국으로 이주한 후 사시던 곳으로 양수천자(凉水泉子)를 가리킴.

kɯ tɕuŋgugenɯn kɯ amnokk'aŋ pjʌnuru tɕʌnbu pʰotʰɛga isʌɕijo.

그 중국에는 그 압녹강 변우루 전부 포태가 잇엇이요.

▶ 그때 중국에는 그 압록강 변방으로 전부 포대가 있었어요.

제 그 부자들, 부자드리 그 암녹깡 벼네 쭉 : 올라가무서라무니.

kɯ pudʑadɯl, pudʑadɯri kɯ amnokk'aŋ pjʌne tɕ'u : k ollagamusʌramu
ni.

그 부자들, 부자들이 그 압녹강 변에 쭉 : 올라가무서라무니.

▶ 그 부자들, 부자들이 그 압록강 변방에 쭉 올라가면서.

제 포태가 다 : 이선는데, 그 포태가 그 훙보촤(洪宝川)[18]니라구(고).

pʰotʰɛga ta : isʌnnɯnde, kɯ pʰotʰɛga kɯ huŋbotɕʰwaniragu(go).

포태가 다 : 잇엇는데, 그 포태가 그 홍보찬(洪宝川)이라구(고).

▶ 포대가 다 있었는데, 그 포대가 그 홍보천이라고.

제 그 훙씨네 지반, 이제 볼꺼니 훙씨네 지바니라우.

kɯ hoŋɕ'ine tɕiban, idʑe polk'ʌni hoŋɕ'ine tɕibanirau.

그 홍씨네 집안, 이제 볼꺼니 홍씨네 집안이라우.

▶ 그 홍 씨네 집안, 이제 보니 홍 씨네 집안이라오.

제 그낭 포태다가서라무니 대폴 쏠꺼니 이거 구넝이 뚝 뚜러델삐럳따 마리.

kɯnaŋ pʰotʰɛdagasʌramuni tɛpʰol s'olk'ʌni igʌ kunʌŋi t'uk t'uɾʌdetp'iɾʌtt'
a mari.

그낭 포태다가서라무니 대폴 쏠꺼니 이거 구넝이 뚝 뚫어뎃비럳다
말이.

▶ 그냥 포대에다가 대포를 쏘니 이것 구멍이 뚝 뚫어져버렸다 말이.

제 그거 머 다도해(大刀會)[19]가, 그땐 다도해, 다도해 해시요.

kɯgʌ mʌ tadoɦɛga, kɯt'ɛn tadoɦɛ tadoɦɛ, ɦɛɕijo.

---

18 홍보찬(洪宝川)은 인명.
19 다도해(大刀會)는 그 시기 중국 동북의 항일의용군의 일부 조직을 가리킴.

그거 머 다도해(大刀會)가, 그땐 다도해, 다도해 햇이요.

▶ 그것 뭐 항일의용군이, 그때는 항일의용군, 항일의용군 했어요.

제 중(주)구게서 그 창 들구, 그거 군대디. 결구기야 이 중구게 군댄데.

▶ ʨuŋ(ʨu)gugesʌ kɯ ʨʰaŋ tɯlgu, kɯgʌ kundɛdi. kjʌlgugija i ʨuŋguge kundɛnde.

중(주)국에서 그 창 들구, 그거 군대디. 결국이야 이 중국의 군댄데.

▶ 중국에서 그 창을 들고, 그것 군대지, 결국이야 이 중국의 군대인데.

제 중구게요 그거 참 점넝하기 대 : 기 쉬워시요. 그거 가마서 볼꺼니.

ʨuŋgugejo kɯgʌ ʨʰam ʨʌmnʌɸʰagi tɛ : gi süwʌɕijo. kɯgʌ kamasʌ polkʼʌni.

중국에요 그거 참 점넝하기 대 : 기 쉬웠이요. 그거 가마서 볼꺼니.

▶ 중국에요 그것 참 점령하기 되게 쉬웠어요. 그것 가만히 보니.

제 이제 생각헐(할)꺼니, 포태 그 총을 뚫꺼니, 대폴 쾅 : 허(하)면 뚤러내 나갈꺼니.

idʑe sɛŋgakhalkʼʌni, pʰotʰɛ kɯ ʨʰoŋɯl tʼulkʼʌni, tɛpʰol kʰwa : ɲɦʌ(ɦa)mʌn tʼullʌnɛ nagalkʼʌni.

이제 생각헐(할)꺼니, 포태 그 총을 뚫꺼니, 대폴 쾅 : 허(하)면 뚫어 내 나갈꺼니.

▶ 이제 생각하니, 포대를 그 총으로 뚫으니, 대포를 터뜨리면 뚫어내니.

제 이노미, 강아게서 군대드리 그 다도해가 이러케 나와개지구.

inomi, kaŋagesʌ kundɛdɯri kɯ tadoɦɛga iɾʌkʰe nawagɛʥigu.

이놈이, 강악에서 군대들이 그 다도해가 이렇게 나와개지구.

▶ 이놈이, 강악에서 군대들이 그 항일의용군이 이렇게 나와서.

제 말 타구 다라나능 건 다라나구 머 나창 들구서 그리더니 다 : 다라날꺼니.

mal tʰagu tarananɯŋ gʌn taranagu mʌ naʨʰaŋ tɯlgusʌ kɯridʌni ta : taranalkʼʌni.

말 타구 달아나는 건 달아나구 머 나창 들구서 그리더니 다 : 달아날 꺼니.

▶ 말을 타고 달아나는 건 달아나고 뭐 창을 들고서 그러더니 다 달아 나니.

제 그대멘 일본노무 군대드리 암녹깡을 궁기 타구(고) 건너가더니.

kɯdɛmen ilbonnomu kundɛdɯri amnokk'aŋɯl kuŋgi tʰagu(go) kʌnnʌga dʌni.

그댐엔 일본놈우 군대들이 압녹강을 군기 타구(고) 건너가더니.

▶ 그 다음에 일본 사람의 군대들이 압록강을 군기를 타고 건너가더니.

제 그때 건너와개지구 쮸쓰(就是)[20] 동부글 점넝허(하)디 아나쏘?

kɯt'ɛ kʌnnʌwagɛdzigu tɕ'jusɯ toŋbugɯl tɕʌmnʌɲɦʌ(ɦa)di anas'o?

그때 건너와개지구 쮸쓰(就是) 동북을 점넝허(하)디 않앗소?

▶ 그때 건너와가지고 바로 동북을 점령하지 않았소?

제 그러구두, 그러카 허(하)구서라무니 한 칠런, 칠런마네 내 중구게 건너왙 띠요.

kɯrʌgudu, kɯrʌkʰa hʌ(ha)gusʌramuni han tɕʰillʌn, tɕʰillʌnmane nɛ tɕuŋ uge kʌnnʌwatt'ijo.

그러구두, 그렇가 허(하)구서라무니 한 칠년, 칠년만에 내 중국에 건 너왔디요.

▶ 그러고도, 그렇게 하고서는 한 칠 년, 칠 년 만에 내가 중국에 건너왔 지요.

조 네, 그럼 하라버지 고향은 어디시죠? 태어나신 고슨 어디시죠?

ne, kɯrʌm harabʌdzi koɕjaŋɯn ʌdiɕidzjo? tʰɛʌnaɕin kosɯn ʌdiɕidzjo?

▶ 네, 그럼 할아버지 고향은 어디시죠? 태어나신 곳은 어디시죠?

제 북쪼서니디요.

---

20 쮸쓰(就是[jiushi])는 '바로'를 뜻하는 중국어.

pukte'osʌnidijo.

북조선이디요.

▷ 조선이지요.

조 북쪼선 의주쪼기심니까?

pukte'osʌn ɰidzute'ogiɕimnik'a?

▷ 조선 의주 쪽이십니까?

제 이주쪼기 아니구 초사니라요.

idzute'ogi anigu tɕʰosanirajo.

의주쪽이 아니구 초산이라요.

▷ 의주 쪽이 아니고 초산이라요.

조 초사님니까?

tɕʰosanimnik'a?

▷ 초산입니까?

제 예, 초산, 초산, 우연, 강계 그댐 만포 이리티 머.

je, tɕʰosan, tɕʰosan, ujʌn, kaŋgje kɯdɛm manpʰo iritʰi mʌ.

예, 초산, 초산, 우연, 강계 그댐 만포 이렇디 머.

▷ 예, 초산, 초산, 위원, 강계 그 다음에 만포 이렇지 뭐.

조 아, 초사니시네요.

a, tɕʰosaniɕinejo.

▷ 아, 초산이시네요.

제 네, 시느주 대메 이주구, 이주 대메 벽똥이구, 벽똥 대메 초사니란 마리.

ne, ɕinɯdzu tɛme idzugu, idzu tɛme pjʌkt'oŋigu, pjʌkt'oŋ tɛme tɕʰosani ran mari.

네, 신으주 댐에 의주구, 의주 댐에 벽동이구, 벽동 댐에 초산이란 말이.

▷ 네, 신의주 다음에 의주고, 의주 다음에 벽동이고, 벽동 다음에 초산

이란 말이.

조 기엉녀기 참 조으시네요. 다 기억하셨네요.
kiʌŋnjʌgi tɕʰam tɕoɯɕinejo. ta kiʌkʰaɕjʌnnejo.

▷ 기억력이 참 좋으시네요. 다 기억하셨네요.

제 그 그때는 그 일본놈 건너와서 그 디도 다 : 보옐따 마리.
kɯ kɯt'ɛnɯn kɯ ilbonnom kʌnnʌwasʌ kɯ tido ta : pojett'a mari.

그 그때는 그 일본놈 건너와서 그 디도 다 : 보옛다 말이.

▷ 그 그때는 그 일본놈이 건너와서 그 지도를 다 배웠다 말이.

조 네, 저 침대 위에 이러케 올라안껟씀니다.
ne, tɕʌ tɕʰimdɛ üe iɾʌkʰe ollaank'ets'ɯmnida.

▷ 네, 저 침대 위에 이렇게 올라앉겠습니다.

제 아, 이럽써요. 이 볼래 올라오는데, 조선싸라미랑 올라와 안띠 안쏘?
a, iɾʌps'ʌjo. i pollɛ ollaonɯnde, tɕosʌns'aramiraŋ ollawa ant'i ans'o?

아, 일없어요. 이 본래 올라오는데, 조선싸람이랑 올라와 앉디 않소?

▷ 아, 괜찮아요. 이 본래 올라오는데, 조선 사람은 (원래) 올라와 앉지 않소?

조 네, 그때 사형제 다 데리고 왇써요?
ne, kɯt'ɛ saɕjʌŋdʑe ta terigo wats'ʌjo?

▷ 네, 그때 사형제를 다 데리고 왔어요?

제 그때 우리, 내가 올 때는 내가 데일 마디디.
kɯt'ɛ uri, nɛga ol t'ɛnɯn nɛga teil madidi.

그때 우리, 내가 올 때는 내가 데일 맏이디.

▷ 그때 우리, 내가 올 때는 내가 제일 맏이지.

제 우리 큰 뉘 : 야는 시집까구.
uri kʰɯn nü : janɯn ɕidʑipk'agu.

우리 큰 뉘 : 야는 시집가구.

▷ 우리 큰 누나는 시집가고.

제 어, 내가 읻꾸, 우리 동생이 읻꾸(꼬), 여동생 읻꾸(꼬).

ʌ, nɛga itk'u, uɾi toŋsɛɲi itk'u(k'o), jʌdoŋsɛŋ itk'u(k'o).

어, 내가 잇구, 우리 동생이 잇구(고), 여동생 잇구(고).

▷ 어, 내가 있고, 우리 동생이 있고, 여동생이 있고.

제 그대메 남동생 그 세채(째), 네채는 낟띠두 아나시요 그때.

kɯdɛme namdoŋsɛŋ kɯ setɕʰɛ(tɕ'ɛ), netɕʰɛnɯn natt'idu anaɕijo kɯt'ɛ.

그댐에 남동생 그 세채(째), 네채는 낳디두 않앗이요 그때.

▷ 그 다음에 남동생 그 셋째, 넷째는 낳지도 않았어요 그때.

제 기리케 그저 중구게 소발구, 그때는 그 지반헌 그짜그룬요.

kiɾikʰe kɯdʑʌ tɕuŋguge sobalgu, kɯt'ɛnɯn kɯ tɕibanfiʌn kɯtɕ'agɯɾunjo.

기렇게 그저 중국에 소발구, 그때는 그 집안헌 그짝으룬요.

▷ 그렇게 그저 중국에 쇠발구, 그때는 그 집안현 그쪽으로는요.

제 차가 업, 겨우레는 차가 안 댕기요, 차가 업띠요 머.

tɕʰaga ʌp, kjʌuɾenɯn tɕʰaga an teŋgijo, tɕʰaga ʌpt'ijo mʌ.

차가 없, 겨울에는 차가 안 댕기요, 차가 없디요 머.

▷ 차가 없, 겨울에는 차가 안 다녀요, 차가 없지요 뭐.

제 소, 파 : 리(爬犁)²¹, 중궁말로 머 뉴파 : 리(牛爬犁) 아니야?

so, pʰa : ɾi, tɕuŋguŋmallo mʌ njupʰa : ɾi anija?

소, 파 : 리(爬犁), 중국말로 머 뉴파 : 리(牛爬犁) 아니야?

▷ 소, 발구, 중국말로 뭐 쇠발구가 아닌가?

제 소 한나 읻떵 거인데 소어다가.

so hanna itt'ʌŋ gʌinde soʌdaga.

---

21 파 : 리(爬犁[pali])는 '발구'를 뜻하는 중국어.

52

소 한나 잇던 거인데 소어다가.

▷ 소 한 마리가 있었던 것인데 소에다가.

제 그 발구에다가 이샌찌믈 모아 실꾸 온 식꾸가 건너왇띠요 머.

kɯ palguedaga isɛttɕ'imɯl moa ɕilk'u on ɕikk'uga kʌnnʌwatt'ijo mʌ.

그 발구에다가 이샛짐을 모아 싫구 온 식구가 건너왓디요 머.

▷ 그 발구에다가 이삿짐을 모아 신고 모든 식구가 건너왔지요 뭐.

제 건너와서 기리케 살다가 중구게 이거 해방대(돼)개지구.

kʌnnʌwasʌ kiɾikʰe saldaga tɕuŋguge igʌ hɛbaŋdɛ(dwɛ)gɛdzigu.

건너와서 기맇게 살다가 중국에 이거 해방 대(돼)개지구.

▷ 건너와서 그렇게 살다가 중국이 이것 해방이 돼가지고.

6·25전쟁 당시의 삶

제 그 조선전쟁에, 조선전쟁 니러나더구만요.

kɯ tɕosʌndzʌndzɛŋe, tɕosʌndzʌndzɛŋ niɾʌnadʌgumanjo.

그 조선전쟁에, 조선전쟁 닐어나더구만요.

▶ 그 조선전쟁, 조선전쟁이 일어나더라고요.

제 그때 조선전쟁 니러나개지구 내가 그때 절머슬꺼니.

kɯt'ɛ tɕosʌndzʌndzɛŋ niɾʌnagɛdzigu nɛga kɯt'ɛ tɕʌlmʌsɯlk'ʌni.

그때 조선전쟁 닐어나개지구 내가 그때 젊엇을꺼니.

▶ 그때 조선전쟁이 일어나가지고 내가 그때 젊었으니.

제 지간 민병이라구 민병 노릏 핻딴 마리.

tɕigan minbjʌŋiragu minbjʌŋ noɾɯt hɛtt'an mari.

지간 민병이라구 민병 노릇 햇단 말이.

▶ 기간 민병이라고 민병 노릇 했단 말이.

제 그 만 : 날 그저 그 암녹깡 벼네 가서 굴 : 파구 창지.

kɯ ma : nnal kɯdzʌ kɯ amnokk'aŋ pjʌne kasʌ ku : l pʰagu tɕʰaŋdzi.

그 만 : 날 그저 그 압녹강 변에 가서 굴 : 파구 창지.

▶ 그 매일 그저 그 압록강 주위에 가서 굴을 파고 창지.

제 겨우리먼 인제 그 겨우리먼 이거이 강이 전부 어러요.

kjʌuɾimʌn indze kɯ kjʌuɾimʌn igʌi kaŋi tɕʌnbu ʌɾʌjo.

겨울이먼 인제 그 겨울이먼 이거이 강이 전부 얼어요.

▶ 겨울이면 이제 그 겨울이면 이것 강이 전부 얼어요.

제 그 수럭떵이[22]를 말개지구 전부 이 파, 눅꺼튼데.

kɯ suɾʌkt'ʌŋiɾɯl malgɛdzigu tɕʌnbu i pʰa, nukk'ʌtʰɯnde.

그 수럭덩이를 말개지구 전부 이 파, 눅걸은데.

▶ 그 수력발전소를 막아가지고 전부 이 파면 눅눅한데.

제 이제 산띠그베다가서 구뎅일 파구 갣따 방아를 이리케 노쿠.
idze sant'igɯbedagasʌ kudeɲil pʰagu kɛtt'a paɲarɯl irikʰe nokʰu.
이제 산디그베다가서 구뎅일 파구 갯다 방아를 이렇게 놓구.

▶ 이제 산 밑에다가 구덩이를 파고 방아를 가져다 이렇게 놓고.

제 부 : 를, 장재길 지우구 나가서 총두, 총을 메구.
pu : rɯl, tɕaŋdzɛgil tɕiugu nagasʌ tɕʰondu, tɕʰoŋɯl megu.
불 : 을, 장잭일 지우구 나가서 총두, 총을 메구.

▶ 불을, 장작을 피우고 나가서 총도, 총을 메고.

제 장재기 메구 갇따 부를 때쿠선 그때 그저 한 여람 : 씩 한패가.
tɕaŋdzɛgi megu katt'a purɯl t'ɛkʰusʌn kɯt'ɛ kɯdzʌ han jʌra : mɛˀik hanpʰɛga.
장잭이 메구 갖다 불을 땡구선 그때 그저 한 여람 : 씩 한패가.

▶ 장작이를 메고 갖다 불을 때고서는 그때 그저 한 열 명가량 한패가 (되어).

제 이제 한 여람 : 싸(사)람씩 나가서 보초 보는데.
idze han jʌra : m s'a(sa)ramɛˀik nagasʌ potɕʰo ponɯnde.
이제 한 여람 : 싸(사)람씩 나가서 보초 보는데.

▶ 그저 한 열 명가량씩 나가서 보초 보는데.

제 암녹(록)깡 왇따갇따허(하)구, 두리서 그저 왇따갇따 보초 보구.
amnok(rok)k'aŋ watt'agatt'afiʌ(fia)gu, turisʌ kɯdzʌ watt'agatt'a potɕʰo pogu.
압녹(록)강 왓다갓다허(하)구, 둘이서 그저 왓다갓다 보초 보구.

▶ 압록강 왔다 갔다 하고, 둘이서 그저 왔다 갔다 하며 보초를 보고.

_____
22 이 지역어에서 '수럭떵이'는 표준어의 '수력발전소'를 가리킴.

제 그때 지원군 나갈 때 참 : 싸(사)람 수 : 태 주거서요.

kɯt'ɛ tɕiwʌngun nagal t'ɛ tɕʰa : m s'a(sa)ram su : tʰɛ tɕugʌsʌjo.

그때 지원군 나갈 때 참 : 싸(사)람 숱 : 해 죽엇어요.

▶ 그때 지원군으로 나가서 참 사람이 숱해 죽었어요.

제 그 일본, 미국놈 새기들 건너오면서 그.

kɯ ilbon, miguknom sɛgidɯl kʌnnʌomʌnsʌ kɯ.

그 일본, 미국놈 새기들 건너오면서 그.

▶ 그 일본, 미국 사람들이 건너오면서 그.

제 조서니 그 디에 이거 머 더 어데 바다 거튼데 갣따.

tɕosʌni kɯ tie igʌ mʌ tʌ ʌde pada kʌtʰɯnde kɛtt'a.

조선이 그 디에 이거 머 더 어데 바다 겉은데 갯다.

▶ 조선이 그 뒤에 이것 뭐 저 어디에 바다 같은데 가져다.

제 뗀모글 이제 쭉 : 노쿠 그 후태시에 조선인민 군대허(하)구.

t'ɛnmogɯl idze tɕ'u : k nokʰu kɯ hutʰɛɕie tɕosʌninmin kundɛɦʌ(ɦa)gu.

뗏목을 이제 쭉 : 놓구 그 후태시에 조선인민 군대허(하)구.

▶ 뗏목을 이제 쭉 놓고 그 후퇴 시에 조선인민 군대하고.

제 백썽들허(하)구 전부 중구구루 건너오디 아나소?

pɛks'ʌŋdɯlɦʌ(ɦa)gu tɕʌnbu tɕuŋguguru kʌnnʌodi anaso?

백성들허(하)구 전부 중국우루 건너오디 않앗오?

▶ 백성들하고 전부 중국으로 건너오지 않았나요?

제 건너오느데 그냥 저낙때인데 이놈드리 총을 들구와서는.

kʌnnʌonɯde kɯnaŋ tɕʌnakt'ɛinde inomdɯri tɕʰoŋɯl tɯlguwasʌnɯn.

건너오느데 그냥 저낙때인데 이놈들이 총을 들구와서는.

▶ 건너오는데 그냥 저녁때인데 이놈들이 총을 들고 와서는.

제 총우(으)루 그때 머 이리케 가 : 뜩히 피난민들 그 뗀모게 올라서서 건너오
능 걸.

56

ʨʰoŋu(ɯ)ru kɯt'ɛ mʌ irikʰe ka : t'ɯkʨi pʰinanmindɯl kɯ t'enmoge olla sʌsʌ kʌnnʌonɯŋ gʌl.

총우(으)루 그때 머 이렇게 가 : 뜩히 피난민들 그 뗏목에 올라서서 건너오는 걸.

▶ 총으로 그때 뭐 이렇게 가득 피난민들이 그 뗏목에 올라서서 건너오는 것을.

제 총을 쏠꺼니 전부 바다에, 그 어데 바다 거튼 무레 머.

ʨʰoŋɯl s'olk'ʌni ʨʌnbu padae, kɯ ʌde pada kʌtʰɯn muɾe mʌ.

총을 쏠꺼니 전부 바다에, 그 어데 바다 겉은 물에 머.

▶ 총을 쏘니 전부 바다에, 그 어디 바다 같은 물에 뭐.

제 떠러데서람 다 : 죽꾸, 그 비행기루 그 척 우 : 허(하)먼서 오먼.

t'ʌɾʌdesʌram ta : ʨukk'u, kɯ pifiɛŋgiɾu kɯ ʨʰʌk u : hʌ(ha)mʌnsʌ omʌn.

떨어데서람 다 : 죽구, 그 비행기루 그 척 우 : 허(하)먼서 오먼.

▶ 떨어져서 다 죽고, 그 비행기로 그 척 우~ 하면서 오면.

제 그저 이 비가 오두룩 번들번드를 허(하)구.

kɯdʑʌ i piga oduruk pʌndɯlbʌndɯrɯl hʌ(ha)gu.

그저 이 비가 오두룩 번들번들을 허(하)구.

▶ 그저 이 비가 오듯이 번쩍번쩍 하고.

제 그저 허(하)게 대먼 쿵 : 하(허) 머 소리 나디.

kɯdʑʌ hʌ(ha)ge ʨʌmʌn kʰu : ŋ ha(hʌ) mʌ sori nadi.

그저 허(하)게 대먼 쿵 : 하(허) 머 소리 나디.

▶ 그저 떨어지게 되면 쿵 하며 소리가 나지.

제 그저 연기가 쑥 : 올라오문 한 그 초산꼬리 그저 단버네.

kɯdʑʌ jʌngiga s'u : k ollaomun han kɯ ʨʰosank'ori kɯdʑʌ tanbʌne.

그저 연기가 쑥 : 올라오문 한 그 초산골이 그저 단번에.

▶ 그저 연기가 쑥 올라오면 한 그 초산골이 그저 단번에.

제 한 시간두 몯 때서 다 : 부터삐릳띠요 머.

han ɕigandu mot t'ɛsʌ ta : putʰʌp'iritt'ijo mʌ.

한 시간두 못 대서 다 : 붙어삐릿디요 머.

▶ 한 시간도 못 돼서 다 붙어버렸지요 뭐.

제 지원, 거기 조서네 이 지원군 아님, 지원군 아니먼요.

ɕiwʌn, kʌgi tɕosʌne i tɕiwʌngun anim, tɕiwʌngun animʌnjo.

지원, 거기 조선에 이 지원군 아님, 지원군 아니먼요.

▶ 지원, 거기 조선에 이 지원군이 아니면 지원군이 아니면요.

제 머 남조선 다 : 두루왇띠요 머.

mʌ namdʑosʌn ta : turuwatt'ijo mʌ.

머 남조선 다 : 둘우왓디요 머.

▶ 뭐 한국이 다 들어왔지요 뭐.

조 저에 아버지도 지원구느로 갇따 오셛씀니다.

tɕʌe abʌdʑido tɕiwʌngunɯro katt'a oɕʌts'ɯmnida.

▶ 저의 아버지도 지원군으로 갔다 오셨습니다.

제 나는 그때 식꾸레 만타 마리.

nanɯn kɯt'ɛ ɕikk'ure mantʰa mari.

나는 그때 식구레 많다 말이.

▶ 나는 그때 식구가 많다 말이.

제 그 뽀페개지구 더 지반헌 그 가서 신테검사 다 : 허구.

kɯ p'opʰegɛdʑigu tʌ tɕibanɦʌn kɯ kasʌ ɕintʰegʌmsa ta : hʌgu.

그 뽑헤개지구 더 집안헌 그 가서 신테검사 다 : 허구.

▶ 그 뽑혀가지고 저 집안현에 가서 신체검사를 다 하고.

제 그런데 식꾸레 마늘꺼니 나 한나 보내문.

kɯɾʌnde ɕikk'uɾe manɯlk'ʌni na hanna poŋemun.

그런데 식구레 많을꺼니 나 한나 보내문.

▶ 그런데 식구가 많으니 나를 하나 보내면.

제 이 동네서라무니 우리 식꿀 다 : 미기 살리야 댄다 마리.

i toŋnesʌɾamuni uɾi ɕikk'ul ta : migi sallija tɛnda maɾi.

이 동네서라무니 우리 식굴 다 : 믹이 살리야 댄다 말이.

▶ 이 동네에서 우리 식구를 다 먹여 살려야 된다 말이.

제 그러꺼니 몯 까게 핻띠요 머, 그때 가스먼 머 주거두 죽꾸.

kɯɾʌk'ʌni mot k'age hɛtt'ijo mʌ, kɯt'ɛ kasɯmʌn mʌ tɕugʌdu tɕukk'u.

그러꺼니 못 가게 햇디요 머, 그때 갓으먼 머 죽어두 죽구.

▶ 그러니까 못 가게 했지요 뭐, 그때 갔으면 뭐 죽어도 죽고.

제 머 머슨 참 가서라머니 싸 : 미나 허구 나와스먼.

mʌ mʌsɯn tɕʰam kasʌɾamʌni s'a : mina hʌgu nawasɯmʌn.

머 머슨 참 가서라머니 쌈 : 이나 허구 나왓으먼.

▶ 뭐 무슨 참 가서 싸움이나 하고 나왔으면.

제 지금 그래두 머 투이슈비래두 좀 마니 나올텐데.

tɕigɯm kɯɾɛdu mʌ tʰuiɕjubiɾɛdu tɕom mani naoltʰende.

지금 그래두 머 투이슈비래두 좀 많이 나올텐데.

▶ 지금 그래도 뭐 퇴직금이라도 좀 많이 나올 텐데.

조 네, 그러면 지그믄 나오시능 거 업씀니까?

ne, kɯɾʌmjʌn tɕigɯmɯn naoɕinɯŋ gʌ ʌps'ɯmnik'a?

▶ 네, 그러면 지금은 나오시는 거 없습니까?

제 지금 머 그 한 온 처 : 메 삼배예원 주더니.

tɕigɯm mʌ kɯ han on tɕʰʌ : me sambejewʌn tɕudʌni.

지금 머 그 한 온 첨 : 에 삼배예원 주더니.

▶ 지금 뭐 그저 제일 처음에 삼백 여원 주더니.

▣ 차츰차츰 올라가서 지금 걷 : 뚜 한 눅(륙)빼권 대시요.

tɕʰatɕʰɯmtɕʰatɕʰɯm ollagasʌ tɕigɯm kʌ : tt'u han nuk(rjuk)p'ɛgwʌn tɕɕi jo.

차츰차츰 올라가서 지금 것 : 두 한 눅(륙)배권 댓이요.

▷ 차츰차츰 올라가서 지금은 그것도 한 육백 원이 됐어요.

▣ 그래도 지원구느로 가싱 게 너무 고생핻따고 그래요.

kɯrɛdo tɕiwʌngunɯro kaɕiŋ ge nʌmu kosɛɲɕɕɛtt'ago kɯrɛjo.

▷ 그래도 지원군으로 가신 게 너무 고생했다고 그래요.

▣ 백뿐제 팔씨븐 다 : 주거서요.

pɛkp'undʑe pʰalɕ'ibɯn ta : tɕugʌsʌjo.

백분제 팔십은 다 : 죽엇어요.

▷ 백분의 팔십은 다 죽었어요.

▣ 그러니까요.

kɯrʌnik'ajo.

▷ 그러니까요.

▣ 우리 사춘두 건너가서 소시기 업꾸 우리 처남 한나두 건너가서.

uri satɕʰundu kʌnnʌgasʌ soɕigi ʌpk'u uri tɕʰʌnam hannadu kʌnnʌgasʌ.

우리 사춘두 건너가서 소식이 없구 우리 처남 한나두 건너가서.

▷ 우리 사촌도 건너가서 소식이 없고 우리 처남 하나도 건너가서.

▣ 소시기 업써 전부 렬 : 싸 가조구루 대 읻꾸.

soɕigi ʌps'ʌ tɕʌnbu rjʌ : ls'a kadʑoguru tɛ itk'u.

소식이 없어 전부 렬 : 사 가족우루 대 잇구.

▷ 소식이 없어서 전부 열사 가족으로 돼 있고.

▣ 그럼 그거슬 머거도 마으미 편치가 안켄네요?

kɯrʌm kɯgʌsɯl mʌgʌdo mawmi pʰjʌntɕʰiga ankʰennejo?

▷ 그럼 그것을 먹어도 마음이 편치가 않겠네요?

후손들의 현황

제 다 : 기 : 래, 사범학꾜 나가와개지구.

　ta : ki : ɾɛ, sabʌmɦakk'jo nagawagɛdzigu.

　다 : 기 : 래, 사범학교 나가와개지구.

▷ 다 그래, 사범학교를 졸업해가지고.

조 어디 사범학꾜요? 여기 심양사범학꾜요?

　ʌdi sabʌmɦakk'jojo? jʌgi ɕimjaŋsabʌmɦakk'jojo?

▷ 어디 사범학교요? 여기 심양사범학교요?

제 아니, 저 : 어데 료닝(遼寧)[23]대학, 료닝이 아니구 어데 금주(錦州)[24].

　ani, tɕʌ : ʌde rjoniŋdɛɦak, rjoniɲi anigu ʌde kɯmdzu.

　아니, 저 : 어데 료닝(遼寧)대학, 료닝이 아니구 어데 금주(錦州).

▷ 아니, 저 어디 요녕대학, 요녕이 아니고 어디 금주.

조 아, 금주예요.

　a, kɯmdzujejo.

▷ 아, 금주예요.

제 금주대학 나와개지구 여 : 와서 쌍발(上班)[25]좀 허더니.

　kɯmdzudɛɦak nawagɛdzigu jʌ : wasʌ s'aŋbal tɕom hʌdʌni.

　금주대학 나와개지구 여 : 와서 쌍발(上班) 좀 허더니.

▷ 금주대학을 나와서 여기 와서 출근을 좀 하더니.

제 머 쌍발(上班), 머 돈 얼매 안 준다구 항국 가(까)서요.

---

23 료닝(遼寧[liaoning])은 '요녕성'을 뜻하는 중국어.
24 금주(錦州[jinzhou])는 요녕성에 속하는 도시명인데 요녕성의 서남쪽에 위치하고 있음.
25 쌍발(上班[shangban])은 '출근'을 뜻하는 중국어.

mʌ s'aŋbal, mʌ ton ʌlmɛ an tɕundagu haŋguk ka(k'a)sʌjo.

머 쌍발(上班), 머 돈 얼매 안 준다구 한국 갓(깟)어요.

▶ 뭐 출근, 뭐 돈을 얼마 안 준다고 한국 갔어요.

제 항국 가개지구 머 장년 한 해 놀더니.

haŋguk kagɛdzigu mʌ tɕaŋnʌn han hɛ noldʌni.

한국 가개지구 머 작년 한 해 놀더니.

▶ 한국 가서 뭐 작년 한 해를 놀더니.

제 머슨 머 학쓰불 핸때나? 머 머슨 하권?

mʌsɯn mʌ haks'ɯbul hɛtt'ɛna? mʌ mʌsɯn hagwʌn?

머슨 머 학습을 햇다나? 머 머슨 학원?

▶ 무슨 뭐 공부를 했다나? 뭐 무슨 학원?

제 그 공장에 드러가서 뗀노(電腦)[26]티는 모내이데.

kɯ koŋdzaŋe tɯrʌgasʌ t'ennotʰinɯn monɛide.

그 공장에 들어가서 뗀노(電腦) 티는 모내이데.

▶ 그 공장에 들어가서 컴퓨터를 하는 모양이더라.

제 뗀노 티구 안자서 버러멍는 모내이, 아마 좀 버른 모내이.

t'enno tʰigu andzasʌ pʌrʌmʌŋnɯn monɛi, ama tɕom pʌrɯn monɛi.

뗀노 티구 앉아서 벌어먹는 모내이, 아마 좀 벌은 모내이.

▶ 컴퓨터를 하고 앉아서 벌어먹는 모양이야, 아마 좀 벌은 모양이야.

조 예, 손자임니까? 하라버지 손자가 하나임니까?

je, sondzaimnik'a? harabʌdzi sondzaga hanaimnik'a?

▶ 예, 손자입니까? 할아버지 손자가 하나입니까?

제 손너, 그 우리 손자 한나는 저 : 어데?

sonnʌ, kɯ uri sondza hannanɯn tɕʌ : ʌde?

---

26 뗀노(電腦[diannao])는 '컴퓨터'를 뜻하는 중국어.

손녀, 그 우리 손자 한나는 저 : 어데?

▶ 손녀, 그 우리 손자 하나는 저 어디?

제 안산(鞍山)[27] 데짜게 나가개지구 공장 채리구 이서요.

ansan tedz'age nagagɛdzigu koŋdzaŋ tɕʰɛrigu isʌjo.

안산(鞍山) 데짝에 나가개지구 공장 채리구 잇어요.

▶ 안산 저쪽에 나가가지고 공장을 경영하고 있어요.

조 안산쪼게서 공장을 차리고 이써요?

ansantɕ'ogesʌ koŋdzaŋɯl tɕʰarigo is'ʌjo?

▶ 안산쪽에서 공장을 차리고 있어요?

제 예, 그 로바(老闆)[28]니 집 한나 이거 사주어개 : 구, 가 : 가 기수리 조아요.

je, kɯ robani tɕip hanna igʌ sadzuʌgɛ : gu, ka : ga kisuri tɕoajo.

예, 그 로반(老闆)이 집 한나 이거 사주어개 : 구, 가 : 가 기술이 좋

아요.

▶ 예, 그 사장님이 집 한 채 이것 사줘서, 개가 기술이 좋아요.

조 네.

ne.

▶ 네.

제 기수리 조아개구 전자 공 : 상을 채리개지구.

kisuri tɕoagɛgu tɕʌndza ko : ŋsaŋɯl tɕʰɛrigɛdzigu.

기술이 좋아개구 전자 공 : 상을 채리개지구.

▶ 기술이 좋아가지고 전자 공장을 차려가지고.

제 중학꾜를 조립해서두 그노미 머리가 조을꺼니 그 전자를 보옐딴 마리.

tɕuŋhakk'jorɯl tɕoraphesʌdu kɯnomi mʌriga tɕoɯlk'ʌni kɯ tɕʌndzarɯl

pojett'an mari.

---

27 안산(鞍山[anshan])은 요녕성에 속하는 도시명인데 요녕성의 중부에 위치하고 있음.
28 로반(老闆[laoban])은 '사장'을 뜻하는 중국어.

중학교를 졸업햇어두 그놈이 머리가 좋을꺼니 그 전자를 보옛단 말이.

▶ 중학교를 졸업했어도 걔가 머리가 좋으니 그 전자를 배웠단 말이.

제 기리케 해개지구 로바니 여 : 구서 쌍발[29]하능 걸 데리구 갇띠요.

kirikʰe hɛgɛdzigu robani jʌ : gusʌ sʼaŋbalɦanɯŋ gʌl terigu katt'ijo.

기맇게 해개지구 로반이 여 : 구서 쌍발하는 걸 데리구 갓디요.

▶ 그렇게 해가지고 사장님이 여기서 출근하는 걸 데리고 갔지요.

제 데리구 가서 집 하나 주어개지구.

terigu kasʌ tɕip hanna tɕuʌgɛdzigu.

데리구 가서 집 하나 주어개지구.

▶ 데리고 가서 집 한 채 줘서.

조 손꾸니 며치예요? 손자, 손녀가 며치예요?

sonk'uni mjʌtɕʰijejo? sondza, sonnjʌga mjʌtɕʰijejo?

▶ 손주가 몇이에요? 손자, 손녀가 몇이에요?

제 아, 손자? 손자가 이거이 우리 큰 아 : 가 딸 두레 아들 한나이구.

a, sondza? sondzaga igʌi uri kʰɯn a : ga t'al ture adɯl hannaigu.

아, 손자? 손자가 이거이 우리 큰 아 : 가 딸 둘에 아들 한나이구.

▶ 아, 손자? 손자가 이것 우리 큰 아들이 딸 둘에 아들이 하나이고.

제 두채(째)레 아들 한나이구 지금 손자들 나구.

tutɕʰɛ(tɕ'ɛ)re adɯl hannaigu tɕigum sondzadɯl nagu.

두채(째)레 아들 한나이구 지금 손자들 나구.

▶ 둘째가 아들이 하나인데 지금 손자를 (이미) 낳았고.

제 세채(째)는 이제 아들 한나, 딸 한나 나아개지구.

setɕʰɛ(tɕ'ɛ)nɯn idze adɯl hanna, t'al hanna naagɛdzigu.

---

29 쌍발(上班[shangban])은 '출근'을 뜻하는 중국어.

세채(째)는 이제 아들 한나, 딸 한나 낳아개지구.

▶ 셋째는 이제 아들 하나, 딸 하나를 낳아가지고.

조 아, 그래도 마느시네요.

a, kɯɾedo manɯɕinejo.

▶ 아, 그래도 많으시네요?

제 네, 그때야 그 맘 : 대루 난는 때 머.

ne, kɯt'eja kɯ ma : mdeɾu nannɯn t'ɛ mʌ.

네, 그때야 그 맘 : 대루 낳는 때 머.

▶ 네, 그때야 그 마음대로 낳는 때 뭐.

지원군 시절의 추억

조 하라버지 방금 지원구느로 나가신 이야기 계속 해주세요.

harabʌdzi paŋgɯm tɕiwʌngunɯro nagaɕin ijagi kjesok hɛdzusejo.

▶ 할아버지께서 방금 지원군으로 나가신 이야기 계속 해주세요.

제 내레 어디꺼질 말? 아 지원, 그 지원군 그러케 나가개지구.

nɛre ʌdik'ʌdzil mal? a tɕiwʌn, kɯ tɕiwʌngun kɯɾʌkʰe nagagɛdzigu.

내레 어디꺼질 말? 아 지원, 그 지원군 그렇게 나가개지구.

▶ 내가 어디까지 말? 아 지원, 그 지원군으로 그렇게 나가가지고.

제 우리 또래 다 : 나가시오. 지원군 그땐 다 : 나가개지구.

uɾi t'oɾɛ ta : nagaɕio. tɕiwʌngun kɯt'ɛn ta : nagagɛdzigu.

우리 또래 다 : 나갓이오. 지원군 그땐 다 : 나가개지구.

▶ 우리 또래는 다 나갔어요. 지원군으로 그때는 다 나가가지고.

제 말두 몯 해요 나 : 가 보초 보는데.

maldu mot hɛjo na : ga potɕʰo ponɯnde.

말두 못 해요 나 : 가 보초 보는데.

▶ 말도 못 해요 나가서 보초를 보는데.

제 머, 중(주)국싸람들 그 이리케 막 그 무리 주거구, 무리 주거구 헐꺼니.

mʌ, tɕuŋ(tɕu)guks'aramdɯl kɯ iɾikʰe mak kɯ muri tɕugʌgu, muri tɕugʌgu hʌlk'ʌni.

머, 중(주)국싸람들 그 이렇게 막 그 무리 죽어구, 무리 죽어구 헐 꺼니.

▶ 뭐, 중국 사람들이 그 이렇게 막 그 무리로 죽고, 무리로 죽고 하니.

제 막 몰 : 래 막 다라나오디요 머, 총을 차구서 이.

66

mak mo : llɛ mak taɾanaodijo mʌ, tɕʰoŋɯl tɕʰagusʌ i.

막 몰 : 래 막 달아나오디요 머, 총을 차구서 이.

▶ 막 몰래 막 달아나오지요 뭐, 총을 차고서 이.

제 내가 이제 과리(官)[30]라 허(하)먼 괄(官) 그 미테 싸람들.

nɛga idze kwaɾiɾa hʌ(ha)mʌn kwal kɯ mitʰe s'aɾamdɯl.

내가 이제 괄(官)이라 허(하)먼 괄(官) 그 밑에 싸람들.

▶ 내가 이제 간부라고 하면 간부 그 아래에 있는 사람들.

제 아야 다 : 데리구 오능 걷뚜 이시오.

aja ta : teɾigu onɯŋ gʌtt'u iɕio.

아야 다 : 데리구 오는 것두 잇이오.

▶ 아예 다 데리고 오는 것도 있어요.

조 아, 그래써요.

a, kɯɾɛs'ʌjo.

▶ 아, 그랬어요.

제 네, 말두 몯 해요. 그 머 그저 요금세 나가문 바 : 메 딱 나가서라무니.

ne, maldu mot hɛjo. kɯ mʌ kɯdzʌ jogɯmse nagamun pa : me t'ak nag
asʌɾamuni.

네, 말두 못 해요. 그 머 그저 요금세 나가문 밤 : 에 딱 나가서라
무니.

▶ 네, 말도 못 해요. 그 뭐 그저 여기에 나가면 밤에 딱 나가서.

제 딱 머허구 핸는데, 아이구 머 그때 머 그 마즈마겐 그 팅짠(停戰)[31]허(하)
먼서.

t'ak mʌɦʌgu hɛnnɯnde, aigu mʌ kɯt'ɛ mʌ kɯ madzɯmagen kɯ tʰ
iŋtɕ'anɦʌ(ɦa)mʌnsʌ.

---

30 괄(官[guan])은 '간부'를 뜻하는 중국어.
31 팅짠(停戰[tingzhan])은 '정전'을 뜻하는 중국어.

딱 머허구 햇는데, 아이구 머 그때 머 그 마즈막엔 그 팅짠(停戰)허
(하)면서.

▶ 딱 뭐하고 했는데, 아이고 뭐 그때 뭐 그 마지막에는 그 정전하면서.

제 쏘러네서 그 무길, 무길 갇따 주어개구 그.

　　s'orʌnesʌ kɯ mugil, mugil katt'a tɕuʌɡɛgu kɯ.

　　쏘런에서 그 무길, 무길 갖다 주어개구 그.

▶ 소련에서 그 무기를, 무기를 갖다 줘서 그.

제 가 살편띠[32] 머 그거 쭈ː거, 그거 까타나 미국놈드리.

　　ka salpʰjʌnt'i mʌ kɯgʌ tɕ'uːɡa kɯɡʌ k'atʰana miguknomdɯri.

　　가 살편띠 머 그거 쭈ː거, 그거 까타나 미국놈들이.

▶ 그 신식 무기 뭐 그것 주고, 그것 때문에 미국 사람들이.

제 아마 손 드른 모내이라, 팅짠해자구 그래 팅짠해삐리구.

　　ama son tɯrɯn monɛira, tʰiɲtɕ'anɦɛdzagu kɯrɛ tʰiɲtɕ'anɦɛp'irigu.

　　아마 손 들은 모내이라, 팅짠해자구 그래 팅짠해삐리구.

▶ 아마 손을 들은 모양이라, 정전하자고 그래서 정전해 버리고.

제 아, 그러구 나개지구, 만ː날 나가서 보초 보구 글꺼니.

　　a, kɯrʌgu nagɛdzigu, maːnnal nagasʌ potɕʰo pogu kɯlk'ʌni.

　　아, 그러구 나개지구, 만ː날 나가서 보초 보구 글꺼니.

▶ 아, 그리고 나서, 매일 나가서 보초 보고 그러니.

제 아 이거 머 또 닐먼 머 잘몯허(하)면 죽깓꾸.

　　a igʌ mʌ t'o nilmʌn mʌ tɕalmotʰʌ(ha)mʌn tɕukk'atk'u.

　　아 이거 머 또 닐먼 머 잘못허(하)면 죽갓구.

▶ 아 이것 뭐 또 (전쟁이) 일어나면 뭐 잘못하면 죽겠고.

제 우리 지비 이게 이, 지반헌 그짜구루 이거이 벽똘지비 아니예요.

───────────

32 '살편띠'는 그 시기 소련의 신식 무기를 가리킴.

uɾi tɕibi ige i, tɕibanɦʌn kɯtɕ'aguɾu igʌi pjʌkt'oldʑibi anijejo.

우리 집이 이게 이, 집안헌 그짝우루 이거이 벽돌집이 아니에요.

▶ 우리 집이 이게 이, 집안현 그쪽으로 이것 벽돌집이 아니에요.

제 후구루 이리케 핸는데 이, 하루 쩌나겐 우리 지비.

huguɾu iɾikʰe hʌnnɯnde i, haɾu tɕ'ʌnagen uɾi tɕibi.

흙우루 이렇게 햇는데 이, 하루 쩌낙엔 우리 집이.

▶ 흙으로 이렇게 했는데 이, 하루 저녁에는 우리 집에.

제 그놈 자동찰 딸라 겨우린데 자동차를 딸라개지구서라무니.

kɯnom tɕadoŋtɕʰal t'alla kjʌuɾinde tɕadoŋtɕʰaɾɯl t'allagedʑigusʌɾamuni.

그놈 자동찰 딸라 겨울인데 자동차를 딸라개지구서라무니.

▶ 그 자동차를 따라서 겨울인데 자동차를 따라서.

제 비행기가 이쪼구루 딸라 왇띠요 이놈 새기(끼)드리.

piɦɛŋgiga itɕ'oguɾu t'alla watt'ijo inom sɛki(k'i)dɯɾi.

비행기가 이쪽우루 딸라 왓디요 이놈 새기(끼)들이.

▶ 비행기가 이쪽으로 따라 왔지요 이놈 새끼들이.

제 딸라 와개지구 우 : 허(하)먼 건너와개지구.

t'alla wagedʑigu u : hʌ(ha)mʌn kʌnnʌwagedʑigu.

딸라 와개지구 우 : 허(하)먼 건너와개지구.

▶ 따라 와가지고 우 하면서 건너와가지고.

제 우리 큰 아 : 가 그 타 : 리 이서시요.

uɾi kʰɯn a : ga kɯ tʰa : ɾi isʌɕijo.

우리 큰 아 : 가 그 탈 : 이 잇엇이요.

▶ 우리 큰 아이가 그 탈이 있었어요.

제 타 : 리 홍언리[33]가 자꾸 나와개지구 백찌[34]를 자꾸 하덩 거인데.

---

33 '홍언리'는 표준어 '항문'을 가리킴.
34 '백찌'는 표준어 '흰 곱똥'을 가리킴.

tʰa ː ɾi hoŋʌnɾiga ʨak'u nawagɛʥigu pɛkʨ'iɾɯl ʨak'u hadʌŋ gʌinde.

탈 ː 이 홍언리가 자꾸 나와개지구 백지를 자꾸 하던 거인데.

▶ 탈이 항문이 자꾸 나와서 흰 곱똥을 자꾸 누던 것인데.

제 그 노믈 오좀 쌔우느라구 나 ː 가, 토방에 나 ː 가 안잰따가.

kɯ nomɯl odzom s'ɛunɯɾagu na ː ga, tʰobaŋe na ː ga andzɛtt'aga.

그 놈을 오좀 쌔우느라구 나 ː 가, 토방에 나 ː 가 앉앳다가.

▶ 그 아이를 오줌 누이느라고 나가서, 토방에 나가 앉았다가.

제 안자 쌔우느랄꺼니 아 ː 머이 투두둑투두둑 허더니 총아리라.

andza s'ɛunɯɾalk'ʌni a ː mʌi tʰududuktʰududuk hʌdʌni ʨʰoŋaɾiɾa.

앉아 쌔우느랄꺼니 아 ː 머이 투두둑투두둑 허더니 총알이라.

▶ 앉아 누이는데 아 뭐 투두둑투두둑 하더니 총알이라.

제 그 호박 니파구에 그 머이 무리 오두룩 두둑두둑 허더니.

kɯ hobak nipʰague kɯ mʌi muɾi oduɾuk tudukduduk hʌdʌni.

그 호박 니파구에 그 머이 물이 오두룩 두둑두둑 허더니.

▶ 그 호박 잎사귀에 그 뭐 비가 오듯이 두둑두둑 하는데.

제 어 ː 띠 거비 나개지구 그날 바믈 몯 짜구 그 이튼날 나가볼꺼니.

ʌ ː t'i kʌbi nagɛʥigu kɯnal pamɯl mot ʨ'agu kɯ itʰɯnnal nagabol k'ʌni.

어 ː 띠 겁이 나개지구 그날 밤을 못 자구 그 이튼날 나가볼꺼니.

▶ 어찌(너무) 겁이 나서 그날 밤을 못 자고 그 이튼날 나가보니.

제 이 농을 요리케 노안는데 이 농에루.

i noŋɯl joɾikʰe noannɯnde i noŋeɾu.

이 농을 요렇게 놓앗는데 이 농에루.

▶ 이 장롱을 이렇게 놓았는데 이 장롱으로.

제 총아리 두러와개지구 입썽쏘게 두루와 부텯찌.

ʨʰoŋaɾi tuɾʌwagɛʥigu ips'ʌŋs'oge tuɾuwa putʰʌtʨ'i.

70

총알이 둘어와개지구 입성속에 둘우와 붙엇지.

▷ 총알이 들어와서 옷 속에 들어와 붙었지.

제 창팡(廠房)[35]에는 도기 다 : 깨디구 머 쌀또게 총아리 다 : 두루오구.

tɕaŋpʰaŋenɯn togi ta : kʼɛdigu mʌ sʼaltʼoge tɕʰoŋari ta : tuɾuogu.

창팡(廠房)에는 독이 다 : 깨디구 머 쌀독에 총알이 다 : 둘우오구.

▷ 헛간에는 독이 다 깨지고 뭐 쌀독에 총알이 다 들어오고.

제 아 주굴 뻔 해서(써)요 그날 저나게.

a tɕugul pʼʌn hɛsʌ(sʼʌ)jo kɯnal tɕʌnage.

아 죽을 뻔 햇어요 그날 저낙에.

▷ 아 죽을 뻔 했어요 그날 저녁에.

제 그래두 총아리 그 싸(사)라믈 피해는 모내이라요.

kɯɾedu tɕʰoŋari kɯ sʼa(sa)ɾamɯl pʰiɕenɯn moneiɾajo.

그래두 총알이 그 싸(사)람을 피해는 모내이라요.

▷ 그래도 총알이 그 사람을 피하는 모양이에요.

제 그러구 나서 한 해 읻따간 아이구 여구 읻따간 이거 머.

kɯɾʌgu nasʌ han hɛ ittʼagan aigu jʌgu ittʼagan igʌ mʌ.

그러구 나서 한 해 잇다간 아이구 여구 잇다간 이거 머.

▷ 그리고 나서 한 해 있다가, 아이고 여기 있다가는 이것 뭐.

제 싸(사)람 죽깐따 허(하)구 여기루 두루오디 아나소?

sʼa(sa)ɾam tɕukkʼattʼa hʌ(ha)gu jʌgiɾu tuɾuodi anaso?

싸(사)람 죽갓다 허(하)구 여기루 둘우오디 않앗소?

▷ 사람 죽겠다 하고 여기로 들어오지 않았나요?

---

35 창팡(廠房[changfang])은 '헛간'을 뜻하는 중국어.

새 고향에서의 또 다른 생활

조 여기에 오셔서는 주로 무슨 이를 하셛씀니까?

jʌgie oɕjʌsʌnɯn tɕuro musɯn irɯl haɕjʌts'ɯmnik'a?

▷ 여기에 오셔서는 주로 무슨 일을 하셨습니까?

제 첟 해는 그 초(처)네 두루와개지구 농사 쯤 핻띠요 머.

tɕʰʌt henɯn kɯ tɕʰo(tɕʰʌ)ne turuwagɛdzigu noŋsa tɕ'om hɛtt'ijo mʌ.

첫 해는 그 촌(천)에 둘우와개지구 농사 쯤 햇디요 머.

▷ 첫 해는 그 촌에 들어와서 농사를 좀 했지요 뭐.

제 농사 해노쿠선 우리 노친네허구 타구. 아들, 그 아드른 이를 몯 허(하)디요.

noŋsa henokʰusʌn uri notɕʰinneɦʌgu tʰagu. adɯl, kɯ adɯrɯn irɯl mot hʌ(ha)dijo.

농사 해놓구선 우리 노친네허구 타구. 아들, 그 아들은 일을 못허(하)디요.

▷ 농사 해놓고서는 우리 노친하고 (두 몫의 양식만) 타고. 아들, 그 아들(들)은 일을 못하지요.

제 그 두리 농사 해노쿠선 가오리 댈꺼니 우리 그 지반허네 인는.

kɯ turi noŋsa henokʰusʌn kaɯri tɛlk'ʌni uri kɯ tɕibanɦʌne innɯn.

그 둘이 농사 해놓구선 가을이 댈꺼니 우리 그 집안헌에 잇는.

▷ 그 둘이 농사 해놓고서는 가을이 되니 우리 그 집안현에 있는.

제 함께 살던 싸(사)라미 니그농(李根雍)[36]이라구.

hamk'e saldʌn s'a(sa)rami nigɯnoŋiragu.

함께 살던 싸(사)람이 니근옹(李根雍)이라구.

---

36 '니근옹'(李根雍)은 인명.

▶ 함께 살던 사람이 이근웅이라고.

제 그 싸(사)라미 와서 창장(廠長)[37] 노르슬 하데요.

kɯ s'a(sa)rami wasʌ tɕʰaŋdzaŋ norɯsɯl hadejo.

그 싸(사)람이 와서 창장(廠長) 노릇을 하데요.

▶ 그 사람이 와서 공장장을 하더라고요.

조 네.

ne.

▶ 네.

제 그래 하루는 오더니 '아이, 동무 그 놀ː때 팔뚱기 거틍 거 볼 쭐 아능가?'

kɯɾɛ haɾunɯn odʌni 'ai, toŋmu kɯ noːl t'ɛ pʰalt'oŋgi kʌtʰɯŋ gʌ pol tɕ'ul anɯŋga?'

그래 하루는 오더니 '아이, 동무 그 놀ː때 팔동기 겉은 거 볼 줄 아는가?'

▶ 그래 하루는 오더니 '아니, 동무 그 놀 때 발동기 같은 것을 볼 줄 아는가?'

제 아니, 내레 머 만ː날 그거 개구던 싸(사)라민데 와 모르나?

ani, nɛɾe mʌ maːnnal kɯgʌ kɛgudʌns'a(sa)raminde wa moɾɯna?

아니, 내레 머 만ː날 그거 개구던 싸(사)람인데 와 모르나?

▶ 아니, 나는 뭐 매일 그것 가꾸(만지)던 사람인데 왜 모르겠나?

제 그머 저ː 농당(장)우루 오라구 그래개지구 그 농당에 가개지구 머.

kɯmʌ tɕʌː noŋdaŋ(dzaŋ)uru oɾagu kɯɾɛgɛdzigu kɯ noŋdaŋe kagɛdzigu mʌ.

그머 저ː 농당(장)우루 오라구 그래개지구 그 농당에 가개지구 머.

▶ 그럼 자기 농장으로 오라고 그래서 그 농장에 가서 뭐.

---

37 창장(廠長[changzhang])은 '공장장'을 뜻하는 중국어.

제 어 타작, 그 그계 개지구 타작뚜 해주구.

ʌ tʰadzak, kɯ kɯgje kɛdzigu tʰadzaktʼu hɛdzugu.

어 타작, 그 그계 개지구 타작두 해주구.

▶ 어 타작, 그 기계를 가지고 타작도 해주고.

제 그계 보멘서 타작뚜 해주구 그저.

kɯgje pomensʌ tʰadzaktʼu hɛdzugu kɯdzʌ.

그계 보멘서 타작두 해주구 그저.

▶ 기계를 보면서 타작도 해주고 그저.

제 쌀두 띤는데 전부 그계루 허는데 그계 바주구.

sʼaldu tʼinnɯnde tɕʌnbu kɯgjeɾu hʌnɯnde kɯgje padzugu.

쌀두 띃는데 전부 그계루 허는데 그계 바주구.

▶ 쌀도 찧는데 전부 기계로 하는데 그 기계도 봐주고.

제 그리케 한 삼넌 또 버러먹따가.

kɯɾikʰe han samnʌn tʼo pʌɾʌmʌktʼaga.

그렇게 한 삼년 또 벌어먹다가.

▶ 그렇게 한 삼 년 또 벌어먹다가.

제 아이 그리케 첟 해 벌구서, 기 : 서 벌구선 계수 농사는 핸는데.

ai kɯɾikʰe tɕʰʌt hɛ pʌlgusʌ, ki : sʌ pʌlgusʌn kjesu noŋsanɯn hɛnnɯnde.

아이 그렇게 첫 해 벌구서, 기 : 서 벌구선 계수 농사는 햇는데.

▶ 아니 그렇게 첫 해 벌고서, 그래서 벌고서는 계속 농사는 했는데.

제 그대메 살딜 몯 하거시요, 겨우 뭉는다.

kɯdɛme saldil mot hagʌɕijo, kjʌu muŋnɯnda.

그댐에 살딜 못 하것이요, 겨우 묵는다.

▶ 그 다음에 살지를 못 하겠어요, 겨우 먹는다.

제 이 : 때 심양 서쪽 마산가 : 라구 하는데.

i : t'ɛ ɕimjaŋ sʌtɕ'ok masaŋa : ɾagu hanɯnde.

이 : 때 심양 서쪽 마산가 : 라구 하는데.

▷ 이때 심양 서쪽에 마산가라고 하는데.

제 마산가 서쪼게 그 농당이 읻떵 거인데.

masaŋa sʌtɕ'oge kɯ noŋdaɲi itt'ʌŋ gʌinde.

마산가 서쪽에 그 농당이 잇던 거인데.

▷ 마산가 서쪽에 그 농장이 있던 것인데.

제 전부 무리구 그래개지구 쌀리루(三里路)[38]루 나와개지구.

tɕʌnbu murigu kɯɾɛgɛdzigu s'alliɾuru nawagɛdzigu.

전부 물이구 그래개지구 쌀리루(三里路)루 나와개지구.

▷ 전부 물이고 그래가지고 삼리로로 나와가지고.

제 쌀링이(三零一)[39]래는데 나와서 또 중(주)국때대 드러가서 그계 또 바줃띠요 머.

s'alliɲiɾɛnɯnde nawasʌ t'o tɕuŋ(tɕu)gukt'ɜdɛ tɯɾʌgasʌ kɯgje t'o padzutt'ijo mʌ.

쌀링이(三零一)래는데 나와서 또 중(주)국대대 들어가서 그계 또 바줏디요 머.

▷ 삼령일이라는데 나와서 또 한족대대에 들어가서 기계를 또 봐줬지요 뭐.

제 그러다가 게 : 서 한 이태 해먹꾸 제약창(廠)[40]에 두루와시요.

kɯɾʌdaga ke : sʌ han itʰɛ hɛmʌkk'u tɕɛjaktɕʰaŋe turuwaɕijo.

그러다가 게 : 서 한 이태 해먹구 제약창(廠)에 둘우왓이요.

▷ 그러다가 거기서 한 두 해 해먹고 제약공장에 들어왔어요.

제 제약창에 두루와개지구 그때는 그 호랭이 담배 푸이는 때라요.

---

38 쌀리루(三里路[sanlilu])는 요녕성 심양시 서쪽에 있는 지명으로 삼리로를 가리킴.
39 쌀링이(三零一[sanlingyi])는 숫자 '301'을 뜻하는 중국어인데 여기에서 지명을 가리킴.
40 창(廠[chang])은 '공장'을 뜻하는 중국어.

tɕejaktɕʰaŋɛ turuwagɛdzigu kɯt'ɛnɯn kɯ horɛŋi tambɛ pʰuinɯn t'ɛrajo.

제약창에 둘우와개지구 그때는 그 호랭이 담배 푸이는 때라요.

▷ 제약공장에 들어 와서 그때는 그 호랑이 담배 피우는 때예요.

제 나 거튼 놈뚜 기술짜라구 그 심양시 제약창(廠)우루 두루올꺼니.

na kʌtʰɯn nomt'u kisultɕ'aragu kɯ ɕimjaŋɕi tɕejaktɕʰaŋuru turuolk'ʌni.

나 겉은 놈두 기술자라구 그 심양시 제약창(廠)우루 둘우올꺼니.

▷ 나 같은 사람도 기술자라고 그 심양시 제약공장으로 들어가니.

제 그때 눅끕공(六級工)⁴¹우(으)루 주데 누끕공이면 그때 돈 그.

kɯt'ɛ nukk'ɯpkoŋu(ɯ)ru tɕude nuk'ɯpkoŋimʌn kɯt'ɛ ton kɯ.

그때 눅급공(六級工)우(으)루 주데 눅급공이면 그때 돈 그.

▷ 그때 육 급 노동자로 쳐주는데 육 급 노동자이면 그때 돈 그.

제 교원들 이쓰이(一十一)⁴², 한 이삼시번씩 바닫띠요 교원들.

kjowʌndɯl is'ɯi, han isamɕibʌnɕ'ik padatt'ijo kjowʌndɯl.

교원들 이쓰이(一十一), 한 이삼십언씩 받앗디요 교원들.

▷ 교원들 십일 급이니 한 이삼십 원씩 받았지요 교원들.

제 소학꾜 교원들 한 이삼시번 바다시요, 그래두 나는 칠씹, 칠씹 누(뉴)권.

soɦakk'jo kjowʌndɯl han isamɕiban padaɕijo, kɯrɛdu nanɯn tɕʰilɕ'ip, tɕ
ʰilɕ'ip nu(nju)gwʌn.

소학교 교원들 한 이삼십언 받앗이요, 그래두 나는 칠십, 칠십 눅
(뉴)원.

▷ 초등학교 교원들 한 이삼십 원씩 받았어요, 그래도 나는 칠십, 칠십
육 원.

조 오, 그러케 마니요?

o, kɯrʌkʰe manijo?

---

41 눅급공(六級工[liujigong])은 기술 등급이 '6급'인 노동자를 말함.
42 이쓰이(一十一[yishiyi])는 '11'을 뜻하는 중국어로 여기에서는 기술 등급이 '11급'임을 말함.

▶ 오, 그렇게 많이요?

제 칠씹누(뉴)권 얼매덩가? 곱 빠닫띠요.
 tɕʰilɛ'ipnu(nju)gwʌn ʌlmɛdʌŋga? kop p'adatt'ijo.
 칠십눅(뉴)원 얼매던가? 곱 빻앗디요.
▶ 칠십육 원 얼마던가? 곱을 받았지요.

조 세 배를 바단네요.
 se pɛɾɯl padannejo.
▶ 세 배를 받았네요.

제 네, 그계 수리헐(할)꺼니 그 공일랄허(하)구 명질 때 안 쉬구 헐(할)꺼니.
 ne, kɯgje suriɦʌl(fial)k'ʌni kɯ koŋillalɦʌ(fia)gu mjʌŋdʑil t'ɛ an sügu
 ɦʌl(fial)k'ʌni.
 네, 그계 수리헐(할)꺼니 그 공일날허(하)구 명질 때 안 쉬구 헐(할)
 꺼니.
▶ 네, 기계를 수리하니 그 주말하고 명절 때도 안 쉬고 하니.

제 보통 돈 빼권, 그때 똔 한 빼권씩 바다시요.
 potʰoŋ ton p'ɛgwʌn, kɯt'ɛ t'on han p'ɛgwʌnɛ'ik padaɛijo.
 보통 돈 빽원, 그때 똔 한 빽원씩 받앗이요.
▶ 보통 돈 백 원, 그때 돈 한 백 원씩 받았어요.

제 그때는 기술짜란 마리, 지그미야 택뚜 업쑤다.
 kɯt'ɛnɯn kisulɛ'aran mari, ɛigɯmija tʰɛkt'u ʌps'uda.
 그때는 기술자란 말이, 지금이야 택두 없수다.
▶ 그때는 기술자란 말이, 지금이야 턱도 없지요.

제 지그미야 기술짜 만티 안쏘. 그때는 기술짜 업써시요.
 ɛigɯmija kisulɛ'a mantʰi ans'o. kɯt'ɛnɯn kisulɛ'a ʌps'ʌɛijo.
 지금이야 기술자 많디 않소. 그때는 기술자 없엇이요.
▶ 지금이야 기술자가 많지 않소. 그때는 기술자가 없었어요.

제 그래개지구 그때 머 기리케 그저 건달터럼 그저.

kɯɾɛgɛdzigu kɯtʼɛ mʌ kiɾikʰe kɯdzʌ kʌndaltʰʌɾʌm kɯdzʌ.

그래개지구 그때 머 기렇게 그저 건달터럼 그저.

▶ 그래가지고 그때 뭐 그렇게 그저 건달처럼 그저.

제 이리케 댕기머 버러먹꾸 읻따가.

iɾikʰe tɛŋgimʌ pʌɾʌmʌkkʼu ittʼaga.

이렇게 댕기머 벌어먹구 잇다가.

▶ 이렇게 다니며 벌어먹고 있다가.

제 그 디뵤주네 이 혼하푸(渾河堡)에 와개지구 나올꺼니.

kɯ tibjodzune i honɦapʰue wagɛdzigu naolkʼʌni.

그 디뵤준에 이 혼하푸(渾河堡)에 와개지구 나올꺼니.

▶ 그 3년 재해에 이 혼하보에 와가지고 나오니.

제 그 또 머 기수리라구, 쫌 읻따구 그럴꺼니 농사는 안 씨이데요.

kɯ tʼo mʌ kisuɾiɾagu, tɕʼom ittʼagu kɯɾʌlkʼʌni noŋsanɯn an tɕʼiidejo.

그 또 머 기술이라구, 쫌 잇다구 그럴꺼니 농사는 안 씨이데요.

▶ 그 또 뭐 기술이라고, 좀 있다고 그러니 농사는 안 시키데요.

제 기래 그저 이럭떼럭 그저 이리케 사라시요.

kiɾɛ kɯdzʌ iɾʌktʼeɾʌk kɯdzʌ iɾikʰe saɾaɕijo.

기래 그저 이럭데럭 그저 이렇게 살앗이요.

▶ 그래 그저 이럭저럭 그저 이렇게 살았어요.

조 하라버지 그때 여기 주위에서 제일 잘 사셛껟씀니다. 소학꾜 교원 멷 빼에 월그블 받꼬 사셔쓰니깐요.

haɾabʌdzi kɯtʼɛ jʌgi tɕuüesʌ tɕeil tɕal saɕjʌtkʼetsʼɯmnida. soɦakkʼjo kjowʌn mjʌt pʼɛe wʌlgɯbɯl patkʼo saɕjʌsʼɯnikʼanjo.

▶ 할아버지 그때 여기 주위에서 제일 잘 사셨겠습니다. 초등학교 교원 몇 배의 월급을 받고 사셨으니깐요.

제 그러티요, 그리기 그때 식꾸가 우리 동상네 그 전부 읻떵 거인데.

kɯɾʌtʰijo, kɯɾigi kɯt'ɛ ɕikk'uga uɾi toŋsaŋne kɯ tɕʌnbu itt'ʌŋ gʌinde.

그렇디요, 그리기 그때 식구가 우리 동상네 그 전부 잇던 거인데.

▶ 그렇지요, 그러게 그때 식구가 우리 동생네도 그 전부 있던 것인데.

제 닐구빈데 그걸 다 : 미게 살구 또 지불 샅딴 마리.

nilgubinde kɯgʌl ta : mige salgu t'o tɕibul satt'an maɾi.

닐굽인데 그걸 다 : 믹에 살구 또 집을 샀단 말이.

▶ 일곱인데 그걸 다 먹여 살리고 또 집을 샀단 말이.

조 대단하심니다. 그럼 여기 농사이를 하시고부터는 좀 힘들게 되셛씀니까?

tɛdanɦaɕimnida. kɯɾʌm jʌgi noŋsaiɾɯl haɕigobutʰʌnɯn tɕom çimdɯlge töɕjʌts'ɯmnik'a?

▶ 대단하십니다. 그럼 여기 농사일을 하시고부터는 좀 힘들게 되셨습니까?

제 농사일 안 해서요, 그저 그 그계나 슬슬 보러 댕기구 그저 예.

noŋsail an ɦɛsʌjo, kɯdzʌ kɯ kɯgjena sɯlsɯl poɾʌ teŋgigu kɯdzʌ je.

농사일 안 햇어요, 그저 그 그계나 슬슬 보러 댕기구 그저 예.

▶ 농사일을 안 했어요, 그저 그 기계나 슬슬 보러 다니고 그저 예.

제 그리다가 그 등소평 그 느러서개지구[43].

kɯɾidaga kɯ tɯŋsopʰjʌŋ kɯ nɯɾʌsʌgɛdzigu.

그리다가 그 등소평 그 늘어서개지구.

▶ 그러다가 그 등소평 체제가 그 들어서서.

제 하는 바라메 그때 농사 쪼꼼 핻띠요 머.

hanɯn paɾame kɯt'ɛ noŋsa tɕ'ok'om ɦɛtt'ijo mʌ.

하는 바람에 그때 농사 쪼꼼 햇디요 머.

---

[43] 여기에서 등소평 체제가 들어선 후 땅을 개인에게 나누어주어 스스로 경작하게 하는 '호도거리 책임제'를 했음을 가리킴.

▶ (호도거리 책임제를) 하는 바람에 그때 농사를 조금 했지요 뭐.

조 네.

ne.

▶ 네.

제 농사 하담 : 이제 머 늘거데서 농사 몯 허구 이제 그러케 살디요.

noŋsa hada : m idʑe mʌ nɯlgʌdesʌ noŋsa mot hʌgu idʑe kɯɾʌkʰe
saldijo.

농사 하담 : 이제 머 늙어데서 농사 못허구 이제 그렇게 살디요.

▶ 농사 하다가 이제 뭐 늙어서 농사를 못하고 이제 그렇게 살지요.

조 그럼 이 지븐 뭐 어디에서 상 거심니까? 중 거심니까?

kɯɾʌm i tɕibɯn mwʌ ʌdiesʌ saŋ gʌɕimnik'a? tɕuŋ gʌɕimnik'a?

▶ 그럼 이 집은 뭐 어디에서 산 것입니까? 준 것입니까?

제 치 : 그때 중 거이 어디서요? 여기 농사꾸는 주능 거이 업씨요.

tɕʰi : kɯt'ɛ tɕuŋ gʌi ʌdisʌjo? jʌgi noŋsak'unɯn tɕunɯŋ gʌi ʌpɕ'ijo.

치 : 그때 준 거이 어디서요? 여기 농사꾼은 주는 거이 없이요.

▶ 치 그때 준 것이 어디 있어요? 여기 농사꾼은 주는 것이 없어요.

조 아, 네.

a, ne.

▶ 아, 네.

제 그때 훈하푸(渾河堡)에 그 지불 짇꾸 읻따가.

kɯt'ɛ honɦapʰue kɯ tɕibul tɕitk'u itt'aga.

그때 훈하푸(渾河堡)에 그 집을 짓구 잇다가.

▶ 그때 혼하보에 그 집을 짓고 있다가.

제 뚱첸(動遷)[44]허(하)게 댈 싸(사)람, 지블 좀 마니 제 : 낟떠니.

─────────────

44 뚱첸(動遷[dongqian])은 '재개발'을 뜻하는 중국어.

t'oŋtɕʰenfিʌ(ɦa)ge tɛl s'a(sa)ram, tɕibɯl tɕom mani tɕe : nwatt'ʌni.

뚱첸(動遷)허(하)게 댈 싸(사)람, 집을 좀 많이 제 : 냇더니.

▷ 재개발하게 될 사람, 집을 좀 많이 지어놓았더니.

제 거구메서 지불, 이 혼하푸래는데 이걸 훈난리(渾南里)[45]라구 이시요.

kʌgumesʌ tɕibul, i honɦapʰurɛnɯnde igʌt hunnanriragu iɕijo.

거굼에서 집을, 이 혼하푸래는 데 이것 훈난리(渾南里)라구 잇이요.

▷ 거기에서 집을, 이 혼하보라는 데 이것 혼남리라고 있어요.

제 여구 안 살꺼니 모르겐쑤? 지비 어디라요?

jʌgu an salk'ʌni moɾɯgets'u? tɕibi ʌdiɾajo?

여구 안 살꺼니 모르겟수? 집이 어디라요?

▷ 여기에 안 사니 모르겠어요? 집이 어디예요?

조 아, 저 월래 장추네서 컨는데 훈난 드러는 봗씁니다. 암니다. 여기 좀 이썯 끼에 암니다.

a, tɕʌ wʌllɛ tɕaŋtɕʰunesʌ kʰʌnnɯnde hunnan tɯɾʌnɯn pwats'ɯmnida. amnida. jʌgi tɕom is'ʌtk'ie amnida.

▷ 아, 저 원래 장춘에서 컸는데 훈난을 들어는 봤습니다. 압니다. 여기 좀 있었기에 압니다.

제 요 털뚝 나가면 전부 훈난취(渾南區)[46]라요.

jo tʰʌlt'uk nagamʌn tɕʌnbu hunnantɕʰüɾajo.

요 털뚝 나가면 전부 훈난취(渾南區)라요.

▷ 요 철길을 나가면 전부 혼남구예요.

제 그래개지구 고고메 지불 이백이십핑(平)[47]을 타 : 개지구.

kɯɾɛgɛdzigu kogome tɕibul ibɛkiɕippʰiŋɯl tʰa : gɛdzigu.

그래개지구 고곰에 집을 이백이십핑(平)을 타 : 개지구.

---

45 훈난리(渾南里[hunnanli])는 요녕성 심양시 남쪽의 '훈남구'에 속하는 지명으로 '혼남리'를 가르킴.
46 훈난취(渾南區[hunnanqu])는 요녕성 심양시의 한 구역 명.
47 핑(平[ping])은 평방미터(㎡)를 뜻하는 중국어.

▶ 그래가지고 거기에 집을 이백이십 평방미터를 타가지고.

조 네.
ne.
▶ 네.

제 그때 머 그걸 놔 : 뒀스먼 지금 머 멛 빽마눤 댄(됀)껟쑤다.
kɯt'ɛ mʌ kɯgʌl nwa : dwʌsɯmʌn tɕigɯm mʌ met p'ɛkmanwʌn tɛt(twɛt)k'ets'uda.
그때 머 그걸 놔 : 뒀으먼 지금 머 몇 백만원 댓(됏)겟수다.
▶ 그때 뭐 그걸 놔뒀으면 지금 뭐 몇 백만 원 됐겠어요.

제 그걸 다 : 아들레 주능 건 주구, 남능 거는 파라개지구.
kɯgʌl ta : adɯlle tɕunɯŋ gʌn tɕugu, namnɯŋ gʌnɯn pʰaragɛdzigu.
그걸 다 : 아들레 주는 건 주구, 남는 거는 팔아개지구.
▶ 그걸 다 아들네 주는 것은 주고, 남는 것은 팔아가지고.

제 이거, 이거 한나 살구구 쪼굼 놔 : 둗따 마리.
igʌ, igʌ hanna salgugu tɕ'ogum nwa : dutt'a maɾi.
이거, 이거 한나 살구구 쪼굼 놔 : 둣다 말이.
▶ 이것, 이것 하나 남았고(사고) 조금 놔뒀다 말이.

제 그때 지불 사노아스먼 지금 잘 : 사능 거인데.
kɯt'ɛ tɕibul sanoasɯmʌn tɕigɯm tɕa : l sanɯŋ gʌinde.
그때 집을 사 놓앗으먼 지금 잘 : 사는 거인데.
▶ 그때 집을 사 놓았으면 지금 잘 사는 것인데.

제 그거 팔짜래능 거 이시요, 할 째간 업써요.
kɯgʌ pʰaltɕ'aɾɛnɯŋ gʌ iɕijo, hal tɕ'ɛgan ʌps'ʌjo.
그거 팔짜래는 거 잇이요, 할 재간 없어요.
▶ 그것 팔자라는 것이 있어요. 할 수가 없어요.

조 네, 그래도 지븐 업써도 하라버지 건강이 읻찌 안씀니까?

　ne, kɯɾɛdo tɕibɯn ʌpsʼʌdo haɾabʌdzi kʌngaɲi ittɕʼi ansʼɯmnikʼa?

▣ 네, 그래도 집은 없어도 할아버지 건강이 있지 않습니까?

제 예, 건강헐(할)꺼니 멀 : 뽀다 나 : 요.

　je, kʌngaɲɦʌl(ɦal)kʼʌni mʌ : tpʼoda na : jo.

　예, 건강헐(할)꺼니 멋 : 보다 나 : 요.

▣ 예, 건강하니까 무엇보다 나아요.

조 건강이 가장 조으시죠?

　kʌngaɲi kadzaŋ tɕoɯɕidzjo?

▣ 건강이 가장 좋으시죠?

제 건강헐(할)꺼니 멀 : 뿌단두 다 : 조타구요.

　kʌngaɲɦʌl(ɦal)kʼʌni mʌ : tpʼudandu ta : tɕothagujo.

　건강헐(할)꺼니 멋 : 부단두 다 : 좋다구요.

▣ 건강하니 무엇보다도 다 좋다고요.

조 네, 그러쵸. 그럳씀니다. 여기 위에도 어느 조선족 부니 사시능 걷 간네요.

　ne, kɯɾʌtɕhjo. kɯɾʌtsʼɯmnida. jʌgi üedo ʌnɯ tɕosʌndzok puni saɕinɯŋ

　gʌt kannejo.

▣ 네, 그렇죠. 그렇습니다. 여기 위에도 어느 조선족 분이 사시는 것 같
　네요.

제 요 미테 사라요.

　jo mithe saɾajo.

　요 밑에 살아요.

▣ 여기 밑에 살아요.

조 근데 지금 이 노금기 소리가 아래에 조선족 지베서 들리능 검니까?

　kɯnde tɕigɯm i nogɯmgi soɾiga aɾɛe tɕosʌndzok tɕibesʌ tɯllinɯŋ

　gʌmnikʼa?

▶ 근데 지금 이 녹음기 소리가 아래의 조선족 집에서 들리는 겁니까?

제 예, 아래서 올라와요. 이 우에는 우리 손자네 지비덩 거인데.

je, aɾɛsʌ ollawajo. i uenɯn uri sondʑane tɕibidʌŋ gʌinde.

예, 아래서 올라와요. 이 우에는 우리 손자네 집이던 거인데.

▶ 예, 아래서 올라와요. 이 위에는 우리 손자네 집이던 것인데.

제 중(주)국싸(사)람 추쭈(出租)[48]해시요.

tɕuŋ(tɕu)guksʼa(sa)ram tɕʰutɕʼuɦɛɕijo.

중(주)국싸(사)람 추쭈(出租)햇이요.

▶ 한족 사람한테 세를 줬어요.

조 아, 그래요? 여기 아래 부는 뭐 연세 마느신 부님니까?

a, kɯɾejo? jʌgi aɾɛ punɯn mwʌ jʌnse manɯɕin punimnikʼa?

▶ 아, 그래요? 여기 아래 분은 뭐 연세가 많으신 분입니까?

제 년세가 한 팔씹 댇(됀)시우 그.

njʌnsega han pʰalɕʼip tɛt(twɛt)ɕiu kɯ.

년세가 한 팔십 댓(됏)이우 그.

▶ 연세가 한 팔십 됐어요 그.

조 할머님, 하라버지 두 분 가치 계세요?

halmʌnim, haɾabʌdʑi tu pun katɕʰi kjesejo?

▶ 할머님, 할아버지 두 분 같이 계세요?

제 고거 야체(牙簽)[49]레 인는데 더거 더 그 쌍멜(上面)[50].

kogʌ jatɕʰeɾɛ innɯnde tʌgʌ tʌ kɯ sʼaŋmel.

고거 야체(牙簽)레 잇는데 더거 더 그 쌍멜(上面).

▶ 거기 이쑤시개가 있는데 저것 저 그 위에.

---

48 추쭈(出租[chuzu])는 '임대'를 뜻하는 중국어.
49 야체(牙簽[yaqian])는 '이쑤시개'를 뜻하는 중국어.
50 쌍멜(上面[shangmian])은 '위'를 뜻하는 중국어.

조 여기 아래층에는 누구누구 삼니까?

jʌgi aɾɛtɕʰɯŋenɯn nugunugu samnik'a?

▷ 여기 아래층에는 누구누구 삽니까?

제 아니, 그걷뚜 노태태(老太太)[51] 혼차[52] 사라요.

ani, kɯgʌtt'u notʰetʰɛ hontɕʰa saɾajo.

아니, 그것두 노태태(老太太) 혼차 살아요.

▷ 아니, 거기에도 할머니 혼자 살아요.

---

[51] 노태태(老太太[laotaitai])는 '할머니'를 뜻하는 중국어.
[52] 이 지역어에서는 '혼자'가 아닌 '혼차'로 쓰임.

초산(집안)지역어 텍스트 평안북도 ②   85

할아버지의 하루 일과

조 할머님 혼자 사십니까? 하라버지는 도라가셨씀니까? 하라버지 지금 가 : 장 큰 바래믄 혹씨 무어심니까?

halmʌnim hondʑa saɕimnik'a? harabʌdʑinɯn toragaɕjʌts'ɯmnik'a?

harabʌdʑi tɕigɯm ka : dʑaŋ kʰɯn parɛmɯn hokɕ'i muʌɕimnik'a?

▶ 할머님 혼자 사십니까? 할아버지는 돌아가셨습니까? 할아버지 지금 가장 큰 바람은 혹시 무엇입니까?

제 가장 바래능 거요? 가장 바래능 거 그저.

kadʑaŋ parɛnɯŋ gʌjo? kadʑaŋ parɛnɯŋ gʌ kɯdʑʌ.

가장 바래는 거요? 가장 바래는 거 그저.

▶ 가장 바라는 거요? 가장 바라는 것은 그저.

제 만 : 날, 그저 밥 먹꾸는 그저 시내 한바쿠 댕기구 그저.

ma : nnal, kɯdʑʌ pap mʌkk'unɯn kɯdʑʌ ɕinɛ hanbakʰu teŋgigu kɯdʑʌ.

만 : 날, 그저 밥 먹구는 그저 시내 한바쿠 댕기구 그저.

▶ 매일, 그저 밥 먹고는 그저 시내를 한 바퀴 다니고 그저.

제 그 어데 카(卡)[53]를 한나 줘시요, 차 타능 거이.

kɯ ʌde kʰaɾɯl hanna tɕwʌɕijo, tɕʰa tʰanɯŋ gʌi.

그 어데 카(卡)를 한나 줬이요, 차 타는 거이.

▶ 그 어떤 카드를 하나 줬어요, 차를 타는 것.

조 네.

ne.

▶ 네.

제 카를 줴개지구 그 그저 심심허먼 머 심양 한바쿠씩 돌구 오디 머.

kʰaɾɯl ʨwʌɡɛʣigu kɯ kɯʣʌ ɕimɕimɦʌmʌn mʌ ɕimjaŋ hanbakʰuɕ'ik
tolgu odi mʌ.

카를 줴개지구 그 그저 심심허먼 머 심양 한바쿠씩 돌구 오디 머.

▷ 카드를 줘서 그 그저 심심하면 뭐 심양 (시내를) 한 바퀴씩 돌고 오지 뭐.

조 아, 오늘 오저네도 심양 시내에 갇따 오셛써요?

a, onɯl oʣʌnedo ɕimjaŋ ɕinɛe katt'a oɕjʌts'ʌjo?

▷ 아, 오늘 오전에도 심양 시내에 갔다 오셨어요?

제 예, 심양 갇떠래시요.

je, ɕimjaŋ katt'ʌɾɛɕijo.

예, 심양 갓더랫이요.

▷ 예, 심양 시내에 갔댔어요.

조 그래 가서서 그저 한 바퀴 돌고 오셛씀니까?

kɯɾɛ kaɕjʌsʌ kɯʣʌ han pakʰü tolgo oɕjʌts'ɯmnik'a?

▷ 그래 가서서 그저 한 바퀴 돌고 오셨습니까?

제 일 : 두 보구 그저 일 업쓰먼 그저 한바쿠 돌구.

i : ldu pogu kɯʣʌ il ʌps'ɯmʌn kɯʣʌ hanbakʰu tolgu.

일 : 두 보구 그저 일 없으먼 그저 한바쿠 돌구.

▷ 일도 보고 그저 일이 없으면 그저 한 바퀴 돌고.

제 공워네두 가 : 좀 놀구 그저 그래요.

koŋwʌnedu ka : ʨom nolgu kɯʣʌ kɯɾɛjo.

공원에두 가 : 좀 놀구 그저 그래요.

▷ 공원에도 가서 좀 놀고 그저 그래요.

제 그러꺼니, 이 공산당 정채기랑기 조킨 조아요.

kɯɾʌk'ʌni, i koŋsandaŋ ʨʌŋʨʰɛgiɾaŋgi ʨokʰin ʨoajo.

그러꺼니, 이 공산당 정책이란기 좋긴 좋아요.

▶ 그러니까, 이 공산당 정책이란 것이 좋긴 좋아요.

제 지금 카 : 를 이리케 줘 : 개지구.

    ʨigɯm kʰa : ɾɯl iɾikʰe ʨwʌ : gɛʥigu.

    지금 카 : 를 이렇게 줘 : 개지구.

▶ 지금 카드를 이렇게 줘가지고.

조 네, 암니다. 노인카드, 이건 무료죠? 아무리 마니 타도 되시죠?

    ne, amnida. noinkʰadɯ, igʌn muɾjoʥjo? amuɾi mani tʰado tøɕiʥjo?

▶ 네, 압니다. 노인카드, 이건 무료죠? 아무리 많이 타도 되시죠?

제 이건 무요야래, 이거는 무료라요.

    igʌn mujojaɾɛ, igʌnɯn muɾjoɾajo.

    이건 무요야래, 이거는 무료라요.

▶ 이건 무료야, 이것은 무료예요.

조 올라가면 노인카드란 마리 나오는데 어디나 마음대로 갇따 오실 쑤 읻쪼?

    ollagamjʌn noinkʰadɯɾan maɾi naonɯnde ʌdina maɯmdɛɾo katt'a oɕil
    s'u itʨ'jo?

▶ 올라가면 노인카드란 말이 나오는데 어디나 마음대로 갔다 오실 수
    있죠?

제 이걸 줘 : 개지구 일러네 그저 시뭔만 물먼 대요.

    igʌl ʨwʌ : gɛʥigu illʌne kɯʥʌ ɕibwʌnman mulmʌn tɛjo.

    이걸 줘 : 개지구 일년에 그저 십원만 물면 대요.

▶ 이걸 줘가지고 일 년에 그저 십 원만 내면 돼요.

제 근데 요 싼얼쓰(三二四)[54] 안대요.

    kɯnde jo s'anʌls'ɯ andɛjo.

---

54 싼얼쓰(三二四[sanersi])는 '324번 버스'를 뜻하는 중국어.

근데 요 싼얼쓰(三二四) 안대요.

▶ 그런데 이것 324번 (버스는) 안돼요.

제 떼싼(電三)[55] 안 대요, 떼이(電一)허구 얼(二)허구 우(五).

  t'es'an an tɛjo, t'eifʌgu ʌlfʌgu u.

  떼싼(電三) 안 대요, 떼이(電一)허구 얼(二)허구 우(五).

▶ 3번 전차도 안 돼요, 전차 1번과 2번, 5번.

제 머 이 그ː케 카ː 디리모는데는 다ː 대요.

  mʌ i kɯː kʰe kʰaː tirimonɯndenɯn taː tɛjo.

  머 이 그ː케 카ː 딜이모는데는 다ː 대요.

▶ 뭐 이 그렇게 카드 찍을 수 있는 데는 다 돼요.

조 이걸 잘 건사하십씨오, 하라버지께는 이 카드가 보배임니다.

  igʌt tɕal kʌnsaɦaɕipɛ'io, harabʌdʑik'enɯn i kʰaduɡa pobɛimnida.

▶ 이것을 잘 건사하십시오, 할아버지께는 이 카드가 보배입니다.

제 머, 데 몯씨게 대먼 또 가서 허먼 또 해줘요.

  mʌ, te motɕ'ige tɛmʌn t'o kasʌ ɦʌmʌn t'o ɦɛdʑwʌjo.

  머, 데 못씨게 대먼 또 가서 허먼 또 해 줘요.

▶ 뭐, 저 못쓰게 되면 또 가서 하면 또 해 줘요.

조 그럼 또 시뷘 내라고 하시지요?

  kɯrʌm t'o ɕibwʌn nɛraɡo haɕidʑijo?

▶ 그럼 또 십 원 내라고 하시지요?

제 이거 히러머그먼 시뷘 더 줘ː요.

  igʌ ɕirʌmʌɡɯmʌn ɕibwʌn tʌ tɕwʌː jo.

  이거 잃어먹으먼 십원 더 줘ː요.

▶ 이것 잃어버리면 십 원 더 줘(야 해)요.

---

55 떼싼(電三[diansan])은 '3번 전차'를 뜻하는 중국어인데 정확한 발음은 '뗀싼'임.

조 하라버지 이거 드세요.

harabʌdzi igʌ tɯsejo.

▶ 할아버지 이것 드세요.

제 아니, 이럽씨요, 내 해요.

ani, iɾʌpɛ'ijo, nɛ hɛjo.

아니, 일없이요, 내 해요.

▶ 아니, 괜찮아요, 내가 해요.

할아버지의 건강 비결

조 하라버지, 참 건강하심니다. 장수에 비겨리 무어심니까?
harabʌdzi, tɕʰam kʌnganɦaɕimnida. tɕaŋsue pigjʌri muʌɕimnik'a?
▶ 할아버지, 참 건강하십니다. 장수의 비결이 무엇입니까?

제 비겨리 인나요 머, 그저 허투루 그저 이리케 살디요 머.
pigjʌri innajo mʌ, kɯdzʌ hʌtʰuru kɯdzʌ irikʰe saldijo mʌ.
비결이 잇나요 머, 그저 허투루 그저 이렇게 살디요 머.
▶ 비결이 있나요 뭐, 그저 마음대로 그저 이렇게 살지요 뭐.

제 근데 가만 세 : 볼꺼니요, 담배 안 피야 대요, 술 쫌 안 머기야 대요.
kɯnde kaman se : polk'ʌnijo, tambɛ an pʰija tɛjo, sul tɕ'om an mʌgija
tɛjo.
근데 가만 세 : 볼꺼니요, 담배 안 피야 대요. 술 쫌 안 먹이야 대요.
▶ 그런데 가만히 세어(생각해)보니, 담배를 안 피워야 돼요, 술도 좀 안
먹어야 돼요.

조 네, 하라버지께서는 담배도 안 피우시고 술도 안 드심니까?
ne, harabʌdzik'esʌnɯn tambɛdo an pʰiuɕigo suldo an tɯɕimnik'a?
▶ 네, 할아버지께서는 담배도 안 피우시고 술도 안 드십니까?

제 아, 들라, 들라요. 내 개 : 와요. 이럽씨요.[56]
a, tɯlla, tɯllajo. nɛ kɛ : wajo. irʌpɕ'ijo.
아, 들라, 들라요. 내 개 : 와요. 일없이요.
▶ 아, 드시, 드세요. 내가 가져와요. 괜찮아요.

---

56 깎은 사과를 드리는 조사자를 두고 한 말씀임.

조 하라버지, 지금 담배 전혀 안 피우심니까? 냄새가 안 나능 걸 보니 담배 안 피우시네요.

harabʌdzi, tɕiguɯm tambɛ tɕʌnɕjʌ an pʰiuɕimnik'a? nɛmsɛga an nanɯŋ gʌl poni tambɛ an pʰiuɕinejo.

▶ 할아버지, 지금 담배를 전혀 안 피우십니까? 냄새가 안 나는 것을 보니 담배 안 피우시네요.

제 담배가 내 절머서 오십 저네 좀 푸예시요.

tambɛga nɛ tɕʌlmʌsʌ oɕip tɕʌne tɕom pʰujeɕijo.

담배가 내 젊어서 오십 전에 좀 푸엣이요.

▶ 담배는 내가 젊었을 때 오십 전에 좀 피웠어요.

제 좀 푸이다가 한 삼넌 푸옌나? 안 푸예시요.

tɕom pʰuidaga han samnʌn pʰujenna? an pʰujeɕijo.

좀 푸이다가 한 삼넌 푸옛나? 안 푸옛이요.

▶ 좀 피우다가 한 삼 년 피웠나? 안 피웠어요

제 기침 나구 가래가 자꾸 성해요. 안 푸(피)옌띠요 머.

kitɕʰim nagu karɛga tɕak'u sʌɲɦejo. an pʰu(pʰi)jett'ijo mʌ.

기침 나구 가래가 자꾸 성해요. 안 푸(피)옛디요 머.

▶ 기침도 나고 가래가 자꾸 성해요. 안 피웠지요 뭐.

조 네, 잘 하셛씀니다.

ne, tɕal haɕjʌts'ɯmnida.

▶ 네, 잘 하셨습니다.

제 그 또 수른 볼래 우리 원씨네 지바니요, 우리 조상이 안 머글꺼니.

kɯ t'o suɯun pollɛ uri wʌnɕ'ine tɕibanijo, uri tɕosaɲi an mʌgɯlk'ʌni.

그 또 술은 본래 우리 원씨네 집안이요, 우리 조상이 안 먹을꺼니.

▶ 그 또 술은 본래 우리 원 씨네 집안이요, 우리 조상이 안 먹으니.

제 수른 좀 머그먼 몯 껄레요.

suɾɯn ʨom mʌɡɯmʌn mot kʼjʌllejo.

술은 좀 먹으면 못 결레요.

▷ 술은 좀 먹으면 못 견뎌요.

제 지금 그래 피주(啤酒)[57]두 쪼꼼 먹낀 먹따가 안 대서 그다메.

ʨiɡɯm kɯɾɛ pʰidzudu ʨokʼom mʌkkʼin mʌktʼaɡa an tɛsʌ kɯdame.

지금 그래 피주(啤酒)두 쪼꼼 먹긴 먹다가 안 대서 그담에.

▷ 지금 그래서 맥주도 조금 마시긴 마시다가 안 돼서 그 다음에.

제 이제 쌀루 탁쭈래능 거 쪼꼼씩 해서 예, 탁쭈레 데일 도아요.

idze sʼallu tʰakʨʼuɾɛnɯŋ ɡʌ ʨokʼomɕʼik hɛsʌ je, tʰakʨʼuɾɛ teil toajo.

이제 쌀루 탁주래는 거 쪼꼼씩 해서 예, 탁주레 데일 돟아요.

▷ 이제 쌀로 탁주라는 것 조금씩 해서 예, 탁주가 제일 좋아요.

조 하라버지 탁쭈도 하실 쑤 읻씀니까? 할 쭐 아심니까?

harabʌdzi tʰakʨʼudo haɕil sʼu itsʼɯmnikʼa? hal ʨʼul aɕimnikʼa?

▷ 할아버지 탁주도 하실 수 있습니까? 할 줄 아십니까?

제 아라요.

arajo.

알아요.

▷ 알아요.

조 아, 정말 부지런하심니다.

a, ʨʌŋmal pudziɾʌnɦaɕimnida.

▷ 아, 정말 부지런하십니다.

제 탁쭈 해개지구 그저 항 끼에, 그저 한보기씩 쪼꼼씩 마시먼 조아요.

tʰakʨʼu hɛɡɛdziɡu kɯdzʌ haŋ kʼie, kɯdzʌ hanboɡiɕʼik ʨokʼomɕʼik

maɕimʌn ʨoajo.

---

57 피주(啤酒[pijiu])는 '맥주'를 뜻하는 중국어.

탁주 해개지구 그저 한 끼에, 그저 한보기씩 쪼꼼씩 마시면 좋아요.

▶ 탁주를 해서 그저 한 끼에, 그저 한 보시기씩 조금씩 마시면 좋아요.

조 아, 네.

a, ne.

▶ 아, 네.

제 신테 조아요.

ɕintʰe tɕoajo.

신테 좋아요.

▶ 신체에 좋아요.

조 신테에 조쵸? 하하……

ɕintʰee tɕotɕʰjo? haɦa……

▶ 신체에 좋죠? 하하……

제 그러구 하루 바불 그저 삼시 끼 안 번데야 대요.

kʰuɾʌgu haɾu pabul kʰudʑʌ samɕi kʼi an pʌndeja tejo.

그러구 하루 밥을 그저 삼시 끼 안 번데야 대요.

▶ 그리고 하루 밥을 그저 삼시 끼니 안 건너야 돼요.

제 좀 마니 먹띠 말구 쪼꼼씨래두 먹꾸.

tɕom mani mʌktʼi malgu tɕʼokʼomɕʼiɾɛdu mʌkkʼu.

좀 많이 먹디 말구 쪼꼼씨래두 먹구.

▶ 좀 많이 먹지 말고 조금씩이라도 먹고.

조 아침, 점심, 저녁요?

atɕʰim, tɕʌmɕim, tɕʌnjʌkjo?

▶ 아침, 점심, 저녁요?

제 예, 글구 이 실과 좀 마니 먹꾸.

je, kʰulgu i ɕilgwa tɕom mani mʌkkʼu.

예, 글구 이 실과 좀 많이 먹구.

▷ 예, 그리고 이 과일을 좀 많이 먹고.

제 난 도는 머 크게 업써두 당 : 실과는 안 떠러디구 사라요.

nan tonɯn mʌ kʰɯge ʌps'ʌdu ta : ŋ ɕilgwanɯn an t'ʌɾʌdigu saɾajo.

난 돈은 머 크게 없어두 당 : 실과는 안 떨어디구 살아요.

▷ 나는 돈은 뭐 많이 없어도 늘 과일은 안 떨어지고 살아요.

조 아, 그거시 졷씀니다.

a, kɯgʌɕi ʨots'ɯmnida.

▷ 아, 그것이 좋습니다.

제 까짇 노미야 머이래구 머 내 혼자 그저.

k'adzit nomija mʌiɾegu mʌ nɛ hondza kɯdzʌ.

까짇 놈이야 머이래구 머 내 혼자 그저.

▷ 그까짓 남이야 뭐라고 해도 뭐 나 혼자는 그저.

제 아무래 그(구)저 이러케 삼 : 무다 그저.

amuɾe kɯ(ku)dzʌ iɾʌkʰe sa : mmuda kɯdzʌ.

아무래 그(구)저 이렇게 삽 : 무다 그저.

▷ 마음대로 그저 이렇게 삽니다 그저.

조 하라버지 자제분드른 멷 뿌니심니까?

haɾabʌdzi ʨadzebundɯrɯn mjʌt p'uniɕimnik'a?

▷ 할아버지 자제분들은 몇 분이십니까?

제 자제분 지(기)굼?

ʨadzebun ʨi(ki)gum?

자제분 지(기)굼?

▷ 자제분 지금?

조 네.

ne.

▷ 네.

제 우리 큰 아들 읻꾸, 두채(째) 읻꾸.

uri kʰɯn adɯl itkʼu, tutɕʰɛ(tɕʼɛ) itkʼu.

우리 큰 아들 잇구, 두채(째) 잇구.

▷ 우리 큰 아들이 있고, 둘째가 있고.

제 아들 서 : 이에 딸 한나 읻(이)덩건데 따른 재장너네 그 차에 사고 나서 주거
시요.

adɯl sʌ : ie tʼal hanna it(i)dʌŋgʌnde tʼarɯn tɕɛdzaŋnʌne kɯ tɕʰae sago
nasʌ tɕugʌɕijo.

아들 서 : 이에 딸 한나 잇(이)던건데 딸은 재작년에 그 차에 사고 나
서 죽엇이요.

▷ 아들 셋에 딸 하나 있던 것인데 딸은 재작년에 그 교통사고가 나서
죽었어요.

조 아, 네. 여기에서 사고가 낟씀니까?

a, ne. jʌgiesʌ sagoga natsʼɯmnikʼa?

▷ 아, 네. 여기에서 사고가 났습니까?

제 그 저 : 어데 심양 서쪼게서 나서요.

kɯ tɕʌ : ʌde ɕimjaŋ sʌtɕʼogesʌ nasʌjo.

그 저 : 어데 심양 서쪽에서 낫어요.

▷ 그 저 어디 심양 서쪽에서 났어요.

조 아, 그러셛씀니까? 그러니까 사시다 보면 이런저런 이리 다 읻쬬. 마으미
마니 아프셛께써요?

a, kɯrʌɕʌtsʼɯmnikʼa? kɯrʌnikʼa saɕida pomjʌn irʌndzʌrʌn iri ta ittɕʼjo.
maɯmi mani apʰɯɕjʌtkʼesʼʌjo?

▷ 아, 그러셨습니까? 그러니까 사시다 보면 이런저런 일이 다 있죠. 마

96

음이 많이 아프셨겠어요?

제 아이구, 아파두 머 할 째간 업띠요.
aigu, apʰadu mʌ hal tɕʼɛgan ʌptʼijo.
아이구, 아파두 머 할 재간 없디요.
▶ 아이고, 아파도 뭐 별 수가 없지요.

조 네, 그럳씀니다. 그래도 연세가, 그래도 쉬니 되셛쬬?
ne, kɯrʌtsʼɯmnida. kɯrɛdo jʌnsega, kɯrɛdo süni tö ɕʌttɕʼjo.
▶ 네, 그렇습니다. 그래도 연세가, 그래도 쉰이 되셨죠?

제 그저 소기 페난해야 대요, 이 마으미 페난해야 그 좀.
kɯdʑʌ sogi pʰenanɦɛja tɛjo, i maɯmi pʰenanɦɛja kɯ tɕom.
그저 속이 펜안해야 대요, 이 마음이 펜안해야 그 좀.
▶ 그저 속이 편안해야 돼요, 이 마음이 편안해야 그 좀.

제 마으미 쪼꿈 불카허(하)먼 싸(사)라미래능 거 오래 몯 싸라요.
maɯmi tɕʼokʼum pulkʰafiʌ(ɦa)mʌn sʼa(sa)ramirɛnɯŋ gʌ orɛ mot sʼarajo.
마음이 쪼꿈 불카허(하)먼 싸(사)람이래는 거 오래 못 살아요.
▶ 마음이 조금 불쾌하면 사람은 오래 못 살아요.

조 네, 그럳씀니다.
ne, kɯrʌtsʼɯmnida.
▶ 네, 그렇습니다.

제 원만항 건 생각 안 해야 대요.
wʌnmanɦaŋ gʌn sɛŋgak an ɦɛja tɛjo.
원만한 건 생각 안 해야 대요.
▶ 웬만한 것은 생각 안 해야 돼요.

제 이자 머 이, 그리케 댕 걸 어띠케 허갇쏘? 이자?
idʑa mʌ i, kɯrikʰe tɛŋ gʌl ʌtʼikʰe ɦʌgatsʼo? idʑa?

이자 머 이, 그렇게 댄 걸 어떻게 허갓소? 이자?

▶ 이제 뭐 이, 그렇게 된 걸 어떻게 하겠소? 이제?

조 하라버지 사진 나왇씀니다. 그리고 하라버지 매 : 일 아침 운동 어디로 가 하
심니까?

harabʌdzi sadzin nawats'ɯmnida. kɯrigo harabʌdzi mɛ : il atɕʰim undoŋ
ʌdiɾo ka haɕimnik'a?

▶ 할아버지 사진이 나왔습니다. 그리고 할아버지께서 매일 아침 운동을
어디로 가서 하십니까?

제 그저네 노친네 이슬 때는 이거 한 바쿠씩 돌덩 건 : 데.

kɯdzʌne notɕʰinne isɯl t'ɛnɯn igʌ han pakʰuɕ'ik toldʌŋ gʌ : nde.

그전에 노친네 잇을 때는 이거 한 바쿠씩 돌던 건 : 데.

▶ 그전에 노친이 있을 때는 여기를 한 바퀴씩 돌던 것인데.

제 아지겐, 머 요즈멘 나제는 덜 댕게요.

adzigen, mʌ jodzɯmen nadzenɯn tʌl tɛŋgejo.

아직엔, 머 요즘엔 낮에는 덜 댕게요.

▶ 아침에는, 뭐 요즘에는 낮에는 덜 다녀요.

제 밥 해 머거야디 머 그 멀 : 좀 지반두 좀 치우야 허(하)디 헐(할)꺼니.

pap hɛ mʌgʌjadi mʌ kɯ mʌ : l tɕom tɕibandu tɕom tɕʰiuja hʌ(ha)di
hʌl(hal)k'ʌni.

밥 해 먹어야디 머 그 멀 : 좀 집안두 좀 치우야 허(하)디 헐(할)꺼니.

▶ 밥을 해 먹어야지 뭐 그 뭘 좀 집안도 좀 치워야 하지 하니까.

제 그저 바비나 먹꾸 그저 보 : 통 이젠 시내 댕게요.

kɯdzʌ pabina mʌkk'u kɯdzʌ po : tʰoŋ idzen ɕinɛ tɛŋgejo.

그저 밥이나 먹구 그저 보 : 통 이젠 시내 댕게요.

▶ 그저 밥이나 먹고 그저 보통 이제는 시내를 다녀요.

제 나 이거 겨우레 이거 그저 한 사나흘.

na igʌ kjʌuɾe igʌ kɯdzʌ han sanaɦɯl.

나 이거 겨울에 이거 그저 한 사나흘.

▷ 나 이것 겨울에 이것 그저 한 사나흘.

제 한 사하레 한번씨근 시내 꼭꼭 댕게요.

han saɦaɾe hanbʌnɕ'igɯn ɕine k'okk'ok tɛŋgejo.

한 사할에 한번씩은 시내 꼭꼭 댕게요.

▷ 한 사흘에 한 번씩은 시내를 꼭꼭 다녀요.

조 아, 가서 뭐 구경하실 껀 읻씀니까?

a, kasʌ mwʌ kugjʌɲɦaɕil k'ʌt its'ɯmnik'a?

▷ 아, 가서 뭐 구경하실 것이 있습니까?

제 그저 공워네두 가구 그저 사방 그저 척 : 척 댕기다가.

kɯdzʌ koŋwʌnedu kagu kɯdzʌ sabaŋ kɯdzʌ tɕʰʌ : ktɕʰʌk tɛŋgidaga.

그저 공원에두 가구 그저 사방 그저 척 : 척 댕기다가.

▷ 그저 공원에도 가고 그저 사방 그저 척척 다니다가.

제 사방 댕기구, 차를 타두 또 환처(換車)[58]허(하)게 대면 또 거리야 댄다 마리.

sabaŋ tɛŋgigu, tɕʰaɾɯl tʰadu t'o hwantɕʰʌɦʌ(ɦa)ge tɛmʌn t'o kʌɾija tɛnda mari.

사방 댕기구, 차를 타두 또 환처(換車)허(하)게 대면 또 걸이야 댄다 말이.

▷ 사방에 다니고, 차를 타도 또 갈아타게 되면 또 걸어야 된다 말이.

조 네.

ne.

▷ 네.

---

58 환처(換車[huanche])는 '환승'을 뜻하는 중국어.

제 지비 이거 가만히 이스먼 그저 둔너 : 자야 댄단 마리.

ʨibi igʌ kamanʨi isɯmʌn kɯʥʌ tunnʌ : ʨaja tɛndan maɾi.

집이 이거 가만히 잇으면 그저 둔너 : 자야 댄단 말이.

▶ 집에 이렇게 가만히 있으면 그저 들어 누워 자야 된단 말이.

조 네, 나제 자면 안 조쵸.

ne, naʥe ʨamjʌn an ʨotɕʰjo.

▶ 네, 낮에 자면 안 좋죠.

제 자먼 안 대디요 머, 나가 놀레니 나 가튼 나이 마는 싸(사)람 업 : 꾸.

ʨamʌn an tɛdijo mʌ, naga nollɛni na katʰɯn nai manɯn s'a(sa)ɾam ʌ : pk'u.

자먼 안 대디요 머, 나가 놀레니 나 같은 나이 많은 싸(사)람 없 : 구.

▶ 자면 안 되지요 뭐, 나가 놀려니 나처럼 나이가 많은 사람이 없고.

제 나가먼 그래두 머 낟썬 싸(사)람, 그래두 말두 좀 허(하)구.

nagamʌn kɯɾɛdu mʌ nats'ʌn s'a(sa)ɾam, kɯɾɛdu maldu ʨom hʌ(ha)gu.

나가먼 그래두 머 낮선 싸(사)람, 그래두 말두 좀 허(하)구.

▶ 나가면 그래도 뭐 낯선 사람, 그래도 말도 좀 하고.

제 그저 이럭떼럭 그러꺼니 괘타나요.

kɯʥʌ iɾʌkt'eɾʌk kɯɾʌk'ʌni kwɛtʰanajo.

그저 이럭데럭 그러꺼니 괘탆아요.

▶ 그저 이럭저럭 그러니까 괜찮아요.

조 네, 괜타나요? 어제 오후에는 혹씨 어디에 계션씀니까?

ne, kwɛntʰanajo? ʌʥe oɦuenɯn hokɕ'i ʌdie kjeʨʌts'ɯmnik'a?

▶ 네, 괜찮아요? 어제 오후에는 혹시 어디에 계셨습니까?

제 어제 오후에두 심양 갇떠래시요.

ʌʥe oɦuedu ɕimjaŋ katt'ʌɾɛɕijo.

어제 오후에두 심양 갓더랫이요.

▣ 어제 오후에도 심양(시내)에 갔댔어요.

조 하라버지를 어제 오후부터 뵙꼬 시펀는데요 열락할 쑤 업따고 하셔써요. 보
통 저녀근 멷 씨에 주무심니까?
　harabʌdzirɯl ʌdze oɦubutʰʌ pöpk'o ɕipʰʌnnɯndejo jʌllakhal s'u ʌpt'ago
　haɕjʌs'ʌjo. potʰoŋ tɕʌnjʌgɯm mjʌt ɕ'ie tɕumuɕimnik'a?

▣ 할아버지를 어제 오후부터 뵙고 싶었는데요 연락할 수 없다고 하셨어
요. 보통 저녁은 몇 시에 주무십니까?

제 보 : 통 저나게 그저 이리케 시내에 갇따 오구 허(하)게 대면.
　po : tʰoŋ tɕʌnage kɯdzʌ irikʰe ɕinɛe katt'a ogu ɦʌ(ha)ge tɛmʌn.

보 : 통 저낙에 그저 이렇게 시내에 갓다 오구 허(하)게 대면.

▣ 보통 저녁에 그저 이렇게 시내에 갔다 오고 하게 되면.

제 야덜시, 아홉씨먼 자디요 머.
　jadʌlɕi, aɦopɕ'imʌn tɕadijo mʌ.

야덟 시, 아홉 시먼 자디요 머.

▣ 여덟 시나 아홉 시면 자지요 뭐.

조 네.
　ne.

▣ 네.

제 근데 이 지비서 자믈 자노먼 자미 안 와개지구 열 씨 넘꾸.
　kɯnde i tɕibisʌ tɕamɯl tɕanomʌn tɕami an wagɛdzigu jʌl ɕ'i nʌmk'u.

근데 이 집이서 잠을 자노먼 잠이 안 와개지구 열 시 넘구.

▣ 그런데 이 (낮에) 집에서 잠을 자놓으면 잠이 안 와서 열 시 넘고.

제 머 이 열 씨 너머야 자구 열뚜 시 건덜테야 댄단 마리.
　mʌ i jʌl ɕ'i nʌmʌja tɕagu jʌlt'u ɕi kʌndʌltʰeja tɛndan mari.

머 이 열 시 넘어야 자구 열두 시 건덜테야 댄단 말이.

▣ 뭐 이 열 시 넘어야 자고 열두 시 건너야 된단 말이.

제 게 : 우 : 야 댕게요.

    ke : u : ja teŋgejo.

    게 : 우 : 야 댕게요.

▷ 그래서 일부러 다녀요.

조 네, 우 : 야 몯 아라듣쨔? 아니, 학쌩드른 이제 금방 항구거를 배윌끼 때무네 옌마를 잘 모릅니다. 하라버지 평소에 아치메 멷 씨에 이러나심니까?

    ne, u : ja mot aradɯtte'jo? ani, haks'ɛndɯrɯn idze kɯmbaŋ haŋgugʌrɯl pɛwʌtk'i t'ɛmune jenmarɯl tɕal morɯmnida. harabʌdzi pʰjʌŋsoe atɕʰime mjʌt ɕ'ie irʌnaɕimnik'a?

▷ 네, '일부러'를 못 알아듣죠? 아니, 학생들은 이제 금방 한국어를 배웠기 때문에 옛말을 잘 모릅니다. 할아버지께서는 평소에 아침에 몇 시에 일어나십니까?

제 보 : 통 여섣 씨는 니러나요, 그저 안자, 깨기야 그저 너덛 씨 대먼야 깨디요 머.

    po : tʰoŋ jʌsʌt ɕ'inɯn nirʌnajo, kɯdzʌ andza, k'ɛgija kɯdzʌ nʌdʌt ɕ'i tɛmʌnja k'ɛdijo mʌ.

    보 : 통 여섯 시는 닐어나요, 그저 앉아, 깨기야 그저 너덧 시 대먼야 깨디요 머.

▷ 일반적으로 여섯 시에는 일어나요, 그저 앉아, 깨어나기야 그저 네댓 시 되면 (잠에서) 깨어나지요 뭐.

조 이러나셔서 뭐 하심니까?

    irʌnaɕjʌsʌ mwʌ haɕimnik'a?

▷ 일어나셔서 뭐 하십니까?

제 그저 안자서 그저 덴스(電視)[59]두 좀 보구 그저 노래두 좀 보구.

    kɯdzʌ andzasʌ kɯdzʌ tensɯdu tɕom pogu kɯdzʌ norɛdu tɕom pogu.

    그저 앉아서 그저 덴스(電視)두 좀 보구 그저 노래두 좀 보구.

---

59 덴스(電視[dianshi])는 '텔레비전'을 뜻하는 중국어.

▶ 그저 앉아서 그저 텔레비전도 좀 보고 그저 노래도 좀 듣고.

제 아 : 제는 노래 안 드러요. 그저 덴스나 좀 보구 그저.

  a : ʥenɯn noɾɛ an tɯɾʌjo. kɯʣʌ tensɯna ʨom pogu kɯʣʌ.

  아 : 제는 노래 안 들어요. 그저 덴스나 좀 보구 그저.

▶ 아침에는 노래를 안 들어요. 그저 텔레비전이나 좀 보고 그저.

기억 저 편의 어려웠던 학교생활

조 하라버지 인상이 가장 기펃떤 이른 뭠니까? 저 조서네서 열네 살 때 오셔쓰
면 그쪼게 이리 마니 생각나실 텐데요.

harabʌdzi insaɲi kadzaŋ kipʰʌtt'ʌn irɯn mwʌmnik'a? tɕʌ tɕosʌnesʌ jʌlne
sal t'ɛ oɕjʌs'ɯmjʌn kɯtɕ'oge iri mani sɛŋgaknaɕil tʰendejo.

▶ 할아버지께서 인상이 가장 깊었던 일은 뭡니까? 저 조선에서 열네 살
때 오셨으면 그쪽의 일이 많이 생각나실 텐데요.

제 생각나요.

sɛŋgaknajo.

생각나요.

▶ 생각이 나요.

조 거기에 살던 집또 생각나고 정원, 압뜨락또 생각나고 그러시죠?

kʌgie saldʌn tɕipt'o sɛŋgaknago tɕʌŋwʌn, apt'ɯrakt'o sɛŋgaknago
kɯrʌɕidzjo?

▶ 거기에 살던 집도 생각나고 정원, 앞뜨락도 생각나고 그러시죠?

제 나디요.

nadijo.

나디요.

▶ 나지요.

조 네, 한번 말씀해 주시겓씀니까? 어떤 고세서 사션는지요?

ne, hanbʌn mals'ɯmɦɛ tɕuɕigets'ɯmnik'a? ʌt'ʌn kosesʌ saɕjʌnnɯndzi
jo?

▶ 네, 한번 말씀해 주시겠습니까? 어떤 곳에서 사셨는지요?

제 근데 거 : 기는 내 학교 댕길 때 : 는.

kɯnde kʌ : ginɯn nɛ hakk'jo teŋgil t'ɛ : nɯn.

근데 거 : 기는 내 학교 댕길 때 : 는.

▶ 그런데 거기는 내가 학교를 다닐 때에는.

조 네.

ne.

▶ 네.

제 초산과 우리, 나는 우연(渭原郡), 초사네서 사란는데.

tɕʰosangwa uri, nanɯn ujʌn, tɕʰosanesʌ sarannɯnde.

초산과 우리, 나는 우연(渭原郡), 초산에서 살았는데.

▶ 초산과 우리, 나는 위원, 초산에서 살았는데.

조 네.

ne.

▶ 네.

제 나기는 초사네서 난는데 살기는 우연(渭原郡) 띠대서 사란딴 마리.

naginɯn tɕʰosanesʌ nannɯnde salginɯn ujʌn t'idɛsʌ saratt'an mari.

나기는 초산에서 낳는데 살기는 우연(渭原郡) 띠대서 살았단 말이.

▶ 낳기는 초산에서 낳는데 살기는 위원 지역에서 살았단 말이.

제 초산 띠대고 이래 경계짜메, 요곤 초사니구 이건 넌풍동(沿豊洞)이래는데.

tɕʰosan t'idɛgo irɛ kjʌŋgetɕ'ame, jogon tɕʰosanigu igʌn nʌnpʰuŋdoɲirɛnɯnde.

초산 띠대고 이래 경계짬에, 요곤 초산이구 이건 넌풍동이래는데.

▶ 초산 지역이고 이렇게 경계에, 여기는 초산이고 여기는 연풍동이라 는데.

제 넌풍동에서 사란는데 그 이거 지금 아 : 드른요 호광이라요.

nʌnpʰuŋdoŋesʌ sarannɯnde kɯ igʌ tɕigɯm a : dɯrɯnjo hogwaɲirajo.

넌풍동에서 살았는데 그 이거 지금 아 : 들은요 호광이라요.

▶ 연풍동에서 살았는데 그 이것 지금 아이들은요 호강이에요.

제 참 : 호광이디요, 내 그 닐곱 싸레서부텀 초산꼬를 댕기는데.

tɕʰa : m hogwaɲidijo, nɛ kɯ nilgop s'aresʌbutʰʌm tɕʰosank'orɯl

teŋginɯnde.

참 : 호광이디요, 내 그 닐곱 살에서부텀 초산골을 댕기는데.

▶ 참 호강이지요, 내가 그 일곱 살에서부터 초산골을 다니는데.

제 초산꼴과(관) 그 넌풍동과 이심리란 마리.

tɕʰosank'olgwa(gwan) kɯ nʌnpʰuŋdoŋwa iɕimriran mari.

초산골과(관) 그 넌풍동과 이십리란 말이.

▶ 초산골과 그 연풍동이 이십 리란 말이.

제 이심린 : 데 매 : 일 하루씩 한번 갇따오야 핻딴 마리.

iɕimri : nde mɛ : il haruɕ'ik hanbʌn katt'aoja hɛtt'an mari.

이십린 : 데 매 : 일 하루씩 한번 갓다오야 했단 말이.

▶ 이십 리인데 매일 하루에 한 번씩 갔다 와야 했단 말이.

제 그 학꾜 댕기 : 기 위해서라무니 하루 왕래허(하)디요 머.

kɯ hakk'jo teŋgi : gi üɦesʌramuni haru waŋreɦʌ(ɦa)dijo mʌ.

그 학교 댕기 : 기 위해서라무니 하루 왕래허(하)디요 머.

▶ 그 학교를 다니기 위해서 하루에 왕래하지요 뭐.

제 그땐 도니 업꾸 그럴꺼니 머 왕래할.

kɯt'en toni ʌpk'u kɯrʌlk'ʌni mʌ waŋreɦal.

그땐 돈이 없구 그럴꺼니 머 왕래할.

▶ 그때는 돈이 없고 그러니 뭐 왕래할.

제 그땐 또 다 : 댕기시요. 그러케 아이드리.

kɯt'en t'o ta : teŋgiɕijo. kɯrʌkʰe aidɯri.

그땐 또 다 : 댕깃이요. 그렇게 아이들이.

▷ 그때는 또 다 (걸어) 다녔어요. 그렇게 아이들이.

제 그래 공불 일항너네는 좀 조꼼 핸는데.

kɯɾɛ koŋbul ilɦaŋnʌnenɯn tɕom tɕok'om ɦɛnnɯnde.

그래 공불 일학년에는 좀 조꼼 했는데.

▷ 그래서 공부를 일 학년에서는 좀 조금 했는데.

제 차츰차츰 대니꺼니 곤 : 해개지구.

tɕʰatɕʰɯmtɕʰatɕʰɯm tɛnik'ʌni ko : nɦɛgɛdzigu.

차츰차츰 대니꺼니 곤 : 해개지구.

▷ 차츰차츰 되니까 피곤해가지고.

제 책뽀는 싼는데 학꾜 가야 푸러 보온단 마리.

tɕʰɛkp'onɯn s'annɯnde hakk'jo kaja pʰuɾʌ poondan maɾi.

책보는 쌌는데 학교 가야 풀어 보온단 말이.

▷ 책보는 쌌는데 학교에 가야 풀어 본단 말이.

제 학꾜서 싸노쿠, 싸개지구 개 : 구 오먼.

hakk'josʌ s'anokʰu, s'agɛdzigu kɛ : gu omʌn.

학교서 싸놓구, 싸개지구 개 : 구 오먼.

▷ 학교에서 싸놓고, 싸서 가지고 오먼.

제 지베 오먼 머 곤 : 해서라무니 밥 먹끼레 바빠서 자야 댄다 마리.

tɕibe omʌn mʌ ko : nɦɛsʌɾamuni pap mʌkk'iɾe pap'asʌ tɕaja tɛnda maɾi.

집에 오먼 머 곤 : 해서라무니 밥 먹기레 바빠서 자야 댄다 말이.

▷ 집에 오면 뭐 피곤해서 밥 먹기가 바쁘게 자야 된다 말이.

제 자다가 또 아지게 식쩌네 부모네가 이제 깨우게 대먼.

tɕadaga t'o adzige ɕiktɕ'ʌne pumonega idze k'ɛuge tɛmʌn.

자다가 또 아직에 식전에 부모네가 이제 깨우게 대먼.

▷ 자다가 또 아침에 식전에 부모님이 이제 깨우게 되면.

제 할 째간 업써 그때야 머.

hal tɕʼɛgan ʌpsʼʌ kɯtʼɛja mʌ.

할 재간 없어 그때야 머.

▷ 할 수 없이 그때야 뭐.

제 그 지그믄 머 전부 니밥 아니요? 그때는 전부 잡꼬기란 마리.

kɯ tɕigɯmɯn mʌ tɕʌnbu nibap anijo? kɯtʼɛnɯn tɕʌnbu tɕapkʼogiran mari.

그 지금은 머 전부 니밥 아니요? 그때는 전부 잡곡이란 말이.

▷ 그 지금은 뭐 전부 이밥이 아닌가요? 그때는 전부 잡곡이란 말이.

제 좁쌀 아니면 강낭쌀 그담 : 쉽 : 쌀 이리케 먹끼 때무네.

tɕopsʼal animʌn kaɲnaŋsʼal kɯda : m sü : psʼal irikʰe mʌkkʼi tʼɛmune.

좁쌀 아니면 강낭쌀 그담 : 쉽 : 쌀 이렇게 먹기 때문에.

▷ 좁쌀이 아니면 강냉이쌀 그 다음에 수수쌀을 이렇게 먹기 때문에.

제 먹끼 시러서 아지게는 그저 굴머서두 가구 그저.

mʌkkʼi ɕiɾʌsʌ adzigenɯn kɯdzʌ kulmʌsʌdu kagu kɯdzʌ.

먹기 싫어서 아직에는 그저 굶어서두 가구 그저.

▷ 먹기 싫어서 아침에는 그저 굶어서도 가고 그저.

제 또 어떤 때는 질 : 개나 쪼꿈성 쫌 덩시물 싸 : 개구 가구.

tʼo ʌtʼʌn tʼɛnɯn tɕi : lgena tɕʼokʼumsʌŋ tɕʼom tʌɲɕimul sʼa : gɛgu kagu.

또 어떤 때는 질 : 개나 쪼꿈성 쫌 덩심을 싸 : 개구 가구.

▷ 또 어떤 때는 반찬이나 조금씩 (좋으면) 좀 점심을 싸가지고 가고.

제 맏깓띠 아느먼 그저 아직뚜 안 먹꾸.

matkʼatʼi anɯmʌn kɯdzʌ adziktʼu an mʌkkʼu.

맞갖디 않으면 그저 아직두 안 먹구.

▷ 알맞지 않으면 그저 아침도 안 먹고.

제 학꾜를 갇따 와서 저나게 멍는단 마리.

108

hakk'joɾɯl katt'a wasʌ ʨʌnage mʌɲnɯndan maɾi.

학교를 갓다 와서 저낙에 먹는단 말이.

▶ 학교를 갔다 와서 저녁에 먹는단 말이.

조 그럼 한 때만 드세요?

kɯɾʌm han t'ɛman tɯsejo?

▶ 그럼 한 때만 드세요?

제 한 때 먹띠요, 기 : 싸(사)라미 그때는 장수라요 전부.

han t'ɛ mʌkt'ijo, ki : s'a(sa)ɾami kɯt'ɛnɯn ʨaŋsuɾajo ʨʌnbu.

한 때 먹디요, 기 : 싸(사)람이 그때는 장수라요 전부.

▶ 한 때만 먹지요, 그 사람이 그때는 참 건강해요 전부.

제 지금 아 : 들 그리케 해먼 다 : 주거요.

ʨigɯm a : dɯl kɯɾikʰe hɛmʌn ta : ʨugʌjo.

지금 아 : 들 그렇게 해먼 다 : 죽어요.

▶ 지금 아이들은 그렇게 하면 다 죽어요.

조 하라버지께서 그때 그 이심리 기를 왇따갇따 하셛끼 때무네 지금 이러케 건
강하심니다.

haɾabʌʥik'esʌ kɯt'ɛ kɯ iɕimɾi kiɾɯl watt'agatt'a haɕjʌtk'i t'ɛmune
ʨigɯm iɾʌkʰe kʌŋgaɲɦaɕimnida.

▶ 할아버지께서 그때 그 이십 리 길을 왔다 갔다 하셨기 때문에 지금
이렇게 건강하십니다.

제 눙너늘 그리케 댕기시요, 눙너늘.

nuŋnʌnɯl kɯɾikʰe tɛŋɕiʥijo, nuŋnʌnɯl.

눅년을 그렇게 댕깃이요, 눅년을.

▶ 육 년을 그렇게 다녔어요, 육 년을.

조 융녀니 어디예요?

juŋnjʌni ʌdijejo?

▶ 육 년이 어디예요?

제 고 방학 때 그저 안 갇띠요, 방학 때두 그저.

ko paɲɦak t'ɛ kɯdzʌ an katt'ijo, paɲɦak t'ɛdu kɯdzʌ.

고 방학 때 그저 안 갓디요, 방학 때두 그저.

▶ 그 방학 때에 그저 안 갔지요, 방학 때도 그저.

제 지금 머 한달 넘께 허디 안쏘? 그때는 그저 한 이시빌?

tɕigɯm mʌ handal nʌmk'e hʌdi ans'o? kɯt'ɛnɯn kɯdzʌ han iɕibil?

지금 머 한달 넘게 허디 않소? 그때는 그저 한 이십일?

▶ 지금은 뭐 한달 넘게 하지 않소? 그때는 그저 한 이십 일?

조 네.

ne.

▶ 네.

제 그저 일러네 한달반두 채 안해요.

kɯdzʌ illʌne handalbandu tɕʰɛ anɦɛjo.

그저 일년에 한달반두 채 안해요.

▶ 그저 일 년에 한 달 반도 채 안 해요.

제 그 우리, 그리 : 내 절머서요 보통 이백오심리, 한 이뱅리 낄 갇따요.

kɯ uri, kɯri : nɛ tɕʌlmʌsʌjo potʰoŋ ibɛkoɕimri, han ibɛŋri k'il katt'ajo.

그 우리, 그리 : 내 젊엇어요 보통 이백오십리, 한 이백리 길 갓다요.

▶ 그 우리, 그래서 내 젊을 때요 보통 이백오십 리, 한 이백 리 길을 갔어요.

110

삶의 질 개선을 위한 피타는 노력

⊞ 내 이 집짜리 이 보레 오능 거 그 지반헌서 이 환등(지명)꺼지 오능 거.
nɛ i ʨipʨ'ari i pore onɯŋ gʌ kɯ ʨibanɦʌnsʌ i hwandɯŋk'ʌʣi onɯŋ gʌ.
내 이 집 자리 이 보레 오는 거 그 집안헌서 이 환등꺼지 오는 거.
▷ 내 이 집 자리 이 보러 오는 것 그 집안현에서 이 환등까지 오는 것.

⊞ 전부 거러왈따니깐. 그제 머 차레, 차가 업써요.
ʨʌnbu kʌɾʌwatt'anik'an. kɯʣe mʌ ʨʰare, ʨʰaga ʌps'ʌjo.
전부 걸어왔다니깐. 그제 머 차레, 차가 없어요.
▷ 전부 걸어왔다니까. 그때는 뭐 차가, 차가 없어요.

⊞ 네.
ne.
▷ 네.

⊞ 기차는, 기차는 이제 이선는데, 기차는 혀네 올라가야.
kiʨʰanɯn, kiʨʰanɯn idʒe isʌnnɯnde, kiʨʰanɯn çjʌne ollagaja.
기차는, 기차는 이제 잇엇는데, 기차는 현에 올라가야.
▷ 기차는, 기차는 있기는 있었는데, 기차는 현에 올라가야.

⊞ 한 멛 뺑(뱅)리 기(끼)를 올라가야 이제 기차라구 잊꾸.
han met p'ɛŋ(pɛŋ)ri ki(k'i)rɯl ollagaja idʒe kiʨʰaragu itk'u.
한 몇 백리 길(낄)을 올라가야 이제 기차라구 잇구.
▷ 한 몇 백 리 길을 올라가야 겨우 기차라고 있고.

⊞ 그 그 어가넨 자덩거두 몯 타디, 이 빠스레 다 : 머야? 업써요.
kɯ kɯ ʌganen ʨadʌŋgʌdu mot tʰadi, i p'asɯre ta : mʌja? ops'ʌjo.
그 그 어간엔 자던거두 못 타디, 이 빠스레 다 : 머야? 없어요.

▷ 그, 그 중간에는 자전거도 못 타지, 이 버스가 다 뭐예요? 없어요.

제 전부 거러, 거리야 대요.
　tɛnbu kʌɾʌ, kʌrija tɛjo.
　전부 걸어, 걸이야 대요.
▷ 전부 걸어, 걸어야 돼요.

제 이 남자모게서 그 남자목(지명)꺼지 나가개지구 통화루 그러케 나가먼.
　i namdzamogesʌ kɯ namdzamokk'ʌdzi nagagɛdzigu tʰoɲɦwaɾu kɯɾʌkʰe
　nagamʌn.
　이 남자목에서 그 남자목꺼지 나가개지구 통화루 그렇게 나가먼.
▷ 이 남자목에서 그 남자목까지 나가가지고 통화로 그렇게 나가먼.

제 사 : 할이먼 우리 지비 가는데 한 사 : 뱅리, 한 오뱅리 낄 대는데.
　sa : ɦalimʌn uri tɕibi kanɯnde han sa : bɛɲri, han obɛɲri k'il tɛnɯnde.
　사 : 할이먼 우리 집이 가는데 한 사 : 백리, 한 오백리 길 대는데.
▷ 사흘이면 우리 집에 가는데 한 사백 리, 한 오백 리 길 되는데.

제 사 : 할이먼 지베 가디요 머.
　sa : ɦalimʌn tɕibe kadijo mʌ.
　사 : 할이먼 집에 가디요 머.
▷ 사흘이면 집에 가지요 뭐.

조 네, 지금 사람드른 여를도 몯 까요, 여를 가도 몯 까요.
　ne, tɕigɯm saramdɯrɯn jʌɾɯldo mot k'ajo, jʌɾɯl kado mot k'ajo.
▷ 네, 지금 사람들은 열흘도 못 가요, 열흘 가도 못 가요.

제 지금요 하루두 몯 까요 지금 싸람, 거름 마니 거러시요 내.
　tɕigɯmjo harudu mot k'ajo tɕigɯm s'aram, kʌɾɯm mani kʌɾʌɕijo nɛ.
　지금요 하루도 못 가요 지금 싸람, 걸음 많이 걸엇이요 내.
▷ 지금요 하루도 못 (걸어)가요 지금 사람, 걸음을 많이 걸었어요 내가.

조 그러니까 지금도 얼마나 건강하심니까?

kɯɾʌnik'a ʨigɯmdo ʌlmana kʌngaɲɦaɕimnik'a?

▷ 그러니까 지금도 얼마나 건강하십니까?

제 그때 : 그 우리, 우리는 암녹(록)깡베네 이섣끼 때메네.

kɯt'ɛ : kɯ uri, urinɯn amnok(rok)k'aŋbene isʌtk'i t'ɛmene.

그때 : 그 우리, 우리는 압녹(록)강벤에 잇엇기 때멘에.

▷ 그때 그 우리, 우리는 압록강변에 있었기 때문에.

조 네.

ne.

▷ 네.

제 예, 그 전부 암록깡베네는요 이 전부 자가리라요 돌.

je, kɯ ʨʌnbu amrokk'aŋbenenɯnjo i ʨʌnbu ʨagarirajo tol.

예, 그 전부 압록강벤에는요 이 전부 자갈이라요 돌.

▷ 예, 그 전부 압록강변에는요 이 전부 자갈이라요 돌.

제 자갈 꾸뎅에다가서 농살 : 핸는데.

ʨagal k'udeŋedagasʌ noŋsa : l hʌnnɯnde.

자갈 꾸뎅에다가서 농살 : 햇는데.

▷ 자갈 구덩이(밭)에다가 농사를 했는데.

제 갸 : 우 버러머기야 농, 싱낭(날) 벌띠말띠 허다 마리.

kja : u pʌɾʌmʌgija noŋ, ɕiɲnaŋ(nal) pʌlt'imalt'i hʌda mari.

갸 : 우 벌어먹이야 농, 식낭(날) 벌디말디 하다 말이.

▷ 겨우 벌어먹어야 농, 식량 빌지말지 하다 말이.

제 그리기 다른 데는 도늘 좀 쓸레먼.

kɯɾigi tarɯn tenɯn tonɯl ʨom s'ɯllemʌn.

그리기 다른 데는 돈을 좀 쓸레먼.

▷ 그래서 다른 데는 돈을 좀 쓰려면.

제 그 머 버부에 찌시래두 쫌 허야 댄단 마리.

kɯ mʌ pʌbue tɕ'iɕiɾedu tɕ'om hʌja tɛndan maɾi.

그 머 버부에 찟이래두 쫌 허야 댄단 말이.

▶ 그 뭐 부업이라도 좀 해야 된단 말이.

제 조서누루 왇따갇따 하무서라무니 싸를 지구, 여 : 구 싸를 지구 가먼.

tɕosʌnuɾu watt'agatt'a hamusʌɾamuni s'aɾɯl tɕigu, jʌ : gu s'aɾɯl tɕigu kamʌn.

조선우루 왓다갓다 하무서라무니 쌀을 지구, 여 : 구 쌀을 지구 가먼.

▶ 조선으로 왔다 갔다 하면서 쌀을 지고, 여기 쌀을 지고 가면.

제 조서네 가먼, 갇따 팔먼 여 : 구 한 마 : 리, 두 말 : 댄단 마리.

tɕosʌne kamʌn, katt'a pʰalmʌn jʌ : gu han ma : ɾi , tu ma : l tɛndan maɾi.

조선에 가먼, 갓다 팔먼 여 : 구 한 말 : 이, 두 말 : 댄단 말이.

▶ 조선에 가면, 가져다 팔면 여기 한 말이, 두 말 된단 말이.

제 오십끈 지구 가먼 백끄는 살 쑤(수) 읻딴 마리.

oɕipk'ɯn tɕigu kamʌn pɛkk'ɯnɯn sal s'u(su) itt'an maɾi.

오십근 지구 가먼 백근은 살 수 잇단 말이.

▶ 오십 근을 지고 가면 백 근은 살 수 있단 말이.

제 그저 그 바메먼 그러케 핻띠요 머, 바메 또 몰래 가야 대서.

kɯdʑʌ kɯ pamemʌn kɯɾʌkʰe hɛtt'ijo mʌ, pame t'o mollɛ kaja tɛsʌ.

그저 그 밤에먼 그렇게 햇디요 머, 밤에 또 몰래 가야 대서.

▶ 그저 그 밤이면 그렇게 했지요 뭐, 밤에 또 몰래 가야 해서.

제 사늘 너머서, 산 너머서 그대 : 메 강 건너가개지구.

sanɯl nʌmʌsʌ, san nʌmʌsʌ kɯdɛ : me kaŋ kʌnnʌgagɛdʑigu.

산을 넘어서, 산 넘어서 그댐 : 에 강 건너가개지구.

▶ 산을 넘어서, 산을 넘어서 그 다음에 강을 건너가서.

조 그 강을 마음대로 건널 쑤 읻씀니까? 꽤 깁떤데요?

kɯ kaŋɯl maɯmdɛro kʌnnʌl s'u its'ɯmnik'a? k'wɛ kipt'ʌndejo?

▶ 그 강을 마음대로 건널 수 있습니까? 꽤 깊던데요?

제 그 쪽꾸이[60]라구 읻따요, 그 믿 씩꾸 거기 가 읻따 이서요.

kɯ tc'okk'uiragu itt'ajo, kɯ mit c'ikk'u kʌgi ka itt'a isʌjo.

그 쪽구이라구 잇다요, 그 밀 식구 거기 가 잇다 잇어요.

▶ 그 오두막이라고 있어요. 그 몇 식구가 거기 가서 다 있어요.

제 그 머ː슨 멀 물거늘 실케구 가게 대면 여구, 그 뱓싸공이 읻딴 마리.

kɯ mʌ ː sɯn mʌl mulgʌnɯl cilkʰegu kage tɛmʌn jʌgu, kɯ pɛts'agoɲi
itt'an mari.

그 머ː슨 멀 물건을 실케구 가게 대면 여구, 그 뱃사공이 잇단 말이.

▶ 그 무슨 뭘 물건을 싣고 가게 되면 여기, 그 뱃사공이 있단 말이.

제 뱓싸공을 리용해서 그리케 건너가문.

pɛts'agoŋɯl rijoɲɦɛsʌ kɯrikʰe kʌnnʌgamun.

뱃사공을 리용해서 그렇게 건너가문.

▶ 뱃사공을 이용해서 그렇게 건너가면.

제 이거 건너가두요 이 산, 기리 아니라요.

igʌ kʌnnʌgadujo i san, kiri anirajo.

이거 건너가두요 이 산, 길이 아니라요.

▶ 이것 건너가도요 이 산, 길이 아니에요.

제 산 그, 사늘 이리케 막 그저 이걸 너머가야 댄단 마리.

san kɯ, sanɯl irikʰe mak kɯdzʌ igʌl nʌmʌgaja tɛndan mari.

산 그, 산을 이렇게 막 그저 이걸 넘어가야 댄단 말이.

▶ 산 그, 산을 이렇게 막 그저 이것을 넘어가야 된단 말이.

---

60 '쪽꾸이'는 뱃사공 생활의 편리를 위해 임시로 지은 작고 초라한 집을 가리킴.

제 이짜게서 너머가야 대구, 이짜게서 너머가야 대구.

itɕ'agesʌ nʌmʌgaja tɛgu, itɕ'agesʌ nʌmʌgaja tɛgu.

이짝에서 넘어가야 대구, 이짝에서 넘어가야 대구.

▶ 이쪽에서 넘어가야 되고, 이쪽에서 넘어가야 되고.

제 기리케, 기리케 사라시요.

kirikʰe, kirikʰe saraɕijo.

기렇게, 기렇게 살앗이요.

▶ 그렇게, 그렇게 살았어요.

제 소금두 업쓰먼 조선 가서 또 개 : 구(고) 오구(고).

sogɯmdu ʌps'ɯmʌn tɕosʌn kasʌ t'o kɛ : gu(go) ogu(go).

소금두 없으먼 조선 가서 또 개 : 구(고) 오구(고).

▶ 소금도 없으면 조선에 가서 또 가지고 오고.

조 조서니 더 싸죠? 더 마니 싸나요?

tɕosʌni tʌ s'adʑjo? tʌ mani s'anajo?

▶ 조선이 더 싸죠? 더 많이 싸나요?

제 조서니 그 낭시근 비싸구, 낭시근 주구기 눅꾸.

tɕosʌni kɯ naŋɕigɯn pis'agu, naŋɕigɯn tɕugugi nukk'u.

조선이 그 낭식은 비싸구, 낭식은 주국이 눅구.

▶ 조선이 그 양식은 비싸고, 양식은 중국이 싸고.

제 물거는 조서니 눅꾸, 그랟띠요.

mulgʌnɯn tɕosʌni nukk'u, kɯrɛtt'ijo.

물건은 조선이 눅구, 그랫디요.

▶ 물건은 조선이 싸고, 그랬지요.

제 기 : 리 고상 가티 해시요, 우리 말두 몯해요.

ki : ri kosaŋ katʰi hɛɕijo, uri maldu motʰʌjo.

기 : 리 고상 같이 햇이요, 우리 말두 못해요.

▶ 그래서 고생 많이 했어요, 우리 (고생한 것) 말도 못해요.

제 한 이 : 십, 수물, 수물 다신까지는 수 : 태 욕 바서요 내가.

han i : ɕip, sumul, sumul taɕitkʼadzinɯn su : tʰɛ jok pasʌjo nɛga.

한 이 : 십, 수물, 수물 다싯까지는 숱 : 해 욕 밧어요 내가.

▶ 한 이십, 스물, 스물다섯까지는 정말 고생 숱해 했어요 내가.

제 당 : 댕게(기)야 되거든, 식꾸를 버러 미길랠꺼니 당 : 댕게(기)야 댄단 마리.

ta : ŋ tɛŋge(gi)ja tögʌdɯn, ɕikkʼuɯl pʌrʌ migillɛlkʼʌni ta : ŋ tɛŋge(gi)ja tɛndan mari.

당 : 댕게(기)야 되거든, 식구를 벌어 믹일래꺼니 당 : 댕게(기)야 댄단 말이.

▶ 늘 다녀야 되거든, 식구들을 벌어 먹여야하니까 늘 다녀야 된단 말이.

제 나젠 자구 바메는 머 쥐, 쥐노름⁶¹허(하)구.

nadzen tɕagu pamenɯn mʌ tɕü, tɕünorɯmɦʌ(ɦa)gu.

낮엔 자구 밤에는 머 쥐, 쥐놀음허(하)구.

▶ 낮에는 자고 밤에는 뭐 쥐, 박쥐 놀음하고.

제 지금 싸(사)람 거트머야 몯(모) 해머거요.

tɕigɯm sʼa(sa)ram kʌtʰɯmʌja mot(mo) ɦɛmʌgʌjo.

지금 싸(사)람 겉으머야 못(모) 해먹어요.

▶ 지금 사람 같으면 못 해먹어요.

조 당 : 댕게야 해요?

ta : ŋ tɛŋgeja ɦɛjo?

▶ 늘 다녀야 해요?

제 예, 몰래 댕길꺼니 예 : 서두 바메 떠나먼.

---

⁶¹ 아침형이 아닌 낮에는 자고 밤에는 일을 하는 삶을 말하는 것으로 박쥐에 비유해서 말함.

je, mollɛ teŋgilkʼʌni je : sʌdu pame tʼʌnamʌn.

예, 몰래 댕길꺼니 예 : 서두 밤에 떠나먼.

▷ 예, 몰래 다니니 여기서도 밤에 떠나먼.

제 그대메 조선 가먼 또 이럽딴 마리요. 그 내노쿠 댕기디요 머.

kɯdɛme ʨosʌn kamʌn tʼo irʌptʼan marijo. kɯ nɛnokʰu teŋgidijo mʌ.

그댐에 조선 가먼 또 일없단 말이요. 그 내놓구 댕기디요 머.

▷ 그 다음에 조선에 가면 또 괜찮단 말이요. 그 내놓고 다니지요 뭐.

제 고 강 건너갈 때만 모르먼 댄단 마리.

ko kaŋ kʌnnʌgal tʼɛman morɯmʌn tendan mari.

고 강 건너갈 때만 모르먼 댄단 말이.

▷ 그 강을 건너갈 때만 모르면 된단 말이.

제 그때는 머 아무거 증명두 업써요.

kɯtʼɛnɯn mʌ amugʌ ʨɯŋmjʌndu ʌpsʼʌjo.

그때는 머 아무거 증명두 없어요.

▷ 그때는 뭐 아무런 증명도 없어요.

제 외국싸람두 증명 업꾸 주국싸람두 증명 업꾸 그저.

wöguksʼaramdu ʨɯŋmjʌŋ ʌpkʼu ʨuguksʼaramdu ʨɯŋmjʌŋ ʌpkʼu kɯʥʌ.

외국싸람두 증명 없구 주국싸람두 증명 없구 그저.

▷ 외국 사람도 증명이 없고 중국 사람도 증명이 없고 그저.

조 그럼 어느 나라 사라민지 모르죠?

kɯrʌm ʌnɯ nara saramindzi morɯdzjo?

▷ 그럼 어느 나라 사람인지 모르죠?

제 모르디요 머, 또 아라두 이럽꾸 머.

morɯdijo mʌ, tʼo aradu irʌpkʼu mʌ.

모르디요 머, 또 알아두 일없구 머.

▷ 모르지요 뭐, 또 알아도 괜찮고 뭐.

조 생깅 거 다 가트니깐요.

sɛŋgiŋ gʌ ta katʰɯnik'anjo.

▶ 생긴 것이 다 같으니깐요.

제 근데 오시요, 조서니 말가요, 조서니 말따구요.

kɯnde oɕijo, tɕosʌni malgajo, tɕosʌni malt'agujo.

근데 옷이요, 조선이 맑아요, 조선이 맑다구요.

▶ 그런데 옷은 조선 (사람들)이 깨끗해요, 조선 (사람들)이 깨끗하다고요.

제 가튼 오슬 이버서두 하얀 오슬 입꾸 가먼.

katʰɯn osɯl ibʌsʌdu hajan osɯl ipk'u kamʌn.

같은 옷을 입엇어두 하얀 옷을 입구 가면.

▶ 같은 옷을 입었어도 하얀 옷을 입고 가면.

제 주구게 암 : 만 하 : 야게 빠라 임는데두 조선싸람만 몯해요.

tɕuguge a : mman ha : jage p'aɾa imnɯndedu tɕosʌns'aramman motʰɛjo.

주국에 암 : 만 하 : 야게 빨아 입는데두 조선싸람만 못해요.

▶ 중국 (사람들)이 아무리 하얗게 빨아 입어도 조선 사람들만큼 못해요.

제 조선싸라미 하 : 야디요.

tɕosʌns'aɾami ha : jadijo.

조선싸람이 하 : 야디요.

▶ 조선 사람의 (옷이 더) 하얗지요.

제 주국싸라믄 아무래두 이 무리 그런디 컴컴해요.

tɕuguks'aɾamɯn amuɾedu i muɾi kɯɾandi kʰʌmkʰʌmɦɛjo.

주국싸람은 아무래도 이 물이 그런디 컴컴해요.

▶ 중국 사람은 아무래도 이 물이 그런지 컴컴해요.

제 또 댕기능 거 보머 알구, 조선싸라믄 이 : 게 댕기능 걷뚜 파룩빠룩.

t'o tɛŋginɯŋ gʌ pomʌ algu, ʨosʌns'aɾamɯn i : ge tɛŋginɯŋ gʌtt'u pʰ
aɾɯkp'aɾɯk.

또 댕기는 거 보며 알구, 조선싸람은 이 : 게 댕기는 것두 파륵바륵.

▷ 또 다니는 것을 보면 알고, 조선 사람은 이것 다니는 것도 빨리빨리.

제 이리케 까뚜룩까뚜룩 허먼(하문) 댕기는데.

iɾikʰe k'at'uɾukk'at'uɾuk hʌmʌn(hamun) tɛŋginɯnde.

이렇게 까뚜룩까뚜룩 허먼(하문) 댕기는데.

▷ 이렇게 빨랑빨랑 하며 다니는데.

제 주국싸라미 어디 머 늘 : 그, 천 : 천히 세워리 가거라 허(하)구 가는데.

ʨuguks'aɾami ʌdi mʌ nɯ : lgɯ, ʨʰʌ : nʨʰʌnçi sewʌɾi kagʌɾa hʌ(ha)gu
kanɯnde.

주국싸람이 어디 머 늦 : 으, 천 : 천히 세월이 가거라 허(하)구 가
는데.

▷ 중국 사람은 어디 뭐 느리고, 천천히 세월이 가라하고 가는데.

제 그 또 일본놈, 일보는 더 해요, 일본놈 까딱까뜩허(하)게 참 : 빨리 감무다.

kɯ t'o ilbonnom, ilbonɯn tʌ hɛjo, ilbonnom k'at'akk'at'ɯkhʌ(ha)ge ʨʰa
: m p'alli kammuda.

그 또 일본놈, 일본은 더 해요, 일본놈 까딱까뜩허(하)게 참 : 빨리 갑
무다.

▷ 그 또 일본 사람, 일본 사람은 더 해요, 일본 사람은 까딱거리며 참
빨리 갑니다.

제 그 조선노믄, 조선싸라믄 그 좀 보옐딴 마리, 일본놈한테.

kɯ ʨosʌnnomɯn, ʨosʌns'aɾamɯn kɯ ʨom pojett'an maɾi,
ilbonnomfiantʰe.

그 조선놈은, 조선싸람은 그 좀 보옛단 말이, 일본놈한테.

▷ 그 조선 사람은, 조선 사람은 그 좀 배웠단 말이, 일본 사람한테.

제 좀 고건 쪼꼼 뜨구, 주국싸라믄 항소가투루 해요, 그 나타나요 그건.

ʨom kogʌt ʨ'ok'om t'ɯgu, ʨuguks'aramɯn haŋsogatʰuru hɛjo, kɯ natʰanajo kɯgʌn.

좀 고것 쪼꼼 뜨구, 주국싸람은 항소같우루 해요, 그 나타나요 그건.

▶ 좀 조선 사람은 조금 느리고, 중국 사람은 황소같이 늦어요, 그 나타나요 그건.

제 조선 건너가두 나타난다네, 주국싸라믄.

ʨosʌn kʌnnʌgadu natʰanandane, ʨuguks'aramɯn.

조선 건너가두 나타난다네, 주국싸람은.

▶ 조선(현재 한국) 건너가도 나타난다네, 중국 사람은.

조 그러면 바로 건너가면 뭐가 이써요? 조서네 어느 도시예요?

kɯrʌmjʌn paro kʌnnʌgamjʌn mwʌga is'ʌjo? ʨosʌne ʌnɯ toɕijejo?

▶ 그러면 바로 건너가면 뭐가 있어요? 조선의 어느 도시예요?

제 초산꼬리라요, 초산꼴 당:에 가 댕게요, 한 쥐: 닫쌔, 엳쌔 당인데.

ʨʰosank'orirajo, ʨʰosank'ol ta:ŋe ka tɛŋgejo, han ʨü: tats'ɛ, jʌts'ɛ taŋinde.

초산골이라요, 초산골 당:에 가 댕게요, 한 쥐: 닷새, 엿새 당인데.

▶ 초산골이에요, 초산골의 장에 다녀요, 한 주에 5일, 6일이 장날인데.

제 오:일마네 한, 당: 한낙씨긴데 그 당:에는 가서 머,

o:ilmane han, ta:ŋ hannakʨ'iginde kɯ ta:ŋenɯn kasʌ mʌ,

오:일만에 한, 당: 한낙씩인데 그 당:에는 가서 머.

▶ 오 일만에 한, 장 하나씩인데 그 장에는 가서 뭐.

제 멀: 사디 아나두 구경을 가두 가야디요.

mʌ:l sadi anadu kugjʌŋɯl kadu kajadijo.

멀: 사디 않아두 구경을 가두 가야디요.

▶ 뭘 사지 않아도 구경을 가도 가야지요.

조사자 학생에 대한 칭찬

조 강산학쌩, 몯 아라드럳쬬? 당이 장보러 간다는 뜨시예요.

kaŋsanɦaks'ɛŋ, mot aradɯɾʌtt͡ɕ'jo? taŋi t͡ɕaŋboɾʌ kandanɯn t'ɯɕijejo.

▷ 강산 학생, 못 알아들었죠? 장이 장보러 간다는 뜻이에요?

제 지(集) : 깐지 : (趕集)[62]야.

t͡ɕi : k'andʑi : ja.

지(集) : 깐지 : (趕集)야.

▷ 장, 장보러 간다는 뜻이야.

조 학쌩드른 잘 몯 아라드를 꺼예요.

haks'ɛŋdɯɾɯn t͡ɕal mot aradɯɾɯl k'ʌjejo.

▷ 학생들은 잘 못 알아들을 거예요.

제 근데 학꾜는 주국 학꾜요?[63]

kɯnde hakk'jonɯn t͡ɕuguk hakk'jojo?

근데 학교는 주국 학교요?

▷ 그런데 학교는 한족 학교예요?

조 남경대학꾜임니다.

namgjʌŋdɛɦakk'joimnida.

▷ 남경대학교입니다.

제 남경대학? 아 저 : 싸(사)람 남경대하게 읻쏘?

namgjʌŋdɛɦak? a t͡ɕʌ : s'a(sa)ram namgjʌŋdɛɦage its'o?

---

62 깐지(趕集[ganji])는 '장을 보다'를 뜻하는 중국어.

63 여기에서 중국학교란 조선족학교가 아닌 한족을 대상으로 한 학교를 가리킴. 중국에는 전문 조선족 교육을 위한 조선족학교가 있는데 이민 2세대는 거의 이 민족학교를 다녔기에 제보자 할아버지께서 이민 3세가 되는 학생에게 이것을 물어보았음.

남경대학? 아 저 : 싸(사)람 남경대학에 잇소?
▶ 남경대학? 아 저 학생은 남경대학에 있소?

조 여기에서 공부를 아주 잘 해서 남경대학꾜에 왈써요.
jʌgiesʌ koŋburɯl adzu ʨal hɛsʌ namgjʌŋdɛɦakk'joe wats'ʌjo.
▶ 여기에서 공부를 아주 잘 해서 남경대학교에 왔어요.

제 그 멷(믿) 싸리게 이 싸(사)람?
kɯ mjʌt(mit) s'arige i s'a(sa)ram?
그 몇(및) 살이게 이 싸(사)람?
▶ 그 몇 살인가 이 학생?

조 스물두 사림니다.
sɯmuldu sarimnida.
▶ 스물두 살입니다.

제 수물두 살? 송구 어리구나, 공부 잘 핻꾸만.
sɯmuldu sal? soŋgu ʌriguna, koŋbu ʨal hɛtk'uman.
수물두 살? 송구 어리구나, 공부 잘 햇구만.
▶ 스물두 살? 아직 어리구나, 공부 잘 했구만.

제 우리 손자따른 지굼 수물, 수물여스싱가? 수물여슫.
uri sondzat'arɯn ʨigum sumul, sumuljʌsɯeiŋga? sumuljʌsɯt.
우리 손자딸은 지굼 수물, 수물여슷인가? 수물여슷.
▶ 우리 손녀는 지금 스물, 스물여섯인가? 스물여섯.

조 공부 잘 핻써요. 여기에서 일뜽을 핻써요.
koŋbu ʨal hɛts'ʌjo. jʌgiesʌ ilt'ɯŋɯl hɛts'ʌjo.
▶ 공부를 잘 했어요. 여기에서 일등을 했어요.

제 아, 그러커니 거구루 가디.
a, kɯrʌkʰʌni kʌguru kadi.

아, 그렇거니 거구루 가디.

▶ 아, 그러니 거기로 가지.

조 네, 그래서 조은 대학꾜에 와써요.

ne, kɯresʌ tɕoɯn tɕɦakk'joe was'ʌjo.

▶ 네, 그래서 좋은 대학교에 왔어요.

제 지금 머 대학쌩 마나두요 실띠 대학쌩 멷 안대요.

tɕigum mʌ tɕɦaks'ɛŋ manadujo ɕilt'i tɕɦaks'ɛŋ mjʌt andɛjo.

지금 머 대학생 많아두요 실디 대학생 몇 안대요.

▶ 지금 뭐 대학생이 많아도요 실제 (수준이 있는) 대학생은 몇 안돼요.

조 이러케 조은 대학꾜에 와야 대학쌩이라고 할 쑤 이써요. 남경대학꾜는 전구 게서 상위 십위꿔니예요.

iɾʌkʰe tɕoɯn tɕɦakk'joe waja tɕɦaks'ɛŋirago hal s'u is'ʌjo.

namgjʌŋdɕɦakk'jonɯn tɕʌngugesʌ saŋü ɕipük'wʌnijejo.

▶ 이렇게 좋은 대학교에 와야 대학생이라고 할 수 있어요. 남경대학교는 전국에서 상위 십위권이에요.

제 이 싸(사)람들 나오먼 분배 시게요?

i s'a(sa)ramdɯl naomʌn punbɛ ɕigejo?

이 싸(사)람들 나오먼 분배 시게요?

▶ 이 학생들이 졸업하면 분배를 시켜요?

조 스스로 다 잘 차자요. 손녀딸 가튼데 왜 자꾸 이 사라미라고 하심니까?

sɯsɯro ta tɕal tɕɦadʑajo. sonnjʌt'al katʰunde wɛ tɕak'u i saramirago haɕimnik'a?

▶ 스스로 다 잘 찾아요. 손녀딸 같은데 왜 자꾸 이 사람이라고 하십니까?

제 손너딸보단 나이 저근데 머.

sonnʌt'albodan nai tɕʌgunde mʌ.

손녀딸보단 나이 적은데 머.

▶ 손녀보다는 나이 적은데 뭐.

조 이 학쌩에 하라버지 역씨 여든 여서신데, 오저네 노금하고 왇씀니다.

i haks'ɛɲe harabʌdzi jʌkɛ'i jʌdɯn jʌsʌɕinde, odzʌne nogɯmɦago
wats'ɯmnida.

▶ 이 학생의 할아버지 역시 여든 여섯인데, 오전에 녹음하고 왔습니다.

제 아바지레 주국싸(사)라미야? 한조깅가?

abadzire ʨuguks'a(sa)ramija? handzoɡiŋɡa?

아바지레 주국싸(사)람이야? 한족인가?

▶ 아버지가 중국(한족) 사람이야? 한족인가?

조 아니요, 어머니가 한조기예요.

anijo, ʌmʌniga handzoɡijejo.

▶ 아니요, 어머니가 한족이에요.

제 어머니가? 어머니가 주국싸(사)라밀꺼니 그래 조선마를 잘 몯 허누나.

ʌmʌniga? ʌmʌniga ʨuguks'a(sa)ramilk'ʌni kɯrɛ ʨosʌnmarɯl ʨal mot
hʌnuna.

어머니가? 어머니가 주국싸(사)람일꺼니 그래 조선말을 잘 못 허누나.

▶ 어머니가? 어머니가 한족 사람이니 그래서 조선말을 잘 못 하는구나.

조 네.

ne.

▶ 네.

후손 교육에 대한 앞선 걱정

☐제 우리, 우리 손자가 지금 한조굴(글) 차잗딴 마리.

　　uri, uri sondzaga ʨiguɯm handzogul(guɯl) ʨʰadzattʼan mari.

　　우리, 우리 손자가 지금 한족울(을) 찾앗단 말이.

▶ 우리, 우리 손자가 지금 한족을 찾았단 말이.

☐조 네.

　　ne.

▶ 네.

☐제 아 : 가 이제 한나 난 : 는데 그 이제 주국말만 허게 대서.

　　a : ga idze hanna na : nnɯnde kɯ idze ʨuguk malman hʌge tɛsʌ.

　　아 : 가 이제 한나 낳 : 는데 그 이제 주국말만 허게 댓어.

▶ 아이를 이제 하나 낳았는데 그 이제 중국말만 하게 됐어.

☐조 하라버지께서 가르치시면 되죠.

　　harabʌdzikʼesʌ karɯʨʰiɕimjʌn tödzjo.

▶ 할아버지께서 가르치시면 되죠.

☐제 근데 저 : 어데 그 요구 오군 하는데 그 이.

　　kɯnde ʨʌ : ʌde kɯ jogu ogun hanɯnde kɯ i.

　　근데 저 : 어데 그 요구 오군 하는데 그 이.

▶ 그런데 저 어디 그 여기에 오곤 하는데 그 이.

☐제 거 : 길 나가 이서개지구 거기 주국싸람만 사는데 머.

　　kʌ : gil naga isʌgɛdzigu kʌgi ʨuguksʼaramman sanɯnde mʌ.

　　거 : 길 나가 잇어개지구 거기 주국싸람만 사는데 머.

▶ 거기에 나가서 있어가지고 거기에 한족 사람만 사는데 뭐.

제 그 이제 한 살, 만 한 살 너먼는데.
kɯ idʑe han sal, man han sal nʌmʌnnɯnde.
그 이제 한 살, 만 한 살 넘엇는데.
▶ 그 이제 한 살, 만 한 살 넘었는데.

제 이제 명넌쯔(쪼)믄 머 여구 댕기다가 어데.
idʑe mjʌŋnʌntɕʼɯ(tɕʼo)mɯn mʌ jʌgu tɛŋgidaga ʌde.
이제 명년쯤(쫌)은 머 여구 댕기다가 어데.
▶ 이제 내년쯤은 뭐 여기 다니다가 어디에.

제 조선학꾜 댕기다가 조선말 좀 보예주야 대는데.
tɕosʌnɦakkʼjo tɛŋgidaga tɕosʌnmal tɕom pojedʑuja tɛnɯnde.
조선학교 댕기다가 조선말 좀 보예주야 대는데.
▶ 조선족 학교를 다니며 조선말을 좀 배워줘야 되는데.

조 하라버지도 그래쓰면 조케써요? 그래도 손자이니깐요.
harabʌdzido kɯrɛsʼɯmjʌn tɕokʰesʼʌjo? kɯrɛdo sondʑainikʼanjo.
▶ 할아버지도 그랬으면 좋겠어요? 그래도 손자이니깐요.

제 아니 근데 주(중)국말, 우리 손자는 그 주(중)국학꼴 댕기시요, 그 유티워네 이.
ani kɯnde tɕu(tɕuŋ)gukmal, uri sondʑanɯn kɯ tɕu(tɕuŋ)gukhakkʼjol tɛŋgiɕijo, kɯ jutʰiwʌne i.
아니 근데 주(중)국말, 우리 손자는 그 주(중)국학꼴 댕깃이요, 그 유티워네 이.
▶ 아니 그런데 중국말, 우리 손자는 그 한족 학교를 다녔어요, 그 유치원에 이.

제 그때는 또 세워리 그래개지구 유티워네 댕기는데.
kɯtʼɛnɯn tʼo sewʌri kɯrɛgɛdzigu jutʰiwʌne tɛŋginɯnde.
그때는 또 세월이 그래개지구 유티원에 댕기는데.

▶ 그때는 또 세월이 그래가지고 유치원에 다니는데.

제 이노마 : 가 조선, 조선 유티워넬 보낼꺼니 머이 마리 까뜨라구 헐꺼니.

inoma : ga ʨosʌn, ʨosʌn jutʰiwʌnel ponɛlkʼʌni mʌi mari kʼatʼɯragu hʌlkʼʌni.

이놈아 : 가 조선, 조선 유티워넬 보낼꺼니 머이 말이 까뜨라구 헐꺼니.

▶ 이 아이가 조선, 조선족 유치원에 보내니 뭐 말이 까다롭고 하니.

제 주국 유티워네 가갇따구 그래. 주국 유티워네 간따가 주국학꾜 보낸는데.

ʨuguk jutʰiwʌne kagattʼagu kɯrɛ. ʨuguk jutʰiwʌne kattʼaga ʨugukhakkʼjo ponɛnnɯnde.

주국 유티원에 가갓다구 그래. 주국 유티원에 갓다가 주국학교 보냇는데.

▶ 한족 유치원에 가겠다고 그래. 한족 유치원에 갔다가 한족 학교에 보냈는데.

제 또 그때는 주국끌 또 아리야 써멍는단 마리.

tʼo kɯtʼɛnɯn ʨugukkʼɯl tʼo arija sʼʌmʌŋnɯndan mari.

또 그때는 주국글 또 알이야 써먹는단 말이.

▶ 또 그때는 중국 글을 또 알아야 써먹는단 말이.

조 네, 맏씀니다.

ne, matsʼɯmnida.

▶ 네, 맞습니다.

제 지금 또 개방이 대개지구 조선, 주국끌두 아리야 대지요.

ʨigɯm tʼo kɛbaŋi tɛgɛʥigu ʨosʌn, ʨugukkʼɯldu arija tɛʥijo.

지금 또 개방이 대개지구 조선, 주국글두 알이야 대지요.

▶ 지금은 또 개방이 돼가지고 조선, 중국 글도 다 알아야 되지요.

제 조선싸람 조선말두 아리야 대디, 다 : 아리야 댄단 마리.

ʨosʌns'aram ʨosʌnmaldu arija tɛdi, ta : arija tɛndan mari.

조선싸람 조선말두 알이야 대디, 다 : 알이야 댄단 말이.

▶ 조선 사람이 조선말도 알아야 되지, 다 알아야 된단 말이.

제 그러꺼니 아무리 조선끌 아리야 댄다구 지금.

kurʌk'ʌni amuri ʨosʌnk'ul arija tɛndagu ʨigum.

그러꺼니 아무리 조선글 알이야 댄다구 지금.

▶ 그러니 어떻게 해도 조선 글을 알아야 된다고 지금.

조 네, 배워주겔쪼. 아빠가 조선조기니까 배워주겔쪼.

ne, pɛwʌʣugeʨ'jo. ap'aga ʨosʌnʣoginik'a pɛwʌʣugeʨ'jo.

▶ 네, 배워주겠죠. 아빠가 조선족이니까 배워주겠죠.

제 긴 : 데 아바지두 그쎄 그 주국마를 모르덩 거 사회에 나갈꺼니.

ki : nde abaʣidu kus'e ku ʨugukmarul morudʌŋ gʌ safiöe nagalk'ʌni.

긴 : 데 아바지두 그쎄 그 주국말을 모르던 거 사회에 나갈꺼니.

▶ 그런데 아버지도 글쎄 그 조선말을 모르던 것이 사회에 나가니.

제 억찌루래두 그 항국 끼어베 댕기문서 좀 보예시요.

ʌkʨ'iruredu ku haŋguk k'iʌbe tɛŋgimunsʌ ʨom pojeʨijo.

억지루래두 그 한국 끼업에 댕기문서 좀 보옜이요.

▶ 억지로라도 그 한국 기업에 다니면서 좀 배웠어요.

제 걷 : 뚜 보예개지구 이젠 조선말두 좀 하긴 하는데.

kʌ : tt'u pojegɛʣigu iʣen ʨosʌnmaldu ʨom hagin hanunde.

것 : 두 보예개지구 이젠 조선말두 좀 하긴 하는데.

▶ 그것도 배워가지고 이제는 조선말도 좀 하긴 하는데.

제 그 여자가 주국싸라밀꺼니 아무래 주국마를 마니 허(하)게 대디요 머.

ku jʌʣaga ʨuguks'aramilk'ʌni amurɛ ʨugukmarul mani hʌ(ha)ge tɛdijo

mʌ.

그 여자가 주국싸람일꺼니 아무래 주국말을 많이 허(하)게 대디요 머.

▶ 그 여자가 한족 사람이니 아무래도 중국말을 많이 하게 되지요 뭐.

조 네, 지금 뭐 민족차이가 읻껟씀니까?

ne, ʨigɯm mwʌ mindzokʨʰaiga itkʼetsʼɯmnikʼa?

▶ 네, 지금 뭐 민족차이가 있겠습니까?

제 민족차이야 머 크게 업띠요 머.

mindzokʨʰaija mʌ kʰɯge ʌptʼijo mʌ.

민족차이야 머 크게 없디요 머.

▶ 민족차이야 뭐 크게 없지요 뭐.

제 그래두 조선싸라미, 조선조기 그 조선마를 해야디.

kɯɾedu ʨosʌnsʼarami, ʨosʌndzogi kɯ ʨosʌnmarɯl hɛjadi.

그래두 조선싸람이, 조선족이 그 조선말을 해야디.

▶ 그래도 조선 사람이, 조선족이 그 조선말을 해야지.

조 네, 조선조기 조선마를 해야 더 정이 오죠?

ne, ʨosʌndzogi ʨosʌnmarɯl hɛja tʌ ʨʌŋi odzjo.

▶ 네, 조선족이 조선말을 해야 더 정이 오죠?

제 마자요.

madzajo.

맞아요.

▶ 맞아요.

제 긴 : 데 한조기, 한조글 그 깔보능 거이 아니구 한족 싸람드리 아무래두.

ki : nde handzogi, handzogɯl kɯ kʼalbonɯŋ gʌi anigu handzok sʼaramdɯri amuɾedu.

긴 : 데 한족이, 한족을 그 깔보는 거이 아니구 한족 싸람들이 아무래두.

▶ 그런데 한족이, 한족을 그 깔보는 것이 아니고 한족 사람들이 아무

래도.

제 좀, 조선싸람만쿰 그리 깨끋한 싸(사)라미 저거요.
ʨom, ʨosʌns'arammankʰum kɯri k'ɛk'ɯthan s'a(sa)rami ʨʌgʌjo.
좀, 조선싸람만쿰 그리 깨끗한 싸(사)람이 적어요.
▶ 좀, 조선 사람만큼 그렇게 깨끗한 사람이 적어요.

조 강산 학쌩 어머니믄 깨끋합니다. 아주 부지런하고요, 할머님께서 노픈 평까를 주시던데요. 뒫찌베 식땅은 조선족 식땅이 맏씀니까?
kaŋsan haks'ɛŋ ʌmʌnimɯn k'ɛk'ɯthamnida. aʣu puʣiɾʌnɦagojo, halmʌnimk'esʌ nopʰɯn pʰjʌŋk'arɯl ʨuɕidʌndejo. tütʨ'ibe ɕikt'aŋɯn ʨosʌnʣok ɕikt'aŋi mats'ɯmnik'a?
▶ 강산 학생 어머님은 깨끗합니다. 아주 부지런하고요, 할머님께서 높은 평가를 주시던데요. 뒷집의 식당은 조선족 식당이 맞습니까?

제 예?
je?
예?
▶ 예?

조 여기 조선족 식땅이 이써요?
jʌgi ʨosʌnʣok ɕikt'aŋi is'ʌjo?
▶ 여기 조선족 식당이 있어요?

제 예, 요고이 이서요. 가주 시작핸는데 머 식땅 머 변변탸 : 나요.
je, jogoi isʌjo. kaʣu ɕiʣakhɛnnɯnde mʌ ɕikt'aŋ mʌ pjʌnbjʌntʰja : najo.
예, 요고이 잇어요. 가주 시작햇는데 머 식당 머 변변탾 : 아요.
▶ 예, 여기에 있어요. 금방 시작했는데 뭐 식당이 뭐 변변챦아요.

조 네, 변변치 아나요? 여기 월래 개고기식땅이예요?
ne, pjʌnbjʌntɕʰi anajo? jʌgi wʌllɛ kɛgogiɕikt'aŋijejo?
▶ 네, 변변치 않아요? 여기 원래 보신탕식당이에요?

제 그쪼근 조선싸(사)라미야요.

kɯtɕʼogɯn tɕosʌnsʼa(sa)ramijajo.

그쪽은 조선싸(사)람이야요.

▶ 그쪽은 조선족 주인이에요.

조 그쪼근 조선조기 아직 함니까?

kɯtɕʼogɯn tɕosʌndʑogi adʑik hamnikʼa?

▶ 그쪽은 조선족이 아직 합니까?

제 해요.

hɛjo.

해요.

▶ 해요.

조 월래 하던 사라밈니까?

wʌllɛ hadʌn saramimnikʼa?

▶ 원래 하던 사람입니까?

제 그 싸(사)람 친처기라.

kɯ sʼa(sa)ram tɕʰintɕʰʌgira.

그 싸(사)람 친척이라.

▶ 그 사람의 친척이라.

조 아, 어디가 더 마싣씀니까?

a, ʌdiga tʌ maɕitsʼɯmnikʼa?

▶ 아, 어디가 더 맛있습니까?

제 아무리 여 우ː 갇찌요. 여 우ː 가면 대요.

amuri jʌ uː katɕʼijo. jʌ uː kamʌn tɛjo.

아무리 여 우ː 갓지요. 여 우ː 가면 대요.

▶ 아무렴 여기 위겠지요. 여기 위에 가면 돼요.

조 네. 개고기지베요?

ne. kɛgogidʑibejo?

▶ 네, 보신탕집에요?

제 예.

je.

예.

▶ 예.

조 네, 그고시 더 마싣씀니까? 그고슨 조선조기 맏씀니까?

ne, kɯgoɕi tʌ maɕits'ɯmnik'a? kɯgosɯn tɕosʌndʑogi mats'ɯmnik'a?

▶ 네, 그곳이 더 맛있습니까? 그곳은 조선족이 맞습니까?

제 예, 조선족 마자요.

je, tɕosʌndʑok madʑajo.

예, 조선족 맞아요.

▶ 예, 조선족 (주인)이 맞아요.

조 사라미 맏씀니까?

saɾami mans'ɯmnik'a?

▶ 손님이 많습니까?

제 거 : 구 싸(사)람, 제네는 그 멘제 하던 싸(사)람들 만텅건데.

kʌ : gu s'a(sa)ɾam, tɕenenɯn kɯ mendʑe hadʌn s'a(sa)ɾamdɯl mantʰ

ʌŋɡʌnde.

거 : 구 싸(사)람, 젠에는 그 멘제 하던 싸(사)람들 많던건데.

▶ 거기에 사람, 전에는 그 먼저 하던 (주인일 때는) 사람이 많던 건데.

제 뒤에 이거는(른), 머 식땅 마나놀 : 꺼니.

tüe igʌnɯn(ɾɯn), mʌ ɕikt'aŋ manano : lk'ʌni.

뒤에 이거는(른), 머 식당 많아놀 : 꺼니.

▶ 뒤에 여기는, 뭐 식당이 많으니.

제 그 제네 이거 하나이덩거인데, 잘 댄는데.

kɯ ʨene igʌ hanaidʌŋʌinde, ʨal tɛnnɯnde.

그 젠에 이거 하나이던거인데, 잘 댓는데.

▶ 그 전에는 이것 하나이던 것인데, 잘 됐는데.

조 네.

ne.

▶ 네.

제 식땅 이거 머, 돈 벌게슬꺼니 머.

ɕikt'aŋ igʌ mʌ, ton pʌlgesɯlk'ʌni mʌ.

식당 이거 머, 돈 벌겟을꺼니 머.

▶ 식당 이것 뭐, 돈 벌겠으니 뭐.

제 너두 나두 다 : 허(하)게 댈꺼니 제네가 갇쏘? 인제야?

nʌdu nadu ta : hʌ(ha)ge tɛlk'ʌni ʨenega kats'o? indzeja?

너두 나두 다 : 허(하)게 댈꺼니 젠에가 같소? 인제야?

▶ 너도 나도 다 하게 되니 전과 같겠소? 지금이야?

조 네.

ne.

▶ 네.

제 지금쯤 전부 경쟁헐(할)꺼니.

ʨigɯmʨ'ɯm ʨʌnbu kjʌŋdzɛɲɦʌl(ɦal)k'ʌni.

지금쯤 전부 경쟁헐(할)꺼니.

▶ 지금은 전부 경쟁이니.

중국에 대한 무한한 긍정

조 네. 하라버지, 사시면서 혹씨 그 언제가 제ː일 조아써요? 그 조서네 살 때가 조아써요, 아님 중구게 와서가 더 조아써요?

ne. harabʌdzi, saɕimjʌnsʌ hokɕ'i kɯ ʌndzega tɕeːil tɕoas'ʌjo? kɯ tɕosʌne sal t'ɛga tɕoas'ʌjo, anim tɕuŋguge wasʌga tʌ tɕoas'ʌjo?

▶ 네. 할아버지, 사시면서 혹시 그 언제가 제일 좋았어요? 그 조선에 살 때가 좋았어요, 아님 중국에 와서가 더 좋았어요?

제 싸(사)람 사는데 송(소)구 주(중)구기 나아요.

s'a(sa)ram sanɯnde soŋ(so)gu tɕu(tɕuŋ)gugi naajo.

싸(사)람 사는데 송(소)구 주(중)국이 나아요.

▶ 사람 사는 데는 아직 중국이 나아요.

조 중구기 나아요?

tɕuŋgugi naajo?

▶ 중국이 나아요?

제 주(중)구기 낟띠요. 지금 항구기 암ː만 조태ː두 이 사는 데는 주(중)국만 몯해요.

tɕu(tɕuŋ)gugi natt'ijo. tɕigɯm haŋgugi aːmman tɕotʰɛːdu i sanɯn tenɯn tɕu(tɕuŋ)gukman mothejo.

주(중)국이 낫디요. 지금 한국이 암ː만 좋대ː두 이 사는 데는 주(중)국만 못해요.

▶ 중국이 낫지요. 지금 한국이 아무리 좋다고 해도 이 사는 데는 중국만 못해요.

조 네.

ne.

▷ 네.

제 항구기 그, 그리 조타구 해두, 지금 북쪼선 몯 쌀다나요?

haŋugi kɯ, kɯri tɕothagu hedu, tɕigɯm puktɕʼosʌn mot sʼaldjanajo?

한국이 그, 그리 좋다구 해두, 지금 북조선 못 살닪아요?

▷ 한국이 그, 그리 좋다고 해도, 지금 조선이 못 살잖아요?

조 네.

ne.

▷ 네.

제 몯 싸라두 송구 북쪼서니 나은 세미라.

mot sʼaradu soŋgu puktɕʼosʌni naɯn semira.

못 살아두 송구 북조선이 나은 셈이라.

▷ 못 살아도 아직 조선이 나은 셈이라.

제 왜 그러나? 북쪼서는 지븐 다 : 읻딴 마리.

wɛ kɯrʌna? puktɕʼosʌnɯn tɕibɯn ta : itʼan mari.

왜 그러나? 북조선은 집은 다 : 잇단 말이.

▷ 왜 그런가? 조선은 집은 다 있단 말이.

제 이 항구게 한 싸(사)라미 비시 마 : 나요.

i haŋguge han sʼa(sa)rami piɕi ma : najo.

이 한국의 한 싸(사)람이 빗이 많 : 아요.

▷ 이 한국의 매 사람들이 빚이 많아요.

제 매일 내 저거 덴스에 당 : 봔는데, 빋 다 : 무러 주먼 아무걷뚜 업씨요.

mɛil nɛ tɕʌgʌ tensɯe ta : ŋ pwannɯnde, pit ta : murʌ tɕumʌn amugʌtʼu ʌpɕʼijo.

매일 내 저거 덴스에 당 : 봤는데, 빗 다 : 물어 주먼 아무것두 없이요.

▷ 매일 내가 저거 텔레비전에서 늘 봤는데, 빚 다 물어 주면 아무것도 없어요.

조 네.
　ne.
▷ 네.

제 그러구 남조서는 미국노무 OOO란 마리요.
　kɯɾʌgu namdzosʌnɯn miguknomu OOOɾan maɾijo.
　그러구 남조선은 미국놈우 OOO란 말이요.
▷ 그리고 한국은 미국 사람의 OOO란 말이요.

제 이 : 건 긴 : 데 이거 독째란 마리. 이 : 걷 우리끼리 멷 말허능 거이디.
　i : gʌn ki : nde igʌ toktɕ'ɛɾan maɾi. i : gʌt uɾik'iɾi mjʌt malɦʌnɯŋ gʌidi.
　이 : 건 긴 : 데 이거 독재란 말이. 이 : 것 우리끼리 몇 말허는 거이디.
▷ 이것은 그런데 이것이 독재란 말이. 이것은 우리끼리 말하는 것이지.

제 이 북쪼서는 실띠는(른) 오른, 오른 정채기라요(오).
　i puktɕ'osʌnɯn ɕilt'inɯn(ɾɯn) oɾɯn, oɾɯn tɕʌŋtɕʰegiɾajo(o).
　이 북조선은 실디는(른) 옳은, 옳은 정책이라요(오).
▷ 이 조선은 실제는 옳은, 옳은 정책이에요.

제 오른 정채긴데 너무 독째란 마리.
　oɾɯn tɕʌŋtɕʰeginde nʌmu toktɕ'ɛɾan maɾi.
　옳은 정책인데 너무 독재란 말이.
▷ 옳은 정책인데 너무 독재란 말이.

제 독째만 아니구 좀 개방해 살먼, 북쪼서니 낟깐는데.
　toktɕ'ɛman anigu tɕom kɛbaɲɦɛ salmʌn, puktɕ'osʌni natk'annɯnde.
　독재만 아니구 좀 개방해 살먼, 북조선이 낫갓는데.
▷ 독재만 아니고 좀 개방해서 살면, 조선이 낫겠는데.

제 지금 그 넝도를 갇따가서라무니 자꾸 거기.

tɕiguɯm kɯ nʌŋdoruɯl katt'agasʌramuni tɕak'u kʌgi.

지금 그 넝도를 갖다가서라무니 자꾸 거기.

▶ 지금 그 지도자를 갖다가 자꾸 거기.

제 그 한낟 대대루 내려올꺼니 이거이 안 댇띠.

kɯ hannat tɛdɛru nʌrjʌolk'ʌni igʌi an tɛtt'i.

그 한낟 대대루 내려올꺼니 이거이 안 댓디.

▶ 그 계속 대대로 내려오니 이것이 안 됐지.

조 하라버지 그러케 보셛씀니까?

harabʌdzi kɯrʌkʰe poɕʌts'uɯmnik'a?

▶ 할아버지께서 그렇게 보셨습니까?

제 그리 글 : 티 아나요? 내 보기는 그 : 래 보예요.

kɯri kɯ : ltʰi anajo? nɛ poginɯn kɯ : rɛ pojejo.

그리 글 : 티 않아요? 내 보기는 그 : 래 보예요.

▶ 그래 그렇지 않아요? 내가 보기에는 그렇게 보여요.

제 긴 : 데 난, 놈드른 머 지금 항구게 가서 포 : 는 잘 : 버러요, 잘 : 버는데.

ki : nde nan, nomdɯrɯn mʌ tɕigɯm haŋuge kasʌ pʰo : nɯn tɕa : l pʌrʌjo, tɕa : l pʌnɯnde.

긴 : 데 난, 놈들은 머 지금 한국에 가서 포 : 는 잘 : 벌어요, 잘 : 버
는데.

▶ 그런데 난, 다른 사람들은 뭐 지금 한국에 가서 돈은 잘 벌어요, 잘
버는데.

제 실띠 항국 싸람들 빋 다 : 무러주먼 아무걷뚜 업씨요.

ɕilt'i haŋguk s'aramdɯl pit ta : murʌdzumʌn amugʌtt'u ʌpɕ'ijo.

실디 한국 싸람들 빗 다 : 물어주면 아무것두 없이요.

▶ 실제 한국 사람들은 빚 다 물어주면 아무것도 없어요.

제 허허, 거긴 사장촌 다 : 이시요 그.

hʌɦʌ, kʌgin sadzaŋtɕʰon ta : iɕijo kɯ.

허허, 거긴 사장촌 다 : 잇이요 그.

▶ 허허, 거기에는 달동네가 다 있어요 그.

제 긴 : 데 이 북쪼서네는 암 : 만 몯 싸라두 지분 읻딴 마리.

ki : nde i puktɕʼosʌnenɯn a : mman mot sʼaɾadu tɕibun ittʼan mari.

긴 : 데 이 북조선에는 암 : 만 못 살아두 집은 잇단 말이.

▶ 그런데 이 조선에는 아무리 못 살아도 집은 있단 말이.

제 이 올케만 버러머그먼 대는데 지금 정티.

i olkʰeman pʌɾʌmʌgɯmʌn tenunde tɕigɯm tɕʌŋtʰi.

이 옳게만 벌어먹으면 대는데 지금 정티.

▶ 이 옳게만 벌어먹으면 되는데 지금 정치.

조 항국또 그런 자근 지블 주면요 다 이쓸 쑤 이써요, 큰 지블 원하고 그래서
그래요.

haŋguktʼo kɯɾʌn tɕagɯn tɕibɯl tɕumjʌnjo ta isʼɯl sʼu isʼʌjo, kʰɯn tɕibɯl
wʌnɦago kɯɾɛsʌ kɯɾejo.

▶ 한국도 그런 작은 집을 주면요 다 있을 수 있어요, 큰 집을 원하고 그
래서 그래요.

제 그래두 집 업쓴 싸라미요 절반 더 : 대요.

kɯɾɛdu tɕip ʌpsʼɯn sʼaramijo tɕʌlban tʌ : tɛjo.

그래두 집 없은 싸람이요 절반 더 : 대요.

▶ 그래도 집 없는 사람이요 절반이 더 돼요.

제 항구근 그 빋 따 : 무르먼(문) 아무걷뚜 업씨요.

haŋgugɯn kɯ pit tʼa : muɾɯmʌn(mun) amugʌttʼu ʌpɕʼijo.

한국은 그 빗 다 : 물으먼(문) 아무것두 없이요.

▶ 한국은 그 빚 다 물면 아무것도 없어요.

조 그래서 중구기 가장 존씀니까?

kɯɾɛsʌ tɕuŋgugi kadʑaŋ tɕots'ɯmnik'a?

▷ 그래서 중국이 가장 좋습니까?

제 주(중)구기 낟띠요.

tɕu(tɕuŋ)gugi natt'ijo.

주(중)국이 낫디요.

▷ 중국이 낫지요.

제 이거요 내 보기에는 지금 주국 딸라갈 나라이 업씨요.

igʌjo nɛ pogienɯn tɕigɯm tɕuguk t'allagal narai ʌpɕ'ijo.

이거요 내 보기에는 지금 주국 딸라갈 나라이 없이요.

▷ 이것을 내가 보기에는 지금 중국을 따라갈 나라가 없어요.

제 미구기 암 : 만 먼 쎄다 해두 주(중)국헌데 몯 껠리요.

migugi a : mman mʌn s'eda hɛdu tɕu(tɕuŋ)gukhʌnde mot k'ellijo.

미국이 암 : 만 먼 쎄다 해두 주(중)국헌데 못 껠리요.

▷ 미국이 아무리 뭐 세다고 해도 중국한테 못 겨루(비겨)요.

제 주(중)구게서 이 군대 나가능 거 나간다 해두.

tɕu(tɕuŋ)gugesʌ i kundɛ naganɯŋ gʌ naganda hɛdu.

주(중)국에서 이 군대 나가는 거 나간다 해두.

▷ 중국에서 이 군대 나가는 것 나간다 해도.

제 항(한) 개 공사[64]에서라무니 군대 멛 깨 나가우?

haŋ(han) kɛ koŋsaesʌramuni kundɛ met k'ɛ nagau?

한 개 공사에서라무니 군대 몇 개 나가우?

▷ 한 개 향에서 군대 몇 명이 나가요?

조 네.

---

64 공사(公社)는 원래 현 아래의 행정구역단위로 지금은 향(鄕)이라고 하는데 한국의 읍과 비슷함.

ne.

▶ 네.

제 항 개, 항 개 초네서, 여구메서 이 글레네 한나투 몬 나가요 지금.

haŋ gɛ, haŋ gɛ tɕʰonesʌ, jʌgumesʌ i kɯllene hannatʰu mon nagajo

tɕigɯm.

한 개, 한 개 촌에서, 여굼에서 이 근넨(렌)에 한낳두 못 나가요 지금.

▶ 한 개, 한 개 촌에서, 여기에서 이 최근에 한 명도 못 나가요 지금.

제 다른 나라에서는, 그 남조서네선 군대 안 나가먼 안 댄단 마리.

tarɯn naraesʌnɯn, kɯ namdzosʌnesʌn kundɛ an nagamʌn an tɛndan

mari.

다른 나라에서는, 그 남조선에선 군대 안 나가먼 안 댄단 말이.

▶ 다른 나라에서는, 그 한국에서는 군대에 안 나가면 안 된단 말이.

제 제 싸움만 닐먼 머 싸(사)라미 이서야 머 싸우물 해디.

tɕe s'aumman nilmʌn mʌ s'a(sa)rami isʌja mʌ s'aumul hɛdi.

제 싸움만 닐먼 머 싸(사)람이 잇어야 머 싸움을 해디.

▶ 진짜 전쟁이 일어나면 뭐 사람이 있어야 뭐 싸움을 하지.

제 암 : 만 무기레, 이거요 싸우미 지금 행무기루 해결핸다 해두.

a : mman mugire, igʌjo s'aumi tɕigɯm hɛŋmugiru hɛgjʌlɦɛnda hɛdu.

암 : 만 무기레, 이거요 싸움이 지금 핵무기루 해결핸다 해두.

▶ 아무리 무기가, 이것요 싸움이 지금 핵무기로 해결한다 해도.

제 마즈마겐 싸(사)라미 해결핸다구요.

madzɯmagen s'a(sa)rami hɛgjʌlɦɛndagujo.

마즈막엔 싸(사)람이 해결핸다구요.

▶ 마지막에는 사람이 해결한다고요.

조 네.

ne.

▶ 네.

제 아푸룬 다 : 점녕을 해두 싸(사)람 업쓰먼 그대메 대(때)게 쇠용 업써요.

apʰurun ta : ʨʌmnʌŋɯl hɛdu s'a(sa)ram ʌps'ɯmʌn kɯdɛme tɛ(t'ɛ)ge söjoŋ ʌps'ʌjo.

앞으룬 다 : 점녕을 해두 싸(사)람 없으면 그댐에 대(때)게 쇠용 없어요.

▶ 앞으로는 다 점령을 해도 사람이 없으면 그 다음에 대체로 소용이 없어요.

제 이 북쪼서네서라무니 그때 조선전쟁 어디꺼지 나간나 하문.

i pukʨ'osʌnesʌramuni kɯt'ɛ ʨosʌndzʌndzɛŋ ʌdik'ʌdzi naganna hamun.

이 북조선에서라무니 그때 조선전쟁 어디꺼지 나갓나 하문.

▶ 이 조선에서 그때 조선전쟁 때 어디까지 내려갔는가 하면.

제 대구 그짜게꺼지 다 : 나간따 밀구.

tɛgu kɯʨ'agek'ʌdzi ta : nagatt'a milgu.

대구 그짝에꺼지 다 : 나갓다 밀구.

▶ 대구 그쪽에까지 다 내려갔다고 밀고.

제 나가개지구 그 모가지 짜르는 바라메 그 정티를 몯헐꺼니.

nagagɛdzigu kɯ mogadzi ʨ'arɯnɯn parame kɯ ʨʌŋtʰiɾɯl motʰʌlk'ʌni.

나가개지구 그 모가지 짜르는 바람에 그 정티를 못헐꺼니.

▶ 나가가지고 그 목을 자르는 바람에 그 정치를 못하니.

제 그, 거 : 구 갇따 삭 : 군대래두 꽉 드리 모라서먼야 몯 뜨러오디.

kɯ, kʌ : gu katt'a sa : k kundɛɾedu k'wak tɯri moɾasʌmʌnja mot t'ɯɾʌodi.

그, 거 : 구 갓다 삭 : 군대래두 꽉 들이 몰앗으면야 못 들어오디.

142

▷ 그, 거기에다가 군대라도 꽉 들어 몰았으면 못 들어오지.

제 밀구 나가기만 핻띠, 정틸 몯 핼꺼니.
milgu nagagiman hɛtt'i, tɕʌŋtʰil mot hɛlk'ʌni.
밀구 나가기만 햇디, 정틸 못 핼꺼니.
▷ 밀고 나가기만 했지, 정치를 못 하니.

제 목 짜르는 바라메 깝짝 몯 핻딴 마리.
mok tɕ'aɾɯnɯn parame k'aptɕ'ak mot hɛtt'an mari.
목 짜르는 바람에 깝짝 못 햇단 말이.
▷ 목 자르는 바람에 꼼짝 못 했단 말이.

제 그대메 지원구니 쭉 : 나가개지구 그래 해결핻띠.
kɯdɛme tɕiwʌnguni tɕ'u : k nagagɛdzigu kɯɾɛ hɛgjʌlɦett'i.
그댐에 지원군이 쭉 : 나가개지구 그래 해결햇디.
▷ 그 다음에 지원군이 쭉 나가가지고 그래서 해결했지.

제 주국 아니먼 베쩨 왈라(完了)⁶⁵대요.
tɕuguk animʌn pes'e walladejo.
주국 아니먼 베쩨 왈라(完了)대요.
▷ 중국이 아니면 벌써 끝나요.

제 지금두요 주(중)국 아니먼 안대요.
tɕigɯmdujo tɕu(tɕuŋ)guk animʌn andejo.
지금두요 주(중)국 아니먼 안대요.
▷ 지금도 중국이 아니면 안 돼요.

조 북쪼선마리예요?
puktɕ'osʌnmarijejo?
▷ 조선말이에요?

---

65 왈라(完了[wanle])는 '끝나다'를 뜻하는 중국어.

제 예. 주(중)국 아니면 안대요.

je. ʨu(ʨuŋ)guk animʌn andɛjo.

예, 주(중)국 아니면 안대요.

▶ 예, 중국이 아니면 안돼요.

조 하라버지 혹씨 조서네 친척뿌니 읻씀니까?

harabʌʥi hokɕ'i ʨosʌne ʨhinʨhʌkp'uni its'ɯmnik'a?

▶ 할아버지께서 혹시 조선에 친척분이 있습니까?

제 읻띠요, 우리 세채 동생 이시요.

itt'ijo, uri setɕhɛ toŋsɛŋ iɕijo.

잇디요, 우리 세채 동생 잇이요.

▶ 있지요, 우리 셋째 동생이 있어요.

제 인는데 우리 큰 뉘 : 이가 인는데 그건 소식뚜 모르구.

innɯnde uri khɯn nü : iga innɯnde kɯgʌn soɕikt'u morɯgu.

잇는데 우리 큰 뉘 : 이가 잇는데 그건 소식두 모르구.

▶ 있는데 우리 큰 누나도 있는데 거긴 소식도 모르고.

제 그건 디주루 대 : 노꺼니 어디 몰래 가 주걷딴 마리.

kɯgʌn tiʥuru tɛ : nok'ʌni ʌdi mollɛ ka ʨugʌtt'an mari.

그건 디주루 대 : 노꺼니 어디 몰래 가 죽엇단 말이.

▶ 거긴 지주로 돼 있으니 어디에 몰래 가서 죽었단 말이.

제 그 조서니 그거 한나 나쁘디.

kɯ ʨosʌni kɯgʌ hanna nap'udi.

그 조선이 그거 한나 나쁘디.

▶ 그 조선이 그것 하나 나쁘지.

제 그 싸(사)라미 그 가짜 디주, 부농이라 허(하)먼, 말만 한 마디 잘 몯 허먼요.

kɯ s'a(sa)rami kɯ kaʦ'a tiʥu, punoŋira hʌ(ha)mʌn, malman han madi

144

ʨal mot hʌmʌnjo.

그 싸(사)람이 그 가짜 디주, 부농이라 허(하)먼, 말만 한 마디 잘 못
허먼요.

▶ 그 사람이 그 정말 지주, 부농이라 하면, 말만 한 마디 잘 못 하면요.

제 그날 쩌나게 그 다 : 모라가요. 그 근체 싸(사)람뚜 모르게 갇따 모라내요.

kɯnal ʦ'ʌnage kɯ ta : maragajo. kɯ kɯnʨʰe s'a(sa)ramt'u moɾɯge
katt'a moranɛjo.

그날 쩌낙에 그 다 : 몰아가요. 그 근체 싸(사)람뚜 모르게 갖다 몰아
내요.

▶ 그날 저녁에 그 다 몰아가요. 그 근처의 사람도 모르게 갖다 몰아
내요.

제 그거이, 이버네 그 저 : 데거 그 고무부 그 중능 거 보오 그.

kɯgʌi, ibʌne kɯ ʨʌ : tegʌ kɯ komubu kɯ ʨuŋnɯŋ gʌ poo kɯ.

그거이, 이번에 그 저 : 데거 그 고무부 그 죽는 거 보오 그.

▶ 그것이, 이번에 그 저 저거 그 고모부 그 죽이는 것을 보고 그.

제 이 주국 꺼트먼 그 쥐기가서? 그래, 안 쥐기디.

i ʨuguk k'ʌtʰɯmʌn kɯ ʨügigasʌ? kɯrɛ, an ʨügidi.

이 주국 겉으먼 그 쥑이갓어? 그래, 안 쥑이디.

▶ 이 중국 같으면 그 죽이겠어? 그래, 안 죽이지.

조 그래서 그렁 걸 보시면 무섭쬬?

kɯrɛsʌ kɯrʌŋ gʌl poɕimjʌn musʌpt'jo?

▶ 그래서 그런 것을 보시면 무섭죠?

제 무섭띠 앙쿠요?

musʌpt'i aŋkʰujo?

무섭디 않구요?

▶ 무섭지 않고요?

제 그 이 군국쭈이부단 더 : 허단 마리요, 일본놈부단 더 : 해요 그거.

kɯ i kunguktɕ'uibudan tʌ : hʌdan marijo, ilbonnombudan tʌ : hɛjo
kɯgʌ.

그 이 군국주의부단 더 : 허단 말이요, 일본놈부단 더 : 해요 그거.

▶ 그 이 군국주의보다는 더 하단 말이요, 일본 사람보다는 더 해요
그것.

제 일본노문 그러케꺼진 안 헌단 마리.

ilbonnomun kɯɾʌkʰek'ʌdzin an hʌndan mari.

일본놈은 그렇게꺼진 안 헌단 말이.

▶ 일본 사람은 그렇게까지는 안 한단 말이.

제 더 : 조서는요 이 당워네 당워네, 당워네 당워니 또 읻딴 마리요.

tʌ : tɕosʌnɯnjo i taŋwʌne taŋwʌne, taŋwʌne taŋwʌni t'o itt'an marijo.

더 : 조선은요 이 당원의 당원에, 당원의 당원이 또 잇단 말이요.

▶ 저 조선에는요 이 당원의 당원에, 당원의 당원이 또 있단 말이요.

제 당원 가운데두 그 거기 노풍 거 그 당원끼리두 모른대요.

taŋwʌn kaundedu kɯ kʌgi nopʰuŋ gʌ kɯ taŋwʌnk'iɾidu moɾɯndɛjo.

당원 가운데두 그 거기 높은 거 그 당원끼리두 모른대요.

▶ 당원 가운데에서도 그 거기 높은 (직위의) 그 당원끼리도 모른대요.

제 당원끼리두 말 잘몯허먼 어 : 언 노미 어 : 니 싸(사)라미 가찹꼬 모르는지
건 : 모른대요.

taŋwʌnk'iɾidu mal tɕalmotʰʌmʌn ʌ : ʌn nomi ʌ : ni s'a(sa)ɾami katɕʰ
apk'o moɾɯnɯndzi kʌ : n moɾɯndɛjo.

당원끼리두 말 잘못허먼 어 : 언 놈이 어 : 니 싸(사)람이 가찹고 모르
는지 건 : 모른대요.

▶ 당원끼리도 말 잘못하면 어느 사람과 어느 사람이 가깝고 하는지 그
것을 모른대요.

제 이 동부게두요, 동부게두 이 조선 틍무 마니 이시요.

i toŋbugedujo, toŋbugedu i tɕosʌn tʰɯŋmu mani iɕijo.

이 동북에두요, 동북에두 이 조선 특무 많이 잇이요.

▶ 이 동북에도요, 동북에도 이 조선 특무가 많이 있어요.

제 조선 틍무 만타구요.

tɕosʌn tʰɯŋmu mantʰagujo.

조선 특무 많다구요.

▶ 조선 특무가 많다고요.

제 잡싸요. 아 난 머 안 먹깐씨요.[66]

tɕaps'ajo. a nan mʌ an mʌkk'atɕ'ijo.

잡사요. 아 난 머 안 먹갓이요.

▶ 잡수세요. 아 나는 뭐 안 먹겠어요.

---

66 깎아 놓은 사과를 조사자더러 먹으라고 하시는 말씀임.

추억 속 고향마을의 집들

조 하라버지께서 그 사시던 지븐 어떤 지비연는지 좀 설명해 주세요.

harabʌdzik'esʌ kɯ saɕidʌn tɕibɯn ʌt'ʌn tɕibijʌnnɯndzi tɕom sʌlmjʌɲɦɛ tɕusejo.

▶ 할아버지께서 그 사시던 집은 어떤 집이였는지 좀 설명해 주세요.

제 지비요?

tɕibijo?

집이요?

▶ 집이요?

조 초사네서요.

tɕʰosanesʌjo.

▶ 초산에서요.

제 지비 그, 이 초사네서 살 때는 그 부잗찌비선.

tɕibi kɯ, i tɕʰosanesʌ sal t'ɛnɯn kɯ pudzattɕ'ibisʌn.

집이 그, 이 초산에서 살 때는 그 부잣집이선.

▶ 집이 그, 이 초산에서 살 때는 그 부잣집에서는.

제 그 토기와라구 이 저: 어데 요구 덜깐 거튼데 가문 기와 읻띠 아나요?

kɯ tʰogiwaragu i tɕʌ: ʌde jogu tʌlk'an kʌtʰɯnde kamun kiwa itt'i anajo?

그 토기와라구 이 저: 어데 요구 덜간 겉은데 가문 기와 잇디 않아요?

▶ 그 토기와라고 이 저 어디 여기의 절 같은 데 가면 기와 있지 않아요?

조 네.

ne.

▷ 네.

제 그런 기와루 허구(하고), 쪼곰 쪼곰 그보단 쪼곰 부자 아닝거는 저: 또.
kɯɾʌn kiwaɾu hʌgu(hago), tɕ'ogom tɕ'ogom kɯbodan tɕ'ogom pudʑa aniŋɡʌnɯn tɕʌ: t'o.

그런 기와루 허구(하고), 쪼곰 쪼곰 그보단 쪼곰 부자 아닌거는 저: 또.

▷ 그런 기와로 하고, 조금 조금 그보다는 조금 부자 아닌 사람은 저 또.

제 나물 이리케 해 띠거개지구 빤때기를 맨드러요.
namul iɾikʰe hɛ t'igʌɡɛdzigu p'ant'ɛgiɾɯl mɛndɯɾʌjo.

나물 이렇게 해 떡어개지구 빤때기를 맨들어요.

▷ 나무를 이렇게 해 찍어가지고 판자를 만들어요.

제 빤때기루 그 나무 빤때기, 동기와라, 그걸 동기와라구 해요.
p'ant'ɛgiɾu kɯ namu p'ant'ɛgi, toŋiwaɾa, kɯgʌl toŋiwaɾagu hɛjo.

빤때기루 그 나무 빤때기, 동기와라, 그걸 동기와라구 해요.

▷ 판자로 그 나무 판자, 돌기와라, 그것을 돌기와라고 해요.

제 북썬말루 동기와라구 허(하)는데, 동기와 니쿠.
puks'ʌnmallu toŋiwaɾagu hʌ(ha)nɯnde, toŋiwa nikʰu.

북선말루 동기와라구 허(하)는데, 동기와 닣구.

▷ 북선말로 돌기와라고 하는데, 돌기와를 넣고.

제 그대: 메 보: 통 사능 거야 전부 초가찌비야.
kɯdɛ: mɛ po: tʰoŋ sanɯŋ ɡʌja tɕʌnbu tɕʰogatɕ'ibija.

그댐: 에 보: 통 사는 거야 전부 초가찝이야.

▷ 그 다음에 보통 사는 것은 전부 초가집이야.

제 벧띠부루 해아 닝는 그 능을 쓰구.
pett'ibuɾu hɛa niɲnɯn kɯ nɯŋɯl s'ɯgu.

벳딥우루 해아 눆는 그 능을 쓰구.

▶ 볏짚으로 해서 엮는 그 능을 쓰고.

제 새 베다가 새를 해 니쿠 그저 기리케 핸띠요.

sɛ pedaga sɛruɫ hɛ nikʰu kɯdʑʌ kirikʰe hɛtt'ijo.

새 베다가 새를 해 넣구 그저 기렇게 했디요.

▶ 새 볏짚에다 새를 해 넣고 그저 그렇게 했지요.

제 그러구 집 찡능거이 벽또리 업씨요 제네는.

kɯrʌgu tɕip tɕ'iŋnɯŋʌi pjʌkt'ori ʌpɕ'ijo tɕenenɯn.

그러구 집 직는거이 벽돌이 없이요 젠에는.

▶ 그리고 집을 짓는 데는 벽돌이 없어요 전에는.

제 나무 이리케 세워 노쿠 네모 세워 노쿠 그.

namu irikʰe sewʌ nokʰu nemo sewʌ nokʰu kɯ.

나무 이렇게 세워 놓구 네모 세워 놓구 그.

▶ 나무를 이렇게 세워 놓고 네모로 세워 놓고 그.

제 나물 이리케 세워 노쿠선 수 : 깡, 수 : 께이, 수당우루 이제 베제개지구.

namuɫ irikʰe sewʌ nokʰusʌn su : k'aŋ, su : k'ei, sudaŋuru idʑe pedʑegɛdʑigu.

나물 이렇게 세워 놓구선 수 : 깡, 수 : 께이, 수당우루 이제 베제개지구.

▶ 나무를 이렇게 세워 놓고서는 수수깡, 수수깡, 수당으로 엮어가지고.

제 그대 : 메 낭기루 페게 흐모라 네개 지구선 이리케 흐구루 짇띠요 머.

kɯdɛ : me naŋgiru pʰege hɯmora negɛ tɕigusʌn irikʰe hɯguru tɕitt'ijo mʌ.

그댐 : 에 남기루 페게 흐모라 네개 지구선 이렇게 흙우루 짓디요 머.

▶ 그 다음에 나무로 펴서 네 개 짓고서는 이렇게 흙으로 짓지요 뭐.

제 흑 문대 노 : 문 다라요.
hɯk mundɛ no : mun taɾajo.

흙 문대 노 : 문 다라요.

▶ (마지막에) 흙을 문질러 놓으면 끝나요.

조 그럼 지바네는요?
kɯɾʌm tɕibanenɯnjo?

▶ 그럼 집안에는요?

제 지바네는 저 : 온돌뼝, 온돌빵인데 돌멩이.
tɕibanenɯn tɕʌ : ondolp'jʌŋ, ondolp'aŋinde tolmeŋi.

집안에는 저 : 온돌병, 온돌방인데 돌멩이.

▶ 집안에는 저 온돌방, 온돌방인데 돌멩이.

조 네.
ne.

▶ 네.

제 이 : 릴 그 도리 마늘꺼니.
i : ɾil kɯ toɾi manɯlk'ʌni.

이 : 릴 그 돌이 많을꺼니.

▶ 이렇게 그 돌이 많으니.

제 전부 이러케 넙쩍똘 해 갇따가서 구둘 놋티요 머.
tɕʌnbu iɾʌkʰe nʌptɕ'ʌkt'ol hɛ katt'agasʌ kudul notʰijo mʌ.

전부 이렇게 넓적돌 해 갖다가서 구둘 놓디요 머.

▶ 전부 이렇게 넓적 돌을 해서 가져다가 구들을 놓지요 뭐.

제 구둘 노아개지구 불 때쿠 그러케 살디요.
kudul noagɛdzigu pul t'ɛkʰu kɯɾʌkʰe saldijo.

구둘 놓아개지구 불 땡구 그렇게 살디요.

▶ 구들을 놓아가지고 불을 때고 그렇게 살지요.

제 우리 이슬 때는 난치(暖氣)[67]뻐비 업써시요. 내 그 디뵤주네 나갈꺼니,
uɾi isɯl t'ɛnɯn nantɕʰip'ʌbi ʌps'ʌɕijo. nɛ kɯ tibjotɕune nagalk'ʌni.

우리 잇을 때는 난치(暖氣)법이 없엇이요. 내 그 디뵤준에 나갈꺼니.

▶ 우리 있을 때는 난방법이 없었어요. 내가 그 삼년 재해에 나가니.

제 저 : 어데 강계(지명) 나(라)갈꺼니 거기 전쟁 후에 이제 층찌불 지언는데.
tɕʌ : ʌde kaŋje na(ɾa)galk'ʌni kʌgi tɕʌndzeŋ hue idze tɕʰɯŋtɕ'ibul tɕiʌnnɯnde.

저 : 어데 강계 나(라)갈꺼니 거기 전쟁 후에 이제 층집을 지엇는데.

▶ 저 어디 강계를 나가니 거기 전쟁 후에 이제 층집을 지었는데.

제 오층, 눅(룩)층 대두 그 위생(행)시리 저 : 어데 땅빠다게 내리가 이시요.
otɕʰɯŋ, nuk(ɾuk)tɕʰɯŋ tɛgu kɯ üseŋ(ɦeŋ)ɕiɾi tɕʌ : ʌde t'aŋp'adage nɛɾiga iɕijo.

오층, 눅(룩)층 대두 그 위생(행)실이 저 : 어데 땅바닥에 내리가 잇이요.

▶ 오층, 육층이 돼도 그 화장실이 저 어디 땅바닥(1층)에 내려가야 있어요.

제 오좀 매러부먼 글루 내리가야 댄단 마리.
odzom mɛɾabumʌn kɯllu nɛɾigaja tɛndan maɾi.

오좀 매럽우먼 글루 내리가야 댄단 말이.

▶ 오줌 마려우면 그리로 내려가야 된단 말이.

제 이 러우팡(樓房)[68]에 그 업딴 마리.
i ɾʌupʰaŋe kɯ ʌpt'an maɾi.

이 러우팡(樓房)에 그 없단 말이.

▶ 이 층집에 화장실이 없단 말이.

---

67 난치(暖氣[nuanqi])는 '보일러'를 뜻하는 중국어.
68 러우팡(樓房[loufang])은 '층집'을 뜻하는 중국어.

제 강계 나갈꺼니 그 너과네 드를꺼니 그릳테요. 지그믄 몰라라.
kaŋgje nagalk'ʌni kɯ nʌgwane tɯrɯlk'ʌni kɯritthejo. ʨigɯmɯn
mollara.
강계 나갈꺼니 그 너관에 들을꺼니 그맇데요. 지금은 몰라라.
▷ 강계에 나가니 그 여관에 드니까 그렇데요. 지금은 모르지만.

제 그때는 그 조서니 좀 발쩐핻따구 조타구 구래 나가볼꺼니.
kɯt'ɛnɯn kɯ ʨosʌni ʨom palʨ'ʌnɦett'agu ʨothagu kurɛ nagabolk'ʌni.
그때는 그 조선이 좀 발전햇다구 좋다구 구래 나가볼꺼니.
▷ 그때는 그 조선이 좀 발전했다고 좋다고 그래 나가보니.

제 그때는 와 먹끼는 개탕케 먹뚜만두.
kɯt'ɛnɯn wa mʌkk'inɯn kɛthaŋkhe mʌkt'umandu.
그때는 와 먹기는 개탏게 먹두만두.
▷ 그때는 왜 먹기는 괜찮게 먹던데.

제 가 : 만 생각헐(할)꺼니 나두 그 조선 나갈라구, 나가 사라볼라구.
ka : man sɛŋgakhʌl(hal)k'ʌni nadu kɯ ʨosʌn nagallagu, naga
sarabollagu.
가 : 만 생각헐(할)꺼니 나두 그 조선 나갈라구, 나가 살아볼라구.
▷ 가만히 생각하니 나도 그 조선에 나가려고, 나가 살아보려고.

제 나가 갇떠래서, 그래서 머 몰 : 래 나갇따 몰 : 래 두루왇띠요 머.
naga katt'ʌrɛsʌ, kɯrɛsʌ mʌ mo : lle nagatt'a mo : lle turuwatt'ijo mʌ.
나가 갓더랫어, 그래서 머 몰 : 래 나갓다 몰 : 래 둘우왓디요 머.
▷ 나갔댔어, 그래서 뭐 몰래 나갔다 몰래 들어왔지요 뭐.

조 겨론하신 후예요?
kjʌronɦaɕin hujejo?
▷ 결혼하신 후예요?

제 예, 아 : 들 다 : 읻꾸요.

je, a : dɯl ta : itk'ujo.

예, 아 : 들 다 : 잇구요.

▶ 예, 아이들이 다 있고요.

조 그때 조서네요?

kɯt'ɛ ʨosʌnejo?

▶ 그때 조선에요?

제 조선, 조선전쟁 후에.

ʨosʌn, ʨosʌndzʌndzɛŋ hue.

조선, 조선전쟁 후에.

▶ 조선, 조선전쟁 후에.

조 잘 드러오션네요.

ʨal tɯrʌoɕʌnnejo.

▶ 잘 들어오셨네요.

제 예, 지금 사라스먼요.

je, ʨigɯm sarasɯmʌnjo.

예, 지금 살앗으먼요.

▶ 예, 지금 살았으면요.

제 내가 지금꺼지 살디를 몯해요, 먹띨 몯해서두 몯 산다구요.

nɛga ʨigɯmk'ʌdzi saldirɯl mothejo, mʌkt'il mothesʌdu mot sandagujo.

내가 지금꺼지 살디를 못해요, 먹딜 못해서두 못 산다구요.

▶ 내가 지금까지 살지를 못해요, 먹지를 못해서도 못 산다고요.

조 하라버지 훌륭한 선태글 하셔써요?

harabʌdzi hulljuɲɦan sʌntʰegɯl haɕʌs'ʌjo?

▶ 할아버지께서 훌륭한 선택을 하셨어요?

제 나가 척 : 볼꺼니 아무래두 주구기 나아요.

naga ʨʰʌ : k polkʼʌni amuɾɛdu ʨugugi naajo.

나가 척 : 볼꺼니 아무래두 주국이 나아요.

▶ 나가서 척 보니 아무래도 중국이 나아요.

제 나 : 제는 주구기 낟깥따 허(하)구 도루 두루오디 아나서?

na : ʣenɯn ʨugugi natkʼattʼa hʌ(ha)gu toɾu turuodi anasʌ?

나 : 제는 주국이 낫갓다 허(하)구 도루 둘우오디 않앗어?

▶ 향후에는 중국이 더 낫겠다 하고 도로 들어오지 않았어?

제 가서 한 달, 한 주일마네 도루 두루와시요.

kasʌ han tal, han ʨuilmane toɾu turuwaɕijo.

가서 한 달, 한 주일만에 도루 둘우왓이요.

▶ 가서 한 달, 한 주일 만에 도로 들어왔어요.

조 혼자 나가셛때써요?

honʣa nagaɕʌttʼɛsʼʌjo?

▶ 혼자 나가셨댔어요?

제 예. 혼자 나갇띠요. 가조군 놔 : 두구 나가 형펴늘 보구서 이제.

je. honʣa nagattʼijo. kaʣogun nwa : dugu naga ɕʌŋpʰjʌnɯl pogusʌ iʣe.

예. 혼자 나갓디요. 가족은 놔 : 두구 나가 형편을 보구서 이제.

▶ 예. 혼자 나갔지요. 가족은 놔두고 나가서 형편을 보고서 이제.

제 괘타느먼 다 : 데 : 구 나갈라구 그랟땐는데 나가 볼꺼니 안대게서오.

kwɛtʰanumʌn ta : te : gu nagallagu kɯɾɛttʼɛnnɯnde naga polkʼʌni andɛgesʌo.

괘탏으먼 다 : 데 : 구 나갈라구 그랫댓는데 나가 볼꺼니 안대겟어오.

▶ 괜찮으면 다 데리고 나가려고 그랬었는데 나가서 보니 안 되겠어요.

제 내 보 : 긴 기래두, 척 : 이 : 레 도라볼꺼니.

nɛ po : gin kiɾɛdu, ʨʰʌ : k i : ɾe toɾabolkʼʌni.

내 보 : 긴 기래두, 척 : 이 : 레 돌아볼꺼니.

▶ 내가 보기는 그래도, 척 이렇게 돌아보니.

제 아푸룬 아무래 주(중)구기 낟깐따구 도루 두루왇띠요.

apʰuɾun amuɾɛ ʨu(ʨuŋ)gugi natkʼattʼagu toɾu tuɾuwattʼijo.

앞우룬 아무래 주(중)국이 낫갓다구 도루 둘우왓디요.

▶ 앞으로는 아무리 중국이 낫겠다고 도로 들어왔지요.

조 네.

ne.

▶ 네.

제 지금도(디)요 이 주(중)국, 주(중)국만헌데가 업씨요.

ʨigɯmdo(di)jo i ʨu(ʨuŋ)guk, ʨu(ʨuŋ)gukmanɦʌndega ʌpɕʼijo.

지금도(디)요 이 주(중)국, 주(중)국만헌데가 없이요.

▶ 지금도 이 중국, 중국만한 데가 없어요.

제 항구게 우리 거튼 놈 나가먼 다 : 일해야 대요.

haŋguge uɾi kʌtʰɯn nom nagamʌn ta : ilɦɛja tɛjo.

한국에 우리 겉은 놈 나가먼 다 : 일해야 대요.

▶ 한국에 우리 같(이 나이 많)은 사람도 나가면 다 일해야 돼요.

제 일 안 허먼 머글 꺼이 업씨요.

il an hʌmʌn mʌgɯl kʼʌi ʌpɕʼijo.

일 안 허먼 먹을 거이 없이요.

▶ 일을 안 하면 먹을 것이 없어요.

제 그 싸(사)람드리 이제 미국 싸람들두 나가서라.

kɯ sʼa(sa)ɾamdɯɾi idze miguk sʼaɾamdɯldu nagasʌɾa.

그 싸(사)람들이 이제 미국 싸람들두 나갓어라.

▶ 그 사람들이 이제 미국 사람들도 나갔지.

제 그 도늘 버러개지구 여구 와 쓰니 그리디, 거구가 살먼 맨 : 가태요.

kɯ tonɯl pʌrʌɡɛdzigu jʌgu wa s'ɯni kɯridi, kʌguga salmʌn mɛ : n katʰ
ɛjo.

그 돈을 벌어개지구 여구 와 쓰니 그리디, 거구가 살면 맨 : 같애요.

▶ 그 돈을 벌어가지고 여기 와서 쓰니 그러지, 거기에서 살면 역시 같
아요.

제 도는 몯 뻐러요, 그 돈 버러개지구 오야디.

tonɯn mot p'ʌrʌjo, kɯ ton pʌrʌɡɛdzigu ojadi.

돈은 못 벌어요, 그 돈 벌어개지구 오야디.

▶ 돈은 못 벌어요, 그 돈을 벌어가지고 와야지.

제 그 또 그 : 구 여 : 구 싸람들 나가개지구 몯 싸능 거이.

kɯ t'o kɯ : gu jʌ : gu s'aramdɯl nagagɛdzigu mot s'anɯŋ gʌi.

그 또 그 : 구 여 : 구 싸람들 나가개지구 못 사는 거이.

▶ 그 또 그리고 여기 사람들이 나가가지고 못 사는 것이.

제 몯 싸능 걷뚜 만태요. 술 머거야디.

mot s'anɯŋ gʌtt'u mantʰejo. sul mʌgʌjadi.

못 사는 것두 많대요. 술 먹어야디.

▶ 못 사는 것도 많대요. 술 먹어야지.

제 거기 가먼 이 주국꽈 또 다르탄 마리, 주구게두 지금 개방 해서두.

kʌgi kamʌn i tɕugukk'wa t'o tarɯtʰan mari, tɕugugedu tɕigɯm kɛbaŋ
hɛsʌdu.

거기 가먼 이 주국과 또 다릏단 말이, 주국에두 지금 개방 했어두.

▶ 거기 가면 이 중국과 또 다르단 말이, 중국에도 지금 개방을 했어도.

제 거기 가먼 지금 새 : 씨네 지비 가야디.

kʌgi kamʌn tɕigɯm sɛ : ɕ'ine tɕibi kajadi.

거기 가면 지금 새 : 씨네 집이 가야디.

▣ 거기 가면 지금 술집에 가야지.

제 머 술 머거야디 또 투전하야디.

ma sul maɡʌjadi tʼo tʰudʑʌnɦajadi.

머 술 먹어야디 또 투전하야디.

▣ 뭐 술 먹어야지 또 도박해야지.

제 그런 싸(사)람드른요 잘몯, 마즈마겐 도니 업써서 자살허구 만대요.

kɯɾʌn sʼa(sa)ramdɯɾɯnjo ʨalmot, madʑɯmagen toni ʌpsʼʌsʌ
ʨasalɦʌgu mandɛjo.

그런 싸(사)람들은요 잘못, 마즈막엔 돈이 없어서 자살허구 많대요.

▣ 그런 사람들은요 잘못, 마지막에는 돈이 없어서 자살하고 많대요.

제 살기에 이 주구기 살만 해요 실띠. 주구기 널띠 안쏘?

salgie i ʨugugi salman hɛjo ɕiltʼi. ʨugugi nʌltʼi ansʼo?

살기에 이 주국이 살만 해요 실디. 주국이 넓디 않소?

▣ 살기에는 이 중국이 살만 해요 실제. 중국이 넓지 않소?

조 비행기 타고 여기서 항국 가능 걷뽀다 더 멈니다. 저 남쪼기요.

pifiɛŋgi tʰago jʌgisʌ haŋguk kanɯŋ ɡʌtpʼoda tʌ mʌmnida. ʨʌ
namʨʼogijo.

▣ 비행기 타고 여기서 한국 가는 것보다 더 멉니다. 저 남쪽이요.

제 예.

je.

예.

▣ 예.

조 저히도 두 시간 넝께 왇씀니다. 하라버지 사시던 지븐 어떤 지비여써요?

ʨʌçido tu ɕigan nʌŋkʼe watsʼɯmnida. harabʌdʑi saçidʌn ʨibɯn ʌtʼʌn
ʨibijʌsʼʌjo?

▣ 저희도 두 시간 넘게 왔습니다. 할아버지께서 사시던 집은 어떤 집이

158

였어요?

[제] 삼 간 지비래두 이 지비 이리케 크디 안티요.
sam kan ʨibirɛdu i ʨibi irikʰe kʰɯdi antʰijo.

삼 간 집이래두 이 집이 이렇게 크디 않디요.

▷ 삼 칸 집이라도 이 집이 이렇게 크지 않지요.

[제] 어떵 그저 요ː 저ː 그저 요만허구 그저 이러케 삼 간 지비.
ʌtʼʌŋ kɯʥʌ joː ʨʌː kɯʥʌ jomanɦʌgu kɯʥʌ irʌkʰe sam kan ʨibi.

어떵 그저 요ː 저ː 그저 요만허구 그저 이렇게 삼 간 집이.

▷ 어떤 그저 요 저 그저 요만하고 그저 이렇게 삼 칸 집이.

[제] 이리케 짇꾸 살구.
irikʰe ʨitkʼu salgu.

이렇게 짇구 살구.

▷ 이렇게 짓고 살고.

[제] 근데 지반헌 그짜구루 나가문 다ː 조선찝뜨ː 린데.
kɯnde ʨibanɦʌn kɯʨʼaguru nagamun taː ʨosʌnʨʼiptʼɯː ɾinde.

근데 집안헌 그짝우루 나가문 다ː 조선집들ː 인데.

▷ 그런데 집안헌 그쪽으로 나가면 다 조선집들인데.

[제] 지그문 다ː 개변핻따구 기래.
ʨigɯmun taː kɛbjʌnɦɛttʼagu kiɾɛ.

지금은 다ː 개변햇다구 기래.

▷ 지금은 다 개변했다고 그래.

[제] 전부 토, 벽똘루 다ː 젣ː 따구 그ː 대요 이자는.
ʨʌnbu tʰo, pjʌktʼollu taː ʨeː ttʼagu kɯː dejo idzanɯn.

전부 토, 벽돌루 다ː 젣ː 다구 그ː 대요 이자는.

▷ 전부 토, 벽돌로 다 지었다고 그러대요 이제는.

조 그래써요? 방은 구드리예요?

kɯɾes'ʌjo? paŋɯn kudɯrijejo?

▷ 그랬어요? 방은 구들이에요?

제 구두리디요.

kuduɾidijo.

구둘이디요.

▷ 구들이지요.

조 그럼 우에는 돌 깔고 또 뭐 깜니까?

kɯɾʌm uenɯn tol k'algo t'o mwʌ k'amnik'a?

▷ 그럼 위에는 돌을 깔고 또 뭐를 깝니까?

제 돌 깔구 제네는 그 샅짜리라구 그 수 : 땅 갈가개지구.

tol k'algu tɕenenɯn kɯ sattɕ'ariragu kɯ su : t'aŋ kalgagɛdzigu.

똘 깔구 젠에는 그 샷자리라구 그 수 : 땅 갉아개지구.

▷ 돌을 깔고 전에는 그 샷자리라고 그 수수깡 갉아가지고.

제 그 사틀 맨 이후두 캉씨라구 이섣따구 그따구 깔구.

kɯ satʰɯl mɛn ifiudu kʰaŋɕ'iragu isʌtt'agu kɯt'agu k'algu.

그 샅을 맨 이후두 캉씨라구 잇엇다구 그따구 깔구.

▷ 그 샷을 맨 이후도 돗자리라고 있었는데 그런 것을 깔고.

제 긴 : 데 지그믄 다 : 지반헌 그짜구루 나가두 집 다 : 잘 짇꾸 읻떼요.

ki : nde tɕigɯmɯn ta : tɕibanɦʌn kɯtɕ'aguru nagadu tɕip ta : tɕal tɕitk'u itt'ejo.

긴 : 데 지금은 다 : 집안헌 그짝우루 나가두 집 다 : 잘 짓구 잇데요.

▷ 그런데 지금은 집안현 그쪽으로 나가도 집을 다 잘 짓고 있더라고요.

조 네.

ne.

▷ 네.

제 지반헌 그짜게두 드문드문 나가는데 집뜨른 다 : 잘 짇꾸 이시요.
ʨibanɦʌn kɯʨ'agedu tɯmundɯmun naganɯnde ʨipt'ɯrɯn ta : ʨal
ʨitk'u iɕijo.
집안헌 그짝에두 드문드문 나가는데 집들은 다 : 잘 짓구 잇이요.
▶ 집안현 그쪽에도 드문드문 나가는데 집들은 다 잘 짓고 있어요.

조 지바네는 언제 제일 마지마그로 가셔써요? 지바네요?
ʨibanenɯn ʌnʥe ʨeil maʥimagɯro kaʨʌs'ʌjo? ʨibanejo?
▶ 집안에는 언제 제일 마지막으로 가셨어요? 집안에요?

제 지반헌, 지반헌 요 멷 해 제네두 갇떠래시요.
ʨibanɦʌn, ʨibanɦʌn jo mjʌt hɛ ʨenedu katt'ʌrɛɕijo.
집안헌, 집안헌 요 몇 해 젠에두 갓더랫이요.
▶ 집안현, 집안현 이 몇 년 전에도 갔댔어요.

조 동생네 지베 가셛땓씀니까? 혼자 가셛씀니까?
toŋsɛŋne ʨibe kaʨʌtt'ɛts'ɯmnik'a? honʥa kaʨʌts'ɯmnik'a?
▶ 동생네 집에 가셨댔습니까? 혼자 가셨습니까?

제 그때는 우리 넝감, 노치니 다 : 갇떵 거인데 이젠 먼 : 노친네 죽꾸 머.
kɯt'ɛnɯn uri nʌŋgam, notɕʰini ta : katt'ʌŋ gʌinde iʥen mʌ : n notɕʰ
inne ʨukk'u mʌ.
그때는 우리 닝감, 노친이 다 : 갓던 거인데 이젠 먼 : 노친네 죽
구 머.
▶ 그때는 우리 영감, 노친이 다 갔던 것인데 이제는 뭐 노친이 죽고 뭐.

제 그대멘 지금 아마 한 오넌 몬 나갇쑤다.
kɯdɛmen ʨigɯm ama han onʌn mon nagats'uda.
그댐엔 지금 아마 한 오넌 못 나갓수다.
▶ 그 다음에는 지금 아마 한 오 년 못 나갔어요.

동고동락했던 할머님을 먼저 보내고

조 할머니믄 어째서 도라가셔써요? 혹씨 뇌추려리예요?

halmʌnimɯn ʌtɕˈɛsʌ toɾagaɕjʌsˈʌjo? hokɕˈi nötɕʰuɾjʌɾijejo?

▶ 할머님은 어째서 돌아가셨어요? 혹시 뇌출혈이에요?

제 우리 노친네두 그 병은 업써시요 그래. 긴 : 데 팔씹닐, 팔씸여스세 업서 제서.

uri notɕʰinnedu kɯ pjʌŋɯn ʌpsˈʌɕijo kɯɾɛ. ki : nde pʰalɕˈipnil, pʰalɕˈipjʌsɯse ʌpsʌʥesʌ.

우리 노친네두 그 병은 없엇이요 그래. 긴 : 데 팔십닐, 팔십여슷에 없어젯어.

▶ 우리 노친도 그 병은 없었어요. 그런데 팔십일, 팔십 여섯에 없어졌어.

조 네.

ne.

▶ 네.

제 나허(하)구 동가비라요.

nafiʌ(ɦa)gu toŋabiɾajo.

나허(하)구 동갑이라요.

▶ 나하고 동갑이에요.

조 아, 동가비예요? 저 할머님 생가기 남니다. 지난번 최은복 학쌩이 노금해 옹 걸 드럳씀니다.

a, toŋabijejo? tɕʌ halmʌnim sɛŋgagi namnida. tɕinanbʌn tɕʰöɯnbok haksˈɛŋi nogɯmfiɛ oŋ gʌt tɯɾʌtsˈɯmnida.

162

▶ 아, 동갑이에요? 저 할머님 생각이 납니다. 지난번 최은복 학생이 녹음해 온 것을 들었습니다.

제 아니? 어떠케 봐시요.
ani? ʌt'ʌkʰe pwaɕijo.
아니? 어떻게 봣이요.
▶ 아니? 어떻게 봤어요.

조 그 회장님 따니미 노금도 하고 사진도 찌거 와써요.
kɯ hödʑaŋnim t'animi nogɯmdo hago sadʑindo tɕ'igʌ was'ʌjo.
▶ 그 회장님 따님이 녹음도 하고 사진도 찍어 왔어요.

제 오, 요구 와서 사진 띠거갇꾸나.
o, jogu wasʌ sadʑin t'igʌgatk'una.
오, 요구 와서 사진 떡어갓구나.
▶ 오, 여기에 와서 사진을 찍어갔구나.

조 네, 사진 찌거완는데 제가 바로 온다고 해노코 여직 몯 와써요.
ne, sadʑin tɕ'igʌwannɯnde tɕega paɾo ondago hɛnokʰo jʌdʑik mot was'ʌjo.
▶ 네, 사진을 찍어왔는데 제가 바로 온다고 해놓고 여직 못 왔어요.

제 그때루 우리 그러구 노친네 이슬 때 왇떠래시요.
kɯt'ɛɾu uɾi kɯɾʌgu notɕʰinne isɯl t'ɛ watt'ʌɾɛɕijo.
그때루 우리 그러구 노친네 잇을 때 왓더랫이요.
▶ 그때 그래 우리 노친이 있을 때 왔댔어요.

조 제가 조금 더 일찍 와쓰면 이걸 빨리 노금하겐는데요.
tɕega tɕogɯm tʌ iltɕ'ik was'ɯmjʌn igʌt p'alli nogɯmɦagennɯndejo.
▶ 제가 조금 더 일찍 왔으면 이것을 빨리 녹음하겠는데요.

제 우리 노친네 마른 잘 해요. 마른 머ː 어데 놈헌테 지디 앙케 허(하)구.

uɾi notɕʰinne maɾɯn ʨal hɛjo. maɾɯn mʌ : ʌde nomfiʌntʰe ʨidi aŋkʰe hʌ(ha)gu.

우리 노친네 말은 잘 해요. 말은 머 : 어데 놈헌테 지디 않게 허 (하)구.

▶ 우리 노친 말은 잘 해요. 말은 뭐 어디 다른 사람한테 지지 않게 하 고.

제 그 : 른 업띠요, 그 : 른 엄는데 정신두 개탕쿠한데.

kɯ : ɾɯn ʌptʼijo. kɯ : ɾɯn ʌmnɯnde ʨaŋɕindu kʌtʰaŋkʰufiande.

글 : 은 없디요, 글 : 은 없는데 정신두 개탕구한데.

▶ 글(지식)은 없지요, 글은 없는데 생각도 괜찮고.

제 말 : 수다니 나보다 낟띠요.

ma : l sudani naboda nattʼijo.

말 : 수단이 나보다 낫디요.

▶ 말 솜씨가 나보다 낫지요.

조 하라버지도 아주 재미읻께 잘 해주시는데요.

harabʌdzido adzu ʨɛmiitkʼe ʨal hɛdzuɕinɯndejo.

▶ 할아버지도 아주 재미있게 잘 해주시는데요.

제 아이구, 나 요즘 쓸떼업쓴 말 그저.

aigu, na jodzɯm sʼɯltʼeʌpsʼɯn mal kɯdzʌ.

아이구, 나 요즘 쓸데없은 말 그저.

▶ 아이고, 나 요즘 쓸데없는 말 그저.

조 하라버지 그래도 저히들 와서 조으시죠? 말똥무도 되고요.

harabʌdzi kɯɾedo ʨaɕidɯl wasʌ ʨoɯɕidzjo? maltʼoŋmudo tögojo.

▶ 할아버지 그래도 저희들이 와서 좋으시죠? 말동무도 되고요.

제 조티요.

ʨotʰijo.

164

좋디요.

▷ 좋지요.

조 하라버지 힘드세요?

harabʌdzi çimdɯsejo?

▷ 할아버지 힘드세요?

제 힘 안 드러요.

çim an tɯrʌjo.

힘 안 들어요.

▷ 힘 안 들어요.

조 그럼 이야기 계속 해주세요.

kɯrʌm ijagi kjesok hɛdzusejo.

▷ 그럼 이야기 계속 해주세요.

후반 인생에 대한 계획

제 내 송구두 그저 안죽꺼진 병이 업쓸꺼니 그런대루 그저 나가 댕기디요 머.

ne soŋgudu kɯdzʌ andzukkʼʌdzin pjʌɲi ʌpsʼɯlkʼʌni kɯrʌndɛru kɯdzʌ

naga tɛŋgidijo mʌ.

내 송구두 그저 안죽꺼진 병이 없을꺼니 그런대루 그저 나가 댕기디요 머.

▶ 내가 아직도 그저 아직까지는 병이 없으니 그런대로 그저 나가서 다니지요 뭐.

제 이제 병이나 읻께 대면 머 어니 아들네 지부루 가두 가야디요 머.

idze pjʌɲina itkʼe tɛmʌn mʌ ʌni adɯlne tɕiburu kadu kajadijo mʌ.

이제 병이나 잇게 대면 머 어니 아들네 집우루 가두 가야디요 머.

▶ 이제 병이나 있게 되면 뭐 어느 아들네 집으로 가도 가야지요 뭐.

조 네, 어느 아들네 지브로 가시고 십씀니까?

ne, ʌnɯ adɯlne tɕiburo kaɕigo ɕipsʼɯmnikʼa?

▶ 네, 어느 아들네 집으로 가시고 싶습니까?

제 지금요, 지금 어니 아들레 지베 가야 다 : 시러해요 결구근.

tɕigɯmjo, tɕigɯm ʌni adɯlle tɕibe kaja ta : ɕirʌɦɛjo kjʌlgugɯn.

지금요, 지금 어니 아들네 집에 가야 다 : 싫어해요 결국은.

▶ 지금은, 지금 어느 아들네 집에 가도 다 싫어해요 결국은.

제 그저 이리케 살다가 정 : 죽께 대면 데 료양워네나 가능 거.

kɯdzʌ irilkʰe saldaga tɕʌ : ŋ tɕukkʼe tɛmʌn te rjojaŋwʌnena kanɯŋ gʌ.

그저 이렇게 살다가 정 : 죽게 대면 데 료양원에나 가는 거.

▶ 그저 이렇게 살다가 정말 죽게 되면 저 요양원에나 가는 거.

제 이건 그저 별째(재)간 업쓸(슬) 꺼 가태.

igʌt kɯdzʌ pjʌltɕ'ɛ'(dzɛ)gan ʌps'ɯl(sɯl) k'ʌ katʰɛ.

이것 그저 별재간 없을 거 같애.

▶ 이것 그저 별 수 없을 것 같아.

'효(孝)'의 변화에 대한 섭섭함

☒ 세워리 이리커이, 지금 늘근 싸(사)람 누구레 조(도)아해요?
sewʌri irikʰʌi, tɕigɯm nɯlgɯn s'a(sa)ram nugure tɕo(to)aɦɛjo?
세워리 이렇거이, 지금 늙은 싸(사)람 누구레 좋(둫)아해요?
▷ 세월이 이러니, 지금 늙은 사람을 누가 좋아해요?

☒ 예, 쪼꼬만 아이드른 조상 모시두루 해두.
je, tɕ'ok'oman aidɯrɯn tɕosaŋ moɕiduru ɦɛdu.
예, 쪼꼬만 아이들은 조상 모시두루 해두.
▷ 예, 어린 아이들은 조상을 모시는 것처럼 해도.

☒ 늘그니 : 요, 늘그니 돈 업쓰먼요.
nɯlgɯni : jo, nɯlgɯni ton ʌps'ɯmʌnjo.
늙은이 : 요, 늙은이 돈 없으먼요.
▷ 늙은이요, 늙은이가 돈이 없으면요.

☒ 네 갈 낄 네 가라 글구 보두두 아나요.
ne kal k'il ne kara kɯlgu podudu anajo.
네 갈 길 네 가라 글구 보두두 않아요.
▷ 네가 갈 길은 네가 가라 그리고 보지도 않아요.

☒ 지금 세워리, 세워리 그러탄 마리요.
tɕigɯm sewʌri, sewʌri kɯrʌtʰan marijo.
지금 세월이, 세월이 그렇단 말이요.
▷ 지금 세월이, 세월이 그렇단 말이요.

☒ 다 그러치는 안씁니다. 그래도 우리 조선족뜨른 쫌 괜차나요.
ta kɯrʌtɕʰinɯn ans'ɯmnida. kɯrɛdo uri tɕosʌndzokt'ɯrɯn tɕ'om kwɛntɕʰ

anajo.
▶ 다 그렇지는 않습니다. 그래도 우리 조선족들은 좀 괜찮아요.

제 그래두 조선족뚜요 돈, 부모레 돈 이시(씨)야 댄다구.
kɯɾedu ʨosʌndzokt'ujo ton, pumoɾe ton iɕi(ɕ'i)ja tɛndagu.
그래두 조선족두요 돈, 부모레 돈 잇이야 댄다구.
▶ 그래도 조선족도요 돈, 부모가 돈이 있어야 된다고.

제 돈, 내레 둔누워서라무니 멀 먹꾸푸머는 도늘 내 게지베서 내서라무니.
ton, nɛɾe tunnuwʌsʌɾamuni mʌl mʌkk'upʰumʌnɯn tonɯl nɛ kedʑibesʌ
nɛsʌɾamuni.
돈, 내레 둔누워서라무니 멀 먹구푸먼은 돈을 내 게집에서 내서라
무니.
▶ 돈, 내가 들어 누워서 뭘 먹고 싶으면 돈을 내 주머니(지갑)에서
내서.

제 너:들 데거 좀 사오나 이리먼 러:허디(樂呵地)⁶⁹ 가서 사온단 마리.
nʌ : dɯl tegʌ ʨom saona iɾimʌn ɾʌ : ɦʌdi kasʌ saondan maɾi.
너:들 데거 좀 사오나 이리먼 러:허디(樂呵地) 가서 사온단 말이.
▶ 너희들 저거 좀 사오너라 이러면 싱글벙글하며 가서 사온단 말이.

조 네.
ne.
▶ 네.

제 내가 돈두 업꾸, 아이구 이건 약뚜 머기야 대구.
nɛga tondu ʌpk'u, aigu igʌn jakt'u mʌɡija tɛgu.
내가 돈두 없구, 아이구 이건 약두 먹이야 대구.
▶ 내가 돈도 없고, 아이고 이것 약도 먹어야 되고.

---

69 러: 허디(樂呵地[lehedi])는 '싱글벙글하다'를 뜻하는 중국어.

제 이 병웬두 가야 대구 멀 쫌 사오나 허먼.

i pjʌŋwendu kaja tɛgu mʌl tɕʼom saona hʌmʌn.

이 병웬두 가야 대구 멀 좀 사오나 허먼.

▶ 이 병원도 가야 되고 뭘 좀 사오너라 하면.

제 소구루에 개차내야 조(도)타구 허디만 소그룬 찌긴단 마리.

soguɾue kɛtɕʰanɛja tɕo(to)tʰagu hʌdiman soguɾun tɕʼigindan maɾi.

속우루에 개찮애야 좋(동)다구 허디만 속으룬 찍인단 말이.

▶ 속으로 괜찮아야 좋다고 할 수 있지만 속으로는 찍힌단 말이.

제 조(도)탠단 싸(사)람 한나 업써요.

tɕo(to)tʰɛndan sʼa(sa)ɾam hanna ʌpsʼʌjo.

좋(동)댄단 싸(사)람 한나 없어요.

▶ 좋다는 사람이 하나도 없어요.

조 그래서 하라버지께서 섭썹하심니까?

kɯɾɛsʌ haɾabʌdzikʼesʌ sʌpsʼʌphaɕimnikʼa?

▶ 그래서 할아버지께서 섭섭하십니까?

제 긴 : 데 늘거나서라무니 이거이 이 빨리 주거야 대는데 죽띤 앙쿠.

ki : nde nɯlgʌnasʌɾamuni igʌi i pʼalli tɕugʌja tɛnɯnde tɕuktʼin aŋkʰu.

긴 : 데 늙어나서라무니 이거이 이 빨리 죽어야 대는데 죽딘 않구.

▶ 그런데 늙어서 이제는 이것 빨리 죽어야 되는데 죽지는 않고.

제 자꾸 이 사라, 기래두 국, 이거 사회가 조아서 이, 다문 나 오늘 쪼꾸미래두 주구.

tɕakʼu i saɾa, kiɾɛdu kuk, igʌ saɦöga tɕoasʌ i, tamun na onɯl tɕʼokʼumiɾɛdu tɕugu.

자꾸 이 살아, 기래두 국, 이거 사회가 좋아서 이, 다문 나 오늘 쪼꿈 이래두 주구.

▶ 자꾸 이 살아, 그래도 국, 이것 사회가 좋아서 이, 다만 나에게 오늘

조금이라도 주고.

제 또 : 모아놓 : 떤 도니 쪼꿈 잇꾸 헐(할)꺼니.

t'o : moano : tt'ʌn toni tɕ'ok'um itk'u hʌl(hal)k'ʌni.

또 : 모아놓 : 던 돈이 쪼꿈 잇구 헐(할)꺼니.

▶ 또 모아놓았던 돈이 조금 있고 하니.

제 내 살 때꺼진 살 꺼 거태요.

nɛ sal t'ek'ʌdzin sal k'ʌ kʌtʰejo.

내 살 때꺼진 살 거 겉애요.

▶ 내가 살 때까지는 살 것 같아요.

조 오래 사셔야죠. 지금 세워리 점점 이러케 조아지는데 가시면 얼마나 원통하
심니까?

oɾɛ saɕjʌjadzjo. tɕigɯm sewʌri tɕʌmdzʌm irʌkʰe tɕoadzinɯnde kaɕimjʌn

ʌlmana wʌntʰoɲɦaɕimnik'a?

▶ 오래 사셔야죠. 지금 세월이 점점 이렇게 좋아지는데 가시면 얼마나
원통하십니까?

제 세워리야 조티요. 지금 세월, 아, 머 세워른 조은데.

sewʌrija tɕotʰijo. tɕigɯm sewʌl, a, mʌ sewʌrɯn tɕoɯnde.

세월이야 좋디요. 지금 세월, 아, 머 세월은 좋은데.

▶ 세월이야 좋지요. 지금 세월, 아, 뭐 세월은 좋은데.

제 그거이 지금 그러틴 아나요.

kɯgʌi tɕigɯm kɯrʌtʰin anajo.

그거이 지금 그렇딘 않아요.

▶ 그것이 지금 그렇지는 않아요.

제 지금 자싱네두 이거 저 : 부모가 도니 이시야디 자(사)식 쇠용업씨요.

tɕigɯm tɕaɕiɲnedu igʌ tɕʌ : pumoga toni iɕijadi tɕa(sa)ɕik søjoɲʌpɕ'ijo.

지금 자식네두 이거 저 : 부모가 돈이 잇이야디 자(사)식 쇠용없

이요.

ㄹ 지금 자식네도 이것 저 부모가 돈이 있어야지 자식이 소용없어요.

제 그저 제 자식 나 : 야 이거 이, 대 : 가민 줄 알디.

kɯdzʌ tɕe tɕaɕik na : ja igʌ i, tɛ : gamin tɕul aldi.

그저 제 자식 나 : 야 이거 이, 대 : 감인 줄 알디.

ㄹ 그저 제 자식을 낳아야 이것 (그 애가), 대감인 줄 알지.

제 이 : 늘근 싸(사)라문요.

i : nɯlgɯn s'a(sa)ramunjo.

이 : 늙은 싸(사)람은요.

ㄹ 이 늙은 사람은요.

제 지금 쪼꾸만 아이들, 가주 낭 걷뜨른 생이를 이 크 : 게 해주는데.

tɕigɯm tɕ'ok'uman aidɯl, kadzu naŋ gʌtt'ɯrɯn sɛŋirɯl i kʰɯ : ge

hɛdzunɯnde.

지금 쪼꿈한 아이들, 가주 난 것들은 생일을 이 크 : 게 해주는데.

ㄹ 지금 자그마한 아이들, 금방 난 것들은 생일을 이 크게 해주는데.

제 나 가튼 노문 생이리 디내가두 와 보는 놈 저거요.

na katʰɯn nomun sɛŋiri tinɛgadu wa ponɯn nom tɕʌgʌjo.

나 같은 놈은 생일이 디내가두 와 보는 놈 적어요.

ㄹ 나 같은 사람은 생일이 지나가도 와 보는 사람이 적어요.

제 저 : 우리 증손주 금너네 음넉 초달쌔 나리 생이린데.

tɕʌ : uri tɕɯŋsondzu kɯmnʌne ɯmnʌk tɕʰodats'ɛ nari sɛŋirinde.

저 : 우리 증손주 금년에 음넉 초닷새 날이 생일인데.

ㄹ 저 우리 증손자 금년에 음력 초닷새 날이 생일인데.

제 저 : 할배레 목꺼리 사다줘, 구무루, 구무루요, 구무루 목꺼리 사다줟띠.

tɕʌ : halbɛre mokk'ʌri sadadzwʌ, kumuru, kumurujo, kumuru mokk'ʌri

sadadzwʌtt'i.

172

저 : 할배레 목걸이 사다줘, 굼우루, 굼우루요, 굼목걸이 사다줬디.

▶ 저 할아버지가 목걸이 사다줘, 금으로, 금으로요, 금으로 목걸이 사다
줬지.

제 가락찌, 쪼꼬마 : 한 가락찌 사줘디.

karaktɕ'i, tɕ'ok'oma : ɦian karaktɕ'i sadzwʌdi.

가락지, 쪼꼬마 : 한 가락지 사줘디.

▶ 반지, 조그마한 반지를 사주지.

제 이 데 손, 소네 이거 홀모게 끼능 걷뚜 구무루 사주디.

i te son, sone igʌ holmoge k'inɯŋ gʌtt'u kumuru sadzudi.

이 데 손, 손에 이거 홀목에 끼는 것두 굼우루 사주디.

▶ 이 저 손, 손에 이것 팔목에 끼는 것도 금으로 사주지.

제 아이구, 쏘가툰(蘇家屯)[70] 그 저 : 어데 쏘가툰.

aigu, s'ogatʰun kɯ tɕʌ : ʌde s'ogatʰun.

아이구, 쏘가툰(蘇家屯) 그 저 : 어데 쏘가툰.

▶ 아이고, 소가툰 그 저 어디의 소가툰.

제 그, 아야 쏘가툰 아페, 그 털로국 아페, 그 공상 아페 그.

kɯ, aja s'ogatʰun apʰe, kɯ tʰʌlloguk apʰe, kɯ koŋsaŋ apʰe kɯ.

그, 아야 쏘가툰 앞에, 그 털로국 앞에, 그 공상 앞에 그.

▶ 그, 아, 소가툰 앞에, 그 철도국 앞에, 그 공장 앞에 그.

제 대사처니 그 판뗀(飯店)[71], 그 머 어니 머슨 판떼니덩가?

tɛsatɕʰʌni kɯ pʰant'en, kɯ mʌ ʌni mʌsɯn pʰant'enidʌŋga?

대사천이 그 판뗀(飯店), 그 머 어니 머슨 판뗀이던가?

▶ 대사천이 그 식당, 그 뭐 어느 무슨 식당이던가?

제 그 광장 그 맏띠리 마리야.

---

70 쏘가툰(蘇家屯[sujiatun])은 요녕성 심양시 남쪽에 속하는 구역명인데 소가툰구를 말함.
71 판뗀(飯店[fandian])은 '식당'을 뜻하는 중국어.

kɯ kwaŋdzaŋ kɯ matt'iɾi maɾija.

그 광장 그 맞디리 말이야.

▶ 그 광장의 그 맞은편 말이야.

제 저 : 어데 병원 맏띠리, 병원 뚜이거(對个)[72].

tɕʌ : ʌde pjʌŋwʌn matt'iɾi, pjʌŋwʌn t'uigʌ.

저 : 어데 병원 맞디리, 병원 뚜이거(對个).

▶ 저 어디의 병원 맞은편, 병원 맞은편.

조 마즌편 보고 그래요.

madzɯnpʰjʌn pogo kɯɾejo.

▶ 맞은편 보고 그래요.

제 마주켜네, 조선싸람 거 : 구 가 다 : 하데.

madzukʰjʌne, tɕosʌns'aɾam kʌ : gu ka ta : hade.

마주컨에, 조선싸람 거 : 구 가 다 : 하데.

▶ 맞은편에, 조선족들이 거기에 가서 다 하데.

제 초닫샌 날 여 : 거 : 구, 거 : 구 가서 우리 손자 생 : 일(얼) 어더머건는데.

tɕʰodats'ɛn nal jʌ : kʌ : gu, kʌ : gu kasʌ uɾi sondza sɛ : ŋil(ʌl) ʌdʌmʌgʌnnɯnde.

초닷샌 날 여 : 거 : 구, 거 : 구 가서 우리 손자 생 : 일(얼) 얻어먹엇는데.

▶ 초닷새 날에 거기에, 거기에 가서 우리 손자 생일상을 얻어먹었는데.

조 그러셔써요?

kɯɾʌɕjʌs'ʌjo?

▶ 그러셨어요?

제 돈 처뉜 갇따 줠 : 따.

---

72 뚜이거(對个[duige])는 '맞은편'을 뜻하는 중국어.

ton tɕʰʌnwʌn katt'a ɕwʌ : tt'a.

돈 천원 갓다 줫 : 다.

▷ 돈 천원을 가져다 줬다.

조 그럼 하라버지 갇따 주시지 마라야지요.

kɯɾʌm harabʌdzi katt'a tɕuɕidzi marajadzijo.

▷ 그럼 할아버지 갖다 주시지 말아야지요.

제 그까짇 돈 그 뒀따 멀헐레?

kɯk'adzit ton kɯ twʌtt'a mʌlfʌlle?

그까짓 돈 그 뒀다 멀헐레?

▷ 그까짓 돈을 그 뒀다 뭘 하려고요?

제 주구문요, 돈 일푼 몯 개구가요.

 tɕugumunjo, ton ilpʰun mot kɛgugajo.

죽우문요, 돈 일푼 못 개구가요.

▷ 죽으면요, 돈 한푼도 못 가지고 가요.

조 하라버지께 다 쓰셔야지요. 드시고 시픙 걸 다 드시고 그래야죠.

harabʌdzik'e ta s'ɯɕʌjadzijo. tɯɕigo ɕipʰɯŋ gʌt ta tɯɕigo kɯɾɛjadzjo.

▷ 할아버지께 다 쓰셔야지요. 드시고 싶은 것 다 드시고 그래야죠.

제 돈 마니 놔 : 두문 아들낄 싸 : 움 나 : 요. 그 : 기 돈 다 : 써삐리야 대요.

ton mani nwa : dumun adɯlk'il s'a : um na : jo. kɯ : gi ton ta : s'ʌp'iɾija tejo.

돈 많이 놔 : 두문 아들낄 싸 : 움 나 : 요. 그 : 기 돈 다 : 써삐리야 대요.

▷ 돈 많이 놔두면 아들끼리 싸움이 나요. 그러기에 돈을 다 써버려야 돼요.

조 하라버지 정말 똑똑하심니다.

harabʌdzi tɕʌŋmal t'okt'okhaɕimnida.

▶ 할아버지께서 정말 똑똑하십니다.

제 돈 놔 : 두먼 아 : 들 쌈 : 해요. 내가 뱅마눤 대문요.

ton nwa : dumʌn a : dɯl sʼa : mɦɛjo. nɛga pɛŋmanwʌn tɛmunjo.

돈 놔 : 두먼 아 : 들 쌈 : 해요. 내가 백만원 대문요.

▶ 돈을 놔두면 아이들이 싸움해요. 내가 백만 원 되면요.

제 뱅마눤니먼, 뱅마눤망쿰 아 : 드리 싸운단 마리.

pɛŋmanwʌnimʌn, pɛŋmanwʌnmaŋkʰum a : dɯri sʼaundan mari.

백만원이먼, 백만원만쿰 아 : 들이 싸운단 말이.

▶ 백만 원이면, 백만 원만큼 아이들이 싸운단 말이.

제 자그먼, 정 : 업쓰먼 안 싸와요.

tɕagɯmʌn, tɕʌ : ŋ ʌpsʼɯmʌn an sʼawajo.

작으먼, 정 : 없으먼 안 싸와요.

▶ 적으면, 아예 없으면 안 싸워요.

조 네.

ne.

▶ 네.

제 싸울레야 싸울질, 멀 머글 꺼이 이시야 싸우디.

sʼaulleja sʼauldʑil, mʌl mʌgɯl kʼʌi iɕija sʼaudi.

싸울레야 싸울질, 멀 먹을 거이 잇이야 싸우디.

▶ 싸우려도 싸울 것이, 뭘 먹을 것이 있어야 싸우지.

조 아드니미 손자 생이른 챙겨도 하라버지 생시는 챙기지 아느셨씀니까? 손자 목꺼리도 사 줘써요?

adɯnimi sondʑa sɛŋirɯn tɕʰɛŋgjʌdo harabʌdʑi sɛŋɕinɯn tɕʰɛŋgidʑi anɯɛjʌtsʼɯmnikʼa? sondʑa mokkʼʌrido sa tɕwʌsʼʌjo?

▶ 아드님이 손자 생일은 챙겨도 할아버지 생신은 챙기지 않으셨습니까? 손자 목걸이도 사 줬어요?

제 우리 아드리 사줼띠요.

uɾi adɯɾi sadzwʌtt'ijo.

우리 아들이 사줬디요.

▷ 우리 아들이 사췄지요.

조 그러치요, 아드니미 증손자한테는 역씨 하라버지가 되지요.

kɯɾʌtɕʰijo, adɯnimi tɕɯŋsondzaɦantʰenɯn jʌkɕ'i haɾabʌdziga tödzijo.

▷ 그렇지요, 아드님이 증손자한테는 역시 할아버지가 되지요.

제 마자요 하래비. 까꾸루 댈따구요 아이구.

nadzajo haɾɛbi. k'ak'uɾu tɛtt'agujo aigu.

맞아요 할애비. 까꾸루 댓다구요 아이구.

▷ 맞아요 할아버지. 거꾸로 됐다고요 아이고.

조 그런데 하라버지 생신 때는 안 오셔써요?

kɯɾʌnde haɾabʌdzi sɛŋin t'ɛnɯn an oɕʌɕ'ʌjo?

▷ 그런데 할아버지 생신 때는 안 오셨어요?

제 지비 글래는 오두도 안해요, 이건 머 저 : 돈 벌 : 레기 머.

tɕibi kɯllɛnɯn odudo anɦɛjo, igʌn mʌ tɕʌ : ton pʌ : llegi mʌ.

집이 근래는 오두도 안해요, 이건 머 저 : 돈 벌 : 레기 머.

▷ 집에 최근에는 오지도 않아요, 이건 뭐 자기 돈을 벌려기에 뭐.

제 오문 도니 수 : 태 나가디.

omun toni su : tʰɛ nagadi.

오문 돈이 숱 : 해 나가디.

▷ 오면 돈을 숱해 쓰지.

제 그갇 생이를 항 끼 어더먹짜구 나두 오디 말라구 그래요.

kɯgat sɛŋiɾɯl haŋ k'i ʌdʌmʌktɕ'agu nadu odi mallagu kɯɾejo.

그갓 생일을 한 끼 얻어먹자구 나두 오디 말라구 그래요.

▷ 그까짓 생일을 한 끼 얻어먹자고 나도 오지 말라고 그래요.

조 네.

ne.

▶ 네.

제 고 오문 머 저 : 손핸데.

ko omun mʌ tɕʌ : sonɕiende.

고 오문 머 저 : 손핸데.

▶ 그 오면 뭐 자기 손해인데.

제 항구게서 우야 오문 오게시요 그래?

haŋugesʌ uja omun ogeɕijo kɯɾɛ?

한국에서 우야 오문 오겟이요 그래?

▶ 한국에서 일부러 (오라고 하)면 오겠어요 그래?

조 그래도 오지 말라고는 하시지 마세요. 항구게는 나가신지 얼마 돼써요?

kɯɾedo odʑi mallagonɯn haɕidʑi masejo. haŋugenɯn nagaɕindʑi ʌlma twɛs'ʌjo?

▶ 그래도 오지 말라고는 하시지 마세요. 한국에는 나가신지 얼마 됐어요?

제 아 : 드리 우리 큰 아드른 이거 나간데가 한 시보넌 대구(고).

a : dɯɾi uɾi kʰɯn adɯɾɯn igʌ nagandega han ɕibonʌn tɛgu(go).

아 : 들이 우리 큰 아들은 이거 나간데가 한 십오넌 대구(고).

▶ 아이들이 우리 큰 아들은 이것 나간 지가 한 십오 년 되고.

제 우리 세, 세채는 더거이 이제 한, 한 이티 댇(됃)쑤다.

uɾi se, setɕʰenɯn tʌgʌi idʑe han, han itʰi tɛt(twɛt)s'uda.

우리 세, 세채는 더거이 이제 한, 한 이티 댓(됏)수다.

▶ 우리 세, 셋째는 저 이제 한, 한 이 년이 됐어요.

제 그 우리 세채렌 데일 몯 사는 세미라요.

kɯ uɾi setɕʰɛren teil mot sanɯn semiɾajo.

그 우리 세채렌 데일 못 사는 셈이라요.
▷ 그 우리 셋째네가 제일 못 사는 셈이에요.

조 그럼 누가 제일 잘 삽니까?
kɯɾʌm nuga tɕeil tɕal samnik'a?
▷ 그럼 누가 제일 잘 삽니까?

제 큰 아드리 잘 살디요, 큰 아드리야 시보넌 대(돼)슬꺼니 머.
kʰɯn adɯri tɕal saldijo, kʰɯn adɯrija ɕibonʌn tɛ(twɛ)sɯlk'ʌni mʌ.
큰 아들이 잘 살디요, 큰 아들이야 십오넌 댓(됏)을꺼니 머.
▷ 큰 아들이 잘 살지요, 큰 아들이야 십오 년 됐으니 뭐.

제 이제 두루와두 저 : 머글 껀 스 : 컨 대(되)디요.
idʑe turuwadu tɕʌ : mʌgɯl k'ʌn sɯ : kʰʌn tɛ(tö)dijo.
이제 둘우와두 저 : 먹을 건 스 : 컨 대(되)디요.
▷ 이제 들어와도 자기 먹을 것은 실컷 되지요.

조 그럼 큰 아들하고 가치 살지 아느셨씀니까?
kɯɾʌm kʰɯn adɯlɦago katɕʰi saldʑi anɰɕʌts'ɯmnik'a?
▷ 그럼 큰 아들하고 같이 살지 않으셨습니까?

제 아이구, 그 마으미 맏쏘 그래?
aigu, kɯ maɯmi mats'o kɯrɛ?
아이구, 그 마음이 맞소 그래?
▷ 아이고, 그 마음이 맞겠소 그래?

제 그저 혼자 사능 거이 이거 데일 페난해요.
kɯdʑʌ hondʑa sanɯŋ gʌi igʌ teil pʰenanɦejo.
그저 혼자 사는 거이 이거 데일 펜안해요.
▷ 그저 혼자 사는 것이 이것 제일 편안해요.

조 네.

ne.

▶ 네.

제 이 혼자 살문 그저 저 : 눅꾸푸문 눅꾸.

i hondʑa salmun kɯdʑʌ tɕʌ : nukk'upʰumun nukk'u.

이 혼자 살문 그저 저 : 눅구푸문 눅구.

▶ 이 혼자 살면 그저 자기 눕고 싶으면 눕고.

제 내 나가푼, 댕기푼 나가댕기구.

nɛ nagapʰun, tɛŋgipʰun nagadɛŋgigu.

내 나가푼, 댕기푼 나가댕기구.

▶ 내가 나가고 싶으면, 다니고 싶으면 나가다니고.

제 그 저 : 암 : 만 나가댕기다가 와두 머.

kɯ tɕʌ : a : mman nagadɛŋgidaga wadu mʌ.

그 저 : 암 : 만 나가댕기다가 와두 머.

▶ 그 자기가 아무리 나가다니다가 와도 뭐.

제 저 : 모를꺼니 걱쩡헐 피료두 엄능거요.

tɕʌ : moɾɯlk'ʌni kʌktɕ'ʌɲɦʌl pʰiɾjodu ʌmnɯŋgʌjo.

저 : 모를꺼니 걱정헐 필요두 없는거요.

▶ 저 모르니 걱정할 필요도 없는 거예요.

제 내가 안죽꺼지 그저 정시니 이슬꺼니.

nɛga andʑukk'ʌdʑi kɯdʑʌ tɕʌŋɕini isɯlk'ʌni.

내가 안죽꺼지 그저 정신이 잇을꺼니.

▶ 내가 아직까지 그저 정신이 있으니.

제 내 심양빠다겐 또 모르능 거 업씨 다 : 아라요.

nɛ ɕimjaŋp'adagen t'o moɾɯnɯŋ gʌ ʌpɕ'i ta : aɾajo.

내 심양빠닥엔 또 모르는 거 없이 다 : 알아요.

▶ 내가 심양바닥에는 또 모르는 것이 없이 다 알아요.

제 데, 길 다 : 안다구요.

te, kil ta : andagujo.

데, 길 다 : 안다구요.

▶ 저, 길을 다 안다고요.

제 그 공당 : 댕기멘서두 그 포에 사마 그계두 고테주구 헐꺼니 그저.

kɯ koŋda : ŋ tɛŋgimensʌdu kɯ pʰoe sama kɯgjedu kotʰedʑugu hʌlk'ʌni kɯdʑʌ.

그 공당 : 댕기멘서두 그 포에 삼아 그계두 고테주구 헐꺼니 그저.

▶ 그 공장에 다니면서도 그 취미 삼아 기계도 고쳐주고 하니 그저.

제 심양 이 지대를 다 : 싸댕기구 핸는데 초네 내레와서 또.

ɕimjaŋ i ʨidɛrɯl ta : s'adɛŋgigu hɛnnɯnde ʨʰone nɛrewasʌ t'o.

심양 이 지대를 다 : 싸댕기구 햇는데 촌에 내레와서 또.

▶ 심양의 이 지역을 다 싸다니고 했는데 촌에 내려와서 또.

제 그 머슨 그겔 부숙 사게 대먼 만 : 날 일 업씨 도라댕긴다 마리.

kɯ mʌsɯn kɯgjel pusok sage tɛmʌn ma : nnal il ʌpɕ'i toradɛŋginda mari.

그 머슨 그겔 부숙 사게 대먼 만 : 날 일 없이 돌아댕긴다 말이.

▶ 그 무슨 기계의 부속품을 사게 되면 매일 일 없이 돌아다닌다 말이.

제 그러꺼니 심양(시양)빠딱 다 : 깨 알디요 머 지금.

kɯrʌk'ʌni ɕimjaŋ(ɕijaŋ)p'at'ak ta : k'ɛ aldijo mʌ ʨigɯm.

그러꺼니 심양(시양)빠닥 다 : 깨 알디요 머 지금.

▶ 그러니까 심양바닥을 다 잘 알지요 뭐 지금.

제 근데 지금 개방이 대(돼)개지구 지불 너무 제 : 놀꺼니.

kɯnde ʨigɯm kɛbaŋi tɛ(twɛ)gɛdʑigu ʨibul nʌmu ʨe : nolk'ʌni.

근데 지금 개방이 대(돼)개지구 집을 너무 제 : 놀꺼니.

▶ 그런데 지금 개방이 돼서 집을 너무 지어 놓으니.

도시화로 달라진 시가지 모습

조 여기가 여기인지? 거기가 거기인지 잘 모르지요?

　jʌgiga jʌgiindʑi? kʌgiga kʌgiindʑi tɕal moɾɯdʑijo?

▶ 여기가 여기인지? 거기가 거기인지 잘 모르지요?

제 가두 이젠 내, 내 살던데두 가서라무니 무루야 대요. 어딩가?

　kadu idʑen nɛ, nɛ saldʌndedu kasʌɾamuni muɾuja tɛjo. ʌdiŋga?

　가두 이젠 내, 내 살던데두 가서라무니 물우야 대요. 어딘가?

▶ 가도 이제는 내가, 내가 살던 데도 가서 물어야 돼요. 어딘가?

제 아, 변동이 요거 요 삼너네 말두(뚜) 몯해요.

　a, pjʌndoɲi jogʌ jo samnʌne maldu(t'u) mothejo.

　아, 변동이 요거 요 삼년에 말두(뚜) 못해요.

▶ 아, 변동이 이것 이 삼 년에 말도 못해요.

제 이 : 여기 요구메서 저 : 어데 다리 건너꺼지 집 업떵 거인데.

　i : jʌgi jogumesʌ tɕʌ : ʌde taɾi kʌnnʌk'ʌdʑi tɕip ʌpt'ʌŋ gʌinde.

　이 : 여기 요굼에서 저 : 어데 다리 건너꺼지 집 없던 거인데.

▶ 이 여기 여기에서 저 어디 다리 건너까지 집이 없던 것인데.

제 요 : 이, 이삼너네, 이거 콱 드러차디 아나서?

　jo : i, isamnʌne, igʌ kʰwak tɯɾʌtɕʰadi anasʌ?

　요 : 이, 이삼년에, 이거 콱 들어차디 않았어?

▶ 요 이 이삼 년에, 이것 꽉 들어차지 않았어?

제 내 이 : 삼지사방에 이거 다 : 차 타구 댕기놀꺼니.

　nɛ i : samdʑisabaŋe igʌ ta : tɕʰa tʰagu tɛŋginolk'ʌni.

　내 이 : 삼지사방에 이거 다 : 차 타구 댕기놀꺼니.

▶ 내 이 산지사방에 이것 다 차를 타고 다니니.

제 이 가 : 수리요, 전 : 부 구 : 신 난 : 데, 지비서 구 : 신 나가서요.

　　i ka : suɾijo, tɕʌ : nbu ku : ɕin na : nde, tɕibisʌ ku : ɕin nagasʌjo.

　　이 가 : 술이요, 전 : 부 구 : 신 난 : 데, 집이서 구 : 신 나갓어요.

▶ 이 변두리에요, 전부 귀신이 날 듯, 집에서 귀신이 나오겠어요.

제 전 : 부 부옜따구요. 러우팡, 꼬층(高層)73.

　　tɕʌ : nbu pujett'agujo. ɾʌupʰaŋ, k'otɕʰɯŋ.

　　전 : 부 부옛다구요. 러우팡, 꼬층(高層).

▶ 전부 비었다고요. 층집, 고층은.

제 그 윌루 러우층(樓層)74, 다 : 부예서요, 이제 쏘가툰 남쪼구루.

　　kɯ üllu ɾʌutɕʰɯŋ, ta : pujesʌjo, idze s'ogatʰun namtɕʼoguɾu.

　　그 윌루 러우층(樓層), 다 : 부옛어요, 이제 쏘가툰 남쪽우루.

▶ 그 위의 집들은, 다 비었어요, 이 소가툰 남쪽으로.

제 이리케 동쪼구루 머, 저 : 어데 북쪼구루 전 : 부 부예시요.

　　irikʰe toŋtɕʼoguɾu mʌ, tɕʌ : ʌde puktɕʼoguɾu tɕʌ : nbu pujeɕijo.

　　이렇게 동쪽우루 머, 저 : 어데 북쪽우루 전 : 부 부옛이요.

▶ 이렇게 동쪽으로 뭐, 저 어디 북쪽으로 전부 비었어요.

조 아, 전부 다 부예써요?

　　a, tɕʌnbu ta pujes'ʌjo?

▶ 아, 전부 다 비었어요?

제 꽉, 루팡(樓房)은 꽉 드러찬는데 부옐따구요.

　　k'wak, rupʰaŋɯn k'wak tɯɾʌtɕʰannɯnde pujett'agujo.

　　꽉, 루팡(樓房)은 꽉 들어찻는데 부옛다구요.

▶ 꽉, 층집은 꽉 들어찼는데 비었다고요.

---

73 꼬층(高層[gaoceng])은 '높은 층집' 또는 '층집에서 높은 층'을 뜻하는 중국어.
74 러우층(樓層[louceng])은 '층집에서 층'을 뜻하는 중국어.

제 거기 이전 누구레 다 : ? 사기는 데 : 한솥.

kʌgi idzʌn nuguɾe ta : ? saginɯn te : hansot.

거기 이전 누구레 다 : ? 사기는 데 : 한솥.

▷ 거기 이제는 누가 다? 사기는 저 거의 (샀을 것인데).

조 다 파라쓸 꺼예요.

ta pʰaɾas'ɯl k'ʌjejo.

▷ 다 팔았을 거예요.

제 예, 그 송구 채 몯 다 : 파라시요 지금.

je, kɯ soŋgu tɕʰɛ mot ta : pʰaɾaɕijo tɕigɯm.

예, 그 송구 채 못 다 : 팔앗이요 지금.

▷ 예, 그 아직 채 못 다 팔았어요 지금.

제 이 데, 요, 요메이 돌, 뱅 : 돌리 요 심양 가차이.

i te, jo, jomei tol, pɛ : ŋ tolli jo ɕimjaŋ katɕʰai.

이 데, 요, 요메이 돌, 뱅 : 돌리 요 심양 가차이.

▷ 이 저, 여, 여기에 돌, 뱅 돌아 여기 심양 가까이.

제 이 : 는 비스시 파란는데, 마이 머산헌데는 싸(사)람 찬는데.

i : nɯn piswɕi pʰaɾannɯnde, mai mʌsanɦʌndenɯn s'a(sa)ɾam tɕʰannɯnde.

이 : 는 비슷이 팔앗는데, 많이 머산헌데는 싸(사)람 찻는데.

▷ 여기는 비슷하게 팔았는데, 많이 번화한 데는 사람이 찻는데.

제 이 외초네 나가문요, 집 마나요.

i ötɕʰone nagamunjo, tɕip manajo.

이 외촌에 나가문요, 집 많아요.

▷ 이 교외로 나가면요, 집이 많아요.

제 이 내 보기엔 이 : 지불, 지불 마니 사두 내주에 돈 물레문.

i nɛ pogien i : tɕibul, tɕibul mani sadu nɛdzue ton mullemun.

이 내 보기엔 이 : 집을, 집을 많이 사두 내주에 돈 물레문.

▶ 이 내가 보기에는 이 집을, 집을 많이 사도 나중에 돈을 물려면.

제 세 : 물레문 꺼우창(够嗆)[75]이라요. 인제 세 : 무러야 댄다구요.

se : mullemun kʼʌutɕʰaɲiɾajo. indʑe se : muɾʌja tɛndagujo.

세 : 물레문 꺼우창(够嗆)이라요. 인제 세 : 물어야 댄다구요.

▶ 세금 물려면 힘들어요. 이제 세금을 물어야 된다고요.

조 지금 세금 낸다고 해서 마니 몯 사고 이써요?

tɕigɯm segɯm nɛndago hɛsʌ mani mot sago isʼʌjo?

▶ 지금 세금 낸다고 해서 많이 못 사고 있어요?

제 지금 몰 : 라요. 이제 인는 집, 인는 집뚜 이거 돈 내야 대.

tɕigɯm mo : llajo. idʑe innɯn tɕip, innɯn tɕiptʼu igʌ ton nɛja tɛ.

지금 몰 : 라요. 이제 잇는 집, 잇는 집두 이거 돈 내야 대.

▶ 지금 몰라요. 이제 있는 집, 있는 집도 이것 돈 내야 돼.

제 이걷뚜 이거 재사니란 마리.

igʌttʼu igʌ tɕɛsaniɾan maɾi.

이것두 이거 재산이란 말이.

▶ 이것도 이것 재산이란 말이.

조 네.

ne.

▶ 네.

제 이거 외국 딸라 보옌다구요, 지금 주구게서.

igʌ öguk tʼalla pojendagujo, tɕigɯm tɕugugesʌ.

이거 외국 딸라 보옌다구요, 지금 주국에서.

▶ 이것 외국을 따라 배운다고요, 지금 중국에서.

---

75 꺼우창(够嗆[gouqiang])은 '힘들다'를 뜻하는 중국어.

제 항구게서 그 집 마 : 는 싸(사)람 세 마 : 니 내디 안쏘?

haŋgugesʌ kɯ ʨip ma : nɯn s'a(sa)ram se ma : ni nɛdi ans'o?

한국에서 그 집 많 : 은 싸(사)람 세 많 : 이 내디 않소?

▷ 한국에서 그 집이 많은 사람들 세 많이 내지 않소?

제 여구두 이제 결구군 그리케 댄다구.

jʌgudu idʑe kjʌlgugun kɯrikʰe tɛndagu.

여구두 이제 결국은 그렇게 댄다구.

▷ 여기도 이제 결국은 그렇게 된다고.

제 집 마 : 나두, 집 마 : 니 사놔두 걱쩡이라요.

ʨip ma : nadu, ʨip ma : ni sanwadu kʌkʨ'ʌɲirajo.

집 많 : 아두, 집 많 : 이 사놔두 걱정이라요.

▷ 집 많아도, 집 많이 사놔도 걱정이에요.

조 맏씀니다. 그래 저 항구기랑은 다 재산세를 냄니다.

mats'ɯmnida. kɯrɛ ʨʌ haŋgugiraŋɯn ta ʨɛsanserɯl nɛmnida.

▷ 맞습니다. 그래 저 한국이랑은 다 재산세를 냅니다.

제 항구게는 그, 긴 : 데 이 주(중)국에두요 자봉가 마나요.

haŋgugenɯn kɯ, ki : nde i ʨu(ʨuŋ)gukedujo ʨaboŋga manajo.

한국에는 그, 긴 : 데 이 주(중)국에두요 자본가 많아요.

▷ 한국에는 그, 그런데 이 중국에도요 자본가가 많아요.

조 네.

ne.

▷ 네.

제 자봉가 마나요. 옌말 듣끼에는 저 : 등소핑(鄧小平)[76] 자싱네등가.

ʨaboŋga manajo. jenmal tɯtk'ienɯn ʨʌ : tɯŋsopʰiŋ ʨaɕiŋnedɯŋga.

---

76 등소핑(鄧小平[dengxiaoping])은 중국 중앙군사위원회 전임 주석 등소평의 중국어 발음.

자본가 많아요. 옛말 듣기에는 저 : 등소핑(鄧小平) 자식네든가.

▶ 자본가 많아요. 말 듣기에는 저 *** 자식들이든가.

제 후진토(胡錦濤)[77] 자싱네들, 그 먼저 그 해먹떤 싸(사)람들.
　hudzintʰo tɕaɕiŋnedɯl, kɯ mʌndzʌ kɯ hɛmʌktʼʌn sʼa(sa)ramdɯl.
　후진토(胡錦濤) 자식네들, 그 먼저 그 해먹던 싸(사)람들.

▶ *** 자식들, 그 먼저 그 지도자로 계셨던 사람들.

제 자싱네가 지금 타모 마니 핻때요.
　tɕaɕiŋnega tɕigɯm tʰamo mani hɛtʼɛjo.
　자식네가 지금 탐오 많이 햇대요.

▶ 자식들이 지금 탐오를 많이 했대요.

제 마니 핸는데 국까에서 지금, 외구게서(사) 말 허는데 항구게서 말헌다구요.
　mani hɛnnɯnde kukkʼaesʌ tɕigɯm, ögugesʌ(sa) mal hʌnɯnde
　haŋgugesʌ malɦʌndagujo.
　많이 햇는데 국가에서 지금, 외국에서(사) 말 허는데 한국에서 말헌
　다구요.

▶ 많이 했는데 국가에서 지금, 외국에서는 말 하는데 한국에서 말한다
　고요.

조 네.
　ne.

▶ 네.

제 이거이 지금 머 어디 허간는디? 송구 소시기 업딴 마리.
　igʌi tɕigɯm mʌ ʌdi hʌgannɯndi? soŋgu soɕigi ʌptʼan mari.
　이거이 지금 머 어디 허갓는디? 송구 소식이 없단 말이.

▶ 이것 (이번 지도자가) 지금 뭐 어떻게 하겠는지? 아직 소식이 없단
　말이.

---

77 후진토(胡錦濤[hujintao])는 중국 전임 국가주석 호금도(후진타오)를 가리킴.

조 하라버지 그 정보도 마니 아시네요. 그런 정보도 다 아시네요.

harabʌdzi kɯ tɕʌɲbodo mani aɕinejo. kɯrʌn tɕʌɲbodo ta aɕinejo.

▷ 할아버지 그 정보도 많이 아시네요. 그런 정보도 다 아시네요.

제 송구 그거는 둘처내딜 아낟딴 마리.

soŋgu kɯgʌnɯn tultɕʰʌnɛdil anattʼan mari.

송구 그거는 둘처내딜 않앗단 말이.

▷ 아직 그것은 들춰내지를 않았단 말이.

제 그 원만항 거, 저: 어데 세력 업쓴 싸람들.

kɯ wʌnmanɦaŋ gʌ, tɕʌ: ʌde serjʌk ʌpsʼɯn sʼaramdɯl.

그 원만한 거, 저: 어데 세력 없은 싸람들.

▷ 그 웬만한 것, 저 어디 세력이 없는 사람들.

조 다 들처내쓰면 조켄써요?

ta tultɕʰʌnɛsʼɯmjʌn tɕokʰetsʼʌjo?

▷ 다 들춰냈으면 좋겠어요?

제 다: 둘처내야디요 저: 실띠는, 둘처내야 댄다구.

ta: tultɕʰʌnɛjadijo tɕʌ: ɕiltʼinɯn, tultɕʰʌnɛja tɛndagu.

다: 둘처내야디요 저: 실디는, 둘처내야 댄다구.

▷ 다 들춰내야지요 저 실제는, 들춰내야 된다고.

조 네.

ne.

▷ 네.

제 올케 핼레먼 다: 둘처내야 대요.

olkʰe hɛllemʌn ta: tultɕʰʌnɛja tɛjo.

옳게 핼레먼 다: 둘처내야 대요.

▷ 옳게 하려면 다 들춰내야 돼요.

제 내 이 초네꺼지 와서 다 : 둘처내먼 도칸딴 마리.

ne i tɕʰonekʼʌdzi wasʌ ta : tultɕʰʌnɛmʌn tokʰattʼan mari.

내 이 촌에꺼지 와서 다 : 둘처내면 돛갓단 말이.

▶ 나는 이 촌에까지 와서 다 들춰냈으면 좋겠단 말이.

제 우리 초네두 그 간부 노른 해먹떤 싸(사)람들.

uri tɕʰonedu kɯ kanbu norɯt hɛmʌkʼʌn sʼa(sa)ramdɯl.

우리 촌에두 그 간부 노릇 해먹던 싸(사)람들.

▶ 우리 촌에도 그 간부직을 맡았던 사람들.

제 다 : 들, 드려먹꾸 가디 아나쏘?

ta : tɯl, tɯrjʌmʌkkʼu kadi anasʼo?

다 : 들, 들여먹구 가디 않앗소?

▶ 다 들, 해먹고 가지 않았소?

제 다 : 드려먹꾸선 항구게 나가선 수머 읻딴 마리.

ta : tɯrjʌmʌkkʼusʌn haŋguge nagasʌn sumʌ ittʼan mari.

다 : 들여먹구선 한국에 나가선 숨어 잇단 말이.

▶ 다 해먹고서는 한국에 나가서 숨어 있단 말이.

조 아, 그래요?

a, kɯrɛjo?

▶ 아, 그래요?

제 그래요. 지금 자근, 지금 주구게서.

kɯrɛjo. tɕigɯm tɕagɯn, tɕigɯm tɕugugesʌ.

그래요. 지금 작은, 지금 주국에서.

▶ 그래요. 지금 작은, 지금 중국에서.

제 자근 과른 작께 먹꾸 큰 과른 크게 머걷딴 마리.

tɕagɯn kwarɯn tɕakkʼe mʌkkʼu kʰɯn kwarɯn kʰɯge mʌgʌttʼan mari.

작은 괄은 작게 먹구 큰 괄은 크게 먹엇단 말이.

▣ 작은 간부는 작게 해먹고 큰 간부는 크게 해먹었단 말이.

조 네.

　ne.

▣ 네.

제 긴 : 데 이번 주석 올라와개지구 좀 드러내기야 수 : 태 드러낻띠.

　ki : nde ibʌn ʨusʌk ollawagɛʥigu ʦom tɯɾʌnɛgija su : tʰɛ tɯɾʌnett'i.

　긴 : 데 이번 주석 올라와개지구 좀 들어내기야 숱 : 해 들어냈디.

▣ 그런데 이번 주석이 올라와서 좀 들춰내기야 숱해 들춰냈지.

조 네.

　ne.

▣ 네.

제 마 : 니 드러내지 이버네.

　ma : ni tɯɾʌnɛʥi ibʌne.

　많 : 이 들어내지 이번에.

▣ 많이 들춰내지 이번에.

조 네, 그래서 소기 시원하심니까? 조금?

　ne, kɯɾɛsʌ sogi ɕiwʌnɦaɕimnik'a? ʦogɯm.

▣ 네, 그래서 속이 시원하십니까? 조금?

제 그 시원해야 먼 : 내게 한 닙뚜 두루오디 몬 헌데 까진껃.

　kɯ ɕiwʌnɦɛja mʌ : n nɛge han nipt'u tuɾuodi mon hʌnde k'aʥitk'ʌt.

　그 시원해야 먼 : 내게 한 닙두 둘우오디 못 헌데 까짓것.

▣ 그 시원해야 뭐 내게 한 입도 들어오지 못 한데 까짓것.

제 드러내가스먼 내구 말가스먼 말구.

　tɯɾʌnɛgasɯmʌn nɛgu malgasɯmʌn malgu.

　들어내갓으먼 내구 말갓으먼 말구.

▶ 들어내겠으면 내고 말겠으면 말고.

조 그럼 안되죠, 빨리 마니 드러내야 된다고 해야지요. 그럼 이 초네 와서 빨리 드러내라고 제가 편지 써 볼까요?

kɯɾʌm andödzjo, p'alli mani tɯɾʌnɛja töndago hɛjadzijo. kɯɾʌm i tɕʰone wasʌ p'alli tɯɾʌnɛrago tɕega pʰjʌndzi s'ʌ polk'ajo?

▶ 그럼 안 되죠. 빨리 많이 들춰내야 된다고 해야지요. 그럼 이 촌에 와서 빨리 들춰내라고 제가 편지 써 볼까요?

제 그 써보시오.

kɯ s'ʌboɕio.

그 써보시오.

▶ 그 써보세요.

조 하라버지께서 쓰시면 더 히미 읻씀니다. '나는 구십쎄 하라버지인데' 하고 말씀하세요.

haɾabʌdzik'esʌ s'ɯɕimjʌn tʌ çimi its'ɯmnida. 'nanɯn kuɕips'e haɾabʌdziinde' hago mals'ɯmɦasejo.

▶ 할아버지께서 쓰시면 더 힘이 있습니다. '나는 구십 세 할아버지인데' 하고 말씀하세요.

제 아이구, 마리 그러티, 그 까짇껃 머 대(되)는대루 살다가 그저 주그먼 다 : 라.

aigu, maɾi kɯɾʌtʰi, kɯ k'adzitk'ʌt mʌ tɛ(tö)nɯndɛru saldaga kɯdzʌ tɕugɯmʌn ta : ɾa.

아이구, 말이 그렇디, 그 까짓것 머 대(되)는대루 살다가 그저 죽으먼 다 : 라.

▶ 아이고, 말이 그렇지, 그 까짓것 뭐 되는 대로 살다가 그저 죽으년 다야.

할아버지의 생활비

조 하라버지, 그러면 자식뜨리 얼마씩 이러케 생활비를 드리시능 거예요?

harabʌdzi, kɯrʌmjʌn tɕaɕikt'ɯri ʌlmaɕ'ik irʌkʰe sɛɲɦwalbirɯl tɯriɕinɯŋ gʌjejo?

▶ 할아버지, 그러면 자식들이 얼마씩 이렇게 생활비를 드리시는 거예요?

제 생활비 안 주 : 요.

sɛɲɦwalbi an tɕu : jo.

생활비 안 주 : 요.

▶ 생활비를 안 줘요.

조 오, 그런데도 하라버지 혼자 다 되심니까?

o, kɯrʌndedo harabʌdzi hondza ta tö ɕimnik'a?

▶ 오, 그런데도 할아버지 혼자 다 되십니까?

제 안 주, 난 내 혼자 해결해요.

an tɕu, nan nɛ hondza hɛgjʌlɦɛjo.

안 주, 난 내 혼자 해결해요.

▶ 안 줘, 나는 나 혼자 해결해요.

조 아, 그럳씀니까?

a, kɯrʌts'ɯmnik'a?

▶ 아, 그렇습니까?

제 안 주(줘)요.

an tɕu(tɕwʌ)jo.

안 주(줘)요.

▣ 안 줘요.

조 그럼 달라고 하셔야죠.
kɯɾʌm tallago haɕʌjadʑjo.
▶ 그럼 달라고 하셔야죠.

제 아이, 그 달래먼 멀허간? 주굴 때 또 다 : 내노 : 야 대(되)는데.
ai, kɯ tallɛmʌn mʌlɸʌgan? tɕugul t'ɛ t'o ta : nɛno : ja tɛ(tö)nɯnde.
아이, 그 달래먼 멀허간? 죽을 때 또 다 : 내놓 : 야 대(되)는데.
▶ 아니, 그 달라면 뭘 하겠어요? 죽을 때 또 다 내놓아야 되는데.

조 아, 도라가실 때도 안 내노아요. 하라버지 드시고 시픙 걷또 다 드시고, 혹
씨라도 병이 나실 쑤도 읻짜나요.
a, toragaɕil t'ɛdo an nɛnoajo. harabʌdzi tɯɕigo ɕipʰɯŋ gʌtt'o ta tɯɕigo,
hokɕ'irado pjʌɲi naɕil s'udo itɕ'anajo.
▶ 아, 돌아가실 때도 안 내놓아요. 할아버지 드시고 싶은 것도 다 드시
고, 혹시라도 병이 나실 수도 있잖아요?

제 가 : 들 머 안 주(줘)도 머 내 머굴 때루 멍는데 머 그까짇.
ka : dɯl mʌ an tɕu(tɕwʌ)do mʌ nɛ mʌgul t'ɛru mʌŋnɯnde mʌ kɯk'adʑit.
가 : 들 머 안 주(줘)도 머 내 먹을 대루 먹는데 머 그까짓.
▶ 그 아이들 뭐 안 줘도 뭐 내 먹을 대로 먹는데 뭐 그까짓.

조 혹씨 됨니까? 혹씨 그 지금 돈 나오능 거스로 모자라지 안씀니까?
hokɕ'i tömnik'a? hokɕ'i kɯ tɕigɯm ton naonɯŋ gʌsɯro modʑaradʑi
ansʼɯmnik'a?
▶ 혹시 됩니까? 혹시 그 지금 돈 나오는 것으로 모자라지 않습니까?

제 그걷 개구야 안 대디요, 나오능 거 개 : 군 안 대요.
kɯgʌt kɛguja an tɛdijo, naonɯŋ gʌ kɛ : gun an tɛjo.
그것 개구야 안 대디요, 나오는 거 개 : 군 안 대요.
▶ 그것 가지고야 안 되지요, 나오는 것을 가지고는 안 돼요.

조 그럼 하라버지 어디에서요? 저네 저추기 마느싱가봐요?

kɯɾʌm harabʌdzi ʌdiesʌjo? tɕʌne tɕʌtɕʰugi manɯɕiŋgabwajo?

▶ 그럼 할아버지 어디에서요? 전에 저축이 많으신가 봐요?

제 저추군 만티두 아나요.

tɕʌtɕʰugun mantʰidu anajo.

저축은 많디두 않아요.

▶ 저축은 많지도 않아요.

제 그저 쫌 어루치, 머 한 처뉜짝 댄단 마리야.

kɯdzʌ tɕ'om ʌrutɕʰi, mʌ han tɕʰʌnwʌntɕ'ak tɛndan marija.

그저 쫌 어루치, 머 한 천 원짝 댄단 말이야.

▶ 그저 좀 대략, 뭐 한 천 원쯤 된단 말이야.

조 그러면 됩니다.

kɯɾʌmjʌn tömnida.

▶ 그러면 됩니다.

제 그저 일러네, 한 다레 그저 한 처뉜 예산허구 쓰는데.

kɯdzʌ illʌne, han tare kɯdzʌ han tɕʰʌnwʌn jesanhʌgu s'ɯnɯnde.

그저 일넌에, 한 달에 그저 한 천 원 예산허구 쓰는데.

▶ 그저 일 년에, 한 달에 그저 한 천 원씩 예산하고 쓰는데.

제 이전 도니 더 써거디먼 모재라디.

idzʌn toni tʌ s'ʌgʌdimʌn modzɛradi.

이전 돈이 더 썩어디먼 모재라디.

▶ 이제 돈의 (가치가) 더 떨어지면 모자라지.

조 네.

ne.

▶ 네.

제 안죽꺼진 댄다구, 한 처뭔 예산허구 쓰문 댄다구.

andzukk'ʌdzin tɛndagu, han tɕʰʌnwʌn jesanɦʌgu s'ɯmun tɛndagu.

안죽꺼진 댄다구, 한 천 원 예산허구 쓰문 댄다구.

▶ 아직까지는 된다고, 한 천 원을 예산하고 쓰면 된다고.

초 아, 네.

a, ne.

▶ 아, 네.

제 한 다레 머 한 처 뉜쯤 헐꺼니 대(되)긴 대(돼)요.

han tare mʌ han tɕʰʌ nwʌntɕ'ɯm hʌlk'ʌni tɛ(tö)gin tɛ(twɛ)jo.

한 달에 머 한 천 원쯤 헐꺼니 대(되)긴 대(돼)요.

▶ 한 달에 뭐 한 천 원쯤 하니 되긴 돼요.

제 아푸딜 아늘꺼니, 아푸문 안 대는데.

apʰudil anɯlk'ʌni, apʰumun an tɛnɯnde.

아푸딜 않을꺼니, 아푸문 안 대는데.

▶ 아프지 않으니, 아프면 안 되는데.

꺽다리 힘장사 할아버지

조 어쨀뜬 건강에 주이하셔야곈씀니다.

ʌtɕ'ett'ɯn kʌngaŋe tɕuiɦaɕʌjagets'ɯmnida.

▶ 어쨌든 건강에 주의하셔야겠습니다.

제 아이, 이젠 아르먼 주굴 때요 이젠, 이젠요.

ai, idʑen arɯmʌn tɕugul t'ɛjo idʑen, idʑenjo.

아이, 이젠 앓으면 죽을 때요 이젠, 이젠요.

▶ 아이, 이제는 앓으면 죽을 때에요 이제는, 이제는요.

조 네.

ne.

▶ 네.

제 아푸문 시시헌 그 저 : 어데 배나 아푸구, 강기나 아푸문 그저 야기나 먹꾸.

apʰumun ɕiɕiɦʌn kɯ tɕʌ : ʌde pɛna apʰugu, kaŋgina apʰumun kɯdʑʌ jagina mʌkk'u.

아푸문 시시헌 그 저 : 어데 배나 아푸구, 감기나 아푸문 그저 약이나 먹구.

▶ 아프면 시시한 그 저 어디 배나 아프고, 감기나 걸리면 그저 약이나 먹고.

제 고티간따구 글디만 머슨 큰 병이나 들먼 수술두 할 피료두 업따구요.

kotʰigatt'agu kɯldiman mʌsɯn kʰɯn pjʌŋina tɯlmʌn susuldu hal pʰirjodu ʌpt'agujo.

고티갓다구 글디만 머슨 큰 병이나 들면 수술두 할 필요두 없다구요.

▶ 고치겠다고 그러지만 무슨 큰 병이나 들면 수술도 할 필요도 없다고요.

제 우리거튼 놈 수술해야 고상만 핻띠 쇠용 머요?

uriɡʌtʰɯn nom susulɦeja kosaŋman ɦɛtt'i söjoŋ mʌjo?

우리겉은 놈 수술해야 고상만 햿디 쇠용 머요?

▶ 우리 같은 사람 수술해야 고생만 했지 소용이 뭐예요?

제 때가 다 : 댄(된)는데 이젠 그계가 다 : 날가서 암 : 만 수술해두 안 댄다
구요.

t'ɛɡa ta : tɛn(twɛn)nɯnde idʑen kɯɡjeɡa ta : nalɡasʌ a : mman

susulɦedu an tɛndaɡujo.

때가 다 : 댓(됏)는데 이젠 그계가 다 : 낡아서 암 : 만 수술해두 안
댄다구요.

▶ 때가 다 됐는데 이제는 기계가 다 낡아서 아무리 수술해도 안 된다
고요. .

조 하라버지는 백쎄까지 충분하심니다.

harabʌdzinɯn pɛks'ek'adzi tɕʰuŋbunɦaɕimnida.

▶ 할아버지는 백세까지 충분하십니다.

제 아이구 백쎄를 어 : 케 대(되)소?

aiɡu pɛks'erɯl ʌ : kʰe tɛ(tö)so?

아이구 백세를 어 : 케 대(되)소?

▶ 아이고 백세까지 어떻게 되겠소?

조 하라버지께서는 백쎄까지 충분하심니다.

harabʌdzik'esʌnɯn pɛks'ek'adzi tɕʰuŋbunɦaɕimnida.

▶ 할아버지께서는 백세까지 충분하십니다.

제 긴 : 데 어디 나가문 구십 낟때먼 하 : 해요.

ki : nde ʌdi naɡamun kuɕip natt'ɛmʌn ha : ɦejo.

긴 : 데 어디 나가문 구십 낫대면 하 : 해요.

▶ 그런데 어디에 나가서 구십에 났다면 하~하고 놀라요. .

조 그러쵸, 하라버지께서는 팔십또 안 되어 보이심니다.

kɯɾʌtɕʰjo, harabʌdzik'esʌnɯn pʰalɕipt'o an töʌ poiɕimnida.

▶ 그렇죠, 할아버지께서는 팔십도 안 되어 보이십니다.

제 그저 한 팔씹 보능 거 거태요.

kɯdzʌ han pʰalɕ'ip ponɯŋ gʌ kʌtʰɛjo.

그저 한 팔십 보는 거 겉애요.

▶ 그저 한 팔십으로 보는 것 같아요.

조 네, 저도 놀랃씀니다. 하라버지 혹씨 키 얼마 되심니까? 백칠씹 얼마임니까?

ne, tɕʌdo nollats'ɯmnida. harabʌdzi hoks'i kʰi ʌlma töɕimnik'a? pɛktɕʰilɕ'ip ʌlmaimnik'a?

▶ 네, 저도 놀랐습니다. 할아버지 혹시 키가 얼마 되십니까? 백칠십 얼마입니까?

제 백칠씹, 이 : , 이미빠(一米八)[78] 쪼꼼 몯 대요.

pɛktɕʰilɕ'ip, i : , imip'a tɕ'ok'om mot tɕjo.

백칠십, 이 : , 이미빠(一米八) 쪼꼼 못 대요.

▶ 백 칠십, 백, 백 팔십이 조금 못 돼요.

조 그러쵸. 그 시저레 키꺽따리라고 하셛쬬? 그 시대에 그 정도면 키가 얼마나 큰 추기심니까?

kɯɾʌtɕʰjo. kɯ ɕidzʌre kʰik'ʌkt'arirago haɕjʌtt'jo? kɯ ɕidɛe kɯ tɕʌŋdomjʌn kʰiga ʌlmana kʰɯn tɕʰugiɕimnik'a?

▶ 그렇죠. 그 시절에 키꺽다리라고 하셨죠? 그 시대에 그 정도면 키가 얼마나 큰 축이십니까?

제 예, 이 동네두 암매 내 키가 암매 비스시라무니 데일 클꺼라요.

je, i toŋnedu ammɛ nɛ kʰiga ammɛ pisɯɕiramuni teil kʰɯlk'ʌrajo.

---

78 이미빠(一米八[imiba])는 '180cm'를 뜻하는 중국어.

예, 이 동네두 암매 내 키가 암매 비슷이라무니 데일 클거라요.
▶ 예, 이 동네도 아마 내 키가 아마 비슷하게 제일 클 거예요.

조 아, 제일 커요? 머시썬껟써요, 절머쓸 때요.
a, ʦeil kʰʌjo? mʌɕis'ʌtk'ets'ʌjo, ʨʌlmʌs'ɯl t'ɛjo.
▶ 아, 제일 커요? 멋있었겠어요, 젊었을 때요.

제 예 : , 절머슬 땐 내 무서웅 거 업써시요 실띠.
je : , ʨʌlmʌsɯl t'en nɛ musʌuŋ ɡʌ ʌps'ʌɕijo ɕilt'i.
예 : , 젊엇을 땐 내 무서운 거 없엇이요 실디.
▶ 예, 젊었을 때 나는 무서운 것이 없었어요 실제.

조 쌀도 한 이백 끈 들 쑤 이써썬께써요.
s'aldo han ibɛk k'ɯn tɯl s'u is'ʌɕ'jʌtk'es'ʌjo.
▶ 쌀도 한 이백 근 들 수 있었겠겠어요.

제 그러티요 절머시야 머 그까짇꺼 머, 한 이백 끈 거텐야.
kɯrʌtʰijo ʨʌlmʌɕija mʌ kɯk'adzitk'ʌ mʌ, han ibɛk k'ɯn kʌtʰenja.
그렇디요 젊어시야 머 그까짓거 머, 한 이백 근 겉엔야.
▶ 그렇지요 젊어서야 뭐 그까짓 것 뭐, 한 이백 근 같은 것이야.

제 지금두 머 루팡에 올라간따 내레간따는 이럽써(서)요.
ʨiɡɯmdu mʌ rupʰaŋe ollagatt'a nɛregatt'anɯn irʌps'ʌ(sʌ)jo.
지금두 머 루팡에 올라갓다 내레갓다는 일없어요.
▶ 지금도 뭐 층집에 올라갔다 내려갔다 하는 것은 괜찮아요.

조 아, 그래요?
a, kɯrɛjo?
▶ 아, 그래요?

제 예 : , 지금두 그 띠테(地鐵)[79] 타는데 그 층대 그 만티 아나요?

79 띠테(地鐵[ditie])는 '지하철'을 뜻하는 중국어.

je : , tɕigɯmdu kɯ t'itʰe tʰanɯnde kɯ tɕʰɯŋdɛ kɯ mantʰi anajo?

예 : , 지금두 그 띠테(地鐵) 타는데 그 층대 그 많디 않아요?

▶ 예, 지금도 그 지하철 타는데 그 계단이 그 많지 않아요?

조 네.

ne.

▶ 네.

제 술술술술 내리가는데요 머 내레갇따 올라왇따 헌(한)다구.

sulsulsulsul nɛrigaɯndejo mʌ nɛrɛgatt'a ollawatt'a hʌn(han)dagu.

술술술술 내리가는데요 머 내레갔다 올라왓다 헌(한)다구.

▶ 술술술술 내려가는데요 뭐 내려갔다 올라왔다 한다고.

조 정말 부럽씀니다.

tɕʌŋmal puɾʌps'ɯmnida.

▶ 정말 부럽습니다.

제 그래개지구 그저, 그 또 띠테 그 빠르데요 그거이.

kɯrɛgɛdzigu kɯdzʌ, kɯ t'o t'itʰe kɯ p'arɯdejo kɯgʌi.

그래개지구 그저, 그 또 띠테 그 빠르데요 그거이.

▶ 그래서 그저, 그 또 지하철 그 빠르데요 그것이.

조 네.

ne.

▶ 네.

제 그저 한 오 분, 오 분, 눅 뿐, 내 시계 볼꺼니.

kɯdzʌ han o pun, o pun, nuk p'un, nɛ ɕigje polk'ʌni.

그저 한 오 분, 오 분, 눅 분, 내 시계 볼꺼니.

▶ 그저 한 오 분, 오 분, 육 분, 내가 시계를 보니.

제 오 분, 눅 뿐마네 꼭꼭 와요, 띠테가.

200

o pun, nuk p'unmane k'okk'ok wajo, t'itʰega.

오 분, 눅 분만에 꼭꼭 와요, 띠테가.

▶ 오 분, 육 분만에 꼭꼭 와요, 지하철이.

조 네, 그거슨 시가니 규정되어 잇씀니다.

ne, kɯgʌsɯn ɕigani kjudʑʌŋdöʌ its'ɯmnida.

▶ 네, 그것은 시간이 규정되어 있습니다.

제 예, 그건 : 거튼 여구 머 업쓸꺼니.

je, kɯgʌ : ngʌtʰɯn jʌgu mʌ ʌps'ɯlk'ʌni.

예, 그건 : 겉은 여구 머 없을꺼니.

▶ 예, 그 (지하철) 같은 것은 여기에 뭐 없으니.

제 그거 칭구이(輕軌)⁸⁰ 여구 어데 칭구이 인는데 그건 머 항소 가두루.

kɯgʌ tɕʰiŋgui jʌgu ʌde tɕʰiŋgui innɯnde kɯgʌn mʌ haŋso kaduɾu.

그거 칭구이(輕軌) 여구 어데 칭구이 잇는데 그건 머 항소 가두루.

▶ 그것 지상전철이 여기 어디에 지상전철이 있는데 그건 뭐 황소가 가
듯이 (느려).

제 그저 일 업쓸 싸(사)라미나 타갓씁띠다.

kɯdʑʌ il ʌps'ɯl s'a(sa)ɾamina tʰagats'ɯpt'ida.

그저 일 없을 싸(사)람이나 타갓습디다.

▶ 그저 일이 없을 사람이나 타겠습디다.

조 네.

ne.

▶ 네.

제 띠테는 그 일 마는 싸(사)람들 타기는 참 : 조케시요.

t'itʰenɯn kɯ il manɯn s'a(sa)ɾamdɯl tʰaginɯn tɕʰa : m tɕokʰeɕijo.

---

80 칭구이(輕軌[qinggui])는 '경철'을 뜻하는 중국어.

띠테는 그 일 많은 싸(사)람들 타기는 참 : 좋겟이요.

▷ 지하철은 그 일이 많은 사람들이 타기는 참 좋겠어요.

조 아, 그래요? 강산학쌩이 하라버지께 아무거나 조선말로 무러보세요. 하라버지께 아무거나 무러봐도 돼요.

a, kɯɾɛjo? kaŋsanɦaks'ɛɲi haɾabʌʥik'e amugʌna ʨosʌnmallo muɾʌbosejo. haɾabʌʥik'e amugʌna muɾʌbwado twɛjo.

▷ 아, 그래요? 강산 학생이 할아버지께 아무거나 한국말로 물어보세요. 할아버지께 아무거나 물어봐도 돼요.

조 하라버지, 조아하시는 음시근 뭐예요?

haɾabʌʥi, ʨoaɦaɕinɯn ɯmɕigɯn mwʌjejo?

▷ 할아버지, 좋아하시는 음식은 뭐예요?

제 조아하능 거? 저 : 쌀밥, 데이리더라 머. 바비 데이리디 머.

ʨoaɦanɯŋ gʌ? ʨʌ : s'albap, teiɾidʌɾa mʌ. pabi teiɾidi mʌ.

좋아하는 거? 저 : 쌀밥, 데일이더라 머. 밥이 데일이디 머.

▷ 좋아하는 것? 저 쌀밥이 제일이더라 뭐. 밥이 제일이지 뭐.

조 그럼 수른 조아하세요?

kɯɾʌm suɾɯn ʨoaɦasejo?

▷ 그럼 술은 좋아하세요?

제 술, 술 조아해두 머 얼 : 마 안 머거.

sul, sul ʨoaɦɛdu mʌ ʌl : ma an mʌgʌ.

술, 술 좋아해두 머 얼 : 마 안 먹어.

▷ 술, 술 좋아해도 뭐 얼마 안 먹어.

조 왜요?

wɛjo?

▷ 왜요?

제 그 신테에 나쁠꺼니.
kɯ ɕintʰee nap'ɯlk'ʌni.

그 신테에 나쁠꺼니.

▷ 그 신체에 나쁘니.

조 아, 네. 저에 아빠는 마니 머거요.
a, ne. ʨʌe ap'anɯn mani mʌgʌjo.

▷ 아, 네. 저의 아빠는 많이 먹어요.

제 예, 부실 마니 잡싸요?
je, puɕil mani ʨaps'ajo?

예, 부실 많이 잡사요?

▷ 예, 부식을 많이 잡숴요?

조 네.
ne.

▷ 네.

제 술을? 아바지가 지금 한 : 오십 너먼나?
sulɯl? abadʑiga ʨigum ha : n oɕip nʌmʌnna?

술을? 아바지가 지금 한 : 오십 넘엇나?

▷ 술을? 아버지가 지금 한 오십이 넘었나?

조 네, 오시비예요.
ne, oɕibijejo.

▷ 네, 오십이에요.

제 우리, 우리 아들 낟 : 쎄로구나.
uri, uri adɯl na : ts'eroguna.

우리, 우리 아들 낫 : 세로구나.

▷ 우리, 우리 아들(과 같은) 나이대로구나.

조 그럼 하라버지 언제부터 수를 마시지 아느셔써요?

kɯrʌm harabʌdzi ʌndzebutʰʌ surɯl maɕidzi anɰɕʌsʼʌjo?

▷ 그럼 할아버지는 언제부터 술을 마시지 않으셨어요?

제 난 술 : 절머서두 안 머거서.

nan su : l ʨʌlmʌsʌdu an mʌgʌsʌ.

난 술 : 젊어서두 안 먹엇어.

▷ 나는 술을 젊어서도 안 먹었어.

조 아, 그러세요?

a, kɯrʌsejo?

▷ 아, 그러세요?

제 우리 조상 때 : 서부텀 술 : 몯 멍는단 마리.

uri ʨosaŋ tʼɛ : sʌbutʰʌm su : l mot mʌŋnɯndan mari.

우리 조상 때 : 서부텀 술 : 못 먹는단 말이.

▷ 우리 조상 때로부터 술을 못 먹는단 말이.

조 아, 그러세요?

a, kɯrʌsejo?

▷ 아, 그러세요?

제 술 머구문 버쎄 이 상이 새빠래디구 그래개지구 수를 안 먹띠 머.

sul mʌgumun pʌsʼe i saŋi sɛpʼarɛdigu kɯrɛgɛdzigu surɯl an mʌktʼi mʌ.

술 먹우문 버쎄 이 상이 새빠래디구 그래개지구 술을 안 먹디 머.

▷ 술 먹으면 벌써 이 얼굴이 새파래지고 그래서 술을 안 먹지 뭐.

조 아, 히한하네요. 조선조근 다 : 수를 잘 마시능 걷 가튼데요.

a, hiɦanɦanejo. ʨosʌndzogɯn ta : surɯl ʨal maɕinɯŋ gʌt katʰɯndejo.

▷ 아, 희한하네요. 조선족은 다 술을 잘 마시는 것 같은데요.

제 우리는 명질 때 싸(사)라미 수 : 태(타) 모예서두 피주 다섣 뼝이 남는다구.

ɯrinɯn mjʌŋdzil t'ɛ s'a(sa)rami su ː tʰɛ(tʰa) mojesʌdu pʰidzu tasʌt p'jʌɲi
namnɯndagu.

우리는 명질 때 싸(사)람이 숱 ː 해(하) 모옛어두 피주 다섯 병이 남는
다구.

▷ 우리는 명절 때 사람이 숱해 모였어도 맥주 다섯 병이 남는다고.

조 네, 그거시 조아요. 하라버지께서는 정 ː 말 건강하심니다.

ne, kɯgʌɕi tɕoajo. harabʌdzik'esʌnɯn tɕʌ ː ŋmal kʌngaɲɦaɕimnida.

▷ 네, 그것이 좋아요. 할아버지께서는 정말 건강하십니다.

제 담배도 덜(절) 푸이구, 아들레두 담배 덜 푸예.

tambɛdo tʌl(tɕʌl) pʰuigu, adɯlledu tambɛ tʌl pʰuje.

담배도 덜(절) 푸이구, 아들네두 담배 덜 푸예.

▷ 담배도 덜 피우고, 아들네도 담배 덜 피워.

제 우리 손자두(도), 데리구 읻떤 손자두 담배, 술 안 멍는다고.

uri sondzadu(do), terigu itt'ʌn sondzadu tambɛ, sul an mʌnnɯndago.

우리 손자두(도), 데리구 잇던 손자두 담배, 술 안 먹는다고.

▷ 우리 손자도, 데리고 있던 손자도 담배랑 술을 안 먹는다고.

조 아, 손자 멷 명이세요?

a, sondza mjʌt mjʌɲisejo?

▷ 아, 손자가 몇 명이세요?

제 손자가 서이, 너이 아(다)매 댇 땔꺼라.

sondzaga sʌi, nʌi a(ta)mɛ tɛt t'ɛlk'ʌra.

손자가 서이, 너이 아(다)매 댓 댈거라.

▷ 손자가 셋이, 넷이, 아마 다섯이 될 거라.

조 다 손자예요? 아니면 손녀도 이써요?

ta sondzajejo? animjʌn sonnjʌdo is'ʌjo?

▷ 다 손자예요? 아니면 손녀도 있어요?

제 손너(녀)두 읻띠.

　sonnʌ(njʌ)du itt'i.

　손너(녀)두 잇디.

▷ 손녀도 있지.

조 손자, 손녀드른 지금 다 항구게 이써요?

　sondʑa, sonnjʌdɯrɯn tɕigɯm ta haŋguge is'ʌjo?

▷ 손자, 손녀들은 지금 다 한국에 있어요?

제 손너, 손자, 손너 항구게 간 싸(사)람 항구게 가구.

　sonnʌ, sondʑa, sonnʌ haŋguge kan s'a(sa)ram haŋguge kagu.

　손너, 손자, 손너 한국에 간 싸(사)람 한국에 가구.

▷ 손녀, 손자, 손녀 한국에 간 사람은 한국에 가고.

제 머 여구 인능 건 여구 읻꾸.

　mʌ jʌgu innɯŋ gʌn jʌgu itk'u.

　머 여구 잇는 건 여구 잇구.

▷ 뭐 여기에 있는 사람은 여기에 있고.

조 손자, 손녀드른 서로 마니 친하세요?

　sondʑa, sonnjʌdɯrɯn sʌro mani tɕʰinɦasejo?

▷ 손자, 손녀들은 서로 많이 친하세요?

제 예, 우리 손주 딸, 항구게 가서 더 뎬노(電腦) 허는데 이서.

　je, uri sondʑu t'al, haŋguge kasʌ tʌ tenno hʌnɯnde isʌ.

　예, 우리 손주 딸, 한국에 가서 더 뎬노(電腦) 허는데 잇어.

▷ 예, 우리 손녀, 한국에 가서 저 컴퓨터 하는데 있어.

조 뎬노는 무슨 뜨시예요? 아, 뗀노.

　tennonɯn musɯn t'ɯɕijejo? a, t'enno.

▷ 뎬노는 무슨 뜻이에요? 아, 컴퓨터요?

조사자 학생에 대한 궁금증

제 성이 머 : 이라구? 네 성이 머 : 이라구? 성, 씽사야(姓啥呀)[81]?

  sʌŋi mʌ : iragu? ne sʌŋi mʌ : iragu? saŋ, ɕ'iŋsaja?

  성이 머 : 이라구? 네 성이 머 : 이라구? 성, 씽사야(姓啥呀)?

▶ 성씨가 무엇이라고? 네 성씨가 무엇이라고? 성씨, 성씨가 뭐야?

조 아, 성씨요? 강씨예요.

  a, sʌŋɕ'ijo? kaŋɕ'ijejo.

▶ 아, 성씨요? 강씨예요.

제 강씨? 강가? 강, 강짜 이, 이 장 : 가?

  kaŋɕ'i? kaŋga? kaŋ, kaŋtɕ'a i, i tɕa : ŋga?

  강씨? 강가? 강, 강자 이, 이 잔 : 가?

▶ 강씨? 강가? 강, 강자 이, 이 자인가?

조 네, 생강 강자예요.

  ne, sɛŋgaŋ kaŋdzajejo.

▶ 네, 생강 강자예요.

제 강 : , 마지막 계집 너(女) 허(하)능거. 이거 쟝(姜)[82], 쟝아?

  ka : ŋ, madzimak kjedzip nʌ hʌ(ha)nuŋgʌ. igʌ tɕaŋ, tɕaŋa?

  강 : , 마지막 계집 너(女) 허(하)는거. 이거 쟝(姜), 쟝아?

▶ 강, 마지막에 계집 여 하는 것. 이것 강, 강이야?

조 네, 마자요.

  ne, madzajo.

---

81 씽사야(姓啥呀[xingshaya])는 '성이 뭐니?'를 뜻하는 중국어.
82 쟝(姜[jiang])은 성씨가 '강씨'임을 뜻하는 중국어.

▷ 네, 맞아요.

제 어, 강씨로구나. 아바지는 조선싸라미구 오마니레 한조기로구나.

ʌ, kaŋɛ'iroguna, abadʑinɯn tɕosʌns'aramigu omanire handzogiroguna.

어, 강씨로구나. 아바지는 조선싸람이구 오마니레 한족이로구나.

▷ 어, 강씨로구나. 아버지는 조선족이고 어머니가 한족이로구나.

제 오마니 니약해? 페로워?

omani nijakhɛ? pʰerowʌ?

오마니 니약해? 페로워?

▷ 어머니가 이악스러워? 까다로워?

제 어, 아바지레 몯 낄레? 아바지부단 쎙 : 가? 오마니?

ʌ, abadʑire mot k'ille? abadʑibudan s'e : ŋga? omani?

어, 아바지레 못 길레? 아바지부단 쎈 : 가? 오마니?

▷ 어, 아버지가 못 이겨? 아버지보다 센가? 어머니가?

조 다 조아요. 우리 엄마 아주 차캐요.

ta tɕoajo. uri ʌmma adʑu tɕʰakʰɛjo.

▷ 다 좋아요. 우리 엄마 아주 착해요.

제 다 : 조아? 착해? 착허문 나 : 싱(那行)[83], 여자들.

ta : tɕoa? tɕʰakʰɛ? tɕʰakʰʌmun na : ɕiŋ, jʌdzadɯl.

다 : 좋아? 착해? 착허문 나 : 싱(那行), 여자들.

▷ 다 좋아? 착해? 착하면 괜찮아, 여자들.

조 그리고 또 부지런해요. 일도 잘하고 그러케 착한 사람 업써요.

kɯrigo t'o pudʑirʌnɦɛjo. ildo tɕalɦago kɯrʌkʰe tɕʰakhan saram ʌps'ʌjo.

▷ 그리고 또 부지런해요. 일도 잘하고 그렇게 착한 사람이 없어요.

제 오. 제네 농사 진 : 나? 농사 지어서?

---

83 나 : 싱(那行[naxing])은 '그럼 괜찮다'를 뜻하는 중국어.

o. ʨene noŋsa ʨi ː nna? noŋsa ʨiʌsʌ?

오. 젠에 농사 짓 ː 나? 농사 지엇어?

▶ 오. 전에 농사를 지었나? 농사를 지었어?

조 우리 농사 안 지어요.

uɾi noŋsa an ʨiʌjo.

▶ 우리 농사를 안 지어요.

제 아, 제네. 그 부노네레 멀 핸노?

a, ʨene. kɯ punoneɾe mʌl hɛnno?

아, 젠에. 그 부노네레 멀 햇노?

▶ 아, 전에. 그 부모님이 뭘 했니?

조 아, 우리 엄마는 선생니미예요.

a, uɾi ʌmmanɯn sʌnsɛŋnimijejo.

▶ 아, 우리 엄마는 선생님이에요.

제 오, 선생이야?

o, sʌnsɛŋija?

오, 선생이야?

▶ 오, 선생님이야?

조 네, 중학꾜 선생니미예요.

ne, ʨuɲɦakk'jo sʌnsɛŋnimijejo.

▶ 네, 중학교 선생님이에요.

제 응, 그럴꺼니 따리 공부 잘핸띠, 오빠두 인나?

ɯŋ, kɯɾʌlk'ʌni t'aɾi koŋbu ʨalɦɛtt'i, op'adu inna?

응, 그럴꺼니 딸이 공부 잘햇디, 오빠두 잇나?

▶ 응, 그러니 딸이 공부를 잘했지, 오빠도 있나?

조 아버지께서도 월래 교사션는데 그만둬써요. 지그믄 항국회사에서 일하고 이써요.

abʌʥik'esʌdo wʌllɛ kjosaɕjʌnnɯnde kɯmandwʌs'ʌjo. ʨigɯmɯn haŋgukhösaesʌ ilɦago is'ʌjo.

▷ 아버지께서도 원래 교사셨는데 그만뒀어요. 지금은 한국 회사에서 일하고 있어요.

제 오. 아이 그러쿠, 오 : 그래놀꺼니 공부 잘 핻꾸나.

o. ai kɯrʌkʰu, o : kɯrɛnolk'ʌni koŋbu ʨal hɛtk'una.

오. 아이 그렇구, 오 : 그래놀꺼니 공부 잘 했구나.

▷ 오. 아이 그렇고, 오 그러니 공부를 잘 했구나.

제 보쎄 교원 자시기먼 그 공부 잘헌다구.

pos'e kjowʌn ʨaɕigimʌn kɯ koŋbu ʨalɦʌndagu.

보쎄 교원 자식이먼 그 공부 잘헌다구.

▷ 벌써 교원 자식이라면 그 공부를 잘한다고.

제 보쎄 교유기 딸라 간다구(고).

pos'e kjojugi t'alla kandagu(go).

보쎄 교육이 딸라 간다구(고).

▷ 벌써 교육이 따라 간다고.

조 아니, 그러케 잘하능 거슨 아니예요.

ani, kɯrʌkʰe ʨalɦanɯŋ gʌsɯn anijejo.

▷ 아니, 그렇게 잘하는 것은 아니에요.

제 아니, 앙 그래. 보쎄 교원 자시근 그 공부 잘해.

ani, aŋ gɯrɛ. pos'e kjowʌn ʨaɕigɯn kɯ koŋbu ʨalɦɛ.

아니, 안 그래. 보쎄 교원 자식은 그 공부 잘해.

▷ 아니, 안 그래. 벌써 교원 자식은 그 공부를 잘해.

조 왜요?

wɛjo?

▣ 왜요?

▣ 그 부모네레 이 자싱 나ː문 보(버)쎄 보예준다구 자꾸.

kɯ pumonere i tɕaɕiŋ naːmun po(pʌ)s'e pojedʑundagu tɕak'u.

그 부모네레 이 자식 나ː문 보(버)쎄 보예준다구 자꾸.

▣ 그 부모들이 이 자식을 낳으면 벌써 배워준다고 자꾸.

▣ 네.

ne.

▣ 네.

▣ 네모두 보예주구 각 색깔 다ː 보예준다구, 선생 자시근.

nemodu pojedʑugu kak sɛkk'al taː pojedʑundagu, sʌnsɛŋ tɕaɕigɯn.

네모두 보예주구 각 색깔 다ː 보예준다구, 선생 자식은.

▣ 예절도 배워주고 여러모로 다 배워준다고, 선생님 자식은.

▣ 이 촌싸람드른 앙 그래. 촌싸람드리야 그 되나? 그.

i tɕʰons'aramdɯrɯn aŋ gɯrɛ. tɕʰons'aramdɯrija kɯ töna? kɯ.

이 촌싸람들은 안 그래. 촌싸람들이야 그 되나? 그.

▣ 이 촌사람들은 안 그래. 촌사람들이야 그 되나? 그.

▣ 촌싸람드리야 욕, 보(베)쎄 나물 그 때리는 그.

tɕʰons'aramdɯrija jok, po(pe)s'e namul kɯ t'ɛrinɯn kɯ.

촌싸람들이야 욕, 보(베)쎄 남을 그 때리는 그.

▣ 촌사람들이야 욕, 벌써 남을 그 때리는 그.

▣ 주국싸라문 그저 초니마(操你媽)[84] 머, 그 욕말, 욕부터 보예준다구(고).

tɕuguks'aramun kɯdʑʌ tɕʰonima mʌ, kɯ jokmal, jokputʰʌ pojedʑundagu(go).

주국싸람은 그저 초니마(操你媽) 머, 그 욕말, 욕부터 보예준다구

---

84 쌍스러운 욕의 일종으로 북방에서 더욱이 널리 함.

(고).

▷ 한족 사람은 그저 *** 뭐, 그 욕, 욕부터 배워준다고.

제 선생 자시근 그 요근 안 보예준다구.

sʌnseŋ tɕaɕigɯn kɯ joɡɯn an pojedʑundaɡu.

선생 자식은 그 욕은 안 보예준다구.

▷ 선생님 자식은 그 욕은 안 배워준다고.

조 월래 우리도 다 농촌사라미자나요.

wʌllɛ uɾido ta noŋtɕʰonsaɾamidʑanajo.

▷ 원래 우리도 다 농촌 사람이잖아요?

제 농촌싸람? 어디서 사란노?

noŋtɕʰons'aɾam? ʌdisʌ saranno?

농촌싸람? 어디서 살앗노?

▷ 농촌 사람? 어디서 살았어?

조 우리 할머님도 그냥 농초니예요. 중국싸람 월래 거이 다 농촌사라미자나요.

uɾi halmʌnimdo kɯnjaŋ noŋtɕʰonijejo. tɕuŋɡuks'aɾam wʌllɛ kʌi ta noŋtɕʰonsaɾamidʑanajo.

▷ 우리 할머님도 그냥 농촌이에요. 중국 사람은 원래 거의 다 농촌 사람이잖아요.

제 그럼.

kɯɾʌm.

그럼.

▷ 그럼.

212

강아지에 대한 편견

[조] 하라버지, 강아지에 대해서 더 마니 이야기 해주세요. 월래 키웠떤 강아지에 대해서요.

harabʌdzi, kaŋadzie tɕɛɕsʌ tʌ mani ijagi hɛdzusejo. wʌllɛ kʰiwʌtt'ʌn kaŋadzie tɕɛɕsʌjo.

[▶] 할아버지, 강아지에 대해서 더 많이 이야기 해주세요. 원래 키웠던 강아지에 대해서요.

[제] 강아지, 강아지에 대해서? 강아지 그거이, 그 난 애호 안해.

kaŋadzi, kaŋadzie tɕɛɕsʌ? kaŋadzi kɯgʌi, kɯ nan ɛɦo anɦɛ.

강아지, 강아지에 대해서? 강아지 그거이, 그 난 애호 안해.

[▶] 강아지, 강아지에 대해서? 강아지 그것, 그 나는 좋아하지 않아.

[제] 이거이 부라기, 시내레 되놀꺼니 개거틍 거는 이거.

igʌi puragi, ɕinɛre tönolk'ʌni kɛgʌtʰɯŋ gʌnɯn igʌ.

이거이 부락이, 시내레 되놀꺼니 개겉은 거는 이거.

[▶] 이것 이 부락이, 시내가 되니 개 같은 것은 이것.

[제] 핑팡(平房)[85]에 이슬 때는 개를 메겐는데 이 루팡에 이스문.

pʰiŋpʰaŋe isɯl t'ɛnɯn kɛrul megennɯnde i ɾupʰaŋe isɯmun.

핑팡(平房)에 잇을 때는 개를 멕엣는데 이 루팡에 잇으문.

[▶] 단층집에 있을 때는 개를 먹였는데 이 층집에 있으면.

[제] 개 메깅 거 비린내 나디, 털 뽀바디디.

kɛ megiŋ gʌ piɾinnɛ nadi, tʰʌl p'obadidi.

개 멕인 거 비린내 나디, 털 뽑아디디.

---

85 핑팡(平房[pingfang])은 '단층집'을 뜻하는 중국어.

▷ 개 먹이는 것이 비린내 나지, 털이 뽑아지지.

제 기래서 더, 더러웅 거이 업따구, 더러워.

kiɾɛsʌ tʌ, tʌɾʌuŋ gʌi ʌptʼagu, tʌɾʌwʌ.

기래서 더, 더러운 거이 없다구, 더러워.

▷ 그래서 더, 더러운 것이 없다고, 더러워.

제 루팡에 개 미길꺼이 아니라구.

ɾupʰaŋe kɛ migilkʼʌi aniragu.

루팡에 개 믹일 거이 아니라구.

▷ 층집에서 개를 먹일 것이 아니라고.

제 똥 싸디, 오좀 싸디 그거 어더컬래?

tʼoŋ sʼadi, odzom sʼadi kɯgʌ ʌdʌkʰʌllɛ?

똥 싸디, 오좀 싸디 그거 어덕헐래?

▷ 똥을 싸지, 오줌을 싸지 그것을 어떡할래?

제 지금, 긴데 지금 강아지 조아하나?

tɕigɯm, kinde tɕigɯm kaŋadzi tɕoaɦana?

지금, 긴데 지금 강아지 좋아하나?

▷ 지금, 그런데 지금 강아지를 좋아하나?

제 그거 루팡에서 몯 길러.

kɯgʌ ɾupʰaŋesʌ mot killʌ.

그거 루팡에서 못 길러.

▷ 그것 층집에서 못 길러.

조 네, 저는 개를 키워본 저기 업써요. 저는 킁 개를 조아해요. 그런데 왜 키우셔써요?

ne, tɕʌnɯn kɛɾɯl kʰiwabon tɕʌgi ʌpsʼʌjo. tɕʌnɯn kʰɯŋ gɛɾɯl tɕoaɦejo. kɯɾʌnde wɛ kʰiuɕʌsʼʌjo?

▷ 네, 저는 개를 키워본 적이 없어요. 저는 큰 개를 좋아해요. 그런데

왜 키우셨어요?

제 그저 제네야 그 집 뽀라구, 집 뽀라구 길럳띠.
kɯdzʌ ʨeneja kɯ ʨip p'oragu, ʨip p'oragu killʌtt'i.
그저 젠에야 그 집 보라구, 집 보라구 길럳디.
▶ 그저 전에야 그 집을 보라고, 집을 보라고 길렀지.

조 진짜 지블 볼 쑤 이써요?
ʨinʨ'a ʨibɯl pol s'u is'ʌjo?
▶ 진짜 집을 볼 수 있어요?

제 강아지, 실띠는 그 강아지가 도중놈 몬 망는다구(고).
kaŋadzi, ɕilt'inɯm kɯ kaŋadziga todzuŋnom mon maŋnɯndagu(go).
강아지, 실디는 그 강아지가 도죽놈 못 막는다구(고).
▶ 강아지, 실제는 그 강아지가 도둑놈을 못 막는다고.

제 보쎄 도중놈 보, 보문 쫃께가는데 개 : 가.
pos'e todzuŋnom po, pomun ʨ'otk'eganɯnde kɛ : ga.
보쎄 도죽놈 보, 보문 쫓게가는데 개 : 가.
▶ 벌써 도둑놈을 보, 보면 쫓겨 가는데 개가.

제 그 난 그 강아지, 개에 대해서는 애호 안 해.
kɯ nan kɯ kaŋadzi, kɛe tɛɦesʌnɯm ɛɦo an ɦɛ.
그 난 그 강아지, 개에 대해서는 애호 안 해.
▶ 그 나는 그 강아지, 개는 좋아하지 않아.

제 길루디, 길루 내딜 몯해.
killudi, killu nɛdil motɦɛ.
길루디, 길루 내딜 못해.
▶ 길렀지, 길러 내지를 못해.

제 우리 부모네는 그, 강아질 기루기 위해서.

uɾi pumonenɯn kɯ, kaŋadʑil kiɾugi üɦɛsʌ.

우리 부모네는 그, 강아질 기루기 위해서.

▶ 우리 부모님은 그, 강아지를 기르기 위해서.

제 우리 노치네두 길룬는데 그 길루다가서라무니 그저.

uɾi notɕʰinedu killunnɯnde kɯ killudagasʌɾamuni kɯdʑʌ.

우리 노치네두 길룻는데 그 길루다가서라무니 그저.

▶ 우리 노친도 길렀는데 그 기르다가 그저.

제 기루문 걷 : 뚜 주이늘 잘 아라서 조킨 조아, 긴데 이 루팡엔 안돼.

kiɾumun kʌt : t'u tɕuinɯl tɕal aɾasʌ tɕokʰin tɕoa, kinde i ɾupʰaŋen andwɛ.

기루문 것 : 두 주인을 잘 알아서 좋긴 좋아, 긴데 이 루팡엔 안돼.

▶ 기르면 그것도 주인을 잘 알아서 좋기는 좋아, 그런데 이 층집에서는 안 돼.

제 루팡에 냄새 나서 안된다구, 부지런해야 되구.

ɾupʰaŋe nɛmsɛ nasʌ andöndagu, pudʑiɾʌnɦɛja tögu.

루팡에 냄새 나서 안된다구, 부지런해야 되구.

▶ 층집에 냄새가 나서 안 된다고, 부지런해야 되고.

첫 아이가 가져다 준 기쁨

조 네, 그러쵸. 혹씨 하라버지 첟 아이 가져쓸 때 트키 뭐 기어게 남능 게 이쓰세요?

ne, kɯɾʌtɕʰjo. hokʼi haɾabʌdzi tɕʰʌt ai kadzjʌsʼɯl tʼɛ tʰɯkʰi mwʌ kiʌge namnɯŋ ge isʼɯsejo?

▶ 네, 그렇죠. 혹시 할아버지 첫 아이를 가졌을 때 특히 뭐 기억에 남는 것이 있으세요?

제 첟 아이 날 때 그때 다 : 업씨 사라서라무니.

tɕʰʌt ai nal tʼɛ kɯtʼɛ ta : ʌpɛʼi saɾasʌɾamuni.

첫 아이 날 때 그때 다 : 없이 살아서라무니.

▶ 첫 아이를 낳을 때 그때 다 없이 살아서.

제 그저 나 : 서 조키야 조티 머.

kɯdzʌ na : sʌ tɕokʰija tɕotʰi mʌ.

그저 나 : 서 좋기야 좋디 머.

▶ 그저 낳아서 좋기야 좋지 뭐.

제 조은데 메길 꺼 업띠, 나가서 일허야디, 그때.

tɕounde megil kʼʌ ʌptʼi, nagasʌ ilfʌjadi, kɯtʼɛ.

좋은데 멕일 거 없디, 나가서 일허야디, 그때.

▶ 좋은데 먹일 것이 없지. 나가서 일해야지, 그때.

제 지금 거트머 지금 아 : 드리야 호, 참 행복허디 머.

tɕigɯm kʌtʰɯmʌ tɕigɯm a : dɯɾija ho, tɕʰam hɛŋbokʰʌdi mʌ.

지금 겉으머 지금 아 : 들이야 호, 참 행복허디 머.

▶ 지금 같으면 지금 아이들이야 호, 참 행복하지 뭐.

조 네.

ne.

▶ 네.

제 요새 중학교 댕게두 다 : 데리, 데리구 댕기디 안나?

jose tɕuɲɦakkʼjo teŋgedu ta : teri, terigu teŋgidi anna?

요새 중학교 댕게두 다 : 데리, 데리구 댕기디 않나?

▶ 요새 중학교를 다녀도 다 데리, 데리고 다니지 않나?

제 그때야 우리 아 : 들 기(길)룰 때두 그저 닐굽 싸리문, 닐굽 싸리문 야덜 싸리구.

kɯtʼeja uri a : dɯl ki(kil)ɾul tʼɛdu kɯdzʌ nilgup sʼarimun, nilgup sʼarimun jadʌl sʼarigu.

그때야 우리 아 : 들 기(길)룰 때두 그저 닐굽 살이문, 닐굽 살이문 야덟 살이구.

▶ 그때야 우리 아이들을 기를 때도 그저 일곱 살이면, 일곱 살, 여덟 살이고.

제 나 : 서라무니 일항넌, 일항넌 가게 대문 제 혼자 거러가구.

na : sʌramuni ilɦaŋnʌn ilɦaŋnʌn kage tɛmun tɕe hondza kʌɾʌgagu.

나 : 서라무니 일학넌, 일학넌 가게 대문 제 혼자 걸어가구.

▶ 나서 일 학년, 일 학년 가게 되면 자기가 혼자서 걸어가고.

제 거러가구 제 혼자 거러왇따구.

kʌɾʌgagu tɕe hondza kʌɾʌwattʼagu.

걸어가구 제 혼자 걸어왓다구.

▶ 걸어가고 자기가 혼자서 걸어왔다고.

제 암 : 만 머러두 학, 여구 와서 그저 한 오리 낄씩 뗀띠.

a : mman mʌɾʌdu hak, jʌgu wasʌ kɯdzʌ han ori kʼilɕʼik tʼwɛtʼi.

암 : 만 멀어두 학, 여구 와서 그저 한 오리 길씩 뎄디.

▷ 아무리 멀어도 학, 여기 와서 그저 한 오 리 길씩 됐지.

제 우리터럼 그러케 한 이심니 길 걷띠는 아나서.
urithʌɾʌm kɯɾʌkʰe han iɕimni kil kʌtt'inɯn anasʌ.
우리터럼 그렇게 한 이십리 길 걷디는 않았어.
▷ 우리처럼 그렇게 한 이십 리 길을 걷지는 않았어.

제 한 오리 낄 대(되)능 거, 제 혼자 거러 댕겐따구(고).
han ori k'il tɛ(tö)nɯŋ gʌ, ʨe hondʑa kʌɾʌ tɛŋgett'agu(go).
한 오리 길 대(되)는 거, 제 혼자 걸어 댕겟다구(고).
▷ 한 오 리 길 되는 것, 자기가 혼자서 걸어 다녔다고.

제 지금 아 : 드리야 머 베쎄 이거 이.
ʨigɯm a : dɯrija mʌ pes'e igʌ i.
지금 아 : 들이야 머 베쎄 이거 이.
▷ 지금 아이들이야 뭐 벌써 이것 이.

제 차 이서서람 차 다 : 실꾸 댕기디 안나?
ʨʰa isʌsʌɾam ʨʰa ta : ɕilk'u tɛŋgidi anna?
차 잇어서람 차 다 : 싫구 댕기디 않나?
▷ 차가 있어서 차에 다 싣고 다니지 않나?

제 데리다 주구 데레오구 머, 차 : 나가 바다오구 머.
terida ʨugu teɾeogu mʌ, ʨʰa : naga padaogu mʌ.
데리다 주구 데레오구 머, 차 : 나가 받아오구 머.
▷ 데려다 주고 데려오고 뭐, 차로 나가서 마중해오고 뭐.

제 행보기라, 행보기라구.
hɛŋbogira, hɛŋbogiragu.
행복이라, 행복이라구.
▷ 행복이라, 행복이라고.

조 네, 그래요. 정말 행복합니다.

ne, kɯrejo. tɕʌŋmal heŋbokhamnida.

▶ 네, 그래요. 정말 행복합니다.

제 그 쿠(苦)[86]헝 걸, 이 고생이래능 거 몰, 모루구 산다구.

kɯ kʰuɦʌŋ gʌl, i koseŋiɾenɯŋ gʌ mol, moɾugu sandagu.

그 쿠(苦)헌 걸, 이 고생이래는 거 몰, 모루구 산다구.

▶ 그 고생하는 걸, 이 고생이라는 것을 몰, 모르고 산다고.

조 네, 저도 그래요. 할머님께서 임신하셔쓸 때 하라버지 첟 바능은 어떠셔써요? 기쁘셔써요?

ne, tɕʌdo kɯrejo. halmʌnimk'esʌ imɕinɦaɕjʌs'ɯl t'ɛ haɾabʌdzi tɕʰʌt panɯŋɯn ʌt'ʌɕjʌs'ʌjo? kip'ɯɕjʌs'ʌjo?

▶ 네, 저도 그래요. 할머님께서 임신하셨을 때 할아버지 첫 반응은 어떠셨어요? 기쁘셨어요?

제 어, 임신허(하)문 그때 조킨 머, 그저 그ː치.

ʌ, imɕinɦʌ(ɦa)mun kɯt'ɛ tɕokʰin mʌ, kɯdzʌ kɯː tɕʰi.

어, 임신허(하)문 그때 좋긴 머, 그저 그ː치.

▶ 어, 임신하면 그때 좋긴 뭐, 그저 그렇지.

제 임신 해슴 핻꾸 그 머, 임신해서두 그때두 일ː해야 댄다구.

imɕin hesɯm hɛtk'u kɯ mʌ, imɕinɦesʌdu kɯt'ɛdu iː lɦeja tendagu.

임신 햇음 햇구 그 머, 임신햇어두 그때두 일ː해야 댄다구.

▶ 임신을 했으면 했고 그 뭐, 임신했어도 그때도 일해야 된다고.

조 아, 그래써요? 휴가가틍 걸 업써요?

a, kɯrɛs'ʌjo? ɕjugagatʰɯŋ gʌt ʌps'ʌjo?

▶ 아, 그랬어요? 휴가 같은 것이 없어요?

---

86 쿠(苦[ku])는 '쓰다' 혹은 '고생하다'를 뜻하는데 여기에서는 '고생하다'를 뜻하는 중국어.

제 고롬, 휴가 거튼? 휴가, 이 휴가래능 거이 아 : 나서라무니.
korom, ʨuga kʌtʰɯn? ʨuga, i ʨugarɛnɯŋ gʌi a ː nasʌramuni.
고롬, 휴가 겉은? 휴가, 이 휴가래는 거이 아 : 나서라무니.
▶ 그럼, 휴가 같은? 휴가, 이 휴가라는 것이 아이를 낳아서.

제 막딸 자바서두 이번 따레 날, 난는다 해두.
makt'al ʨabasʌdu ibʌn t'are nal, nannɯnda hɛdu.
막달 잡아서두 이번 달에 날, 낳는다 해두.
▶ 막달을 잡아서도 이번 달에 날, 낳는다 해도.

제 이를 나가 허야 바불 머걷따구, 제넨 다 : 그래서. 아 : 나쿠두 예.
irɯl naga hʌja pabul mʌgʌtt'agu, ʨenen ta ː kɯrɛsʌ. a ː nakʰudu je.
일을 나가 허야 밥을 먹얻다구, 젠엔 다 : 그랫어. 아 : 낳구두 예.
▶ 일을 나가 해야 밥을 먹었다고, 전에는 다 그랬어. 아이를 낳고도 예.

제 주국, 이 한족뜨른 뱅 날 드러 앋, 드러 읻띠 안나?
ʨuguk, i handʑokt'ɯrɯn pɛŋ nal tɯrʌ at, tɯrʌ itt'i anna?
주국, 이 한족들은 백 날 들어 앋, 들어 읻디 않나?
▶ 중국, 이 한족들은 백 일을 들어 앋, 들어 있지 않나?

제 뱅나리 마, 마눠(滿月)[87]링가? 머, 뱅날 읻띠?
pɛŋnari ma, manwʌriŋga? mʌ, pɛŋnal itt'i?
백날이 마, 만월(滿月)인가? 머, 백날 읻디?
▶ 백날이 마, 만월인가? 뭐, 백날 있지?

제 조선싸람드른 사흘 너머가문.
ʨosʌns'aramdɯrɯn saɦul nʌmʌgamun.
조선싸람들은 사흘 넘어가문.
▶ 조선족 사람들은 사흘이 넘어가면.

---

87 마눠(滿月[manyue])은 여기에서 '한 달간 산후 조리를 한다'는 뜻으로 말씀하셨는데 실은 일반적으로
어린아이가 '생후 1개월'이 되었을 때 하는 축하 잔치를 말하는 중국어.

제 넌, 넌 : 나서 밥 헐만 허문 밥 허야 대.

nʌn, nʌ : nnasʌ pap hʌlman hʌmun pap hʌja tɛ.

넌, 넌 : 나서 밥 헐만 허문 밥 허야 대.

▶ 일어, 일어나서 밥을 할 만 하면 밥을 해야 돼.

조 네, 고생 마느션네요.

ne, kosɛŋ manɯɛjʌnnejo.

▶ 네, 고생이 많으셨네요.

제 제넨 다 : 그러케 사라서.

ʨenen ta : kɯrʌkʰe sarasʌ.

젠엔 다 : 그렇게 살앗어.

▶ 전에는 다 그렇게 살았어.

조 하라버지께서 제일 시러하시능 거슨 뭐예요?

harabʌʥikʼesʌ ʨeil ɕirʌɦaɕinɯŋ gʌsɯn mwʌjejo?

▶ 할아버지께서 제일 싫어하는 것은 뭐예요?

제 제일 시러허능 거?

ʨeil ɕirʌɦʌnɯŋ gʌ?

제일 싫어허는 거?

▶ 제일 싫어하는 것?

조 네, 제일 시러하는 사라믄 어떤 사라미예요?

ne, ʨeil ɕirʌɦanɯn saramɯn ʌtʼʌn saramijejo?

▶ 네, 제일 싫어하는 사람은 어떤 사람이에요?

제 제일 시러허능 거? 제일 시러허능 거?

ʨeil ɕirʌɦʌnɯŋ gʌ? ʨeil ɕirʌɦʌnɯŋ gʌ?

제일 싫어허는 거? 제일 싫어허는 거?

▶ 제일 싫어하는 것? 제일 싫어하는 것?

제 미련헝 거 제일 시러. 미련, 미련허다구.

mirjʌnɦʌŋ gʌ ʨeil ɕirʌ. mirjʌn, mirjʌnɦʌdagu.

미련헌 거 제일 싫어. 미련, 미련허다구.

▶ 미련한 것이 제일 싫어. 미련, 미련하다고.

조 미련요?

mirjʌnjo?

▶ 미련요?

제 미련허(하)다구, 그 자기 욕씸만 채우구, 어 내꺼만 내, 내꺼이구.

mirjʌnɦʌ(ɦa)dagu, kɯ ʨagi jokʨ'imman ʨʰɛugu, ʌ nɛk'ʌman nɛ, nɛk'ʌigu.

미련허(하)다구, 그 자기 욕심만 채우구, 어 내꺼만 내, 내꺼이구.

▶ 미련하다고, 그 자기의 욕심만 채우고, 어 내 것만 내 것이고.

제 노무 사 : 절 모룬다구, 그런 싸(사)람 데일 실티.

nomu sa : ʥʌl morundagu, kɯrʌn s'a(sa)ram teil ɕilthi.

놈우 사 : 절 모룬다구, 그런 싸(사)람 데일 싫디.

▶ 다른 사람의 사정을 모른다고, 그런 사람이 제일 싫지.

조 혹씨 그런 사라미 주위에 이쓰세요?

hokɕ'i kɯrʌn sarami ʨuüe is'ɯsejo?

▶ 혹시 그런 사람이 주위에 있으세요?

제 어? 나 그런 싸(사)라문, 그 우리 식꾸에는 머 그러케 미련헌 싸(사)람 업써.

ʌ? na kɯrʌn s'a(sa)ramun, kɯ uri ɕikk'uenɯn mʌ kɯrʌkʰe mirjʌnɦʌn s'a(sa)ram ʌps'ʌ.

어? 나 그런 싸(사)람은, 그 우리 식구에는 머 그렇게 미련헌 싸(사)람 없어.

▶ 어? 나 그런 사람은, 그 우리 식구 중에는 뭐 그렇게 미련한 사람이

없어.

조 네. 어떤 사람? 친구 아니면?

ne. ʌt'ʌ saɾam? tɕʰingu animjʌn?

▷ 네. 어떤 사람? 친구 아니면?

제 어떤 싸(사)람? 그 동네 나가게 대문.

ʌt'ʌn s'a(sa)ram? kɯ toŋne nagage tɛmun.

어떤 싸(사)람? 그 동네 나가게 대문.

▷ 어떤 사람? 그 동네에 나가게 되면.

제 미련 부리구 머글 꺼 갇따르 놔 : 두.

miɾjʌn puɾigu mʌgɯl k'ʌ katt'aɾɯ nwa : du.

미련 부리구 먹을 거 갖다르 놔 : 두.

▷ 미련을 부리고 먹을 것을 갖다 놓아두고.

제 저만 먹꾸 놈 권할 쭐 모루구, 이런 싸(사)람 조티 안티 머.

tɕʌman mʌkk'u nom kwʌnɦal tɕ'ul moɾugu, iɾʌn s'a(sa)ram tɕotʰi antʰi
mʌ.

저만 먹구 놈 권할 줄 모루구, 이런 싸(사)람 좋디 않디 머.

▷ 자기만 먹고 다른 사람을 권할 줄 모르고, 이런 사람이 좋지 않지 뭐.

조 네.

ne.

▷ 네.

제 네모레 업띠 머, 머이유리모(沒有禮貌)[88]. 저만 알구.

nemoɾe ʌpt'i mʌ, mʌijuɾimo. tɕʌman algu.

네모레 없디 머, 머이유리모(沒有禮貌). 저만 알구.

▷ 예의가 없지 뭐, 예의가 없어. 자기만 알고.

---

[88] 머이유리모(沒有禮貌[meiyoulimao])는 '예의가 없다'를 뜻하는 중국어.

제 싸(사)라미 게 ： 살먼 경호가 이시야 댄다구.

s'a(sa)rami ke ： salmʌn kjʌɲɦoga ieija tɛndagu.

싸(사)람이 게 ： 살면 경호가 잇이야 댄다구.

▶ 사람이 그래 살면 경우(시비도리)가 있어야 된다고.

조 네.

ne.

▶ 네.

제 놈, 내, 노미 대접허문 대(되)방에 대접헐 쭐 알구 그리야디 기리.

nom, nɛ, nomi tɛdzʌphʌmun tɛ(tö)baŋe tɛdzʌphʌl tɕʼul algu kɯrijadi kiri.

놈, 내, 놈이 대접허문 대(되)방에 대접헐 줄 알구 그리야디 기리.

▶ 남이, 내, 남이 대접하면 상대방도 대접할 줄 알고 그래야지 그래.

제 그러구 데일 시릉 거이.

kɯrʌgu teil ɕirɯŋ gʌi.

그러구 데일 싫은 거이.

▶ 그리고 제일 싫은 것이.

제 아이들 그 어른들와서람 농담허(하)구 이렁 거 데일 시러.

aidɯl kɯ ʌrɯndɯlwasʌram noŋdamɦʌ(ɦa)gu irʌŋ gʌ teil ɕirʌ.

아이들 그 어른들와서람 농담허(하)구 이런 거 데일 싫어.

▶ 아이들이 그 어른들께 와서 농담하고 이런 것이 제일 싫어.

조 네, 혹씨 이런 일 이쓰셔써요? 나믈 해치는 그런 일 이써써요?

ne, hokɕʼi irʌn il isʼɯejʌsʼʌjo? namɯl hɛtɕʰinɯn kɯrʌn il isʼʌsʼʌjo?

▶ 네, 혹시 이런 일이 있으셨어요? 남을 해치는 그런 일이 있었어요?

제 해치능 거 거 ： 이, 거이 나뿐 싸(사)라미디.

hɛtɕʰinɯŋ gʌ kʌ ： i, kʌi napʼun s'a(sa)ramidi.

해치는 거 거 ： 이, 거이 나뿐 싸(사)람이디.

▶ 해치는 것 그것이, 그것이 나쁜 사람이지.

조 네, 혹씨 주벼네 그런 일 이쓰셔써요?

ne, hokɛ'i ʨubjʌne kɯrʌn il is'ɯɛjʌs'ʌjo?

▷ 네, 혹시 주변에 그런 일이 있으셨어요?

제 우리 머 싸우, 싸우딘 아나서. 싸워보딘 아나서.

uri mʌ s'au, s'audin anasʌ. s'awʌbodin anasʌ.

우리 머 싸우, 싸우딘 않앗어, 싸워보딘 않앗어.

▷ 우리 뭐 싸우, 싸우지는 않았어, 싸워보지는 않았어.

제 놈 때리거나 머 그러딜 아나서.

nom t'ɛrigʌna mʌ kɯrʌdil anasʌ.

놈 때리거나 머 그러딜 않앗어.

▷ 남을 때리거나 뭐 그러지를 않았어.

조 그럼 하라버지께서는 시러하는 사라믈 만나면 어떠케 하세요?

kɯrʌm harabʌʥik'esʌnɯn ɕirʌɦianɯn saramɯl mannamjʌn ʌt'ʌkʰe hasejo?

▷ 그럼 할아버지께서는 싫어하는 사람을 만나면 어떻게 하세요?

제 시러허는 싸(사)람 그저 안, 덜 : 만내디 머.

ɕirʌɦʌnɯn s'a(sa)ram kɯʥʌ an, tʌ : l mannɛdi mʌ.

싫어허는 싸(사)람 그저 안, 덜 : 만내디 머.

▷ 싫어하는 사람은 그저 안, 덜 만나지 뭐.

제 해서 이거 동무들끼리두 어 조아허는 싸(사)람꺼징 댕기구.

hɛsʌ igʌ toŋmudɯlk'iridu ʌ ʨoaɦʌnɯn s'a(sa)ramk'ʌʥiŋ tɛŋgigu.

해서 이거 동무들끼리두 어 좋아하는 싸(사)람꺼징 댕기구.

▷ 그래서 이것 동무들끼리도 어 좋아하는 사람까지는(끼리) 다니고.

제 시러, 쫌 걸거, 누네 걸거체기나 허(하)문.

ɕirʌ, ʨ'om kʌlgʌ, nune kʌlgʌʨʰegina hʌ(ha)mun.

싫어, 쫌 걸거, 눈에 걸거체기나 허(하)문.

▷ 싫어, 좀 거치, 눈에 거치적거리기나 하면.

제 악컨 싸(사)람허구 말 쯤 덜 : 허구, 쯤 머 피허문 다 : 디 머.
akkʰʌn s'a(sa)ramfiʌgu mal tɕ'om tʌ : l hʌgu, tɕ'om mʌ pʰifiʌmun ta : di mʌ.

악헌 싸(사)람허구 말 쯤 덜 : 허구, 쯤 머 피허문 다 : 디 머.
▷ 악한 사람하고 말을 좀 덜 하고, 좀 뭐 피하면 다지 뭐.

조 피해요? 하라버지도 참 차카세요.
pʰifiɛjo? harabʌdzido tɕʰam tɕʰakʰasejo.
▷ 피해요? 할아버지도 참 착하세요.

제 피허야디. 피허야 댄다구.
pʰifiʌjadi. pʰifiʌja tɛndagu.
피허야디. 피허야 댄다구.
▷ 피해야지. 피해야 된다고.

제 그 맏쎄야 더 : 싸 : 미나 허구 쇠용업써. 막 싸움허문 손해라구.
kɯ mats'eja tʌ : s'a : mina hʌgu söjoŋʌps'ʌ. mak s'aumfiʌmun sonfiɛragu.
그 맞세야 더 : 쌈 : 이나 허구 쇠용없어. 막 싸움허문 손해라구.
▷ 그 맞서야 더 싸움이나 하고 소용없어. 막 싸움하면 손해라고.

조 네, 마자요.
ne, madzajo.
▷ 네, 맞아요.

제 쪼꼼 차무문, 차무문 만사가 페난허다구.
tɕ'ok'om tɕʰamumun, tɕʰamumun mansaga pʰenanfiʌdagu.
쪼꼼 참으문, 참으문 만사가 펜안허다구.
▷ 조금 참으면, 참으면 만사가 편안하다고.

조 네, 하라버지 티비(텔레비전)를 자주 보세요?
　ne, harabʌdzi tʰibi(tʰellebidzʌn)rɯl ʨadzu posejo?
▷ 네, 할아버지 텔레비전을 자주 보세요?

제 어, 케이비 그걷, 그저 이때, 어?
　ʌ, kʰeibi kɯgʌt, kɯdzʌ it'ε, ʌ?
　어, 케이비 그것, 그저 이때, 어?
▷ 어, 텔레비전 그것, 그저 이때마다 어?

조 중국 드라마 조아하세요? 아니면 항국 드라마 조아하세요?
　ʨuŋguk tɯrama ʨoaɦasejo? animjʌn haŋguk tɯrama ʨoaɦasejo?
▷ 중국 드라마를 좋아하세요? 아니면 한국 드라마를 좋아하세요?

제 그 조선 드라마 더러 보덩 거인데.
　kɯ ʨosʌn tɯrama tʌrʌ podʌŋ gʌinde.
　그 조선 드라마 더러 보던 거인데.
▷ 그 한국 드라마를 가끔 보던 것인데.

제 조선 드라마 잘 안 나와 한구게치레.
　ʨosʌn tɯrama ʨal an nawa hangugeʨʰire.
　조선 드라마 잘 안 나와 한국의치레.
▷ 한국 드라마가 잘 안 나와 한국의 것이.

조 네.
　ne.
▷ 네.

제 그래 그 어 : 직께 또 유세(有線)[89]네 드러가 그 데.
　kɯrε kɯ ʌ : dzikk'e t'o jusene tɯrʌga kɯ te.
　그래 그 어 : 직께 또 유센(有線)에 들어가 그 데.

---

89 유센(有線[youxian])은 '유선방송'을 뜻하는 중국어.

▶ 그래 그 어제는 또 유선방송에 들어가 그 저.

▣ 이 : 데 쪼꼬만 : 바가지[90] 한나 갇따 해노앝떠이 걷 : 뚜. 덴스 나오데.

　　i : te ʨ'ok'oma : n pagadzi hanna katt'a hɛnoatt'ʌi kʌ : tt'u. tensɯ
　　naode.

　　이 : 데 쪼꼬만 : 바가지 한나 갖다 해놓앗더이 것 : 두. 덴스 나오데.

▶ 이 저 조그마한 위성 안테나 하나 갖다 해놓았더니 그것도. 텔레비전
　이 나오더라.

▣ 네. 이걸 면년 저네 사싱 거예요? 심년 되지 아나써요?

　　ne. igʌt mjʌnnjʌn ʨʌne saɕiŋ gʌjejo? ɕimnjʌn tödzi anasʼʌjo?

▶ 네. 이것 몇 년 전에 사신 거예요? 십 년이 되지 않았어요?

▣ 이거 한 심년 너머서. 내 여구 온 데가 심년 너먼는데.

　　igʌ han ɕimnʌn nʌmʌsʌ. nɛ jʌgu on tega ɕimnʌn nʌmʌnnɯnde.

　　이거 한 십년 넘엇어. 내 여구 온 데가 십년 넘엇는데.

▶ 이것 한 십 년이 넘었어. 내가 여기 온 지가 십 년이 넘었는데.

▣ 여구 그냥 읻따. 그러구.

　　jʌgu kɯnaŋ itt'i. kɯrʌgu.

　　여구 그냥 잇다. 그러구.

▶ 여기 그냥 있지. 그러고.

▣ 하라버지 이거슨 뭐예요?

　　harabʌdzi igʌsɯn mwʌjejo?

▶ 할아버지 이것은 뭐예요?

▣ 어덩 거이? 어, 그거이 그 데 항국 그계.

　　ʌdʌŋ gʌi? ʌ, kɯgʌi kɯ te haŋguk kɯgje.

　　어던 거이? 어, 그거이 그 데 한국 그계.

---

90 여기에서 '바가지'는 '위성 안테니'를 가리킴.

▷ 어느 것? 어, 그것이 그 저 한국 (텔레비전 위성방송) 기계.

제 미테치는 그 주(중)국 그계구.

mitʰetcʰinɯm kɯ tcu(tcuŋ)guk kɯgjegu.

밑에 치는 그 주(중)국 그계구.

▷ 밑에 것은 그 중국 (텔레비전 위성방송) 기계고.

조 하라버지 혹씨 매일 고정저그로 보시능 건 이써요?

harabʌdzi hokɛ'i meil kodzʌndzʌgɯro pocinɯŋ gʌt is'ʌjo?

▷ 할아버지 혹시 매일 고정적으로 보시는 것이 있어요?

제 어 : 그 머슨 드라마 거틍 거? 드라마 그거 이.

ʌ : kɯ mʌsɯn tɯrama kʌtʰɯŋ gʌ? tɯrama kɯgʌ i.

어 : 그 머슨 드라마 겉은 거? 드라마 그거 이.

▷ 어, 그 무슨 드라마 같은 것? 드라마 그것이.

조 신문, 뉴스가틍 걷 보세요?

cinmun, njusɯgatʰɯŋ gʌt posejo?

▷ 신문, 뉴스 같은 것 보세요?

제 뉴스거틍 거 좀 : 보구 텐치위보(天氣豫報)[91] 그 좀 : 드러보구.

njusɯgʌtʰɯŋ gʌ tco : m pogu tʰentcʰiübo kɯ tco : m tɯrʌbogu.

뉴스겉은 거 좀 : 보구 텐치위보(天氣豫報) 그 좀 : 들어보구.

▷ 뉴스 같은 것 좀 보고 일기예보 그 좀 들어보고.

제 그러쿠는 머 나가 댕기구 그저 그래.

kɯrʌkʰunɯn mʌ naga teŋgigu kɯdzʌ kɯrɛ.

그렇구는 머 나가 댕기구 그저 그래.

▷ 그리고는 뭐 나가 다니고 그저 그래.

제 나가 댕기능 거이 데이리야, 더거 오래 보문 눈 아푸구.

---

91 텐치위보(天氣豫報[tianqiyubao]) 는 '일기예보'를 뜻하는 중국어.

naga teŋinɯŋ gʌi teirija, tʌgʌ orɛ pomun nun apʰugu.

나가 댕기는 거이 데일이야, 더거 오래 보문 눈 아푸구.

▶ 나가 다니는 것이 제일이야, 저것을 오래 보면 눈이 아프고.

조 하라버지는 평소에 언제 주무세요?

harabʌdzinɯn pʰjʌŋsoe ʌndze tɕumusejo?

▶ 할아버지는 평소에 언제 주무세요?

제 내 : 시내 안 나가게 대문 나제 한잠씩 자는데.

nɛ : ɕinɛ an nagage tɛmun nadze handzamɛˀik tɕanɯnde.

내 : 시내 안 나가게 대문 낮에 한잠씩 자는데.

▶ 내가 시내에 안 나가게 되면 낮에 한잠씩 자는데.

제 이건, 지비선 나제 한번씩 자문.

igʌn, tɕibisʌn nadze hanbʌnɛˀik tɕamun.

이건, 집이선 낮에 한 번씩 자문.

▶ 이것, 집에서 낮에 한 번씩 자면.

제 바메 자미 안 와서 댈(될)쑤 이스문 나 안 잘라구 그래.

pame tɕami an wasʌ tɛl(töl)sʼu isɯmun na an tɕallagu kɯrɛ.

밤에 잠이 안 와서 댈(될)수 잇으문 나 안 잘라구 그래.

▶ 밤에 잠이 안 와서 될 수 있으면 나는 안 자려고 그래.

조 그러면 바메는 언제 주무세요?

kɯrʌmjʌn pamenɯn ʌndze tɕumusejo?

▶ 그러면 밤에는 언제 주무세요?

제 바메 그저 야덜 씨, 야덜 씨 너머 아홉 씨, 아홉 씨 너머야 자.

pame kɯdzʌ jadʌl ɕˀi, jadʌl ɕˀi nʌmʌ aɦop ɕˀi, aɦop ɕˀi nʌmʌja tɕa.

밤에 그저 야덟 시, 야덟 시 넘어 아홉 시, 아홉 시 넘어야 자.

▶ 밤에 그저 여덟 시, 여덟 시 넘어 아홉 시, 아홉 시 넘어야 자.

조 일찍 주무시네요. 그럼 절머쓸 때는 언제 주무셔써요?
　ilt͈ɕ'ik tɕumuɕinejo. kɯɾʌm tɕʌlmʌs'ɯl t'ɛnɯn ʌndʑe tɕumuɕejʌs'ʌjo?
　▷ 일찍 주무시네요. 그럼 젊었을 때는 언제 주무셨어요?

제 절머슬 때? 절머서 일헐 때야 곤 : 헌데 머 일허구 나문.
　tɕʌlmʌsɯl t'ɛ? tɕʌlmʌsʌ ilfʌl t'ɛja ko : nfʌnde mʌ ilfʌgu namun.
　젊었을 때? 젊어서 일헐 때야 곤 : 헌데 머 일허구 나문.
　▷ 젊었을 때? 젊어서 일할 때야 피곤한데 뭐 일하고 나면.

제 밥 머구문 자디 머. 그때야 시가니, 시간 알 : 구 머 자나?
　pap mʌgumun tɕadi mʌ. kɯt'ɛja ɕigani, ɕigan a : lgu mʌ tɕana?
　밥 먹으문 자디 머. 그때야 시간이, 시간 알 : 구 머 자나?
　▷ 밥 먹으면 자지 뭐. 그때야 시간이, 시간을 알고 뭐 자나?

제 곤 허문 자다가서 깨우문 또 밥 먹꾸 나가.
　kon hʌmun tɕadagasʌ k'ɛumun t'o pap mʌkk'u naga.
　곤 허문 자다가서 깨우문 또 밥 먹구 나가.
　▷ 피곤하면 자다가 깨우면 또 밥을 먹고 나가.

제 또 일허야 대구 그러티. 지 : 금 다 : 페나니 살 : 니 머 그러티(디).
　t'o ilfʌja tɛgu kɯɾʌt'i. tɕi : gɯm ta : pʰenani sa : lni mʌkɯɾʌt'i.
　또 일허야 대구 그렇디. 지 : 금 다 : 펜안히 살 : 니 머 그렇디.
　▷ 또 일해야 되고 그렇지. 지금 다 편안히 사니 뭐 그렇지.

제 그 요 : 조메 손자네들 볼꺼니 열뚜 시 되두룩 안 자대.
　kɯ jo : dʑome sondʑanedɯl polk'ʌni jʌlt'u ɕi töduɾuk an tɕadɛ.
　그 요 : 좀에 손자네들 볼꺼니 열두 시 되두룩 안 자대.
　▷ 그 요즘에 손자들을 보니 열두 시 되도록 안 자대.

제 그주 케이비 보구 머 데 예, 이노무 서우지(手機)[92] 이거 개구 장난허구.

kɯdzu kʰeibi pogu mʌ te je, inomu sʌudzi igʌ kɛgu tɕaɲnanɦʌgu.

그주 케이비 보구 머 데 예, 이놈우 서우지(手機) 이거 개구 장난
허구.

▶ 그저 텔레비전을 보고 뭐 저 예, 이 휴대폰 이것을 가지고 장난하고.

제 그 다 : 문 덴노 개구 장난허(하)구 그러데.

kɯ ta : mun tenno kɛgu tɕaɲnanɦʌ(ɦa)gu kɯrʌde.

그 담 : 은 덴노 개구 장난허(하)구 그러데.

▶ 그 다음에는 컴퓨터 가지고 장난하고 그러더라.

뒤늦게 온 사랑이 가져다준 행복

조 하라버지께서 어떤 이야기를 가장 조아하실까요? 하라버지께서 지금까지
가장 기쁘떤 때는 언제임니까? 가장 행보캐떤 때요?

harabʌdzik'esʌ ʌt'ʌn ijagiɯl kadzaŋ tɕoaɦaɕilk'ajo? harabʌdzik'esʌ
tɕigɯmk'adzi kadzaŋ kip'ʌtt'ʌn t'ɛnɯn ʌndzeimnik'a? kadzaŋ heŋbokʰ
ett'ʌn t'ejo?

▶ 할아버지께서 어떤 이야기를 가장 좋아하실까요? 할아버지께서 지금
까지 가장 기뻤던 때는 언제입니까? 가장 행복했던 때요?

제 행복해떤 때가요?

heŋbokhett'ʌn t'ɛgajo?

행복했던 때가요?

▶ 행복했던 때가요?

조 예.

je.

▶ 예.

제 행복해떤 때가 이제, 그 머 저 : 업씨 사라슬꺼니.

heŋbokhett'ʌn t'ɛga idze, kɯ mʌ tɕʌ : ʌpe'i sarasɯlk'ʌni.

행복했던 때가 이제, 그 머 저 : 없이 살앗을꺼니.

▶ 행복했던 때가 이제, 그 뭐 저 없이 살았으니.

제 머 그리 행복헌 때가 업써요.

mʌ kɯri heŋbokhʌn t'ɛga ʌps'ʌjo.

머 그리 행복헌 때가 없어요.

▶ 뭐 그리 행복한 때가 없어요.

제 그저 밥 뻐러 머굴라구 그저 아글타글 이랟띠.

kɯdzʌ pap p'ʌɾʌ mʌgullagu kɯdzʌ agɯlthagɯl iɾɛtt'i.

그저 밥 벌어 먹을라구 그저 아글타글 이랬디.

▶ 그저 밥 벌어 먹으려고 그저 아글타글 이랬지.

제 기 : 리 고상항 거이 만티 머.

ki : ɾi kosaŋɦaŋ gʌi manthi mʌ.

기 : 리 고상한 거이 많디 머.

▶ 그렇게 고생한 것이 많지 뭐.

제 크게 행복헝 거이 업써요.

khɯge hɛŋbokhʌŋ gʌi ʌps'ʌjo.

크게 행복헌 거이 없어요.

▶ 크게 행복한 것이 없어요.

제 그러구 이제 이리케 친굴 이걸 만날꺼니 이거이 기 : 둥 행복해보예요.

kɯɾʌgu idze irikhe tɕhingul igʌl mannalk'ʌni igʌi ki : duŋ hɛŋbokhɛbojejo.

그러구 이제 이렇게 친굴 이걸 만날꺼니 이거이 기 : 둥 행복해보예요.

▶ 그리고 이제 이렇게 친구를 이래 만나니 이것이 가장 행복해 보여요.

조 지금요? 일쌩에서요?

tɕigɯmjo? ils'ɛŋesʌjo?

▶ 지금요? 일생에서요?

제 일쌩에서 이거이 기 : 둥 행복해보예요.

ils'ɛŋesʌ igʌi k : iduŋ hɛŋbokhɛbojejo.

일생에서 이거이 기 : 둥 행복해보예요.

▶ 일생에서 이것이 가장 행복해 보여요.

조 아, 그럳씀니까?

a, kɯɾʌts'ɯmnik'a?

▷ 아, 그렇습니까?

제 어 : 우리 노친넨 요 키레 자가서.

   ʌ : uɾi notɕʰinnen jo kʰiɾe ʨagasʌ.

   어 : 우리 노친넨 요 키레 작아서.

▷ 어 우리 노친은 요 키가 작아서.

제 제넨 댕길 때두 이 함(항)께 몯 땡긷딴 마리.

   ʨenen tɛŋgil t'ɛdu i ham(haŋ)k'e mot t'ɛŋgitt'an maɾi.

   젠엔 댕길 때두 이 함께 못 댕깃단 말이.

▷ 전에는 다닐 때도 이 함께 못 다녔던 말이.

조 왜요?

   wejo?

▷ 왜요?

제 나는 이제, 나는 이거이 키가 크 : 구, 우리 노친네 이거 키가 자글꺼니.

   nanɯn idʑe, nanɯn igʌi kʰiga kʰɯ : gu, uɾi notɕʰinne igʌ kʰiga ʨagɯlk'ʌni.

   나는 이제, 나는 이거이 키가 크 : 구, 우리 노친네 이거 키가 작을 꺼니.

▷ 나는 이제, 나는 이것 키가 크고, 우리 노친은 이것 키가 작으니까.

제 이 척 나세문 훙축허(하)디요 머.

   i tɕʰʌk nasemun huŋtɕʰukhʌ(ha)dijo mʌ.

   이 척 나세문 훙축허(하)디요 머.

▷ 이 척 나서면 훙축하지요 뭐.

조 아, 그럳씀니까?

   a, kɯɾʌts'ɯmnik'a?

▷ 아, 그렇습니까?

제 말너네 가서는 이제 아푸다구 허문.

malnʌne kasʌnɯn idʑe apʰudagu hʌmun.

말년에 가서는 이제 아푸다구 허문.

▷ 말년에 가서는 이제 아프다고 하면.

제 그저 차두 태와개구 함(항)께두 댕기구 이제 이랜는데.

kɯdʑʌ tɕʰadu tʰɛwagɛgu ham(haŋ)k'edu tɛŋgigu idʑe irɛnnɯnde.

그저 차두 태와개구 함께두 댕기구 이제 이랫는데.

▷ 그저 차도 태워서 함께도 다니고 이제 이랬는데.

제 절머서 이 : 한 눅씹, 눅씹 쩌네는 함(항)께 대니보딜 몯해서.

tɕʌlmʌsʌ i : han nukɕ'ip, nukɕ'ip tɕ'ʌnenɯn ham(haŋ)k'e tɛnibodil
mothɛsʌ.

젊어서 이 : 한 눅십, 눅십 전에는 함께 대니보딜 못했어.

▷ 젊어서 이 한 육십, 육십 전에는 함께 다녀보지를 못했어.

조 하라버지께서 가치 다니지 말자고 핻씀니까?

harabʌdʑik'esʌ katɕʰi tanidʑi maldʑago hɛts'ɯmnik'a?

▷ 할아버지께서 같이 다니지 말자고 했습니까?

제 나가문 훙축허(하)단 마리, 또.

nagamun huŋtɕʰukhʌ(ha)dan mari, t'o.

나가문 훙축허(하)단 말이, 또.

▷ 나가면 흉축하단 말이, 또.

조 네, 할머님께서 가치 다니지 아느려고 해써요? 아니면 하라버지가 시러하셔
써요.

ne, halmʌnimk'esʌ katɕʰi tanidʑi anɯrjʌgo hɛs'ʌjo? animjʌn harabʌdʑiga
ɕirʌɦaɕjʌs'ʌjo.

▷ 네, 할머님께서 같이 다니지 않으려고 했어요? 아니면 할아버지가 싫
어하셨어요?

제 내가 이거 데리구푸 : 두 몯 땡기디요.
nɛga igʌ terigupʰu : du mot t'ɛngidijo.

내가 이거 데리구푸 : 두 못 댕기디요.

▶ 내가 이것 데리고 다니고 싶어도 못 다니지요.

제 머, 너무 차이가 마늘꺼니.
mʌ, nʌmu tɕʰaiga manɯlk'ʌni.

머, 너무 차이가 많을꺼니.

▶ 뭐, 너무 차이가 많으니.

조 하라버지께서 데리고푸지 아낟껟씀니다.
harabʌdzik'esʌ terigopʰudʑi anatk'ets'ɯmnida.

▶ 할아버지께서 데리고 다니고 싶지 않았겠습니다.

제 예, 데리구 댕기기, 할 째간 업써 그저 이러케 사랃따구, 한평생(쌩).
je, terigu tɛngigi, hal tɕ'ɛgan ʌps'ʌ kɯdzʌ irʌkʰe saratt'agu, hanpʰjʌŋsɛŋ(s'ɛŋ).

예, 데리구 댕기기, 할 재간 없어 그저 이렇게 살앗다구, 한평생(쌩).

▶ 예, 데리고 다니기, 할 수 없어서 그저 이렇게 살았다고, 한평생.

조 네, 그런데 이 할머님하고는 안 그럳씀니까? 가치 다니심니까?
ne, kɯrʌnde i halmʌnimɦagonɯn an kɯrʌts'ɯmnik'a? katɕʰi taniɕimnik'a?

▶ 네, 그런데 이 할머님하고는 안 그렇습니까? 같이 다니십니까?

제 이 할머니는 그래두 어 : 팅구디만.
i halmʌninɯn kɯrɛdu ʌ : tʰingudiman.

이 할머니는 그래두 어 : 틴구디만.

▶ 이 할머니는 그래도 어, 친구지만.

제 키가 비슫헐꺼니 어디 나가두 어 : , 보기 조쿠.
kʰiga pisɯtʰʌlk'ʌni ʌdi nagadu ʌ : , pogi tɕokʰu.

키가 비슷헐꺼니 어디 나가두 어 : , 보기 좋구.
▶ 키가 비슷하니 어디 나가도 어, 보기 좋고.

제 그리구 어디 나가게 대면 내 오슬 자꾸 챙게주구, 이린단 마리.
　　 kɯrigu ʌdi nagage tɛmʌn nɛ osɯl ʨakʼu ʨʰɛŋgeʥugu, irindan mari.
　　 그리구 어디 나가게 대면 내 옷을 자꾸 챙게주구, 이린단 말이.
▶ 그리고 어디 나가게 되면 내 옷을 자꾸 챙겨주고, 이런단 말이.

조 그 월래 할머니믄 안 챙겨주션씀니까?
　　 kɯ wʌllɛ halmʌnimɯn an ʨʰɛŋgjʌʥuejʌtsʼɯmnikʼa?
▶ 그 원래 할머님은 안 챙겨주셨습니까?

제 예, 초넨 여자레 대노꺼니 그리케 챙길 쭐두 모루구(고).
　　 je, ʨʰonen jʌʥare tɛnokʼʌni kɯrikʰe ʨʰɛŋgil tʼuldu morugu(go).
　　 예, 촌엔 여자레 대노꺼니 그렇게 챙길 줄두 모루구(고).
▶ 예, 촌 여자(사람)이니까 그렇게 챙길 줄도 모르고.

제 내가 또 그 머 성지리 그리 한낟, 그 자유, 자유게론 거트먼.
　　 nɛga tʼo kɯ mʌ sʌŋʥiri kɯri hannat, kɯ ʨaju, ʨajugeron kʌtʰɯmʌn.
　　 내가 또 그 머 성질이 그리 한낱, 그 자유, 자유겔혼 겉으면.
▶ 내가 또 그 뭐 성질이 그리 한낱, 그 자유, 자유결혼 같으면.

제 거이 그리티만 그 부모네레 막 머산해개주구.
　　 kʌi kɯritʰiman kɯ pumonere mak mʌsanɦeʥugu.
　　 거의 그렇디만 그 부모네레 막 머산해개주구.
▶ 거의 그렇지만 그 부모님이 막 결정해서.

제 우리 할 째간 업씨 상 거이디.
　　 uri hal ʨʼɛgan ʌpeʼi saŋ gʌidi.
　　 우리 할 재간 없이 산 거이디.
▶ 우리 할 수 없이 산 것이지.

조 네.

ne.

▶ 네.

제 자시기 그저 한나 둘 날, 나키 시작헐(할)꺼니 그대멘 니혼하기.

tɕaɕigi kɯdzʌ hanna tul nal, nakʰi ɕidzakhʌl(hal)k'ʌni kɯdɛmen nifionfiagi.

자식이 그저 한나 둘 날, 낳기 시작헐(할)꺼니 그댐엔 니혼하기.

▶ 자식이 그저 하나 둘 날, 낳기 시작하니 그 다음에는 이혼하기.

제 하기두 힘드러 땐 : 꼬, 중가네 가서라무니.

hagidu himdɯɾʌ t'ɛ : tk'o, tɕuŋgane kasʌɾamuni.

하기두 힘들어 땟 : 고, 중간에 가서라무니.

▶ 하기도 힘들게 됐고, 중간에 가서.

제 예 : 우리 오마니가 너무 차이 이슬꺼니.

je : uɾi omaniga nʌmu tɕʰai isɯlk'ʌni.

예 : 우리 오마니가 너무 차이 잇을꺼니.

▶ 예, 우리 어머니가 너무 차이가 있어 보이니.

제 근체 노치네 과 : 부를 한나 데리다가서.

kɯntɕʰe notɕʰine kwa : buɾɯl hanna teɾidagasʌ.

근체 노치네 과 : 부를 한나 데리다가서.

▶ 근처의 노친(에게 부탁해서) 과부를 하나 데려와서.

제 그 싸(사)람허구 그 매자줄라구 그렁거 내가 시타구 그랟띠요.

kɯ s'a(sa)ramfiʌgu kɯ mɛdzadzullagu kɯɾʌŋgʌ nega ɕitʰagu kɯɾett'ijo.

그 싸(사)람허구 그 맺아줄라구 그런거 내가 싫다구 그랫디요.

▶ 그 사람하고 그 맺어주려고 그런 것을 내가 싫다고 그랬지요.

제 그 이 자시기 읻꾸 이제 니혼허게 대먼.

kɯ i tɕaɕigi itk'u idze nifionfiʌge tɛmʌn.

그 이 자식이 잇구 이제 니혼허게 대먼.
▷ 그 이 자식이 있고 이제 이혼하게 되면.

제 우리 노친네두 고상이구, 아이들 고상이구.
uri notɕʰinnedu kosaŋigu, aidɯl kosaŋigu.
우리 노친네두 고상이구, 아이들 고상이구.
▷ 우리 노친도 고생이고, 아이들도 고생이고.

제 내가 또 다른 싸(사)람 어더개구 또 자식 나게 대먼.
nɛga t'o tarɯn s'a(sa)ram ʌdʌgɛgu t'o tɕaɕik nage tɛmʌn.
내가 또 다른 싸(사)람 얻어개구 또 자식 나게 대먼.
▷ 내가 또 다른 사람을 얻어서 또 자식 낳게 되면.

제 오히려 고상을 더ː 헐 꺼 거태, 그래서 그저 에이 내 한 평생 그저.
oɕirjʌ kosaŋɯl tʌ ː hʌl k'ʌ kʌtʰɛ, kɯrɛsʌ kɯdzʌ ei nɛ han pʰjʌŋsɛŋ
kɯdzʌ.
오히려 고상을 더ː 헐 거 겉애, 그래서 그저 에이 내 한 평생 그저.
▷ 오히려 고생을 더 할 것 같아, 그래서 그저 에이 내 한평생을 그저.

제 이리케 사라보자 허구 그냥 사라왇띠요 머.
irikʰe sarabodza hʌgu kɯnjaŋ sarawatt'ijo mʌ.
이렇게 살아보자 허구 그냥 살아왓디요 머.
▷ 이렇게 살아보자 하고 그냥 살아왔지요 뭐.

조 그랟씀니까?
kɯrɛts'ɯmnik'a?
▷ 그랬습니까?

제 그 이제 우리 노친네 이 말러네 가선.
kɯ idze uri notɕʰinne i mallʌne kasʌn.
그 이제 우리 노친네 이 말넌에 가선.
▷ 그 이제 우리 노친 이 말년에 가서는.

제 잘 살덩 거인데 병이 나개지구 이제 도라가뻐릴꺼니.

ʨal saldʌŋ gʌinde pjʌŋi nagɛdzigu idze, toɾagap'iɾilk'ʌni.

잘 살던 거인데 병이 나개지구 이제, 돌아가뻐릴꺼니.

▷ 잘 살던 것인데 병이 나가지고 이제, 돌아가 버리니.

조 그럼 할머님 도라가시고 하라버지께서 한때 참 마으미 아프고 속쌍하고 우울하고 그러션께써요?

kɯɾʌm halmʌnim toɾagaɕigo haɾabʌdzik'esʌ hant'ɛ ʨham maɯmi apʰɯgo soks'aŋɦago uulɦago kɯɾʌɕjʌtk'es'ʌjo?

▷ 그럼 할머님 돌아가시고 할아버지께서 한때 참 마음이 아프고 속상하고 우울하고 그러셨겠어요?

제 그저 그러티요 머, 그저 그리케 머산허구 머 그저.

kɯdzʌ kɯɾʌtʰijo mʌ, kɯdzʌ kɯɾikʰe mʌsanɦʌgu mʌ kɯdzʌ.

그저 그렇디요 머, 그저 그렇게 머산허구 머 그저.

▷ 그저 그렇지요 뭐, 그저 그렇게 지내다가 뭐 그저.

제 이 할마이허구 이제 머산허(하)먼서 좀 행복해 보잉거 거태요.

i halmaiɦʌgu idze mʌsanɦʌ(ɦa)mʌnsʌ ʨom hɛŋbokɦɛ poiŋgʌ kʌtʰejo.

이 할마이허구 이제 머산허(하)먼서 좀 행복해 보인거 겉애요.

▷ 이 할머니하고 이제 (무엇하다)교제하면서 좀 행복한 것 같아요.

조 아, 그럳씀니까?

a, kɯɾʌts'ɯmnik'a?

▷ 아, 그렇습니까?

제 예, 어디 나가두 머 뻐젇허(하)구.

je, ʌdi nagadu mʌ p'ʌdzʌtɦʌ(ha)gu.

예, 어디 나가두 머 뻐젓허(하)구.

▷ 예, 어디 나가도 뭐 뿌듯하고.

조 가치 다니시면 뻐젇함니까?

242

katɕʰi taniɕimjʌn p'ʌʥʌthamnik'a?

▶ 같이 다니시면 뿌듯합니까?

제 뻐젇허(하)디요.

p'ʌʥʌthʌ(ha)dijo.

뻐젓허(하)디요.

▶ 뿌듯하지요.

조 아, 이러케 절믄 사라미랑요?

a, irʌkʰe tɕʌlmɯn saramiraɲo?

▶ 아, 이렇게 젊은 사람이랑요?

제 네.

ne.

네.

▶ 네.

조 그리고 예쁘게도 생겯찌요?

kɯrigo jep'ɯgedo sɛŋgʌtɕ'ijo?

▶ 그리고 예쁘게도 생겼지요?

제 예쁘디요 그럼.

jep'ɯdijo kɯrʌm.

예쁘디요 그럼.

▶ 예쁘지요 그럼.

조 네, 그러면 더 잘 해주셔야 되겐네요.

ne, kɯrʌmjʌn tʌ tɕal hɛʥuɕʌja tögennejo.

▶ 네, 그러면 더 잘 해주셔야 되겠네요.

제 내가 볼래 여 : 구 이사 와개지구 데런 여잘허(하)구 한번.

nɛga pollɛ jʌ : gu isa wagɛʥigu terʌn jʌʥalfiʌ(fia)gu hanbʌn.

내가 본래 여 : 구 이사 와개지구 데런 여잘허(하)구 한번.

▶ 내가 본래 여기에 이사 와가지고 저런 여자하고 한번.

제 기래서 한 : 평생 생활해 봐스먼 조칸따는 생가기 읻떵건 : 데.

kiɾesʌ ha : n pʰjʌŋseŋ seŋɦwalɦe pwasɯmʌn ʨokʰatt'anɯn seŋgagi itt'ʌŋgʌ : nde.

기래서 한 : 평생 생활해 봣으면 좋갓다는 생각이 잇던 건 : 데.

▶ 그래서 한평생 생활해 봤으면 좋겠다는 생각이 있었던 것인데.

제 맘 : 대루 대긴 댄는데 그저 그리티요 머. 맘 : 대루 대서요.

ma : mdɛɾu tegin tɛnnɯnde kɯdzʌ kɯritʰijo mʌ. ma : mdɛɾu tɛsʌjo.

맘 : 대루 대긴 댓는데 그저 그렇디요 머. 맘 : 대루 댓어요.

▶ 마음대로 되긴 됐는데 그저 그렇지요 뭐. 마음대로 됐어요.

조 마음대로 됃씀니까?

maɯmdɛɾo twɛts'ɯmnik'a?

▶ 마음대로 됐습니까?

제 예.

je.

예.

▶ 예.

새 할머님을 위한 끊임없는 노력

조 그 하라버지께서 의도저그로 할머님하고 가치 이쓰시려고 마니 노력하션
쬬? 그러쵸?

ku harabʌdzik'esʌ widodzʌguɾo halmʌnimɦago katɕʰi is'uɕiɾjʌgo mani
norjʌkhaɕjʌtɕ'jo? kuɾʌtɕʰjo?

▶ 그 할아버지께서 의도적으로 할머님하고 같이 있으시려고 많이 노력
하셨죠? 그렇죠?

제 노려글 좀 마니 핻띠요 머.

norjʌgul ʨom mani hɛtt'ijo mʌ.

노력을 좀 많이 햇디요 머.

▶ 노력을 좀 많이 했지요 뭐.

조 어떠케 노력하션씀니까? 말씀해보십씨요. 하라버지 노려기 되시능가 안 되
시능가 좀 보겓씀니다.

ʌt'ʌkʰe norjʌkhaɕjʌts'umnik'a? mals'umɦɛboɕipɕ'ijo. harabʌdzi norjʌgi
töɕinuŋga an töɕinuŋga ʨom pogets'umnida.

▶ 어떻게 노력하셨습니까? 말씀해보십시오. 할아버지의 노력이 되시는
가 안 되시는가 좀 보겠습니다.

제 그 머이 몯씨기 댇따먼 그저 자꾸 가가 고테주구.

ku mʌi mote'igi tɛtt'amʌn kuʥʌ ʨak'u kaga kotʰedzugu.

그 머이 못씨기 댓다먼 그저 자꾸 가가 고테주구.

▶ 그 무엇이 못쓰게 됐다면 그저 자꾸 가서 고쳐주고.

제 그리케 그러꺼니 서루 그저 왇따간따 허(하)게 대(되)대요 머.

kuɾikʰe kuɾʌk'ʌni sʌru kuʥʌ watt'agatt'a hʌ(ha)ge tɛ(tö)dɛjo mʌ.

그렇게 그러꺼니 서루 그저 왔다갓다 허(하)게 대(되)대요 머.

▶ 그렇게 그러니 서로 그저 왔다 갔다 하게 되더라고요 뭐.

조 네, 할머니미 불러써요? 아니면 하라버지께서 주동쩌그로 가서써요?

ne, halmʌnimi pullʌsʼʌjo? animjʌn harabʌdzikʼesʌ tɕudoŋtɕʼʌɡɯro
kaejʌsʼʌjo?

▶ 네, 할머님이 불렀어요? 아니면 할아버지께서 주동적으로 가셨어요?

제 주똥쩌구루 머이 몯씨(모시)기 댇따면, 머이 몯씨(모시)기 대스먼.

tɕutʼoŋtɕʼʌɡɯru mʌi moteʼi(moɕi)ɡi tɛttʼamʌn, mʌi moteʼi(moɕi)ɡi
tɛsɯmʌn.

주동적우루 머이 못씨(모시)기 댓다면, 머이 못씨(모시)기 댓으면.

▶ 주동적으로 무엇이 못쓰게 됐다면, 무엇이 못쓰게 됐으면.

제 가 : 고테주마 그러구 그저 고테주구 그저.

ka : kotʰedzuma kɯrʌɡu kɯdzʌ kotʰedzuɡu kɯdzʌ.

가 : 고테주마 그러구 그저 고테주구 그저.

▶ 가서 고쳐주마 그러고 그저 고쳐주고 그저.

조 하라버지께서 목쩌기 이쓰션네요. 그러쵸? 할머님께서 이러케 깨끄시 해노
코 이러니까 조쵸?

harabʌdzikʼesʌ moktɕʼʌɡi isʼɯejʌnnejo. kɯrʌtɕʰjo? halmʌnimkʼesʌ irʌkʰe
kʼɛkʼɯɕi hʌnokʰo irʌnikʼa tɕotɕʰjo?

▶ 할아버지께서 목적이 있으셨네요. 그렇죠? 할머님께서 이렇게 깨끗이
해놓고 이러니까 좋죠?

제 기부니 졷티(띠)요.

kibuni tɕottʰi(tʼi)jo.

기분이 좋디요.

▶ 기분이 좋지요.

조 네, 남자드른 다 그러겐쬬, 월래 할머니믄 좀 안 그러셔써요?

ne, namdʑadɯrɯn ta kɯrʌgetɕ'jo, wʌllɛ halmʌnimɯn ʨom an kɯrʌɕjʌs'ʌjo?

▶ 네, 남자들은 다 그러겠죠, 원래 할머님은 좀 안 그러셨어요?

제 우 : 리 노친네 그러지 몯 해서요.
u : ɾi notɕʰinne kɯrʌdʑi mot hɛsʌjo.
우 : 리 노친네 그러지 못 했어요.
▶ 우리 노친은 그러지 못 했어요.

조 이거 보통 살림솜씨가 아니예요.
igʌ potʰoŋ sallimsomɕ'iga anijejo.
▶ 이것 보통 살림솜씨가 아니에요.

제 보 : 통이 아니래요, 몯 허는 이리 업써요.
po : tʰoŋi aniɾejo, mot hʌnɯn iɾi ʌps'ʌjo.
보 : 통이 아니래요, 못 허는 일이 없어요.
▶ 보통이 아니에요, 못 하는 일이 없어요.

조 네, 그래서 지그미 가장 행복해요?
ne, kɯɾɛsʌ ʨigɯmi kadʑaŋ heŋbokhejo?
▶ 네, 그래서 지금이 가장 행복해요?

제 지그미 가장 행복허디요, 내, 내 평생에는 행복해요.
ʨigɯmi kadʑaŋ heŋbokhʌdijo, nɛ, nɛ pʰjʌŋsɛŋenɯn heŋbokhejo.
지금이 가장 행복허디요, 내, 내 평생에는 행복해요.
▶ 지금이 가장 행복하지요, 내, 내 평생에는 행복해요.

조 아, 그러세요?
a, kɯrʌsejo?
▶ 아, 그러세요?

제 이 : 나 : 망케는 자식뿌단두 송구 로빠(老伴)[93]리 이시야 대요.

i ː na ː maɲkʰenɯn tɕaɕikp'udandu soŋgu rop'aɾi iɕija tɛjo.

이 ː 나 ː 많게는 자식부단두 송구 로빨(老伴)이 잇이야 대요.

▷ 이 나이가 많을 때는 자식보다도 아직 배우자가 있어야 돼요.

조 네, 그러쵸.

ne, kɯɾʌtɕʰjo.

▷ 네, 그렇죠.

제 로빠리 이시야, 이 말똥무두 대구 이 ː 그러티.

ɾop'aɾi iɕija, i malt'oŋmudu tɛgu i ː kɯɾʌtʰi.

로빨이 잇이야, 이 말동무두 대구 이 ː 그렇디.

▷ 배우자가 있어야, 이 말동무도 되고 이 그렇지.

제 이 자시기 암 ː 만 만태두.

i tɕaɕigi a ː mman mantʰɛdu.

이 자식이 암 ː 만 많대두.

▷ 이 자식이 아무리 많아도.

제 이거 이 참 자식허구 그 부모허구는.

igʌ i tɕʰam tɕaɕikhʌgu kɯ pumofiʌgunɯn.

이거 이 참 자식허구 그 부모허구는.

▷ 이것 이 참 자식하고 그 부모하고는.

제 각쌕 마를, 막 이 로빨허군 각쌕 마를 해두 이럽딴 마리.

kaks'ɛk maɾɯl, mak i ɾop'alfiʌgun kaks'ɛk maɾɯl hɛdu iɾʌpt'an maɾi.

각색 말을, 막 이 로빨허군 각색 말을 해두 일없단 말이.

▷ 아무 말을, 막 이 배우자하고는 아무 말을 해도 괜찮단 말이.

제 그럴꺼니 암 ː 만 로빠리 친한 세미라.

kɯɾʌlk'ʌni a ː mman ɾop'aɾi tɕʰinfian semiɾa.

---

93 로빨(老伴[laoban])은 '배우자'를 뜻하는 중국어인데 표준 외래어 표기는 '라오반'임.

그럴꺼니 암 : 만 로빨이 친한 셈이라.

▷ 그러니 아무리 해도 배우자가 친한 셈이라.

조 제일 친하죠. 한 이불 쓴다는 자체가 얼마나 친하게써요?

tɕeil tɕʰinɦadzjo. han ibul sʼɯndanɯn tɕatɕʰega ʌlmana tɕʰinɦages'ʌjo?

▷ 제일 친하죠. 한 이불 쓴다는 자체가 얼마나 친하겠어요?

제 예, 젤 : 친해요.

je, tɕe : l tɕʰinɦɛjo.

예, 젤 : 친해요.

▷ 예, 제일 친해요.

조 영초니예요. 부부가는 영초니고 부모, 자식까는 일초니예요.

jʌntɕʰonijejo. pubuganɯn jʌntɕʰonigo pumo, tɕaɕikkʼanɯn iltɕʰonijejo.

▷ 영 촌이에요. 부부간은 영 촌이고 부모, 자식 간은 일 촌이에요.

제 마자요.

madzajo.

맞아요.

▷ 맞아요.

조 그러쵸. 월래 그래요. 형제끼리는 이촌, 그래서 형제하고 아버지 동생은 삼 초니죠.

kɯrʌtɕʰjo. wʌllɛ kɯrɛjo. ɕjʌndzekʼirinɯn itɕʰon, kɯrɛsʌ ɕjʌndzeɦago abʌdzi toŋsɛŋɯn samtɕʰonidzjo.

▷ 그렇죠. 원래 그래요. 형제끼리는 이 촌, 그래서 형제하고 아버지 동생은 삼 촌이죠.

제 이거 이, 이 남들 가네는 이거 이리케 우 : 이 조타가두.

igʌ i, i namdɯl kanenɯn igʌ irikʰe u : i tɕotʰagadu.

이거 이, 이 남들 간에는 이거 이렇게 우의 좋다가두.

▷ 이것 이, 이 남과는 이것 이렇게 우의가 좋다가도.

제 이게 헤 : 디먼 나미디만 자식띠가네는 나믄 몯 땐다구.

ige he : dimʌ namidiman ʨaɕikt'iganenɯn namɯn mot t'ɛndagu.

이게 헤 : 디먼 남이디만 자식디간에는 남은 못 댄다구.

▶ 이렇게 헤어지면 남이지만 자식지간에는 남은 못 된다고.

제 그래두 이 : 넝감, 노친네 이거 친할 때는 데 : 일 가깝띠.

kɯɾedu i : nʌŋgam, noʨʰinne igʌ ʨʰinɦal t'enɯn te : il kak'apt'i.

그래두 이 : 넝감, 노친네 이거 친할 때는 데 : 일 가깝디.

▶ 그래도 이 영감, 노친이(배우자가) 친할 때는 제일 가깝지.

조 영초니죠. 하라버지, 할머니미랑 친하신지 이년 됃씀니까?

jʌnʨʰonidzjo. harabʌdzi, halmʌnimiraŋ ʨʰinɦaɕindzi injʌn twɛts'ɯmnik'a?

▶ 영 촌이죠. 할아버지, 할머님이랑 친하신지 이 년이 됐습니까?

제 친한데요? 친한데는 쯤 오래 대서요.

ʨʰinɦandejo? ʨʰinɦandenɯn ʦ'om oɾɛ tɛsʌjo.

친한데요? 친한데는 쯤 오래 댓어요.

▶ 친한데요? 친한지는 좀 오래 됐어요.

조 아, 그랟씀니까? 그럼 월래 할머님 계실 때부터 정기랑 고쳐주고 하셛씀니까?

a, kɯɾɛts'ɯmnik'a? kɯɾʌm wʌlle halmʌnim kjeɕil t'ɛbutʰʌ ʨʌŋgiraŋ koʨhjʌdzugo haɕjʌts'ɯmnik'a?

▶ 아, 그랬습니까? 그럼 원래 할머님 계실 때부터 전기랑 고쳐주고 하셨습니까?

제 네, 그래서(써)요.

ne, kɯɾɛsʌ(s'ʌ)jo.

네, 그랫어요.

▶ 네, 그랬어요.

조 그리고 이제 이 올또 선물 바드시고 하시니 기분 조으시죠?

kɯrigo idze i ott'o sʌnmul padɯɕigo haɕini kibun ʨoɯɕidʑjo?

▷ 그리고 이제 이 옷도 선물 받으시고 하시니 기분이 좋으시죠?

제 기부니야 조티요.

kibunija ʨotʰijo.

기분이야 좋디요.

▷ 기분이야 좋지요.

조 내 자식또 안 사주는데 그러쵸? 근데 지금 할머님께서 계속 마를 안 드르시
능 거예요?

nɛ ʨaɕikt'o an sadʑunɯnde kɯrʌʨʰjo? kɯnde ʨigɯm halmʌnimk'esʌ
kjesok marɯl an tɯrɯɕinɯŋ gʌjejo?

▷ 내 자식도 안 사주는데 그렇죠? 그런데 지금 할머님께서 계속 말을
안 들으시는 거예요?

제 마ː를 안 듣능 거이 아니구, 기쎄 말 아까 앙 그래요? 훙축하다구.

maːrɯl an tɯnnɯŋ gʌi anigu, kis'e mal ak'a aŋ gɯrejo? huŋʨʰ
ukhadagu.

말ː을 안 듣는 거이 아니구, 기쎄 말 아까 안 그래요? 훙축하다구.

▷ 말을 안 듣는 것이 아니고, 글쎄 말을 좀 전에 안 그래요? 훙축하
다고.

조 하라버지는 어떠세요?

harabʌdzinɯn ʌt'ʌsejo?

▷ 할아버지는 어떠세요?

제 내가 나이 망쿠 헐(할)꺼니 한데 합티능 거이.

nɛga nai maŋkʰu hʌl(hal)k'ʌni hande hapʰinɯŋ gʌi.

내가 나이 많구 헐(할)꺼니 한데 합티는 거이.

▷ 내가 나이 많고 하니 한데 합치는 것이.

제 또 그러구 이거 합, 마나게 합티게 대먼 내노쿠 머산허게 대먼.

t'o kɯɾʌgu igʌ hap, manage haptʰige tɛmʌn nɛnokʰu mʌsanɦʌge tɛmʌn.

또 그러구 이거 합, 만약에 합티게 대면 내놓구 머산허게 대면.

▣ 또 그리고 이것 합, 만약에 합치게 되면 내놓고 같이 있게 되면.

제 네 자시기 잘몯해두 그러구.

nɛ ʨaɕigi ʨalmotʰɛdu kɯɾʌgu.

네 자식이 잘못해두 그러구.

▣ 네 자식이 잘못해도 그리고.

제 내 자시기 잘몯해두 그러(구루)구 서루 머사니가 생긴다.

nɛ ʨaɕigi ʨalmotʰɛdu kɯɾʌ(kuru)gu sʌɾu mʌsaniga sɛŋginda.

내 자식이 잘못해두 그러(구루)구 서루 머산이가 생긴다.

▣ 내 자식이 잘못해도 그리고 서로 갈등이 생긴다.

제 그거이 생긴다구. 이리케 그저, 그저 왇따갇따 허(하)무.

kɯgʌi sɛŋgindagu. iɾikʰe kɯdzʌ, kɯdzʌ watt'agatt'a hʌ(ha)mu.

그거이 생긴다구. 이렇게 그저, 그저 왔다갔다 허(하)무.

▣ 그것 (갈등)이 생긴다고. 이렇게 그저, 그저 왔다 갔다 하면.

제 이러케 사능 거이 데 : 일 페난허(하)대요.

iɾʌkʰe sanɯŋ gʌi te : il pʰenanɦʌ(ɦa)dɛjo.

이렇게 사는 거이 데 : 일 펜안허(하)대요.

▣ 이렇게 사는 것이 제일 편안하다고 해요.

제 나두 또 데 : 일 페난해요 그러차구 그래서요.

nadu t'o te : il pʰenanɦɛjo kɯɾʌʨʰagu kɯɾɛsʌjo.

나두 또 데 : 일 펜안해요 그렇자구 그랬어요.

▣ 나도 또 제일 편안해요 (그래서) 그러자고 그랬어요.

제 그저 기리케 사능 거이 데 : 일 페난헝 거 거태요.

kɯdzʌ kiɾikʰe sanɯŋ gʌi te : il pʰenanɦʌŋ gʌ kʌtʰɛjo.

그저 기렇게 사는 거이 데 : 일 펜안헌 거 겉애요.

▶ 그저 그렇게 사는 것이 제일 편안한 것 같아요.

제 앙 그러먼 여 명질 때, 생일 때 이거 머.

aŋ gɯɾʌmʌn jʌ mjʌŋdʑil tˀɛ, sɛŋil tˀɛ igʌ mʌ.

안 그러면 여 명질 때, 생일 때 이거 머.

▶ 안 그러면 이 명절 때, 생일 때 이것 뭐.

제 서루 네 자시기 오니 내 자시기 오니.

sʌɾu ne tɕaɕigi oni ne tɕaɕigi oni.

서루 네 자식이 오니 내 자식이 오니.

▶ 서로 네 자식이 오니 내 자식이 오니.

제 이거 불라니 자꾸 닌ː다구요 이리케 살문 그저.

igʌ pullani tɕakˀu niː ndagujo irikʰe salmun kɯdʑʌ.

이거 분란이 자꾸 닌ː다구요 이렇게 살문 그저.

▶ 이것 모순이 자꾸 일어난다고요 이렇게 살면 그저.

제 자싱네두 그저 그러커니 허구서.

tɕaɕiŋnedu kɯdʑʌ kɯɾʌkʰʌni hʌgusʌ.

자식네두 그저 그렇거니 허구서.

▶ 자식들도 그저 그렇거니 하고서.

제 또 머 네 자시기 그 암ː만 몯써댕기두 부관(不管)[94]요 헌다.

tˀo mʌ ne tɕaɕigi kɯ aː mman motsˀʌdɛŋgidu pugwanjo hʌnda.

또 머 네 자식이 그 암ː만 못써댕기두 부관(不管)요 헌다.

▶ 또 뭐 네 자식이 그 아무리 잘못하고 다녀도 상관하지 않으니.

제 이게 데일 페난해요.

ige teil pʰenanɦejo.

이게 데일 펜안해요.

---

94 부관(不管[buguan])은 '상관하지 않다'를 뜻하는 중국어.

▶ 이것이 제일 편안해요.

조 그런데 계속 가치 읻꼬 시프시지 아느세요? 텔레비전 보실 때도 그러고요.
kɯɾʌnde kjesok katɕʰi itkʼo ɕipʰɯɕidʑi anɯsejo? tʰellebidʑʌn poɕil tʼɛdo
kɯɾʌgojo.
▶ 그런데 계속 같이 있고 싶으시지 않으세요? 텔레비전 보실 때도 그러고요.

제 아, 그거야 머 계속 볼 쑤 읻띠요 머.
a, kɯgʌja mʌ kjesok pol sʼu ittʼijo mʌ.
아, 그거야 머 계속 볼 수 잇디요 머.
▶ 아, 그것이야 뭐 계속 볼 수 있지요 뭐.

조 그리고 아치메 혼자 이러나시능 걷또 실코 하시자나요?
kɯrigo atɕʰime hondʑa iɾʌnaɕinɯŋ gʌttʼo ɕilkʰo haɕidʑanajo?
▶ 그리고 아침에 혼자 일어나시는 것도 싫고 하시잖아요?

제 그건 관계 업씨요.
kɯgʌn kwangje ʌpɕʼijo.
그건 관계 없이요.
▶ 그건 상관없어요.

조 그래도 지베 사라미 왇따갇따 하면 조으시죠?
kɯrɛdo tɕibe saɾami wattʼagattʼa hamjʌn tɕoɯɕidʑjo.
▶ 그래도 집에 사람이 왔다 갔다 하면 좋으시죠?

제 예, 마자요.
je, madʑajo.
예, 맞아요.
▶ 예, 맞아요.

조 사람 인는 지베 문 열고 드러가는 기부니 다르죠? 할머님, 살리믈 참 잘 하심니다.

saram innɯn tɕibe mun jʌlgo tɯɾaganɯn kibuni taɾɯdʑjo? halmʌnim,
sallimɯl tɕʰam tɕal haɕimnida.

▶ 사람이 있는 집에 문 열고 들어가는 기분이 다르죠? 할머님, 살림을
참 잘 하십니다.

제 간딴티 아나요. 그 이거 아까두 말허디 아나요?

kant'antʰi anajo. kɯ igʌ ak'adu malfiʌdi anajo?

간닳디 않아요. 그 이거 아까두 말허디 않아요?

▶ 보통이 아니에요. 그 이것 좀 전에 말하지 않아요?

제 딸허구 아들허구 다 : 아라요.

t'alfiʌgu adɯlfiʌgu ta : aɾajo.

딸허구 아들허구 다 : 알아요.

▶ 딸하고 아들하고 다 알아요.

조 네.

ne.

▶ 네.

제 이리케(게) 친허(해)게 댕긴 줄 안다구요, 손주두 알구 머.

irikʰe(ge) tɕʰinfiʌ(fiɛ)ge tɛŋgin tɕul andagujo, sondʑudu algu mʌ.

이렇게(게) 친허(해)게 댕긴 줄 안다구요. 손주두 알구 머.

▶ 이렇게 친하게 다니는 줄 안다고요. 손자도 알고 뭐.

조 네.

ne.

▶ 네.

제 우리 아 : 들두 알구 우리 큰 아들두 알구 그 다 : 안다구요.

uri a : dɯldu algu uri kʰɯn adɯldu algu kɯ ta : andagujo.

우리 아 : 들두 알구 우리 큰 아들두 알구 그 다 : 안다구요.

▷ 우리 아이들도 알고 우리 큰 아들도 알고 그 다 안다고요.

제 서루, 서루 그저 그러커니 허구, 그저 서루, 서루 암 : 매.

sʌru, sʌru kɯdzʌ kɯrʌkʰʌni hʌgu, kɯdzʌ sʌru, sʌru a : mmɛ.

서루, 서루 그저 그렇거니 허구, 그저 서루, 서루 암 : 매.

▷ 서로, 서로 그저 그렇거니 하고, 그저 서로, 서로 아마.

제 볼 쎄미라, 저 : 아 : 들끼리 한번(분) 보갇띠 머.

pol s'emira, ʨʌ : a : dɯlk'iri hanbʌn(bun) pogatt'i mʌ.

볼 셈이라, 저 : 아 : 들끼리 한번(분) 보갓디 머.

▷ 볼 셈이라, 저 아이들끼리 한번 보겠지 뭐.

제 어디케, 어디케 마즈먼 어디케 대나? 이거이 이 그저 모르댜나.

ʌdikʰe, ʌdikʰe madzumʌn ʌdikʰe tena? igʌi i kɯdzʌ morɯdjana.

어딯게, 어딯게 맞으면 어딯게 대나? 이거이 이 그저 모르댾아.

▷ 어떻게, 어떻게 맞으면 어떻게 되나? 이것이 이 그저 모르잖아.

제 저 : 끼리 이제 그거이 읻깓띠요 머.

ʨʌ : k'iri idze kɯgʌi itk'att'ijo mʌ.

저 : 끼리 이제 그거이 잇갓디요 머.

▷ 자기네끼리 이제 그것이 있겠지요 뭐.

조 네, 그래서 하라버지께서는 할머니미랑 이런 행복한 살믈 오래오래 더 살고 시퍼서 더 열씨미 운동하고 하심니까?

ne, kɯrɛsʌ harabʌdzik'esʌnɯm halmʌnimiraŋ irʌn heŋbokhan salmɯl

orɛore tʌ salgo ɕipʰʌsʌ tʌ jʌlɕ'imi undoŋɦago haɕimnik'a?

▷ 네, 그래서 할아버지께서는 할머님이랑 이런 행복한 삶을 오래오래 더 살고 싶어서 더 열심히 운동하고 하십니까?

제 내요? 그거이 한 개 산, 그걷뚜 읻띠만 해두.

nejo? kɯgʌi han kɛ san, kɯgʌtt'u itt'iman hɛdu.

내요? 그거이 한 개 산, 그것두 잇디만 해두.

▶ 저요? 그것이 한 개 이유, 그것도 있지만 해도.

조 네.
　ne.
▶ 네.

제 그저 이리케 나갇따 오게 대먼.
　kɯdzʌ irikʰe nagatt'a oge tɛmʌn.
　그저 이렇게 나갓다 오게 대먼.
▶ 그저 이렇게 나갔다 오게 되면.

조 네.
　ne.
▶ 네.

제 바메 자미 잘 와요.
　pame tɕami tɕal wajo.
　밤에 잠이 잘 와요.
▶ 밤에 잠이 잘 와요.

제 지비 가만히 이스먼 아무래 낟짜미래두 좀 자야 댄단 마리.
　tɕibi kamançi isɯmʌn amuɾɛ nattɕ'amiɾɛdu tɕom tɕaja tɛndan mari.
　집이 가만히 잇으먼 아무래 낮잠이래두 좀 자야 댄단 말이.
▶ 집에 가만히 있으면 아무래도 낮잠이라도 좀 자야 된단 말이.

조 네.
　ne.
▶ 네.

제 이 나제 이리케 동무래두 읻꾸 허게 대먼 낟짜문.
　i nadʑe irikʰe toŋmuɾɛdu itk'u hʌge tɛmʌn nattɕ'amun.
　이 낮에 이렇게 동무래두 잇구 허게 대먼 낮잠은.

▣ 이 낮에 이렇게 동무라도 있고 하게 되면 낮잠은.

제 잘레두 자미 잘 안 온다구.

tɕalledu tɕami tɕal an ondagu.

잘레두 잠이 잘 안 온다구.

▣ 자려고 해도 잠이 잘 안 온다고.

조 네.

ne.

▣ 네.

제 가만히 이서 케이비나 보구 읻따간 자게 대면.

kamanɕi isʌ kʰeibina pogu itt'agan tɕage tɛmʌn.

가만히 잇어 케이비나 보구 잇다간 자게 대면.

▣ 가만히 있어 텔레비전이나 보고 있다가는 자게 되면.

제 바 : 메 몯 짜문, 나제 장 건 쇠용업써요 바메 자야디.

pa : me mot tɕ'amun, nadɕe tɕaŋ gʌn söjoŋʌps'ʌjo pame tɕajadi.

밤 : 에 못 자문, 낮에 잔 건 쇠용없어요 밤에 자야디.

▣ 밤에 못 자면, 낮에 잔 것은 소용이 없어요 밤에 자야지.

조 그러쵸.

kɯrʌtɕʰjo.

▣ 그렇죠.

제 기래서 그저 밥 먹꾼 나가요.

kiɾɛsʌ kɯdɕʌ pap mʌkk'un nagajo.

기래서 그저 밥 먹군 나가요.

▣ 그래서 그저 밥을 먹고는 나가요.

조 네.

ne.

▶ 네.

▣ 그저 심양 빠다구루 그저 사 : 방 그저 가구푼데루.
kɯdzʌ ɕimjaŋ p'adaguru kɯdzʌ sa : baŋ kɯdzʌ kagupʰunderu.
그저 심양 빠닥우루 그저 사 : 방 그저 가구푼데루.
▶ 그저 심양 시내로 그저 사방 그저 가고 싶은 데로.

▣ 슬 : 슬 댕기다간 그저 덤씸 땐 두루와 덤씸 먹꾸 그저.
sɯ : lsɯl teŋgidagan kɯdzʌ tʌmɕ'im t'ɛn turuwa tʌmɕ'im mʌkk'u
kɯdzʌ.
슬 : 슬 댕기다간 그저 덤씸 땐 둘우와 덤씸 먹구 그저.
▶ 슬슬 다니다가는 그저 점심 때는 들어와서 점심을 먹고 그저.

▣ 덤씸 먹꾼 좀 쉬식허(하)구.
tʌmɕ'im mʌkk'un tɕom süɕikhʌ(ha)gu.
덤씸 먹군 좀 쉬식허(하)구.
▶ 점심을 먹고는 좀 쉬고.

▣ 네.
ne.
▶ 네.

▣ 그 이틴날 : 또 나가 댕기구 그저.
kɯ itʰinna : l t'o naga teŋgigu kɯdzʌ.
그 이틷날 : 또 나가 댕기구 그저.
▶ 그 이튿날 또 나가 다니고 그저.

▣ 할머니미랑 가치 다니시지 왜 혼자 다니세요?
halmʌnimiraŋ katɕʰi taniɕidzi wɛ hondza tanisejo?
▶ 할머님이랑 같이 다니시지 왜 혼자 다니세요?

▣ 이 : 를 조아해요 지금 바테 나가서 일 핸다구 앙 구러우?

i : ɾɯl ʨoaɦɛjo ʨigɯm patʰe nagasʌ il hɛndagu aŋ guɾʌu?

일 : 을 좋아해요 지금 밭에 나가서 일 핸다구 안 구러우?

▶ 일을 좋아해요 지금 밭에 나가서 일을 한다고 안 그런가요?

못 말리는 할머님의 고집

조 가치 안 다니시려고 그래요?
katᶜʰi an taniɕirjʌgo kurɛjo?
▷ 같이 안 다니시려고 그래요?

제 가티 댕기기야 댕기디(리)요.
katʰi tɛŋgigija tɛŋgidi(ri)jo.
같이 댕기기야 댕기디(리)요.
▷ 같이 다니기야 다니지요.

조 네.
ne.
▷ 네.

제 댕기는데 지금 바테 일 : 허게 댈(될)꺼니.
tɛŋginɯnde ʨigɯm patʰe i : l hʌge tɛl(töl)kʼʌni.
댕기는데 지금 밭에 일 : 허게 댈(될)꺼니.
▷ 다니는데 지금 밭에서 일을 하게 되니.

제 나가 바테 허구 그런다구요.
naga patʰe hʌgu kurʌndagujo.
나가 밭에 허구 그런다구요.
▷ 밭에 나가서 (일을) 하고 그런다고요.

제 머야 쪼꼼 머 하(사)나 거더쩨꺼러먼.
mʌja ʨʼokʼom mʌ ha(sa)na kʌdʌʨʼekʼʌrʌmʌn.
머야 쪼꼼 머 하(사)나 거더쩨꺼러먼.
▷ 뭐야 조금 뭐 하나 거추장스러우면.

제 소기 그, 그걷 치우야 마라요.

sogi kɯ, kɯgʌt tɕʰiuja marajo.

속이 그, 그것 치우야 말아요.

▶ 성격이 그, 그것을 치우고야 말아요.

제 이, 구둘두 이걷 딱띠 말래두 그ː낭 딱띠요 머.

i, kuduldu igʌt t'akt'i malledu kɯː naŋ t'akt'ijo mʌ.

이, 구둘두 이것 딲디 말래두 그ː낭 딲디요 머.

▶ 이, 구들도 이것을 닦지 말라고 해도 계속 닦지요 뭐.

조 네, 그럼 하라버지께서 좀 가치 해주시지 그래요?

ne, kɯrʌm harabʌdzik'esʌ tɕom katɕʰi hɛdzuɕidzi kɯrɛjo?

▶ 네, 그럼 할아버지께서 좀 같이 해주시지 그래요?

제 가티 해두 마으메 들ː딜 아나 해요.

katʰi hɛdu maɯme tɯː ldil ana hɛjo.

같이 해두 마음에 들ː딜 않아 해요.

▶ 같이 해도 마음에 들지가 않아서 그래요.

조 그래서 하라버지께서는 아예 안 해요?

kɯrɛsʌ harabʌdzik'esʌnɯn aje an hɛjo?

▶ 그래서 할아버지께서는 아예 안 해요?

제 바테 나가서 이ː를 해두.

patʰe nagasʌ iː rɯl hɛdu.

밭에 나가서 일ː을 해두.

▶ 밭에 나가서 일을 해도.

제 그거이 나 허(하)능 거는 깨끄시 몯 헌(한)다구요.

kɯgʌi na hʌ(ha)nɯŋ gʌnɯn k'ɛk'ɯɕi mot hʌn(han)dagujo.

그거이 나 허(하)는 거는 깨끗이 못 헌(한)다구요.

▶ 그것이 내가 하는 것은 깨끗이 못 한다고요.

제 그저 거 : 칠게 그저 허는데, 바테 나 : 두 깨 : 끄시 헐꺼니 시러해요.

kɯdzʌ kʌ : tɕʰilge kɯdzʌ hʌnɯnde, patʰe na : du k'ɛ : k'ɯɕi hʌlk'ʌni ɕirʌɦejo.

그저 거 : 칠게 그저 허는데, 밭에 나 : 두 깨 : 끗이 헐꺼니 싫어해요.

▷ 그저 거칠게 그저 하는데, 밭에 나가도 깨끗이 하니 싫어해요.

조 네.

ne.

▷ 네.

제 바테 나가문 싸울, 싸우능 거이 이 : 리라요.

patʰe nagamun s'aul, s'aunɯŋ gʌi i : riɾajo.

밭에 나가문 싸울, 싸우는 거이 일 : 이라요.

▷ 밭에 나가면 싸울, 싸우는 것이 일이에요.

조 아, 그래서 아예 가치 안 해요?

a, kɯɾɛsʌ aje katɕʰi an hejo?

▷ 아, 그래서 아예 같이 안 해요?

제 장년(년)꺼지 가치 핻띠요, 가치 핸는데.

tɕaŋnʌn(njʌn)k'ʌdzi katɕʰi hɛtt'ijo, katɕʰi hɛnɯnde.

작년(년)꺼지 같이 햇디요, 같이 햇는데.

▷ 작년까지 같이 했지요, 같이 했는데.

조 계속 싸워요?

kjesok s'awʌjo?

▷ 계속 싸워요?

제 금넌 내 가치 안 할 쎼미라.

kɯmnʌn nɛ katɕʰi an hal s'emiɾa.

금넌 내 같이 안 할 셈이라.

▷ 올해는 내가 같이 안 할 셈이야.

조 왜요?

wɛjo?

▶ 왜요?

제 정 : 가치 허(하)자구 구러문 가치 허(하)구.

tɕʌ : ŋ katɕʰi hʌ(ha)dzagu kurʌmun katɕʰi hʌ(ha)gu.

정 : 같이 허(하)자구 구러문 같이 허(하)구.

▶ 자꾸 같이 하자고 그러면 같이 하고.

제 그 다 : 문 가치 안 할 쎄미(비)라요.

kɯ ta : mun katɕʰi an hal s'emi(bi)rajo.

그 담 : 운 같이 안 할 셈이(비)라요.

▶ 그 다음에는 같이 안 할 셈이에요.

할머님에 대한 따뜻한 관심

제 장너넨 그저 이직껃, 그 내가 이만 일 : 해두요.

    tɕaɲnʌnen kɯdzʌ idzikk'ʌt, kɯ nɛga iman i ː l hɛdujo.

    장년엔 그저 이직껏, 그 내가 이만 일 : 해두요.

▷ 작년에는 그저 여태껏, 그 내가 이만 일 해도요.

제 오토바이 태와개구 댕기요.

    otʰobai tʰɛwagɛgu tɛŋgijo.

    오토바이 태와개구 댕기요.

▷ 오토바이에 태워가지고 다녀요.

조 네, 정말 대단하십니다.

    ne, tɕʌŋmal tɛdanɦaɕimnida.

▷ 네, 정말 대단하십니다.

제 태와개구 댕기구 그 쌍쌰발(上下班)⁹⁵ 댕길 때두.

    tʰɛwagɛgu tɛŋgigu kɯ s'aŋ'jabal tɛŋgil t'ɛdu.

    태와개구 댕기구 그 쌍쌰발(上下班) 댕길 때두.

▷ 태워서 다니고 그 출퇴근을 할 때도.

제 내 쩨쑹(接送)⁹⁶허(하)디요 머.

    nɛ tɕ'es'uŋɦʌ(ɦa)dijo mʌ.

    내 쩨쑹(接送)허(하)디요 머.

▷ 내가 데려다주고 데려오고 하지요 뭐.

조 아, 계속 쩨쑹핸씀니까?

---

⁹⁵ 쌍쌰발(上下班[shangxiaban])은 '출퇴근'을 뜻하는 중국어.
⁹⁶ 쩨쑹(接送[jiesong])은 '데려다 주고 데려 오다'를 뜻하는 중국어.

a, kjesok ʨ'es'uɲɦɛts'ɯmnik'a?

▶ 아, 계속 데려다주고 데려오고 했습니까?

[제] 쩨쑹해시오. 이 저 : 어데 이, 싼싼디(三山地)⁹⁷ 이거 더 : 기?

ʨ'es'uɲɦɛɕio. i ʨʌ : ʌde i, s'ans'andi igʌ tʌ : gi?

쩨쑹햇이오. 이 저 : 어데 이, 싼싼디(三山地) 이거 더 : 기?

▶ 데려다주고 데려오고 했어요. 이 저 어디 이, 삼산지(三山地)라는 이
것 저기?

[제] 요류우(一六五)⁹⁸ 타는데 이거 한 삼리 낄 대는데 그저.

jorjuu tʰanɯnde igʌ han samɾi k'il tenɯnde kɯdzʌ.

요류우(一六五) 타는데 이거 한 삼리 길 대는데 그저.

▶ 165번 버스 타는데 이것 한 삼 리 길 되는데 그저.

[제] 오게 대문 더놔 오문 가 또 쩨(接)해오구.

oge tɛmun tʌnwa omun ka t'o ʨ'eɦɛogu.

오게 대문 던화 오문 가 또 쩨(接)해오구.

▶ 오게 되면 전화 오면 가서 또 데려오고.

[제] 아치게 쑹(送)해주구 그랟따구요.

aʨʰige s'uɲɦɛdzugu kɯɾett'agujo.

아칙에 쑹(送)해주구 그랫다구요.

▶ 아침에 데려다 주고 그랬다고요.

[조] 월래 할머님 안 계실 때 그랟쪼?

wʌllɛ halmʌnim an kjeɕil t'ɛ kɯɾetʨ'jo?

▶ 원래 할머님이 안 계실 때 그랬죠?

[제] 앙 : 계시디요. 더 우리 할 : 마(매)이는 근 : 한 사넌 대 : 와요.

a : ŋ gjeɕidijo. tʌ uɾi ha : lma(mɛ)inɯn kɯ : n han sanʌn tɛ : wajo.

---

⁹⁷ 싼싼디(三山地[sanshandi])는 요녕성 심양시 남쪽에 속하는 '산산지'라는 지명.

⁹⁸ 요류우(一六五[yiliuwu])는 '165'을 뜻하는 중국어인데 여기에서는 165번 버스를 가리킴.

안 : 계시디요. 더 우리 할 : 마(매)이는 근 : 한 사년 대 : 와요.

▶ 안 계시지요. 저 우리 노친은 (돌아간 지) 근 한 사 년이 돼 와요.

조 아, 그래서 전화오면 하라버지께서 마중나가요? 하라버지 오토바이를 그러케 잘 타세요?

a, kɯɾɛsʌ ʨʌnɦwaomjʌn harabʌdzik'esʌ madzuŋnagajo? harabʌdzi otʰobairɯl kɯɾʌkʰe ʨal tʰasejo?

▶ 아, 그래서 전화 오면 할아버지께서 마중을 나가요? 할아버지께서 오토바이를 그렇게 잘 타세요?

제 예, 잘 : 타요. 지금두 타요.

je, ʨa : l tʰajo. ʨigɯmdu tʰajo.

예, 잘 : 타요. 지금두 타요.

▶ 예, 잘 타요. 지금도 타요.

조 아, 대단하심니다.

a, tɛdanɦaɕimnida.

▶ 아, 대단하십니다.

제 암 : 매 내 나 : 세(쎄) 그 오두바이 타는 싸(사)람 업써요.

a : mmɛ nɛ na : se(s'e) kɯ odubai tʰanɯn s'a(sa)ɾam ʌps'ʌjo.

암 : 매 내 낫 : 에 그 오두바이 타는 싸(사)람 없어요.

▶ 아마 내 나이에 그 오토바이 타는 사람이 없어요.

조 자정거는 안타시고 오토바이만 타세요?

ʨadzʌŋɡʌnɯn antʰaɕigo otʰobaiman tʰasejo?

▶ 자전거는 안타시고 오토바이만 타세요?

제 오두바이 타요. 제네는 자정거 타구 댕기더건 : 데.

odubai tʰajo. ʨenenɯn ʨadzʌŋɡʌ tʰagu tɛŋgidʌgʌ : nde.

오두바이 타요. 젠에는 자전거 타구 댕기더건 : 데.

▶ 오토바이만 타요. 전에는 자전거를 타고 다니던 것인데.

조 네.

ne.

▶ 네.

제 그 뗀빙처(電瓶車)⁹⁹, 그걸 타요.

kɯ t'enbiŋtɕʰʌ, kɯgʌt tʰajo.

그 뗀빙처(電瓶車), 그것 타요.

▶ 그 스쿠터, 그것을 타요.

조 아, 근데 왜 뗀빙처 타게 돼써요? 오토바이 안 타시고요?

a, kɯnde wɛ t'enbiŋtɕʰʌ tʰage twɛs'ʌjo? otʰobai an tʰaɕigojo?

▶ 아, 그런데 왜 스쿠터를 타게 됐어요? 오토바이를 안 타시고요?

제 그 오도, 그 오도바이 그래 뗀빙처 오도바이란 마리.

kɯ odo, kɯ odobai kɯrɛ tenbiŋtɕʰʌ odobairan mari.

그 오도, 그 오도바이 그래 뗀빙처 오도바이란 말이.

▶ 그 오토, 그 오토바이 그래 스쿠터 오토바이란 말이.

조 왜 자정거를 타시지 않코 오토바이를, 뗀빙처를 타게 돼써요?

wɛ tɕadzʌŋɡʌrɯl tʰaɕidzi aŋkʰo otʰobairɯl, t'enbiŋtɕʰʌrɯl tʰage twɛs'ʌjo?

▶ 왜 자전거를 타시지 않고 오토바이를, 스쿠터를 타게 됐어요?

제 그 자정거가 히(시)미 들디요 머.

kɯ tɕadzʌŋɡʌga çi(ɕi)mi tɯldijo mʌ.

그 자전거가 힘(심)이 들디요 머.

▶ 그 자전거가 힘이 들지요 뭐.

조 아, 그래서 뗀빙처를 타세요? 근데 뗀빙처를 타실 때 주이하셔야 돼요.

a, kɯrɛsʌ t'enbiŋtɕʰʌrɯl tʰasejo? kɯnde t'enbiŋtɕʰʌrɯl tʰaɕil t'ɛ tɕuiɦaɕjʌja twɛjo.

---

99 뗀빙처(電瓶車[dianpingche])는 '스쿠터'를 뜻하는 중국어.

▶ 아, 그래서 스쿠터를 타세요? 그런데 스쿠터를 타실 때 주의하셔야
요.

제 예, 주이해요.
je, ʨuiɦɛjo.
예, 주의해요.
▶ 예, 주의해요.

조 네, 꼭 주이하셔야 돼요.
ne, kʼok ʨuiɦɛjʌja twejo.
▶ 네, 꼭 주의하셔야 돼요.

제 내가 이거 키레 클꺼니 그저 주이하문 이거, 키가, 파리.
nɛga igʌ kʰire kʰɯlkʼʌni kɯʣʌ ʨuiɦamun igʌ, kʰiga, pʰaɾi.
내가 이거 키레 클꺼니 그저 주의하문 이거, 키가, 팔이.
▶ 내가 이것 키가 크니 그저 주의하면 이것, 키가, 팔이.

제 다리가 이거 기러놀꺼니 오르내 타구 가두.
taɾiga igʌ kiɾʌnolkʼʌni oɾɯnɛ tʰagu kadu.
다리가 이거 길어놀꺼니 오르내 타구 가두.
▶ 다리가 이것 기니까 오르막을 타고 가도.

제 안 대게 대(되)문 척 세 : 문 단 : 데 머.
an tɛge tɛ(tö)mun ʨʰʌk se : mun ta : nde mʌ.
안 대게 대(되)문 척 세 : 문 단 : 데 머.
▶ 안 되게 되면 척 서면 다인데 뭐.

조 그래도 속또를 좀 주리세요.
kɯɾɛdo soktʼoɾɯl ʨom ʨuɾisejo.
▶ 그래도 속도를 좀 줄이세요.

제 예, 속또야 그 주리요, 빨린데서 일 저 : 러요.

je, sokt'oja kɯ tɕurijo, p'allindesʌ il tɕʌ : rʌjo.

예, 속도야 그 줄이요, 빨린데서 일 절 : 어요.

▶ 예, 속도는 그 줄이요, 빠른 데서 일을 저질러요.

제 빠른데서 일 저린다구, 바쁜데서 일 저리구(고).

p'aɾɯndesʌ il tɕʌrindagu, pap'ɯndesʌ il tɕʌrigu(go).

빠른 데서 일을 절인다구, 바쁜 데서 일 절이구(고).

▶ 빠른 데서 일을 저지른다고, 바쁜 데서 일을 저지르고.

조 그러쵸.

kɯrʌtɕʰjo.

▶ 그렇죠.

제 자전차는 내 이거 한 평생 타시요.

tɕadzʌntɕʰanɯn nɛ igʌ han pʰjʌŋsɛŋ tʰaɕijo.

자전차는 내 이거 한 평생 탓이요.

▶ 자전거는 내가 이것 한평생을 탔어요.

조 네, 자전차는 한 평생 타써요?

ne, tɕadzʌntɕʰanɯn han pʰjʌŋsɛŋ tʰas'ʌjo?

▶ 네, 자전거는 한평생을 탔어요?

제 예, 절머슬 때 : 서부터 그저 계 : 속 타개구 이선는데.

je, tɕʌlmʌsɯl t'ɛ : sʌbutʰʌ kɯdzʌ kje : sok tʰagegu isʌnnɯnde.

예, 젊엇을 때 : 서부터 그저 계 : 속 타개구 잇엇는데.

▶ 예, 젊었을 때부터 그저 계속 타가지고 있었는데.

조 그래서 하라버지께서 전화 오면 마중가고 아치메는 데려다 주고 하셛씀니까?

kɯrɛsʌ harabʌdzik'esʌ tɕʌnɦwa omjʌn madzuŋgago atɕʰimenɯn terjʌda tɕugo haɕjʌts'ɯmnik'a?

▶ 그래서 할아버지께서 전화 오면 마중가고 아침에는 데려다 주고 하셨

습니까?

제 예, 한 일, 일런 그래시요.

je, han il, illʌn kɯrɛɕijo.

예, 한 일, 일 년 그랫이요.

▶ 예, 한 일, 일 년 그랬어요.

조 그때가 가장 행복하세요?

kɯt'ɛga kadzaŋ hɛŋbokhasejo?

▶ 그때가 가장 행복하세요?

제 행복허(하)디요 그럼.

hɛŋbokhʌ(ha)dijo kɯrʌm.

행복허(하)디요 그럼.

▶ 행복하지요 그럼.

조 그 시간 기다리고 언제 전화 오나 시간 기다리고 해써요? 좋씀니다. 그래도 할머님께서 행복하게 느끼기 때무네 지금 더 잘해주시겓쬬.

kɯ ɕigan kidarigo ʌndze tɕʌnɦwa ona ɕigan kidarigo hɛs'ʌjo? tɕots'ɯmnida. kɯrɛdo halmʌnimk'esʌ hɛŋbokhage nɯk'igi t'ɛmune tɕigɯm tʌ tɕalɦɛdzuɕigette'jo.

▶ 그 시간을 기다리고 언제 전화가 오나 하고 시간을 기다리고 했어요? 좋습니다. 그래도 할머님께서 행복하게 느끼기 때문에 지금 더 잘해주시겠죠.

제 예, 또 날 : 돌 : 바줘요.

je, t'o na : l to : lbadzwʌjo.

예, 또 날 : 돌 : 바줘요.

▶ 예, 또 나를 보살펴줘요.

조 네, 그러키 때무네 하라버지께서 지금 더 절므셛따고요.

ne, kɯrʌkʰi t'ɛmune harabʌdzik'esʌ tɕigɯm tʌ tɕʌlmɯɕʌtt'agojo.

▶ 네, 그렇기 때문에 할아버지께서 지금 더 젊으셨다고요.

제 예.

je.

예.

▶ 예.

조 그러쵸. 그러케 챙겨주고, 그러케 기다리고 행복하지 아느면 팍팍 늘그실꺼
예요. 사라미 혼자 고독하고 그러면 팍팍 늘그실꺼예요.

kɯɾʌtɕʰjo. kɯɾʌkʰe tɕʰɛŋjʌdzugo, kɯɾʌkʰe kidarigo hɛŋbokhadzi
anɯmjʌn pʰakpʰak nɯlgwɛilk'ʌjejo. saɾami hondza kodokhago
kɯɾʌmjʌn pʰakpʰak nɯlgwɛilk'ʌjejo.

▶ 그렇죠. 그렇게 챙겨주고, 그렇게 기다리고 행복하지 않으면 팍팍 늘
으실 거예요. 사람이 혼자 고독하고 그러면 팍팍 늘으실 거예요.

제 볼래 이래 머산, 우리 노친네 가구서부턴 머산핸는데.

pollɛ irɛ mʌsan, uri notɕʰinne kagusʌbutʰʌn mʌsanɦennɯnde.

본래 이래 머산, 우리 노친네 가구서부턴 머산햇는데.

▶ 본래 이래 고독, 우리 노친이 가고서부터는 고독했는데.

제 앙 그러문 좀 고달푸디요 머, 밥 해머글래니 구루구.

aŋ gɯɾʌmun tɕom kodalpʰudijo mʌ, pap hɛmʌgɯlleni kuɾugu.

안 그러문 좀 고달푸디요 머, 밥 해먹을래니 구루구.

▶ 안 그러면 좀 고달프지요 뭐, 밥 해 먹으려니 그러고.

조 네.

ne.

▶ 네.

제 와서 돌 : 바줄꺼니 이 행복해요.

wasʌ to : lbadzulk'ʌni i hɛŋbokhɛjo.

와서 돌 : 바줄꺼니 이 행복해요.

▷ 와서 보살펴주니 이 행복해요.

조 그러쵸.
　kɯɾʌtɕʰjo.
▷ 그렇죠.

제 예, 자기네 자식뜨리 오게 대먼 우리 지불 몯 오디.
　je, tɕagine tɕaɕiktʼɯɾi oge tɛmʌn uɾi tɕibul mot odi.
　예, 자기네 자식들이 오게 대면 우리 집을 못 오디.
▷ 예, (그런데) 자기 자식들이 오게 되면 우리 집에 못 오지.

조 네.
　ne.
▷ 네.

제 이 : 리 이스문, 그때는 그저 혼자 또 밥 해 머거야디요.
　i : ɾi isɯmun, kɯtʼɛnɯn kɯdzʌ hondza tʼo pap hɛ mʌɡʌjadijo.
　일 : 이 잇으문, 그때는 그저 혼자 또 밥 해 먹어야디요.
▷ 일이 있으면, 그때는 그저 혼자 또 밥을 해 먹어야지요.

조 그때는 시가니 너무 길게 느껴지고 혼자 지루하시죠?
　kɯtʼɛnɯn ɕigani nʌmu kilge nɯkʼjʌdzigo hondza tɕiɾuɦaɕidzjo?
▷ 그때는 시간이 너무 길게 느껴지고 혼자가 지루하시죠?

제 그저 좀 그러티요 머.
　kɯdzʌ tɕom kɯɾʌtʰijo mʌ.
　그저 좀 그렇디요 머.
▷ 그저 조금 그렇지요 뭐.

조 할머님께서 항구게 가 계실 때도 너무 오래 읻찌 말고. 빨리 오지 시퍼써요?
　halmʌnimkʼesʌ haŋguge ka kjeɕil tʼɛdo nʌmu oɾɛ ittɕʼi malgo. pʼalli odzi
　ɕipʰʌsʼʌjo?

▣ 할머님께서 한국에 가 계실 때도 너무 오래 있지 말고. 빨리 오지 싶어요?

제 멀 : 그건 그 내 또 밥 핼 쭐 알꺼니.

mʌ ː l kɯgʌn kɯ nɛ t'o pap hɛl tɕ'ul alk'ʌni.

멀 : 그건 그 내 또 밥 핼 줄 알꺼니.

▣ 뭘 그건 그 내가 또 밥을 할 줄 아니.

조 네.

ne.

▣ 네.

제 그 머 : 크게 머산항 거이 업씨요.

kɯ mʌ ː kʰɯge mʌsanɦaŋ gʌi ʌpɕ'ijo.

그 머 : 크게 머산한 거이 없이요.

▣ 그 뭐 크게 아쉬운 것이 없어요.

제 그저 오문, 오문 방갑꾸 안 오문 그저 그러쿠 그저.

kɯdzʌ omun, omun paŋgapk'u an omun kɯdzʌ kɯɾʌkʰu kɯdzʌ.

그저 오문, 오문 반갑구 안 오문 그저 그렇구 그저.

▣ 그저 오면, 오면 반갑고 안 오면 그저 그렇고 그저.

감기에 걸린 할머님을 위해

🔲 그래도 혼자 다 하시려면 얼마나 힘드시겠씀니까? 근데 할머님 감기 걸리싱
걸 하라버지 모르셔써요?

kɯɾɛdo hondʑa ta haɕiɾjʌmjʌn ʌlmana ɕimdɯɛigetsʼɯmnikʼa? kɯnde
halmʌnim kamgi kʌlliɕiŋ gʌt haɾabʌdzi moɾɯɛjʌsʼʌjo?

▶ 그래도 혼자가 다 하시려면 얼마나 힘드시겠습니까? 그런데 할머님이
감기에 걸리신 것을 할아버지께서 모르셨어요?

🔲 아라요.

aɾajo.

알아요.

▶ 알아요.

🔲 근데 감기야기랑 좀 사주셔써요?

kɯnde kamgijagiɾaŋ tɕom sadʑuɛjʌsʼʌjo?

▶ 그런데 감기약이랑 좀 사주셨어요?

🔲 강기야기야 내가 사주디요. 안 : 머거요 데 싸(사)라미.

kaŋgijagija nɛga sadʑudijo. a ː n mʌgʌjo te sʼa(sa)ɾami.

감기약이야 내가 사주디요. 안 : 먹어요 데 싸(사)람이.

▶ 감기약이야 내가 사주지요. 안 먹어요 저 사람이.

🔲 그 강기약, 강기레 와두 제가 가서.

kɯ kaŋgijak, kaŋgiɾe wadu tɕega kasʌ.

그 감기약, 감기레 와두 제가 가서.

▶ 그 감기약, 감기가 와도 자기가 가서.

🔲 그 강기약 사갇따구 그 : 걸 안 해요.

kɯ kaŋgijak sagatt'agu kɯ : gʌl an hɛjo.

그 감기약 사갓다구 그 : 걸 안 해요.

▶ 그 감기약을 사겠다고 그걸 안 해요.

제 ʻ아 : 푸다ʼ구, 내가 그 보문 막 답땁해서라무니.

ʻa : pʰudaʼgu, nɛga kɯ pomun mak tapt'apʰɛsʌramuni.

ʻ아 : 푸다ʼ구, 내가 그 보문 막 답답해서라무니.

▶ ʻ아프다ʼ고, 내가 그것을 보면 막 답답해서.

제 가서 또 사오군 허디요.

kasʌ t'o saogun hʌdijo.

가서 또 사오군 허디요.

▶ 가서 또 사오곤 하지요.

제 그저 사오게 대문 할 째간 업써 멍는다구요.

kɯdzʌ saoge tɛmun hal tɕ'ɛgan ʌps'ʌ mʌŋnɯndagujo.

그저 사오게 대문 할 재간 없어 먹는다구요.

▶ 그저 사오게 되면 할 수 없어서 먹는다고요.

제 그래두 강기가 오문 이제 이 약 먹꾸, 시초에 그 야글 먹꾸.

kɯrɛdu kaŋgiga omun idze i jak mʌkk'u, ɕitɕʰoe kɯ jagɯl mʌkk'u.

그래두 감기가 오문 이제 이 약 먹구, 시초에 그 약을 먹구.

▶ 그래도 감기가 오면 이제 이 약을 먹고, 초기에 그 약을 먹고.

제 덴디(点滴)[100]거틍 거 노쿠 이제 이러먼 대는데 그러질 아나요.

tendigʌtʰɯŋ gʌ nokʰu idze irʌmʌn tɛnɯnde kɯrʌdzil anajo.

덴디(点滴)겉은 거 놓구 이제 이러먼 대는데 그러질 않아요.

▶ 링거 같은 것을 맞고 이제 이러면 되는데 그러지를 않아요.

제 그저 그낭 : 강기레 떠러디두룩.

---

[100] 덴디(点滴[diandi])는 '링거'를 뜻하는 중국어.

276

kɯdzʌ kɯna : ŋ kaŋgire t'ʌɾʌdiduɾuk.

그저 그냥 : 감기레 떨어디두룩.

▶ 그저 그냥 감기가 떨어지도록(낫도록).

제 달렌허구 그러케 떨루 : 갇따구.

tallenɦʌgu kɯɾʌkʰe t'ʌllu : katt'agu.

단렌허구 그렇게 떨루 : 갓다구.

▶ 단련하고 그렇게 떨구겠다고(고치겠다고).

제 거 : 기 대(돼)요? 그(구)래, 강기레? 강기가 데일 무섭따구요.

kʌ : gi tɛ(twɛ)jo? kɯ(ku)ɾɛ, kaŋgire? kaŋgiga teil musʌpt'agujo.

거 : 기 대(돼)요? 그(구)래, 감기레? 감기가 데일 무섭다구요.

▶ 그것이 돼요? 그래, 감기가? 감기가 가장 무섭다고요.

제 강기에서 큰 병이 생기는데 그걸 모루구.

kaŋgiesʌ kʰɯn pjʌɲi sɛŋginɯnde kɯgʌl moɾugu.

감기에서 큰 병이 생기는데 그걸 모루구.

▶ 감기에서 큰 병이 생기는데 그것을 모르고.

조 그걸 모르고 말도 안 드러요?

kɯgʌl moɾɯgo maldo an tɯɾʌjo?

▶ 그것을 모르고 말도 안 들어요?

제 그때는 참 : 미워요.

kɯt'ɛnɯn tɕʰa : m miwʌjo.

그때는 참 : 미워요.

▶ 그때는 참 미워요.

조 미워요? 그러면 하라버지께서 탁 : 이거스로 한번 때려 보세요.

miwʌjo? kɯɾʌmjʌn haɾabʌdzik'esʌ tʰa : k igʌsɯro hanbʌn t'ɛɾjʌ posejo.

▶ 미워요? 그러면 할아버지께서 탁 이것으로 한번 때려 보세요.

제 아 : 이구.

　a : igu.

　아 : 이구.

▶ 아이고.

조 엉덩이 한번 때려 보세요.

　ʌŋdʌɲi hanbʌn t'ɛrjʌ posejo.

▶ 엉덩이를 한번 때려 보세요.

제 아, 그러케 허(하)문 대나요?

　a, kɯrʌkʰe hʌ(ha)mun tɛnajo?

　아, 그렇게 허(하)문 대나요?

▶ 아, 그렇게 하면 되나요?

조 그러면 멷 뻔 타일러 보세요, 그러면 안 된다고요.

　kɯrʌmjʌn mjʌt p'ʌn tʰaillʌ posejo, kɯrʌmjʌn an töndagojo.

▶ 그러면 몇 번 타일러 보세요, 그러면 안 된다고요.

제 그래두 어떠케서 제 성지레 머 난낸데두 아야 그까짇 껃.

　kɯredu ʌt'ʌkʰesʌ tɕe sʌŋdzire mʌ nannɛndedu aja kɯk'adzit k'ʌt.

　그래두 어떻게서 제 성질에 머 낫낸데두 아야 그까짓 것.

▶ 그래도 어떻게 해서 자기 성질에 뭐 낫는다 하는데도 아예 그까짓 것.

제 장너닝가, 재장너닝가 강기 드러서라무니.

　tɕaɲnʌniŋga, tɕɛdzaɲnʌniŋga kaŋgi tɯrʌsʌramuni.

　작년인가, 재작년인가 감기 들어서라무니.

▶ 작년인가, 재작년인가 감기가 들어서.

제 욕 봐시요. 온 : 처 : 메 약, 야글 사다가 줠 : 띠요 머.

　jok pwaɕijo. o : n tɕʰʌ : me jak, jagɯl sadaga tɕwʌ : tt'ijo mʌ.

　욕 봤이요. 온 : 첨 : 에 약, 약을 사다가 줬 : 디요 머.

▶ 고생 많이 했어요. 제일 처음에 약, 약을 사다가 줬지요 뭐.

제 줘서 머건는데 안 낟띠요 머, 게 : 서 덴디 맏짜구.

ʨwʌsʌ mʌgʌnnɯnde an natt'ijo mʌ, ke : sʌ tendi matʨ'agu.

줘서 먹었는데 안 낫디요 머, 게 : 서 덴디 맞자구.

▶ 줘서 먹었는데 안 낫지요 뭐, 그래 링거를 맞자고.

제 그 데리구 갈 : 레두 가딜 안 낸 : 머 어더러게서?

kɯ terigu ka : lledu kadil an nɛ : n mʌ ʌdʌrʌgesʌ?

그 데리구 갈 : 레두 가딜 안 낸 : 머 어더러겟어?

▶ 그 데리고 가려고 해도 가질 않는데 뭐 어떡하겠어?

제 앙 가요. 덴딜 : 안 맏깐때요.

aŋ gajo. tendi : l an matk'att'ɛjo.

안 가요. 덴딜 : 안 맞갓대요.

▶ 안 가요. 링거를 안 맞겠대요.

조 그래서 어떠케 하셔써요?

kɯɾɛsʌ ʌt'ʌkʰe haɕʌs'ʌjo?

▶ 그래서 어떻게 하셨어요?

제 혼 : 나시요, 재장너(녀)네.

ho : n naɕijo, ʨɛʥaŋnʌ(njʌ)ne.

혼 : 낫이요, 재작넌(녀)에.

▶ 고생 많이 했어요, 재작년에.

조 그래서 오래 걸려써요?

kɯɾɛsʌ oɾɛ kʌlljʌs'ʌjo?

▶ 그래서 오래 걸렸어요?

제 근 : 들, 한 달, 한 달 넹끼 걸러서요.

kɯ : ndɯl, han tal, han tal neŋk'i kʌlljʌsʌjo.

근 : 들, 한 달, 한 달 넘기 걸렷어요.

▶ 거의, 한 달, 한 달 넘게 걸렸어요.

조 근데 덴디도 안 마자써요? 그래도 어떠케 나아써요?

kɯnde tendido an madzasʼʌjo? kɯrɛdo ʌtʼʌkʰe naasʼʌjo?

▶ 그런데 링거도 안 맞았어요? 그래도 어떻게 나았어요?

제 그대 : 메 어리케 야글 자 : 꾸 머(메)길꺼니 낟떼요 머.

kɯdɛ : me ʌrikʰe jagɯl tɕa : kʼu mʌ(me)gilkʼʌni nattʼejo mʌ.

그댐 : 에 어렇게 약을 자 : 꾸 먹(멕)일꺼니 낫데요 머.

▶ 그 다음에 어떻게 약을 자꾸 먹으니 낫데요 뭐.

조 그래요? 그럼 다행이네요. 그래도 이러케 사시능 걸 보면 저히드른 조아요.

kɯrejo? kɯrʌm tahɛŋinejo. kɯrɛdo irʌkʰe saɕinɯŋ gʌt pomjʌn tɕʌçidɯrɯn tɕoajo.

▶ 그래요? 그럼 다행이네요. 그래도 이렇게 사시는 것을 보면 저희들은 아요.

제 근데 내가 아까두 말해, 근체에서 생탕 그저.

kɯnde nɛga akʼadu malɦɛ, kɯntɕʰeesʌ sɛŋtʰaŋ kɯdzʌ.

근데 내가 아까두 말해, 근체에서 생탕 그저.

▶ 그런데 내가 아까도 말했듯이 근처에서 괜히 그저.

제 우욱 : 떠들러 대개구 저 : 온 : 처 : 멘 그러덩 거.

uu : k tʼʌdɯllʌ tɛgɛgu tɕʌ : o : n tɕʰʌ : men kɯrʌdʌŋ gʌ.

우욱 : 떠들러 대개구 저 : 온 : 첨 : 엔 그러던 거.

▶ 우욱 떠들어 대서 맨 처음에는 그러던 것이.

제 이젠 이럽씨(써)요 이젠 머 그저.

idzen irʌpɕʼi(sʼʌ)jo idzen mʌ kɯdzʌ.

이젠 일없이(어)요 이젠 머 그저.

▶ 이제는 괜찮아요 이제는 뭐 그저.

제 우리두 머 그러커니 허구 그저 디내구.

uridu mʌ kɯrʌkʰʌni hʌgu kɯdzʌ tinɛgu.

우리두 머 그렇거니 허구 그저 디내구.

▶ 우리도 뭐 그렇거니 하고 그저 지내고.

조 네, 그 제일 처으메는 우욱 : 떠드러대고 해서 하라버지께서도 기부니 참 안
조으셔써요?

ne, kɯ ʨeil ʨʰʌɯmenɯn uu : k t'ʌdɯɾʌdɛgo hʌsʌ harabʌʥik'esʌdo
kibuni ʨʰam an ʨoɯɕjʌs'ʌjo?

▶ 네, 그 제일 처음에는 우욱 떠들어대고 해서 할아버지께서도 기분이
참 안 좋으셨어요?

제 그거이 아무래두 조티 안티요 머.

kɯgʌi amuɾedu ʨotʰi antʰijo mʌ.

그거이 아무래두 좋디 않디요 머.

▶ 그것이 아무래도 좋지 않지요 뭐.

조 그래도 하라버지는 괜차는데 할머니미 더 힘드러 하셛쬬?

kɯɾedo harabʌʥinɯn kwɛnʨʰanunde halmʌnimi tʌ ɕimdɯɾʌ haɕjʌtt'e'jo?

▶ 그래도 할아버지는 괜찮은데 할머님이 더 힘들어 하셨죠?

제 힘드러 허디요. 이 남자드리야 머 그저 그러문 그러쿠.

ɕimdɯɾʌ hʌdijo. i namʣadɯɾija mʌ kɯʣʌ kɯɾʌmun kɯɾʌkʰu.

힘들어 허디요. 이 남자들이야 머 그저 그러문 그렇구.

▶ 힘들어 하지요. 이 남자들이야 뭐 그저 그러면 그렇고.

제 지금 또 세워리 제네 거트문 큰 훙 : 이디만.

ʨigum t'o sewʌri ʨene kʌtʰumun kʰɯn hu : ŋidiman.

지금 또 세월이 젠에 겉으문 큰 훙 : 이디만.

▶ 지금 또 세월이 전과 같으면 큰 흉이지만.

제 지금야 머 그, 늘근 싸(사)람드리 그 서루 머산허(하)문.

ʨigumja mʌ kɯ, nɯlgɯn s'a(sa)ɾamdɯɾi kɯ sʌɾu mʌsanɦʌ(ɦa)mun.

지금야 머 그, 늙은 싸(사)람들이 그 서루 머산허(하)문.

▣ 지금이야 뭐 그, 늙은 사람들이 그 서로 좋아하면.

제 이거 다 : 찬성허(하)는 때 아니요?
igʌ ta : tɕʰansʌɲɦʌ(ɦa)nɯn t'ɛ anijo?
이거 다 : 찬성허(하)는 때 아니요?
▣ 이것 다 찬성하는 때가 아니에요?

조 네.
ne.
▣ 네.

제 서루 모예 살문 그 이, 다 : 국까에서두 찬성허(하)는데.
sʌru moje salmun kɯ i, ta : kukk'aesʌdu tɕʰansʌɲɦʌ(ɦa)nɯnde.
서루 모예 살문 그 이, 다 : 국가에서두 찬성허(하)는데.
▣ 서로 모여서 살면 그 이, 다 국가에서도 찬성하는데.

조 그래서 하라버지께서 할머니믈 어떠케 다도겨 드려써요?
kɯɾesʌ harabʌdʑik'esʌ halmʌnimɯl ʌt'ʌkʰe tadogjʌ tɯɾjʌs'ʌjo?
▣ 그래서 할아버지께서 할머님을 어떻게 다독여 드렸어요?

제 머이 다 : 아라요, 머 다 : 아라서 자기레 다 : 처리해요.
mʌi ta : arajo, mʌ ta : arasʌ tɕagire ta : tɕʰʌriɦɛjo.
머이 다 : 알아요, 머 다 : 알아서 자기레 다 : 처리해요.
▣ 뭐 다 알아요, 뭐 다 알아서 자기가 다 처리해요.

제 우리, 이 할마니 이거 머 간딴티 아나요.
uri, i halmani igʌ mʌ kant'antʰi anajo.
우리, 이 할마니 이거 머 간닪디 않아요.
▣ 우리, 이 할머니 이것 뭐 보통이 아니에요.

조 아, 그래요? 그래서 하라버지 좀 무섭끼도 하세요? 너무 간딴치 아나서 좀 무서우세요?

a, kɯɾɛjo? kɯɾɛsʌ haɾabʌdzi ʨom musʌpk'ido hasejo? nʌmu kant'anʨʰi anasʌ ʨom musʌusejo?

▶ 아, 그래요? 그래서 할아버지 좀 무섭기도 하세요? 너무 보통이 아니어서 좀 무서우세요?

제 머 무서워? 크게 무섭띤 아나요.

mʌ musʌwʌ? kʰɯge musʌpt'in anajo.

머 무서워? 크게 무섭딘 않아요.

▶ 뭐 무서워? 크게 무섭지는 않아요.

제 그저 성질 내문 그ː저 내가 좀 가마ː니 잇꾸 머 그저.

kɯdzʌ sʌŋdzil nɛmun kɯːdzʌ nega ʨom kamaːni itk'u mʌ kɯdzʌ.

그저 성질 내문 그ː저 내가 좀 가만ː히 잇구 머 그저.

▶ 그저 화를 내면 그저 내가 좀 가만히 있고 뭐 그저.

조 아, 그래요? 하라버지, 이저네도 도라가신 할머님께서 성질 내고 하시면 가마니 잇꼬 하셔써요?

a, kɯɾɛjo? haɾabʌdzi, idzʌnedo toɾagaɕin halmʌnimk'esʌ sʌŋdzil nɛgo haɕimjʌn kamani itk'o haɕʌs'ʌjo?

▶ 아, 그래요? 할아버지, 이전에도 돌아가신 할머님께서 화를 내고 하시면 가만히 있고 하셨어요?

제 성질 몬ː 내디요, 우리 할마이야.

sʌŋdzil moːn nɛdijo, uɾi halmaija.

성질 못ː 내디요, 우리 할마이야.

▶ 화를 못 내지요, 우리 (원래) 노친이야.

조 가미 몬 내요?

kami mon nɛjo?

▶ 감히 못 내요?

제 가ː미 몬 내요.

ka ː mi mon nɛjo.

감 ː 히 못 내요.

▶ 감히 못 내요.

조 네, 멷 쌀 차이여써요?

ne, mjʌt s'al tɕʰaijʌs'ʌjo?

▶ 네, 몇 살 차이였어요?

제 예, 동가비라요.

je, toŋgabirajo.

예, 동갑이라요.

▶ 예, 동갑이에요.

조 그저 하라버지께서 더 가미 성질 내고 그러셔써요?

kɯdzʌ harabʌdzik'esʌ tʌ kami sʌŋdzil nɛgo kɯɾʌɕjʌs'ʌjo?

▶ 그저 할아버지께서 더 감히 화를 내고 그러셨어요?

제 내가 이거이 전부 그저 배켄 니레.

nɛga igʌi tɕʌnbu kɯdzʌ pɛkʰen niɾe.

내가 이거이 전부 그저 배켄 닐에.

▶ 내가 이것 전부 그저 밖의 일에.

제 그 살리문(믄) 내가 버러개지구 내가 살림 전부 헐(할)꺼니.

kɯ sallimun(mɯn) nɛga pʌɾʌgɛdzigu nɛga sallim tɕʌnbu hʌl(hal)k'ʌni.

그 살림은 내가 벌어개지구 내가 살림 전부 헐(할)꺼니.

▶ 그 살림은 내가 벌어가지고 내가 살림을 전부 하니.

조 네.

ne.

▶ 네.

제 노친네야 말 몯 허디요.

notɕʰinneja mal mot hʌdijo.

노친네야 말 못 허디요.

▷ 노친이야 말 못 하지요.

제 여 뒤에 그저 거뒐러나 주구 그저 아이드리나 키우구 그저 그랟띠요.

jʌ tüe kɯdzʌ kʌdwʌllʌna ʨugu kɯdzʌ aidɯrina kʰiugu kɯdzʌ kɯrett'ijo.

여 뒤에 그저 거뒐러나 주구 그저 아이들이나 키우구 그저 그랫디요.

▷ 이 뒤에서 그저 거들어나 주고 그저 아이들이나 키우고 그저 그랬지요.

조 네, 그러니까 성지를 내시지 몯 하죠?

ne, kɯrʌnik'a sʌŋdzirɯl nɛɕidzi mot hadzjo?

▷ 네, 그러니까 화를 내시지 못 하죠?

제 성질 가미 몬 내, 차이가 또 만티요.

sʌŋdzil kami mon nɛ, ʨʰaiga t'o mantʰijo.

성질 감히 못 내, 차이가 또 많디요.

▷ 화를 감히 못 내, 차이가 또 많지요.

제 비슫삐슫해야 말두 머 오구 가구 허간는데.

pisɯtp'isɯtʰɛja maldu mʌ ogu kagu hʌgannɯnde.

비슷비슷해야 말두 머 오구 가구 허갓는데.

▷ 비슷비슷해야 말도 뭐 오고 가고 하겠는데.

제 내가 말허(하)게 대머 아ː야 마를 안 헐꺼니 싸움 헐 노르시 업띠요.

nɛga malfʌ(ɦa)ge tɛmʌ aːja marɯl an hʌlk'ʌni s'aum hʌl norɯɕi ʌpt'ijo.

내가 말허(하)게 대머 아ː야 말을 안 헐꺼니 싸움 헐 노릇이 없디요.

▷ 내가 말하게 되면 아예 말을 안 하니 싸움을 할 일이 없지요.

부드러워진 할아버지 성격

조 조용하게 그냥 하라버지만 모시고 그러셛꾼요. 그런데 이 할머니믄 막 성질 내시고 그래요?

ʨojoɲɦage kɯnjaŋ harabʌdziman moɕigo kɯrʌɕjʌtkʼunjo. kɯrʌnde i halmʌnimɯn mak sʌŋdzil nɛɕigo kɯrɛjo?

▶ 조용하게 그냥 할아버지만 모시고 그러셨군요. 그런데 이 할머님은 막 화도 내시고 그래요?

제 그 제 성질 날 때게 나디요 머.

kɯ ʨe sʌŋdzil nal tʼɛge nadijo mʌ.

그 제 성질 날 때게 나디요 머.

▶ 그 자기 화가 날 때는 내지요 뭐.

조 그러면 하라버지께서는 가마니 이쓰시고요? 혹씨 하라버지께서도 성질 내시고 하세요?

kɯrʌmjʌn harabʌdzikʼesʌnɯn kamani isʼɯɕigojo? hokɛʼi harabʌdzikʼesʌdo sʌŋdzil nɛɕigo hasejo?

▶ 그러면 할아버지께서는 가만히 있으시고요? 혹시 할아버지께서도 화를 내시고 하세요?

제 내 머 성질 머, 내 성지른 머, 성질 내디두 앙쿠.

nɛ mʌ sʌŋdzil mʌ, nɛ sʌŋdzirɯn mʌ, sʌŋdzil nɛdidu aŋkʰu.

내 머 성질 머, 내 성질은 머, 성질 내디두 않구.

▶ 내 뭐 성질 뭐, 내 성질은 뭐, 성질을 내지도 않고.

제 그저 그러케 사라요.

kɯdzʌ kɯrʌkʰe sarajo.

그저 그렇게 살아요.
▶ 그저 그렇게 살아요.

조 이제는 성질 다 업써져써요?
idzenɯn sʌŋdzil ta ʌps'ʌdzjʌs'ʌjo?
▶ 이제는 성질이 다 없어졌어요?

제 제네 성지리 다 : 업써데시요.
ʨene sʌŋdziri ta : ʌps'ʌdeɕijo.
젠의 성질이 다 : 없어뎃이요.
▶ 전의 성질이 다 없어졌어요.

제 내 이거 절머슬 때 성지리 좀 머 이섣땓(딛)띠요.
nɛ igʌ ʨʌlmʌsɯl t'ɛ sʌŋdziri ʨom mʌ isʌtt'ɛt(t'it)t'ijo.
내 이거 젊엇을 때 성질이 좀 머 잇엇댓(딧)디요.
▶ 내 이것 젊었을 때 성질이 좀 뭐 있었댔지요.

제 그거 절머슬 때 그 내가 일 : 쩡(日政)[101] 때 그 이 : 기생이덩 건데.
kɯgʌ ʨʌlmʌsɯl t'ɛ kɯ nega i : lʨ'ʌŋ t'ɛ kɯ i : giseŋidʌŋ gʌnde.
그거 젊엇을 때 그 내가 일 : 정(日政) 때 그 이 : 기생이던 건데.
▶ 그것 젊었을 때 그 내가 일정 때 그 2기생였었는데.

조 네.
ne.
▶ 네.

제 그 훌런 바드레, 일쩡 때 그 훌러늘 바단는데.
kɯ hullʌn padɯre, ilʨ'ʌŋ t'ɛ kɯ hullʌnɯl padannɯnde.
그 훈련 받으레, 일정 때 그 훈련을 받앗는데.
▶ 그 훈련 받으려고, 일정 때 그 훈련을 받았는데.

---

101 일본이 조선을 침략하여 강점하고 다스리던 정치 또는 그 통치 기간을 말함.

제 훌런 바드레 가서두 머 교관, 그때 머 교관 어 : 쩍허문 때레시요.

hullʌn padɯre kasʌdu mʌ kjogwan, kɯt'ɛ mʌ kjogwan ʌ : tɕʌkhʌmun
t'ɛreɕijo.

훈런 받으레 가서두 머 교관, 그때 머 교관 어 : 쩍허문 때렛이요.

▷ 훈련을 받으러 가서도 뭐 교관, 그때 뭐 교관들이 걸핏하면 때렸어요.

제 긴 : 데 우 : 린 때리딜 몯 해시요, 그 교과니 가 : 미.

ki : nde u : rin t'ɛridil mot hɛɕijo, kɯ kjogwani ka : mi.

긴 : 데 우 : 린 때리딜 못 햇이요, 그 교관이 감 : 히.

▷ 그런데 우리는 때리지를 못 했어요, 그 교관이 감히.

조 아 그래써요? 하라버지를 때리시지 몯 해써요?

a kɯres'ʌjo? harabʌdzirɯl t'ɛriɕidzi mot hɛs'ʌjo?

▷ 아 그랬어요? 할아버지를 때리시지 못 했어요?

제 때리딜 몯 핻띠요, 우리는, 야 날 : 막.

t'ɛridil mot hɛtt'ijo, urinɯn, ja na : l mak.

때리딜 못 햇디요, 우리는, 야 날 : 막.

▷ 때리지를 못 했지요, 우리는 야 나를 막.

조 힘도 세고요.

çimdo segojo.

▷ 힘도 세고요.

제 히미야 쎄렌만 머 그때는 저, 내가 일본놈 학꼴 : 나와슬꺼니.

çimija s'erenman mʌ kɯt'ɛnɯn tɕʌ, nɛga ilbonnom hakk'jo : l
nawasɯlk'ʌni.

힘이야 쎄렌만 머 그때는 저, 내가 일본놈 학꼴 : 나왓을거니.

▷ 힘이야 세지만 뭐 그때는 저, 내가 일본 학교를 나왔으니.

제 일본말, 일본말두 잘허(하)디, 그 촌 : 아이들.

ilbonmal, ilbonmaldu tɕalɦʌ(ɦa)di, kɯ tɕʰo : n aidɯl.

288

일본말, 일본말두 잘허(하)디, 그 촌 : 아이들.

▶ 일본말, 일본말도 잘하지, 그 촌의 아이들.

제 그 일본말 몯 허능 건 천 : 대거티 바닫띠요 머.

kɯ ilbonmal mot hʌnɯŋ gʌn tɕʰʌ : ndɛgʌtʰi padatt'ijo mʌ.

그 일본말 못 허는 건 천 : 대겥이 받앗디요 머.

▶ 그 일본말 못 하는 사람은 천대를 많이 받았지요 뭐.

제 매 : 일 매 만능 거이 그거이 큰 이 : 리구.

mɛ : il mɛ mannɯŋ gʌi kɯgʌi kʰɯn i : ɾigu.

매 : 일 매 맞는 거이 그거이 큰 일 : 이구.

▶ 매일 매를 맞는 것이 그것이 큰일이고.

조 네, 그래써요?

ne, kɯɾɛs'ʌjo?

▶ 네, 그랬어요?

일제 강점기 일본 사람들의 행패

제 일본놈들 말두 몯 해요. 거기 그 우리 그 조서네서 건너올 때.
　ilbonnomdɯl maldu mot hɛjo. kʌgi kɯ uri kɯ ʨosʌnesʌ kʌnnʌol tʼɛ.
　일본놈들 말두 못 해요. 거기 그 우리 그 조선에서 건너올 때.
　▶ 일본 사람들은 말도 못 해요. 거기 그 우리 그 조선에서 건너올 때.

제 일본싸(사)람들 그 겡찰쏘 : 서, 우리 다글 미겐는데.
　ilbonsʼa(sa)ramdɯl kɯ kenʨʰalsʼo : sʌ, uri tagɯl migennɯnde.
　일본싸(사)람들 그 겡찰소 : 서, 우리 닥을 믹엣는데.
　▶ 일본 사람들은 그 경찰서에서, 우리 닭을 먹였는데.

제 야 아이들 때, 이제 이 송구두 생가기 나.
　ja aidɯl tʼɛ, idʑe i songudu sɛngagi na.
　야 아이들 때, 이제 이 송구두 생각이 나.
　▶ 야 아이들 때, 이제 이 아직도 생각이 나.

제 홑따기라구 이시요, 홑따기라구 인는데.
　hottʼagiragu ieijo, hottʼagiragu innɯnde.
　홑닥이라구 잇이요, 홑닥이라구 잇는데.
　▶ 홑닭이라고 있어요, 홑닭이라고 있는데.

제 우리 지비 그 다기 이슬꺼니. 쩍 : 허문 와서라무.
　uri ʨibi kɯ tagi isɯlkʼʌni. ʨʼʌ : kʰʌmun wasʌramu.
　우리 집이 그 닥이 잇을꺼니. 쩍 : 허문 와서라무.
　▶ 우리 집에 그 닭이 있으니. 쩍하면 와서.

제 다글 달라구 해서 자바, 자바 주디요 머.
　tagɯl tallagu hɛsʌ ʨaba, ʨaba ʨudijo mʌ.

닥을 달라구 해서 잡아, 잡아 주디요 머.
▷ 닭을 달라고 해서 잡아, 잡아 주지요 뭐.

제 안 자바 주면 행패를 허(하)는데 그 다 : 몯 해구.
an ʨaba ʨumʌn hɛŋpʰɛɾɯl hʌ(ha)nɯnde kɯ ta ː mot hɛgu.
안 잡아 주면 행패를 허(하)는데 그 다 : 못 해구.
▷ 안 잡아 주면 행패를 부리는데 그 당하지 못 하고.

제 농사 지 : 먼 다 : 끄러가구.
noŋsa ʨi ː mʌn ta ː k'ɯɾʌgagu.
농사 지 : 먼 다 : 끌어가구.
▷ 농사를 지으면 다 끌어가고.

제 할 째간 업써서, 그 조서네 그 토디가 좀 이서시요, 산꼴.
hal ʨ'ɛgan ʌps'ʌsʌ, kɯ ʨosʌne kɯ tʰodiga ʨom isʌɕijo, sank'ol.
할 재간 없어서, 그 조선에 그 토디가 좀 잇엇이요, 산골.
▷ 할 수 없어서, 그 조선에 그 토지가 좀 있었어요, 산골에.

제 그걸 파라개구 주(중)구게 와서 또 산꼴, 산꼴째기 가서라무니.
kɯgʌl pʰaragɛgu ʨu(ʨuŋ)guge wasʌ, t'o sank'ol, sank'olʨ'ɛgi
kasʌɾamuni.
그걸 팔아개구 주(중)국에 와서, 또 산골, 산골째기 가서라무니.
▷ 그걸 팔아가지고 중국에 와서, 또 산골, 산골짜기에 가서.

제 바틀 쪼꼼 사개구 건너 완는데, 그 건너올꺼니 그 놈 새끼들 또.
patʰɯl ʨ'ok'om sagɛgu kʌnnʌ wannɯnde, kɯ kʌnnʌolk'ʌni kɯ nom
sɛk'idɯl t'o.
밭을 쪼꼼 사개구 건너 왔는데, 그 건너올꺼니 그 놈 새끼들 또.
▷ 밭을 조금 사가지고 건너 왔는데, 그 건너오니 그 놈 새끼들이 또.

제 그 놈 생실(치)가 그 주구게두 또 그 놈 생 : 실 또 쓰거던.
kɯ nom sɛŋɕil(ʨʰi)ga kɯ ʨugugedu t'o kɯ nom sɛ ː ŋɛil t'o s'ɯgʌdʌn.

그 놈 생실(치)가 그 주국에두 또 그 놈 생 : 실 또 쓰거던.
▷ 그 놈의 행실이 그 중국에서도 또 그 행실을 또 쓰거든.

조 네.
ne.
▷ 네.

제 농사허(하)문 다 끄러가구.
noŋsafiʌ(fia)mun ta k'ɯrʌgagu.
농사허(하)문 다 끌어가구.
▷ 농사를 하면 다 끌어가고.

조 네.
ne.
▷ 네.

제 그 일본놈드리 그리케 악허게 노라시요, 일본놈.
kɯ ilbonnomdɯri kɯrikʰe akhʌge noraɕijo, ilbonnom.
그 일본놈들이 그렇게 악허게 놀앗이요, 일본놈.
▷ 그 일본 사람들이 그렇게 악하게 놀았어요, 일본 사람.

제 아 : 매 이 절믄 싸(사)람들 모를꺼라요.
a : mɛ i tɕʌlmɯn s'a(sa)ramdɯl morɯlk'ʌrajo.
아 : 매 이 젊은 싸(사)람들 모를거라요.
▷ 아마 이 젊은 사람들은 모를 거예요.

제 낭식, 그, 이 데 나락꺼트 거는 다 : 개갇삐리구.
naŋɕik, kɯ, i te narakk'ʌtʰɯ kʌnɯn ta : kɛgatp'irigu.
낭식, 그, 이 데 나락겉은 거는 다 : 개갓비리구.
▷ 양식, 그, 이 저 벼 같은 것은 다 가져가 버리고.

조 네.

ne.

▶ 네.

제 강쉬쉬쌀, 강냉쌀, 좁쌀 이거 내주구.

kaŋsüsüs'al, kaŋneŋs'al, tɕops'al igʌ neʥugu.

강쉬쉬쌀, 강냉쌀, 좁쌀 이거 내주구.

▶ 수수쌀, 옥수수쌀, 좁쌀 이것을 내주고.

제 그 닙싸른 아야, 저레 다ː 끄러다가 저ː 나라에 개ː가구.

kɯ nips'arɯn aja, tɕʌre taː k'ɯrʌdaga tɕʌː narae kɛː gagu.

그 닙쌀은 아야, 저레 다ː 끌어다가 저ː 나라에 개ː가구.

▶ 그 입쌀은 아예, 아예 다 끌어다가 자기 나라에 가져가고.

조 네, 그래써요?

ne, kɯres'ʌjo?

▶ 네, 그랬어요?

제 예, 그러더니 그 놈들 망해개지구. 망헐꺼니 막 참ː 기뻐요.

je, kɯrʌdʌni kɯ nomdɯl maŋɦegeʥigu. maŋɦʌlk'ʌni mak tɕʰaː m
kip'ʌjo.

예, 그러더니 그 놈들 망해개지구. 망헐꺼니 막 참ː 기뻐요.

▶ 예, 그러더니 그 사람들이 망해가지고. 망하니 막 정말 기뻐요.

조 네.

ne.

▶ 네.

제 저ː 통화꺼지 드러가개지구, 그 군대 드러가개지구.

tɕʌː tʰoŋɦwak'ʌʥi tɯrʌgageʥigu, kɯ kunde tɯrʌgageʥigu.

저ː 통화꺼지 들어가개지구, 그 군대 들어가개지구.

▶ 저 통화까지 들어가가지고, 그 군대들이 들어가가지고.

제 오늘, 오늘 다라난다, 내일 다라난다 더거들끼리.
  onɯl, onɯl tarananda, nɛil tarananda tʌgʌdɯlk'iri.
  오늘, 오늘 달아난다, 내일 달아난다 더거들꺼리.
  ▶ 오늘, 오늘 달아난다, 내일 달아난다 저희들끼리.

제 야, 이거 이저는 전쟁파네 나가문 중는다.
  ja, igʌ idzʌnɯn tɕʌndzɛɲpʰane nagamun tɕuɲnɯnda.
  야, 이거 이저는 전쟁판에 나가문 죽는다.
  ▶ 야, 이것 이제는 전쟁판에 나가면 죽는다.

제 여 : 어디케 짜물 바서람 다라나자.
  jʌ : ʌdikʰe tɕ'amul pasʌram taranadza.
  여 : 어떻게 짬을 바서람 달아나자.
  ▶ 여 어떻게 짬을 봐서 달아나자.

조 네.
  ne.
  ▶ 네.

제 그 사 : 방 살펴볼꺼니 전부 보초 보구 다라날 때가 업써요.
  kɯ sa : baŋ salpʰjʌbolk'ʌni tɕʌnbu potɕʰo pogu taranal t'ɛga ʌps'ʌjo.
  그 사 : 방 살펴볼꺼니 전부 보초 보구 달아날 때가 없어요.
  ▶ 그 사방을 살펴보니 전부 보초를 보고 달아날 때가 없어요.

제 그더니 하루 이틀, 하루 이틀 디내더니.
  kɯdʌni haru itʰɯl, haru itʰɯl tinɛdʌni.
  그더니 하루 이틀, 하루 이틀 디내더니.
  ▶ 그러더니 하루 이틀, 하루 이틀을 지내더니.

제 그 일본놈 그 터낭페하가, 명령을 내리와개지구 손(촌) 드럳띠요 머.
  kɯ ilbonnom kɯ tʰʌnaɲpʰjeɦaga, mjʌŋrʌŋɯl nɛriwagɛdzigu son(tɕʰon) tɯrʌtt'ijo mʌ.

그 일본놈 그 턴항폐하가, 명령을 내리와개지구 손(춘) 들엇디요 머.

▷ 그 일본 사람 그 천황폐하가, 명령을 내려와가지고 손을 들었지요 뭐.

제 기래개지구 지비 도라오디 아나서?

kiɾɛgɛdzigu tɕibi toɾaodi anasʌ?

기래개지구 집이 돌아오디 않앗어?

▷ 그래가지고 집에 돌아오지 않았어?

조 네, 그러션꾼요.

ne, kɯɾʌejʌtk'unjo.

▷ 네, 그러셨군요.

제 그 지비 도라와개지구 이스꺼니(리) 그때는 또 한, 한 반넌(발런).

kɯ tɕibi toɾawagɛdzigu isɯk'ʌni(ɾi) kɯt'ɛnɯn t'o han, han pannʌn
(pallʌn).

그 집이 돌아와개지구 잇으꺼니(리) 그때는 또 한, 한 반넌(발넌).

▷ 그 집에 돌아와가지고 있으니 그때는 또 한, 한 반 년.

제 한 일런 근 : 페난해시요, 페난핸는데.

han illʌn kɯ : n pʰenanɸɛɕijo, pʰenanɸɛnnɯnde.

한 일넌 근 : 펜안햇이요, 펜안햇는데.

▷ 한 일 년 거의 편안했어요, 편안했는데.

제 그대멘 팔로구니 이제, 팔로구니 아니구 그.

kɯdɛmen pʰalloguni idze, pʰalloguni anigu kɯ.

그댐엔 팔로군이 이제, 팔로군이 아니구 그.

▷ 그 다음에는 팔로군이 이제, 팔로군이 아니고 그.

제 일본놈 아푸루 그 경 : 찰 노른 허던 놈드리 전부 토비가 댄(댇)따구요.

ilbonnom apʰuɾu kɯ kjʌ : ŋtɕʰal noɾɯt hʌdʌn nomdɯɾi tɕʌnbu tʰobiga
tɛt(twɛt)t'agujo.

일본놈 앞우루 그 경 : 찰 노룻 허던 놈들이 전부 토비가 댓(됏)다구요.

▣ 일본 사람 앞으로 그 경찰 노릇을 하던 사람들이 전부 토비가 됐다고요.

제 토비가 대(돼)개지구 해방댄는데 그노므 토비(디)가 대(돼)개지구.

ᵗʰobiga tɛ(twɛ)gɛdzigu hɛbaŋdennɯnde kɯnomɯ ᵗʰobi(di)ga tɛ(twɛ)gɛdzigu.

토비가 대(돼)개지구 해방댓는데 그놈으 토비(디)가 대(돼)개지구.

▣ 토비가 돼가지고 해방됐는데 그 사람의 토비가 돼가지고.

제 와서 또(토) 그놈드리 와 도(토)적찔 허(하)구.

wasʌ t'o(tʰo) kɯnomdɯri wa to(tʰo)dzʌkʨil hʌ(ha)gu.

와서 또(토) 그놈들이 와 도(토)적질 허(하)구.

▣ 와서 또 그 사람들이 와 도둑질 하고.

조 하라버지 물 쫌 드릴까요?

harabʌdzi mul ʨ'om tɯrilk'ajo?

▣ 할아버지 물 좀 드릴까요?

제 나 물 쪼끔 머, 그 고뿌 좀 달래요?

na mul ʨ'ok'ɯm mʌ, kɯ kop'u ʨom tallɛjo?

나 물 쪼끔 머, 그 고뿌 좀 달래요?

▣ 내 물 조금 먹을래, 그 컵을 좀 달라요?

조 제가 드릴께요. 하라버지 계속 이야기 해주세요. 그 일본놈드리 그러케 나빠써요?

ʨega tɯrilk'ejo. harabʌdzi kjesok ijagi hɛdzusejo. kɯ ilbonnomdɯri kɯrʌkʰe nap'as'ʌjo?

▣ 제가 드릴게요. 할아버지 계속 이야기 해주세요. 그 일본 사람들이 그렇게 나빴어요?

제 아이, 나뿌디요. 참 : 나빠시요. 일본놈들 말두 몯 해요.

ai, nap'udijo. ʨʰa : m nap'aɕijo. ilbonnomdɯl maldu mot hɛjo.

아이, 나쁘디요. 참 : 나빳이요. 일본놈들 말두 못 해요.

▷ 아니, 나쁘지요. 정말 나빴어요. 일본 사람들 말도 못 해요.

조 그랜씀니까?

kɯɾɛts'ɯmnik'a?

▷ 그랬습니까?

제 일본놈들 그 손 둘구두 통화(通化) 위에서라무니.

ilbonnomdɯl kɯ son tulgudu tʰoɲɦwa üesʌɾamuni.

일본놈들 그 손 둘구두 통화(通化) 위에서라무니.

▷ 일본 사람들이 그 손을 들고도 통화 위에서.

제 그놈드리 판캉(反抗)[102]우루 이젠 그 팔로구늘 다 : 쥐기갇따구.

kɯnomdɯɾi pʰankʰaɲuɾu idzen kɯ pʰallogunɯl ta : tɕügigatt'agu.

그놈들이 판캉(反抗)우루 이젠 그 팔로군을 다 : 쥑이갓다구.

▷ 그 사람들이 반항하여 이제는 그 팔로군을 다 죽이겠다고.

제 하루 쩌(짜)낙 그걸 : 게회글 핻따구요 기래.

haɾu tɕ'ʌ(tɕ'a)nak kɯgʌ : l keɦögɯl ɦɛtt'agujo kiɾɛ.

하루 쩌(짜)낙 그걸 : 계획을 햇다구요 기래.

▷ 하루 저녁에 그것을 계획을 했다고요 그래.

조 네.

ne.

▷ 네.

제 그 통화 그짜게는 비행기레 읻꾸, 일본놈 그 어 : 주둔, 주둔해개구.

kɯ tʰoɲɦwa kɯtɕ'agenɯn piɦeɲgiɾe itk'u, ilbonnom kɯ ʌ : tɕudun, tɕudunɦɛgɛgu.

그 통화 그짝에는 비행기레 잇구, 일본놈 그 어 : 주둔, 주둔해개구.

---

102 판캉(反抗[fankang])은 '반항하다'를 뜻하는 중국어.

▷ 그 통화 그쪽에는 비행기가 있고, 일본 사람이 그 주둔, 주둔해가지고.

제 그, 거구메서 주둔해개구 쏘러누(느)루 가서라무니.
kɯ, kʌgumesʌ tɕudunɦɛgɛgu s'orʌnu(nɯ)ru kasʌramuni.
그, 거굼에서 주둔해개구 쏘런우(으)루 가서라무니.
▷ 그, 거기에서 주둔해가지고 소련으로 가서.

제 쏘런 그 경계루 싸움 나가갇따구 허덩 거인데.
s'orʌn kɯ kjʌŋgjeru s'aum nagagatt'agu hʌdʌŋ gʌinde.
쏘런 그 경계루 싸움 나가갓다구 허던 거인데.
▷ 소련의 그 경계로 싸움 나가겠다고 하던 것인데.

조 네.
ne.
▷ 네.

제 하루 쩌나게는 그 일본놈 그.
haru tɕ'ʌnagenɯn kɯ ilbonnom kɯ.
하루 쩌낙에는 그 일본놈 그.
▷ 하루 저녁에는 그 일본 사람들이 그.

제 그 팔로군 다 : 쥐기갇다구 계획해개지구.
kɯ pʰallogun ta : tɕügigatt'agu keɦökhɛgɛdzigu.
그 팔로군 다 : 쥑이갓다구 계획해개지구.
▷ 그 팔로군을 다 죽이겠다고 계획해가지고.

조 네.
ne.
▷ 네.

제 그렁 걸 팔로구니 미리 아랃띠요 머 그 느러세자마자.

298

kɯɾʌŋ gʌl pʰalloguni miri aratt'ijo mʌ kɯ nɯɾʌsedzamadza.

그런 걸 팔로군이 미리 알앗디요 머 그 늘어세자마자.

▷ 그런 것을 팔로군이 미리 알았지요 뭐 그 늘어서자마자.

제 일본놈 그 비행기 뜨자마자 팔로구니 싹 : 뜨러가개지구.

ilbonnom kɯ piɕeŋgi t'ɯdzamadza pʰalloguni s'a : k t'ɯɾʌgagɛdzigu.

일본놈 그 비행기 뜨자마자 팔로군이 싹 : 들어가개지구.

▷ 일본 사람 그 비행기 뜨자마자 팔로군이 싹 들어가가지고.

제 일본놈부에서 몬딱 자바개지구.

ilbonnombuesʌ mont'ak tɕabagɛdzigu.

일본놈부에서 몬딱 잡아개지구.

▷ 일본 군부대에서 몽땅 잡아가지고.

제 어 : 따 쓰런는디 아라요? 그 강, 파디강(지명)이라구 그.

ʌ : t'a s'ɯɾʌnnɯndi arajo? kɯ kaŋ, pʰadigaɲiragu kɯ.

어 : 따 쓸엇는디 알아요? 그 강, 파디강이라구 그.

▷ 어디에다 쓸어 넣었는지 알아요? 그 강, 파디강이라고 그.

조 네.

ne.

▷ 네.

제 파디강, 그 아페 그, 통화 그 아페 파디강이라구 이서요.

pʰadigaŋ, kɯ apʰe kɯ, tʰoɲɦwa kɯ apʰe pʰadigaɲiragu isʌjo.

파디강, 그 앞에 그, 통화 그 앞에 파디강이라구 잇어요.

▷ 파디강, 그 앞에 그, 통화 그 앞에 파디강이라고 있어요.

조 하라버지 이걷 물 좀 드세요. 하라버지 물 좀 마니 드셔야 합니다.

haɾabʌdzi igʌt mul tɕom tɯsejo. haɾabʌdzi mul tɕom mani tɯɕʌjʌ hamnida.

▷ 할아버지 이것 물 좀 드세요. 할아버지 물 좀 많이 드셔야 합니다.

제 기래개지구 그 일본놈들 그 자바개구, 그 겨우리라요.
kiɾɛɡedzigu kɯ ilbonnomdɯl kɯ tɕabagɛgu, kɯ kjʌuɾirajo.
기래개지구 그 일본놈들 그 잡아개구, 그 겨울이라요.
▷ 그래가지고 그 일본 사람들을 그 잡아가지고, 그 겨울이에요.

제 그 어룸꾸데 : 에 다 : 모라네 : 서요.
kɯ ʌɾumkʼude : e ta : moɾane : sʌjo.
그 얼움구뎅이에 다 : 몰아넷어요.
▷ 그 얼음 구덩이에 다 몰아넣었어요.

제 막 쥐기구 막 아 : , 어른헐꺼 업씨.
mak tɕügigu mak a : , ʌɾɯnɦʌlkʼʌ ʌpɛʼi.
막 쥑이구 막 아 : , 어른헐 거 없이.
▷ 막 죽이고 막 아이, 어른 할 것 없이.

제 일본놈 새끼(기)라 허(하)문 그저 다 : 모라네 : 구 주긷띠요 머.
ilbonnom sɛkʼi(gi)ɾa hʌ(ha)mun kɯdzʌ ta : moɾane : gu tɕugittʼijo mʌ.
일본놈 새끼(기)라 허(하)문 그저 다 : 몰아네 : 구 죽잇디요 머.
▷ 일본 사람이라 하면 그저 다 몰아넣고 죽였지요 뭐.

조 네.
ne.
▷ 네.

제 그리케 사빙(士兵)[103], 그 일본놈 해방 대 : 구 그놈드리 일본제국.
kɯɾikʰe sabiŋ, kɯ ilbonnom ɦɛbaŋ tɛ : gu kɯnomdɯri ilbondzeguk.
그렇게 사빙(士兵), 그 일본놈 해방 대 : 구 그놈들이 일본제국.
▷ 그렇게 병사, 그 일본 사람이 해방되고 그 사람들이 일본제국.

제 본구게 가디 앙쿠 그따우찔 해다가 몬딱 주걷띠요.

---

103 사빙(士兵[shibing])은 '병사'를 뜻하는 중국어.

ponguge kadi aŋkʰu kɯtʼautɕʼil hɛdaga montʼak tɕugʌttʼijo.

본국에 가디 않구 그따우찔 해다가 몬딱 죽엇디요.

▶ 본국에 가지 않고 그따위 짓 하다가 몽땅 죽었지요.

제 그때 이거 다 : 이거 추어기라, 가마 : 생각허니.

kɯtʼɛ igʌ ta : igʌ tɕʰuʌgira, kama : sɛŋgakhʌni.

그때 이거 다 : 이거 추억이라, 가마 : 생각허니.

▶ 그때 이것 다 이것 추억이라, 가만히 생각하니.

제 그건 내레 보디 몯 허구 드른 소리거던.

kɯgʌn nɛre podi mot hʌgu tɯrɯn sorigʌdʌn.

그건 내레 보디 못 허구 들은 소리거던.

▶ 그것은 내가 (직접) 보지 못 하고 들은 소리야.

조 네.

ne.

▶ 네.

제 내가 이거 지금꺼지 상 거이, 내가 공불 몯 해서 사라시요.

nɛga igʌ tɕigɯmkʼʌdzi saŋ gʌi, nɛga koŋbul mot hɛsʌ saraɕijo.

내가 이거 지금꺼지 산 거이, 내가 공불 못 해서 살앗이요.

▶ 내가 이것 지금까지 산 것이, 내가 공부를 못 해서 살았어요.

제 공부만 잘 해스문 베쎄 이거 이 세상 싸라미 아니라요.

koŋbuman tɕal hɛsɯmun pesʼe igʌ i sesaŋ sʼarami anirajo.

공부만 잘 햇으문 베쎄 이거 이 세상 싸람이 아니라요.

▶ 공부만 잘 했으면 벌써 이것 이 세상 사람이 아니에요.

제 그때 공부만 잘 해스먼 아무걸 한 자리 해머거두 해멍는다구요.

kɯtʼɛ koŋbuman tɕal hɛsɯmʌn amugʌl han tɕari hɛmʌgʌdu hɛmʌŋnɯndagujo.

그때 공부만 잘 햇으면 아무걸 한 자리 해 먹어두 해 먹는다구요.

▣ 그때 공부만 잘 했으면 아무것을 한 자리 해 먹어도 해 먹는다고요.

제 그때 해 머구문 멀 해 멍나 허(하)문.

kɯt'ɛ hɛ mʌgumun mʌl hɛ mʌŋna hʌ(ha)mun.

그때 해 먹우문 멀 해 먹나 허(하)문.

▣ 그때 해 먹으면 뭘 해 먹나 하면.

제 교원 노른 몯 허(하)게 대면 경찰바끈 해 머글 꺼 업따구.

kjowʌn norɯt mot hʌ(ha)ge tɛmʌn kjʌɲtɕʰalbak'ɯn hɛ mʌgɯl k'ʌ ʌpt'agu.

교원 노릇 못 허(하)게 대면 경찰밖은 해 먹을 거 없다구.

▣ 교원 노릇을 못 하게 되면 경찰밖에 해 먹을 것이 없다고.

제 경차를, 마나게 경차를 해 머거스문 주걷따 머.

kjʌɲtɕʰarɯl, manage kjʌɲtɕʰarɯl hɛ mʌgʌsɯmun tɕugʌtt'i mʌ.

경찰을, 만악에 경찰을 해 먹엇으문 죽엇디 머.

▣ 경찰을, 만약에 경찰을 해 먹었으면 죽었지 뭐.

제 왜 주건나 허(하)문 팔로군허구 그, 팔로군 두루와개지구.

wɛ tɕugʌnna hʌ(ha)mun pʰallogunɦʌgu kɯ, pʰallogun turuwagɛdzigu.

왜 죽엇나 허(하)문 팔로군허구 그, 팔로군 둘우와개지구.

▣ 왜 죽었나 하면 팔로군하고 그, 팔로군이 들어와서.

제 그 라ː지(垃圾)[104] 다ː 허(하)구서는 그댐ː 토디게회기 읻띠 아나쏘?

kɯ raːdzi taː hʌ(ha)gusʌnɯn kɯdɛːm tʰodigeɦögi itt'i anas'o?

그 라ː지(垃圾) 다ː 허(하)구서는 그댐ː 토디게획이 잇디 않앗소?

▣ 그 쓰레기를 다 치우고서는 그 다음에 토지개혁이 있지 않았소?

조 네.

ne.

▣ 네.

---

104 라지(垃圾[lajī])는 '쓰레기'를 뜻하는 중국어.

토지개혁에 대한 긍정적 평가

제 토디게획 허(하)문 잘 모를꺼라요.

t^hodigefiök hʌ(ha)mun ʨal moɾɯlk'ʌɾajo.

토디게획 허(하)문 잘 모를거라요.

▶ 토지개혁 하면 잘 모를 거예요.

조 네.

ne.

▶ 네.

제 어디, 어디 게센는디? 토디게회기 어디 데ː일 쎙가 허(하)문.

ʌdi, ʌdi kesennɯndi? t^hodigefiögi ʌdi teːil s'eŋga hʌ(ha)mun.

어디, 어디 게셋는디? 토디게획이 어디 데ː일 쎈가 허(하)문.

▶ 어디, 어디가 거셨는지? 토지개혁이 어디가 제일 센가 하면.

제 이 동부게는 콴데(寬甸)[105]니 데ː일 싸(사)람 마니 잡꾸, 죽꾸.

i toŋbugenɯn k^hwandeni teːil s'a(sa)ram mani ʨapk'u, ʨukk'u.

이 동북에는 콴덴(寬甸)이 데ː일 싸(사)람 많이 잡구, 죽구.

▶ 이 동북에는 관전이 제일 사람을 많이 잡고, 죽었고.

제 화이너(桓仁)[106]니 두채루 가구.

hwainʌni tuʨʰɛru kagu.

화이넌(桓仁)이 두채루 가구.

▶ 환인이 두 번째로 가고.

---

105 콴데(寬甸[kuandian])는 요녕성 동부, 압록강 강변에 있는 현성명으로 '관전만족자치현'을 가리킴.
106 화이넌(桓仁[huanɾen])은 요녕성 동남부에 속하는 현성명으로 '관전현'의 북쪽, '집안현'의 서쪽에 있는 '환인만족자치현'을 가리킴.

제 지반헌, 우리 사는 데가 세채루 갇따구.

tɕibanɦʌn, uɾi sanɯn tega setɕʰɛɾu katt'agu.

집안헌, 우리 사는 데가 세채루 갓다구.

▷ 집안현, 우리 사는 데가 세 번째로 갔다고.

제 토디게획 참 : 헹펜 업써시요.

tʰodigeɦök tɕʰa : m henpʰen ʌps'ʌɕijo.

토디게획 참 : 헹펜 없엇이요.

▷ 토지개혁 참 형편이 없었어요.

조 그래써요?

kɯɾɛs'ʌjo?

▷ 그랬어요?

제 예, 또 그 주구기요 그거이, 그 토디게회글 안 해스문.

je, t'o kɯ tɕugugijo kɯgʌi, kɯ tʰodigeɦögɯl an ɦɛsɯmun.

예, 또 그 주국이요 그거이, 그 토디게획을 안 햇으문.

▷ 예, 또 그 중국이요 그것이, 그 토지개혁을 안 했으면.

제 또 이망쿰 대디두 몯 해요.

t'o imaŋkʰum tɛdidu mot ɦɛjo.

또 이만쿰 대디두 못 해요.

▷ 또 이만큼 되지도 못 해요.

조 네.

ne.

▷ 네.

제 토디(지)게획 그 헐 때는 그, 경찰 해 먹꾸.

tʰodi(dʑi)geɦök kɯ ɦʌl t'ɛnɯn kɯ, kjʌntɕʰal ɦɛ mʌkk'u.

토디(지)게획 그 헐 때는 그, 경찰 해 먹구.

▷ 토지개혁을 그 할 때는 그, 경찰이 해 먹고.

제 어, 디주부농(地主富農)¹⁰⁷, 이거 다 : 뛰딜버 어푼는데.

ʌ, tidʑubunoŋ, igʌ ta : t'üdilbʌ ʌpʰunnɯnde.

어, 디주부농(地主富農), 이거 다 : 뛰딟어 엎웃는데.

▷ 어, 지주부농, 이것 다 뒤집어엎었는데.

제 그저 갑짝 짤몯허(하)문 다 쥐겨요.

kɯdʑʌ kaptɕ'ak tɕ'almothʌ(ha)mun ta tɕügjʌjo.

그저 갑작 잘몯허(하)문 다 쥑여요.

▷ 그저 까딱 잘못하면 다 죽여요.

조 네.

ne.

▷ 네.

제 그 빈고농 그, 팔로군 두루와개지구.

kɯ pingonoŋ kɯ, pʰallogun tuɾuwagɛdʑigu.

그 빈고농 그, 팔로군 둘우와개지구.

▷ 그 빈고농 그, 팔로군이 들어와가지고.

제 그 토디게획 해 노쿠서는.

kɯ tʰodigeɦök hɛ nokʰusʌnɯn.

그 토디게획 해 놓구서는.

▷ 그 토지개혁을 해 놓고서는.

제 퇴대게 그 디주부농을 다 때레부시구야 이제 토디(지)게획글 헌다구요.

tʰödɛge kɯ tidʑubunoŋɯl ta t'ɛɾebuɕiguja idʑe tʰodi(dʑi)geɦögɯl hʌndagujo.

퇴대게 그 디주부농을 다 때레부시구야 이제 토디(지)게획을 헌다구요.

▷ 호되게 그 지주부농을 다 때려부시고 이제 토지개혁을 한다고요.

---

107 디주부농(地主富農[dizhufunong])은 '지주부농'을 뜻하는데 주로 토지개혁 때 사용하던 말임.

조 네.

ne.

▶ 네.

제 그 토, 부농허구 디주는 무조껀 지비 그 짇까치허구.

kɯ tʰo, punoɲɦʌgu tidzunɯn mudzokʼʌn tɕibi kɯ tɕitkʼatɕʰiɦʌgu.

그 토, 부농허구 디주는 무조건 집이 그 짓까치허구.

▶ 그 토, 부농하고 지주는 무조건 집에 그 젓가락하고.

제 완(碗)[108] 한나 허구 어, 주먼 다라요.

wan hanna hʌgu ʌ, tɕumʌn taɾajo.

완(碗) 한나 허구 어, 주먼 다라요.

▶ 그릇 하나 하고 어, 주면 다예요.

제 이붕 거 내노쿠 지비 이거, 이거 다 : 벋께가요 전부.

ibuŋ gʌ nɛnokʰu tɕibi igʌ, igʌ ta : pʌtkʼegajo tɕʌnbu.

입운 거 내놓구 집이 이거, 이거 다 : 벗게가요 전부.

▶ 입은 것을 내놓고 집에 이것, 이것을 다 벗겨가요 전부.

제 쪽 : 뻳께 가시요 뻳께다 누굴 주나? 빙고농.

tɕʼo : k pʼetkʼe kaɕijo pʼetkʼeda nugul tɕuna? piŋgonoŋ.

쪽 : 뺏게 갓이요 뺏게다 누굴 주나? 빈고농.

▶ 쭉 벗겨 갔어요 벗겨서 누구를 주나? 빈고농.

제 어 빈, 지금 주(중)구게 온 처 : 메 토디게획 헐 땐 고 : 농이 읻꾸.

ʌ pin, tɕigɯm tɕu(tɕuŋ)guge on tɕʰʌ : me tʰodigeɦök hʌl tʼen ko : noɲi itkʼu.

어 빈, 지금 주(중)국에 온 첨 : 에 토디게획 헐 땐 고 : 농이 잇구.

▶ 어 빈, 지금 중국에 맨 처음에 토지개혁을 할 때는 고농이 있고.

---

108 완(碗[wan])은 '그릇'을 뜻하는 중국어.

제 그대 : 메 빈농 일꾸, 그대 : 메 중농, 상중농.
kɯdɛ : me pinnoŋ itk'u, kɯdɛ : me tɕuŋnoŋ, saŋdzɯŋnoŋ.
그댐 : 에 빈농 잇구, 그댐 : 에 중농, 상중농.
▶ 그 다음에 빈농이 있고, 그 다음에 중농, 상중농.

조 네.
ne.
▶ 네.

제 어, 부농, 상중농, 디주, 그대 : 메 개다리.
ʌ, punoŋ, saŋdzɯŋnoŋ, tidzu, kɯdɛ : me kɛdari.
어, 부농, 상중농, 디주, 그댐 : 에 개다리.
▶ 어, 부농, 상중농, 지주, 그 다음에 주구.

제 근데 이 중농을 내낱떵 거인데 마즈마게 투쟁허(하)다가 이.
kɯnde i tɕuŋnoŋɯl nɛnwatt'ʌŋ gʌinde madzɯmage tʰudzɛŋɦʌ(ɦa)daga i.
근데 이 중농을 내놨던 거인데 마즈막에 투쟁허(하)다가 이.
▶ 그런데 이 중농을 내놓았던 것인데 마지막에 투쟁하다가 이.

제 이거 우에는 다 : 허구 저 : 중(주)농꺼지 할러(라)구 그(구)러다가.
igʌ uenɯn ta : hʌgu tɕʌ : tɕuŋ(tɕu)noŋk'ʌdzi hallʌ(la)gu kɯ(ku)rʌdaga.
이거 우에는 다 : 허구 저 : 중(주)농꺼지 할러(라)구 그(구)러다가.
▶ 이것 위에는 다 하고 저 중농까지 하려고 그러다가.

제 어떤 싸(사)라문 중농두 걸레서 다 : 빼떼 가시요 그러다 주펜허는데.
ʌt'ʌn s'a(sa)ramun tɕuŋnoŋdu kʌllesʌ ta : p'ɛt'e kaɕijo kɯrʌda tɕupʰ
enɦʌnɯnde.
어떤 싸(사)람은 중농두 걸레서 다 : 빼떼 갓이요 그러다 주펜허는데.
▶ 어떤 사람은 중농인데도 걸려서 다 빼앗아 갔어요 그러다 주편하
는데.

제 다 : 빼띠러 가구 머 개코나 머 이시야 머, 주펜헐 땐 멀 : 갇따줘요.

다 : p'ɛt'irʌ kagu mʌ kɛkʰona mʌ ieija ɯʌ, tɕupʰenfiʌl t'ɛn mʌ : l katt'adzwʌjo.

다 : 빼떨어 가구 머 개코나 머 잇이야 머, 주펜헐 땐 멀 : 갓다줘요.

▷ 다 빼앗아 가고 뭐 좀 뭐 있어야 뭐, 주편할 때는 뭘 갓다 줘요.

제 말, 말루만 주펜핻띠 머 주펜, 주근놈 죽꾸 머 그랜는데.

mal, malluman tɕupʰenfiɛtt'i mʌ tɕupʰen, tɕugɯnnom tɕukk'u mʌ kɯrɛnɯnde.

말, 말루만 주펜햇디 머 주펜, 죽은놈 죽구 머 그랫는데.

▷ 말, 말로만 주편했지 뭐 주편, 죽은 사람은 죽고 뭐 그랬는데.

조 네.

ne.

▷ 네.

제 그 디주들두 아기 나해 해요. 그러커구두 또, 또 잘 살데요.

kɯ tidzudɯldu agi nafiɛ fiejo. kɯrʌkʰʌgudu t'o, t'o tɕal saldejo.

그 디주들두 악이 나해 해요. 그렇거구두 또, 또 잘 살데요.

▷ 그 지주들도 악이 나서 그래요. 그렇게 하고도 또, 또 잘 살더라고요.

조 네.

ne.

▷ 네.

제 토디게획 허능 거 고농, 그 일뜽, 이등을 재 : 치기 뽀바개지구.

tʰodigefiök hʌnɯŋ gʌ konoŋ, kɯ ilt'ɯŋ, idɯŋul tɕɛ : tɕʰigi p'obagɛdzigu.

토디게획 허는 거 고농, 그 일등, 이등을 재 : 치기 뽑아개지구.

▷ 토지개혁을 하는 거 고농, 그 일등, 이등을 제비 뽑아가지고.

제 고 : 농이라 허(하)문 노메 일꾼사리 허(하)던 싸(사)람.

ko : noɲira hʌ(ha)mun nome ilk'unsari hʌ(ha)dʌn s'a(sa)ram.

고 : 농이라 허(하)문 놈의 일꾼 살이 허(하)던 싸(사)람.

308

▷ 고농이라 하면 다른 사람의 일꾼 살이 하던 사람.

제 그 싸(사)람드리 이제 전 : 부.

ku s'a(sa)ramduri idʑe tɕʌ : nbu.

그 싸(사)람들이 이제 전 : 부.

▷ 그 사람들이 이제 전부.

제 조 : 은 토디 나가 골라자바, 나레 이거, 이거이.

tɕo : un tʰodi naga kolladʑaba, nare igʌ, igʌi.

좋 : 은 토디 나가 골라잡아, 나레 이거, 이거이.

▷ 좋은 토지를 나가 골라서, 나는 이것, 이것.

제 이거 허갇따 허문 이거 주구, 더거 허갇따 허문 더거 주구.

igʌ hʌgatt'a hʌmun igʌ tɕugu, tʌgʌ hʌgatt'a hʌmun tʌgʌ tɕugu.

이거 허갓다 허문 이거 주구, 더거 허갓다 허문 더거 주구.

▷ 이것 하겠다 하면 이것 주고, 저것 하겠다 하면 저것 주고.

조 네.

ne.

▷ 네.

제 그 싸(사)람 맘 : 대루, 그대메는 이제 빈농 주구.

ku s'a(sa)ram ma : mdɛru, kudɛmenun idʑe pinnoŋ tɕugu.

그 싸(사)람 맘 : 대루, 그댐에는 이제 빈농 주구.

▷ 그 사람들 마음대로, 그 다음에는 이제 빈농을 주고.

제 그대메 주(중)농, 그대멘 디주 부농, 부농허구 디주.

kudɛme tɕu(tɕuŋ)noŋ, kudɛmen tidʑu punoŋ, punoŋfiʌgu tidʑu.

그댐에 주(중)농, 그댐엔 디주 부농, 부농허구 디주.

▷ 그 다음에 중농, 그 다음에는 지주 부농, 부농하고 지주.

제 이리케 주는데 디주는 머 저 : 형편업써 저 : 상빤때기나 주구, 이랟따구요.

irikʰe ʨunɯnde tidʑunɯn mʌ ʨʌ : çjʌŋpʰʌnʌps'ʌ ʨʌ : saŋp'ant'ɛgina
ʨugu, irɛtt'agujo.

이렇게 주는데 디주는 머 저 : 형편없어 저 : 상빤때기나 주구, 이랫다
구요.

▶ 이렇게 주는데 지주는 뭐 저 형편없이 저 상판대기만큼 조금만 주고,
이랬다고요.

조 세워리 완저니 거꾸로 댇쬬?

sewʌri wandʑʌni kʌk'uro twɛtʨ'jo?

▶ 세월이 완전히 거꾸로 됐죠?

제 꺼꾸루 댇띠요 이 빈농은 저, 제네루 말(맬)허문.

k'ʌk'uru tɛtt'ijo i pinnoŋɯn ʨʌ, ʨeneru mal(mɛl)ɦʌmun.

꺼꾸루 댓디요 이 빈농은 저, 젠에루 말(맬)허문.

▶ 거꾸로 됐지요 이 빈농은 저, 전에로 말하면.

제 양바니구, 디주부농은 샹 : 노미 댇띠요 머.

jaŋbanigu, tidʑubunoŋɯn ɕja : ŋnomi tɛtt'ijo mʌ.

양반이구, 디주부농은 샹 : 놈이 댓디요 머.

▶ 양반이고, 지주부농은 상놈이 됐지요 뭐.

조 네.

ne.

▶ 네.

제 헹펜(번) 업써요, 우리 집께 그 박끼쑤라구, 그 싸(사)라미 고농 농부.

heŋpʰen(bʌn) ʌps'ʌjo, uri ʨipk'e kɯ pakk'is'uragu, kɯ s'a(sa)rami
konoŋ noŋbu.

헹펜(번) 없어요, 우리 집께 그 박기쑤라구, 그 싸(사)람이 고농
농부.

▶ 형편없어요, 우리 집 주위에 그 박기수라고, 그 사람이 고농 농부.

제 머슴사리 핸는데 그 싸(사)라믈 회장을 내노얃딴 마리.
mʌsɯmsari hɛnnɯnde kɯ s'a(sa)ramɯl hödzaŋɯl nɛnoatt'an mari.
머슴살이 햇는데 그 싸(사)람을 회장을 내놓앗단 말이.
▷ 머슴살이 했는데 그 사람을 회장으로 내놓았단 말이.

제 빈고농 회장을 내받따구.
pingonoŋ hödzaŋɯl nɛnwatt'agu.
빈고농 회장을 내놧다구.
▷ 빈고농 회장을 내놓았다고.

조 아, 네.
a, ne.
▷ 아, 네.

제 일짜무시기라, 이 일, 이, 삼, 사를 그릴 쭐 모루는데.
iltɕ'amuɕigira, i il, i, sam, sarɯl kɯril tɕ'ul morunɯnde.
일자무식이라, 이 일, 이, 삼, 사를 그릴 줄 모루는데.
▷ 일자무식이라, 이 일, 이, 삼, 사를 쓸 줄 모르는데.

조 네.
ne.
▷ 네.

제 그 싸(사)라믈 내세워개지구 다 : 군중을 모아개지구 싸(사)람드리.
kɯ s'a(sa)ramɯl nɛsewʌgɛdzigu ta : kundzuŋɯl moagɛdzigu s'a(sa)ramdɯri.
그 싸(사)람을 내세워개지구 다 : 군중을 모아개지구 싸(사)람들이.
▷ 그 사람을 내세워가지고 다 군중을 모아가지고 사람들이.

제 '이 사라미 어더래요?' 허구 이 디주.
'i sarami ʌdʌrɛjo?' hʌgu i tidzu.
'이 시람이 어더래요?' 허구 이 디주.
▷ '이 사람이 어때요?' 하고 이 지주.

제 그때 우리 장, 장덴, 장덴팡(張甸方)[109], 장덴팡이 아니구 그.

kɯt'ɛ uri tɕaŋ, tɕaŋden, tɕaŋdenpʰaŋ, tɕaŋdenpʰaŋi anigu kɯ.

그때 우리 장, 장덴, 장덴팡(張甸方), 장덴팡이 아니구 그.

▶ 그때 우리 장, 장전, 장전방, 장전방이 아니고 그.

제 동네 그, 제네 촌장 노른허(하)던 그 싸(사)람허(하)구.

toŋne kɯ, tɕene tɕʰondzaŋ norɯthʌ(ha)dʌn kɯ s'a(sa)ramɦʌ(ɦa)gu.

동네 그, 젠에 촌장 노릇허(하)던 그 싸(사)람허(하)구.

▶ 동네 그, 전에 촌장 노릇하던 그 사람하고.

제 너느 싸(사)람들허구 그 액허게 사라.

nʌnɯ s'a(sa)ramdɯlɦʌgu kɯ ɛkhʌge sara.

너느 싸(사)람들허구 그 액허게 살아.

▶ 여느 사람들하고 그 악하게 살던.

제 세: 싸(사)라밍가 네 싸(사)라밍가 내다 세와노쿠.

se : s'a(sa)ramiŋga ne s'a(sa)ramiŋga nɛda sewanokʰu.

세: 싸(사)람인가 네 싸(사)람인가 내다 세와놓구.

▶ 세 사람인가 네 사람인가를 내다 세워놓고.

제 긴데 이 싸(사)람들뚜 잘몯허긴 잘몯해서.

kinde i s'a(sa)ramdɯlt'u tɕalmothʌgin tɕalmothesʌ.

긴데 이 싸(사)람들두 잘못허긴 잘못헷어.

▶ 그런데 이 사람들도 잘못하긴 잘못했어.

제 가테개지구 이거 서루 그.

katʰegɛdzigu igʌ sʌru kɯ.

간혜개지구 이거 서루 그.

▶ 갇혀가지고 이것 서로 그.

---

109 장덴팡(張甸方[zhangdianfang])은 인명.

연금과 저금에 대한 할아버지의 생각

조 하라버지 연금, 로보(勞保)[110]가 이쓰시죠?

harabʌdzi jʌngɯn, roboga isʼɯɛidzjo?

▷ 할아버지 연금, 연금이 있으시죠?

제 그까이 노보야, 그까이(진) 지금 얼매?

kɯkʼai noboja, kɯkʼai(dzit) ʨigɯm ʌlmɛ?

그까이 노보야, 그까이(진) 지금 얼매?

▷ 그까짓 연금이야, 그까짓 지금 얼마(라고)?

제 지금 돈 한 오백여원 나오는데 눅빼권 채 안대요.

ʨigɯm ton han obɛkjʌwʌn naonɯnde nukpʼɛgwʌn ʨʰɛ andɛjo.

지금 돈 한 오백여원 나오는데 눅백원 채 안대요.

▷ 지금 돈이 한 오백여 원 나오는데 육백 원도 채 안 돼요.

조 그래도 안 나오능 걷뽀다 조쵸?

kɯɾɛdo an naonɯŋ gʌtpʼoda ʨoʨʰjo?

▷ 그래도 안 나오는 것보다 좋죠?

제 안 나오능 거부단 낟띠, 그러구 이제 솔띠기 말해디 머 이거.

an naonɯŋ gʌbudan nattʼi, kɯɾʌgu idze soltʼigi malɦɛdi mʌ igʌ.

안 나오는 거부단 낫디, 그러구 이제 솔딕히 말해디 머 이거.

▷ 안 나오는 것보다는 낫지, 그리고 이제 솔직히 말하지 뭐 이것.

제 좀 머, 그저 한, 한다레 한 처눤씩 쓰문.

ʨom mʌ, kɯdzʌ han, handaɾe han ʨʰʌnwʌnɕʼik sʼɯmun.

좀 머, 그저 한, 한 달에 한 천 원씩 쓰문.

▷ 좀 뭐, 그저 한, 한 달에 한 천 원씩 쓰면.

조 네.

ne.

▷ 네.

제 생활 대요, 그 이 내가 술 안 먹띠, 담배 안 머글꺼니.

seŋɦwal tɛjo, kɯ i nɛga sul an mʌkt'i, tambɛ an mʌgɯlk'ʌni.

생활 대요, 그 이 내가 술 안 먹디, 담배 안 먹을꺼니.

▷ 생활이 돼요, 그 이 내가 술을 안 마시고, 담배를 안 피우니.

제 밥 멍, 밥 멍능 거이 지금 도니야 얼매 두루?

pap mʌŋ, pap mʌŋnɯŋ gʌi tɕigɯm tonija ʌlmɛ tɯɾu?

밥 먹, 밥 먹는 거이 지금 돈이야 얼매 둘우?

▷ 밥 먹, 밥 먹는 것이야 지금 돈이 얼마 드오?

제 돈 얼매 안든다구요.

ton ʌlmɛ andɯndagujo.

돈 얼매 안 든다구요.

▷ 돈이 얼마 안 든다고요.

제 한 처눤 그저 예산허구 쓰문 생(새)활 대요.

han tɕʰʌnwʌn kɯdzʌ jesanɦʌgu s'ɯmun sɛŋ(sɛ)ɦwal tɛjo.

한 천 원 그저 예산허구 쓰문 생(새)활 대요.

▷ 한 천 원 그저 예산하고 쓰면 생활이 돼요.

제 예, 그럴꺼니 그저 그 늘거서두, 그리케 그 이럭떼럭 사라가는데.

je, kɯɾʌlk'ʌni kɯdzʌ kɯ nɯlgʌsʌdu, kɯɾikʰe kɯ iɾʌkt'eɾʌk saɾaganɯnde.

예, 그럴꺼니 그저 그 늙어서두, 그렇게 그 이럭데럭 살아가는데.

▷ 예, 그러니 그저 그 늙어서도, 그렇게 그 이럭저럭 살아가는데.

314

조 하라버지 오래 오래 계셔야 돼요. 오래 계시면 계실쑤록 그 퇴직끔도 점점
느러나요.

harabʌdzi orɛ orɛ kjeɕjʌja twɛjo. orɛ kjeɕimjʌn kjeɕils'urok kɯ tʰ
ödzikk'ɯmdo tɕʌmdzʌm nɯrʌnajo.

▶ 할아버지 오래 오래 계셔야 돼요. 오래 계시면 계실수록 그 퇴직금도
점점 늘어나요.

제 아니요, 그까이 그 느러나야 가태요. 왜 그게 가틍가?

anijo, kɯk'ai kɯ nɯrʌnaja katʰejo. wɛ kɯge katʰɯŋga?

아니요, 그까이 그 늘어나야 같애요. 왜 그게 같은가?

▶ 아니요, 그까짓 그 늘어나야 같아요. 왜 그것이 같은가?

조 생화리요?

sɛɲɦwarijo?

▶ 생활이요?

제 도니 써거딘다구요, 도니 이거 하, 이거 이 돈 데금해서 이거 나.

toni s'ʌgʌdindagujo, toni igʌ ha, igʌ i ton tegɯmɦɛsʌ igʌ na.

돈이 썩어딘다구요, 돈이 이거 하, 이거 이 돈 데금해서 이거 나.

▶ 돈의 가치가 떨어진다고요, 돈이 이것 하, 이것 돈 저금해서 이것
이 나.

제 이거 우리 데금해야디 아나요?

igʌ uri tegɯmɦejadi anajo?

이거 우리 데금해야디 않아요?

▶ 이것 우리 저금해야지 않아요?

조 네.

ne.

▶ 네.

제 그 데금, 그 니자부단 더 올라가, 더 업써데요.

kɯ tegɯm, kɯ nidʑabudan tʌ ollaga, tʌ ʌps'ʌdejo.

그 데금, 그 니자부단 더 올라가, 더 없어데요.

▶ 그 저금, 그 이자보다도 더 올라가, 더 없어져요.

제 그 니자허야 그거 보태 : 두 이 손해라구.

kɯ nidʑafiʌja kɯgʌ potʰɛ : du i sonfiɛragu.

그 니자허야 그거 보태 : 두 이 손해라구.

▶ 그 이자를 그것 보태도 이 손해라고.

제 이, 하르, 일러네 이거 이, 도니 이거.

i, harɯ, illʌne igʌ i, toni igʌ.

이, 하르, 일넌에 이거 이, 돈이 이거.

▶ 이, 하루, 일 년에 이것 이, 돈이 이것.

제 기리 런민비(人民幣)[111]가 자꾸 내리가게 대(돼) : 읻따구.

kiri rʌnminbiga tɕak'u nɛrigage tɛ(twɛ) : itt'agu.

기리 런민비(人民幣)가 자꾸 내리가게 대(돼) : 잇다구.

▶ 그래 인민폐가 자꾸 내려가게 돼 있다고.

조 네.

ne.

▶ 네.

제 제네는 이거이, 내 제네 그 공당에 댕길 때는 칠씹누권.

tɕenenɯn igʌi, nɛ tɕene kɯ koŋdaŋe teŋgil t'ɛnɯn tɕʰilɛ'ipnugwʌn.

젠에는 이거이, 내 젠에 그 공당에 댕길 때는 칠십 눅 원.

▶ 전에는 이것이, 내가 전에 그 공장에 다닐 때는 칠십육 원.

제 칠씹, 칠씹누권 사십쩐씩 바단는데.

tɕʰilɛ'ip, tɕʰilɛ'ipnugwʌn saɕiptɕ'ʌnɛ'ik padannɯnde.

---

111 런민비(人民幣[renminbi])는 '인민폐(RMB)'를 뜻하는 중국어.

칠십, 칠십눅 원 사십 전씩 받앗는데.

▷ 칠십, 칠십육 원 사십 전씩 받았는데.

제 그때 원만한 공인드레 두곱 바닫딴마리.

kɯt'ɛ wʌnmanɦan koɲindɯre tugop padatt'anmari.

그때 원만한 공인들의 두곱 받앗단말이.

▷ 그때 웬만한 노동자의 두 배를 받았단 말이.

제 그걸 바다개지구 야덜식꾸, 닐굽식꾸 이거 밥 미기구두.

kɯgʌt padagɛdzigu jadʌlɕikk'u, nilgupɕikk'u igʌ pap migigudu.

그것 받아개지구 야덟식구, 닐굽식구 이거 밥 믹이구두.

▷ 그것을 받아가지고 여덟 식구, 일곱 식구 이것 밥을 먹이고도.

제 쪼꼬마 : 한 집뚜 하나 사구 이랜는데 지금 그러케 바다개구 대(돼)요.

tɕ'ok'oma : ɦan tɕipt'u hanna sagu irɛnnɯnde tɕigɯm kɯrʌkʰe padagɛgu tɛ(twɛ)jo.

쪼꼬마 : 한 집두 하나 사구 이랫는데 지금 그렇게 받아개구 대(돼)요.

▷ 조그마한 집도 하나 사고 이랬는데 지금 그렇게 받아가지고 돼요.

초산(집안)지역어	표준어 대역
파란만장한 인생사	파란만장한 인생사
조 할아버지, 연세가 어떻게 되셨다고요?	조 할아버지, 연세가 어떻게 되셨다고요?
제 이제 구십에 소띠라요.	제 이제 구십에 소띠예요.
조 소띠십니까?	조 소띠십니까?
제 예.	제 예.
조 그러면 이십사 년, 이십오 년 생이에요?	조 그러면 이십사 년, 이십오 년 생이에요?
제 이십, 이십오 년 생이요.	제 이십, 이십오 년 생이에요
조 그런데 이렇게 젊으셨습니까?	조 그런데 이렇게 젊으셨습니까?
제 허허, 저 : , 기렇게 살디요 머.	제 허허, 저, 그렇게 살지요 뭐.
조 아, 전혀 그렇게 안 보입니다. 밥은 혼자 해 드십니까?	조 아, 전혀 그렇게 안 보입니다. 밥은 혼자 해 드십니까?
제 예, 혼자 합니다.	제 예, 혼자 합니다.
조 네, 정말 건강해 보입니다.	조 네, 정말 건강해 보입니다.
제 예.	제 예.
조 할아버지, 저 다른 게 아니고요, 그저 살아오신 과정, 어릴 때 어떻게 사셨고, 생활하시던 가운데서 재미난 이야기만 들려주시면 됩니다.	조 할아버지, 저 다른 게 아니고요, 그저 살아오신 과정, 어릴 때 어떻게 사셨고, 생활하시던 가운데서 재미난 이야기만 들려주시면 됩니다.
제 아이구, 이잔 머 다 : 닞이뿌려 나와서라무니 머.	제 아이고, 이제는 뭐 다 잊어버려서 뭐.
조 네.	조 네.
제 허허, 할 말이 없이요. 내 그거 요김에 둘어오기를, 조선에서 둘어오기를. 그 일본놈 학교의, 학교의 눅학년을 졸업 햇어두 글 : 을 몰라요. 지금 다 : 닞이뿌리구.	제 허허, 할 말이 없어요.
	제 내가 그것 여기에 들어오기를, 조선에서 들어오기를.
	제 그 일본 사람 학교의, 학교의 육 학년을 졸업했어도 글을 몰라요. 지금 다 잊어버리고.
조 네.	조 네.
제 그때는 그저 일본 글(글) : 을 보옛는데.	제 그때는 그저 일본어를 배웠는데.
조 네.	조 네.
제 그저 하루 한 시간씩.	제 그저 하루에 한 시간씩.
조 네.	조 네.
제 예, 조선말, 조선 그 과목을 하나 넣에개지	조 네.

[좌단]

구 이. 기렇게 공부해구 머 햇기 때문에 눅 학년 졸업해두 머, 햇어두 머 안대요.

조 저희한테는 공부 많이 한 것이 필요 없고요. 재미난 이야기만 하실 수 있는 할머님, 할아버지면 됩니다. 그러면, 할아버지 형제는 혹시 몇 분 되십니까?

제 형 : 데가 ......

조 네.

제 사 : , 사 남(람)매, 오 남매라요 실디는.오 남맨데.

조 네.

제 조선에 잇는 우리 큰 뉘 : 이가 그 디주, 좀 잘 사는데 가 : 살앗단 말이. 그래개지구 이 중(主)국에 와서라무니 그 모주석 그 시대에 그. 그 성분 까타나 그 성분이 낮은 사람 잇는데는 가질 말라구 기래개구구.

조 네.

제 우리 큰 뉘 : 이 나이는 쏙엣디요 머. 쏙이구 그저 여구 사 남매라구 잇엇디요 머.

조 그래서 사 남매 지금 다 어디에 사십니까?

제 사남매가 내가 이자 맏이구.

조 네.

제 예, 두채(쩨)는 더 연변 조양천(朝陽川)의 직원인데. 게 : 서 그때 수지(書記) 노릇 햇는디. 머 처잔(車站), 처잔에서 수지 노릇 햇다구 글 : 대요. 그 : 구 지금 투이슈(退休)다 : 햇이요. 팔십 다 : 넘엇이느꺼니 다 : 투이슈 다 : 햇어. 그 사람 그렇구, 우리 세채(쩨)레 여동생인데.

조 네.

제 집안(集安)헌 잇이요. 집안헌, 우리 매부가 그 공안국에 잇다가서라무니 그 현의 미수(秘書)루 잇다가.

조 네.

제 세상 떳이요 그래 우리 여동생만 잇구. 세채는 이 중(主)국에 잇다가. 어, 자강도에 가서라무니 그 디뵤준(低標準)에 나가개지구. 나가개지구 자강도에 나가서 잇다가. 지금두 잇는디 없는디? 지금은 소식을 모

[우단]

제 예, 조선말, 조선어 그 과목을 하나 넣어서이.

제 그렇게 공부하고 뭐 했기 때문에 육 학년을 졸업해도 뭐, 했어도 뭐 안 돼요

조 저희한테는 공부 많이 한 것이 필요 없고요. 재미난 이야기만 하실 수 있는 할머님, 할아버지면 됩니다. 그러면, 할아버지 형제는 혹시 몇 분 되십니까?

제 형제가 ......

조 네.

제 사, 사 남매, 오 남매라고요 실제는.오 남매인데.

조 네.

제 조선에 있는 우리 큰 누나가 그 지주, 좀 잘 사는데 가서 살았단 말이.

제 그래서 이 중국에 와서 그 모주석 그 시대에 그. 그 성분 때문에 그 성분이 낮은 사람 있는 데는 가지를 말라고 그래서.

조 네.

제 우리 큰 누나의 나이를 속였지요 뭐. 속이고 그저 여기 사 남매라 하고 있었지요 뭐.

조 그래서 사 남매 지금 다 어디에 사십니까?

제 사 남매에서 내가 이제 맏이고.

조 네.

제 예, 둘째는 저 연변 조양천의 직원인데. 거기에서 그때 서기를 했는데. 뭐 기차역, 기차역에서 서기를 했다고 그러대요 그리고 지금은 퇴직을 다 했어요. 팔십이 다 넘었으니 다 퇴직을 했어. 그 사람 그렇고, 우리 셋째는 여동생인데.

조 네.

제 집안현에 있어요.

제 집안현, 우리 매부가 그 경찰서에 있다가 그 현의 비서로 있다가.

조 네.

제 세상 떴어요. 그래서 우리 여동생만 있고. 셋째는 이 중(主)국에 있다가. 어, 자강도에 가서 그 삼년 재해 때 나가서. 나가서 자강도에 나가서 있다가. 지금도 있

르겟수다. 요 몇해 젠에는 둘(들)어왔다갓다 햇는데.

조 네.

제 그 던ː물 잇이요 던ː물, 난핑(暖瓶)에 던ː물 잇다구요.

조 아, 괜찮아요, 저는 괜찮아요.

제 끓에 놓ː은 거야. 던ː물 거ː구 잇이요 난핑에.

조 이제 가져가셔도 돼요

제 글ː구 네채(째)는 인제 것ː두 이제 조양촨(朝陽川)에서라무니. 털로국의 처~~~, '나 안 먹어요.' 털로국의 처장 노릇 하다가 다ː 투이슈허(하)구 지금 다ː 잇이요.

조 아, 그래요? 그래도 다 잘 되셨네요.

제 예, 나 하나 그전 농톤에 돌아댕기다가 그저 이렇게 늙엇수다.

조 그래도 할아버지 건강이 아주 좋아 보이십니다.

제 예, 머 그저 큰 힘든 일은 안 햇어요. 그저, 농촌에두 잇구 공당에두 잇구. 디뵤준(低標準)에 내레와개지구 이 혼하푸(渾河堡)래는 데 와 잇엇어.

조 네.

제 농토에 나가서 그 머 양수기두 보구 머, 그저 그러거니 일이 크게 없디요 머.

조 양수기가 뭡니까?

제 그 머 던공 삼아 그저 그렇게. 그계두 수리허(하)구 그저 기렇게, 물 푸는 거.

조 아, 양수기가 이런 거 말입니까?

제 그린 거이 아니구 그계로 물 푸디요 머, 모다루.

조 아, 그러세요? 집안에 계시는 여동생은 혼자 계시는가요? 아니면 자제분이랑 같이 계시는가요?

제 지금 자제분 잇는 사람이 없어. 다ː 나가서라무니 사ː방 댕기니. 것ː두 혼자 잇이요, 지금.

조 그럼 오빠 곁에 좀 오셔서 같이 있으면 좋겠네요?

는지 없는지? 지금은 소식을 모르겠어요. 요 몇 년 전에는 들어왔다 갔다 했는데.

조 네.

제 그 더운물이 있어요 더운물, 보온병에 더운물이 있다고요.

조 아, 괜찮아요, 저는 괜찮아요.

제 끓여 놓은 거야. 더운물이 거기에 있어요 보온병에.

조 이제 가져가셔도 돼요

제 그리고 넷째는 이제 그 동생도 이제 조양천에서. 철도국의 처~~~, '나는 안 먹어요.' 철도국의 처장을 하다가 다 퇴직하고 지금 다 있어요.

조 아, 그래요? 그래도 다 잘 되셨네요.

제 예, 나 하나 그저 농촌에서 돌아다니다가 그저 이렇게 늙었어요.

조 그래도 할아버지 건강이 아주 좋아 보이십니다.

제 예, 뭐 그저 크게 힘든 일은 안 했어요. 그저, 농촌에도 있고 공장에도 있고 삼 년 재해 때 내려와서 이 혼하보라는 데에 와 있었어.

조 네.

제 농촌에 나가서 그 뭐 양수기도 보고 뭐, 그저 그러니까 (힘든) 일이 크게 없지요 뭐.

조 양수기가 뭡니까?

제 그 뭐 전기공 삼아 그저 그렇게. 기계도 수리하고 그저 그렇게, 물을 푸는 거.

조 아, 양수기가 이런 거 말입니까?

제 그런 것이 아니고 기계로 물 푸지요 뭐, 전동기로.

조 아, 그러세요? 집안에 계시는 여동생은 혼자 계시는가요? 아니면 자제분이랑 같이 계시는가요?

제 지금 자제분이 있는 사람이 없어. 다 나가서 사방 다니니. 그 동생도 혼자 있어요, 지금.

조 그럼 오빠 곁에 좀 오셔서 같이 있으면 좋겠네요?

제 예, 서루 멀어서라무니 함께 잇나요 머. | 제 예, 서로 멀어서 함께 (있을 수) 있나요 뭐.
조 그저 전화나 하세요? | 조 그저 전화나 하세요?
제 예, 전화나 잇구 그저 그렇디요. | 제 예, 전화나 하고 그저 그렇지요.

어려운 이주 초기 생활

조 할아버지 여기 혹시 몇 살 때 오셨어요?	조 할아버지 여기 혹시 몇 살 때 오셨어요?
제 여구, 중국에 열네 살 때, 이맘때 일본놈 시대에 건너왔어요. 그때 계획은 아바지 딸라서 건너 와개지구. 그때 머 농사가, 농사라구 좀 하는데 머 농사하야 일본놈새기들. 전부 끌어가구 머 낭식 아물러 다ː 끌어 가디요. 그걸, 낭식 벌으면 인제 다ː 끌에 가기 땜ː에. 종자를, 종자는 안 개간다구요 그놈들이. 종자는 안 개가는데 종자를 좀 많(낳)이 내놓구. 그댐엔 낭식을 좀 감촷다가 먹어야 대는데. 할 재간 없이 변소, 그 변소간을 약하게 짓고서는 그 밑에다가 야. 구뎅일 파구, 겟ː담 묻어놓구 우ː에는 그저. 겨울에, 겨울 디내가면 일없다 말이. 기ː고 고굼에 걸금을 척 갖다 모아놓구 머. 고구 못 뒤디레, 그저 기렇게 살구. 글ː다가 그저 해방대개지구 내가 해방, 근데. 근데 내가 그때 그 일본놈 그때 그 예이생이라구.	제 여기, 중국에 열네 살 때, 이맘때 일본 사람 시대에 건너왔어요. 그때 계획은 아버지를 따라서 건너 와서. 그때 뭐 농사가, 농사라고 좀 하는데 뭐 농사해야 일본 사람들. 전부 끌어가고 뭐 양식마저 다 끌어가지요 그것 양식을 하면 이제 다 끌어가기 때문에. 종자를, 종자는 안 가져간다고요 그 사람들이. 종자는 안 가져가는데 종자를 좀 많이 내놓고. 그 다음에 양식을 좀 감췄다가 먹어야 되는데. 할 수 없이 변소, 그 변소를 임시 짓고서는 그 밑에다가. 구덩이를 파고, 거기에다 묻어놓고 위에는 그저. 겨울에, 겨울이 지나가면 괜찮다 말이. 그리고 거기에 거름을 척 가져다 모아놓고 뭐. 거기는 못 뒤져, 그저 그렇게 살고 그러다가 그저 해방돼가지고 내가 해방, 그런데. 그런데 내가 그때 그 일본 사람 시대의 그 예과생이라고
조 네.	조 네.
제 그 남자들 그 스물하나 대면 군대를 다ː가야 댄단 말이. 그때두 이, 그때 그 아매 모를거라요 그 우리 성함을, 내 다ː고텟어요 성을 이제 두 자루 이, 머 금성이면 금성, 그 이렇게. 김씨두 그 이름을 하나 더, 일본놈이 그 성이 두 개 아니우?	제 그 남자들은 그 스물한 살 되면 군대를 다 가야 된다 말이. 그때도 이, 그때 그 아마 모를 거예요 그 우리 성씨를, 나도 다 고쳤어요. 성씨를 이제 두 자로 이, 뭐 금성이면 금성, 그 이렇게. 김씨도 그 성씨를 한 자 더, 일본 사람이 그 성씨가 두 자 아니요?
조 네.	조 네.
제 그러꺼니 금성이면 금성 머, 가ː네 다ː머 이 머 이렇게 불럿디요 머.	제 그러니까 금성이면 금성 뭐, 그 사람들은 다 뭐 이 뭐 이렇게 불렀지요 뭐.
조 그럼 할아버지께서는 성씨가 무엇이셨습니까?	조 그럼 할아버지께서는 성씨가 무엇이셨습니까?
제 나 원씨라요	제 나는 원씨예요.
조 원씨 이렇게 두 글자입니까?	조 원씨 이렇게 두 글자입니까?
제 원원(元原), 원원우루 고텟다구, 원원.	제 원원, 원원으로 고쳤다고, 원원.

조 아, 원원(元原)요?	조 아, 원원(元原)요?
제 원, 원자는 이 일원이라구 그 재(字): 구, 원원을 허데 둘 원재.	제 원, 원자는 이 일원이라는 그 자이고, 원원이라고 하는 들 원자.
조 아, 들 원자예요?	조 아, 들 원자예요?
제 아이구, 그때 말두 말디요 머, 저: 어데 해방돼개지구. 일본놈 살던 데서라무니, 우리는 가주 들어갈꺼니. 그 지원군우루 갓던 사람들은 다: 올 때 대: 가 다: 주구. 신두 시: 게 보내구 구두만: 두, 우리는 초신 그 신구 갓다가. 가라할(할)꺼니 신을 벳길꺼니, 신이 잇소 머? 그 군화를 주던 거인데 군화를 줫는데. 군활 다: 벳기놓구 가(카)라할 거 그래두 됭습다 머. 그 아무래 머 발바닥을 찔리구 하두 됭(좋)데요 머. 머 그때 말허면 머 못해요. 요즘에 머 대면 사람두 아니라요, 원시사회와 같애요 그때 그 집안헌에 잇을 때 저: , 더 통화(通化)꺼지 와개지구. 초꺼지 다: 내주개구 머 쏘런, 그 건너와개지구. 그거는 쏘런전쟁에 나간다 나간다 허(하)더니. 일본놈 그 손을 들어개지구. 저: 나가라, 집이 가라 헐(할)꺼니 머 참 됭데요.	제 아이고, 그때 말도 말아요. 뭐, 저 어디에 해방돼가지고. 일본 사람이 살던 곳이어서, 우리가 금방 들어가니. 그 지원군으로 갔던 사람들은 다 올 때가 돼서 다 주고 신도 신겨 보내고 구두도, 우리는 짚신을 그 신고 갔다가. 가라고 하며 신을 벗기니, 신이 있소 뭐? 그 군화를 주던 것인데 군화를 줬는데. 군화를 다 벗겨 놓고 가라고 하는데 그래도 좋더라고요 뭐. 그 아무리 뭐 발바닥이 찔리고 해도 좋데요 뭐. 뭐 그때 말하면 말도 못해요. 요즘에 뭐 비하면 사람도 아니에요, 원시사회와 같아요. 그때 그 집안현에 있을 때 저, 저 통화까지 와가지고 총까지 다 내줘가지고 뭐 소련, 그 건너와가지고. 그때는 소련전쟁에 나간다 나간다고 하더니. 일본 사람이 그 손을 들어가지고. 저 나가라, 집에 가라 하니 뭐 참 좋더라고요.
조 아, 그래도 할아버지 기억력이 좋으십니다.	조 아, 그래도 할아버지 기억력이 좋으십니다.
제 야, 안주꺼진 머 저: 그리 큰 결을 안허(하)구 햇을꺼니.	제 야, 아직까지는 뭐 저 그렇게 큰 타격을 안 받고 했으니.
조 아 그래도 얼마나 좋습니까? 잠시만요 할아버지.	조 아 그래도 얼마나 좋습니까? 잠시만요 할아버지.
제 그저 둘어오는 거 볼꺼니 딸은 아니구 낯선 분이라.	제 그저 들어오는 것을 보니 딸은 아니고 낯선 분이라.
조 그저 딸처럼 생각해주시면 됩니다.	조 그저 딸처럼 생각해주시면 됩니다.
제 긴데 이: 심양에서 교원을 하오?	제 그런데 이 심양에서 교원을 하오?
조 저 혹시 남경대학이라고 들어봤습니까? 남경대학에 있습니다. 그래서 비행기 타고 할아버지 뵈러 일부러 온 거예요. 어제 비행기 타고 왔습니다.	조 저 혹시 남경대학이라고 들어봤습니까? 남경대학에 있습니다. 그래서 비행기 타고 할아버지 뵈러 일부러 온 거예요. 어제 비행기 타고 왔습니다.
제 아: 구, 그렇게 먼: 데서 그것두 머 내보기엔. 머슨 큰 일이 없은데 이렇게 왓구만요.	제 아이고, 그렇게 먼 곳에서 그것도 뭐 내보기에는. 무슨 큰 일이 없는데 이렇게 왔네요.
조 아닙니다, 할아버지 말이 저희들 연구에는	조 아닙니다, 할아버지 말이 저희들 연구에는

아주 중요합니다.

마을 노인협회에 대한 소개

조 오늘 노인협회에서 무슨 활동의 날이라고
하시네요.

제 만날 춤 춰요, 춤 보예다가서 지금 머. 만날
노는데 여자들 모예 놀구 남자들이라구는.
한 눅십 넘은 사람 잇구 칠십 넘은 사람두
적어요.

조 아, 그러세요. 그럼 보통 팔십이 넘으셨습
니까?

제 팔십 넘은 사람 머 몇 안대요. 그리구 이거
내담에 골형이라요

조 네, 고령이십니까?

제 여자 늙은이가 이제 나보다 한 해 우이 잇
구(고). 그댐엔 전부 내 아래 잇도요 머. 이
거 오래 살기, 그 어데 구일팔사변. 그 일
본놈 건너오는 것두 우리 다 : 봣이요. 딕
접 봣이요, 닐굽살 날 때.

기억속의 만주사변 전후

조 그러셨습니까? 천구백삼십 일년도인데요.

제 기리 구일팔, 그 내 닐굽살 대디 않갓이요?
구일팔사변, 그 압녹강 건너오는 거 다 :
봣이요

조 네.

제 그 건너오는 거 거 : 이 어제 겉수다, 본 :
거이. 그것이 이거는 조선이라 허(하)면 저
거는 중국이란 말이. 우리 살던 데가 딱 초
산 건나펜이야오, 양수전자(凉水泉子)래구
그러는데. 압녹강이 이제 이렇게 잇구(고),
더건 중국 잇구(고). 이건 조선이라 허(하)
게 대먼 일본놈이 여구 와개지구. 머 그때
두 일본놈이요 기관총이 잇엇이요. 기관총,
대포 다 : 잇엇이요. 근 : 데 기관총을 몇
번 쏘더니 그댐에는. 그 중국에는 그 압녹
강 변우루 전부 포태가 잇엇이요. 그 부자
들, 부자들이 그 압녹강 변에 쭉 : 올라가
무서라무니. 포태가 다 : 잇엇는데, 그 포

아주 중요합니다.

마을 노인협회에 대한 소개

조 오늘 노인협회에서 무슨 활동의 날이라고
하시네요.

제 매일 춤을 춰요, 춤 배우다가 지금 뭐. 매일
노는데 여자들이 모여 놀고 남자들이라고
는. 한 육십이 넘은 사람이 있고 칠십이 넘
은 사람도 적어요.

조 아, 그러세요. 그럼 보통 팔십이 넘으셨습
니까?

제 팔십이 넘은 사람은 뭐 몇 안돼요. 그리고
이것 내랑은 고령이에요.

조 네, 고령이십니까?

제 여자 늙은이가 이제 나보다 한 살 위에 있
고. 그 다음에는 전부 내 아래에 있지요
뭐. 이것 오래 살기, 그 언제 9·18만주사변.
그 일본 사람이 건너오는 것도 우리 다 봤
어요. 직접 봤어요, 일곱 살 날 때.

기억속의 만주사변 전후

조 그러셨습니까? 천구백삼십일 년도인데요.

제 그래 9·18만주사변, 그 내가 일곱 살이 되
지 않겠어요? 9·18만주사변, 그 압록강을
건너오는 것을 다 봤어요

조 네.

제 그 건너오던 것이 그것이 어제 같네요, 본
것이. 그것이 여기는 조선이라 하면 저기
는 중국이란 말이. 우리가 살던 곳이 딱
초산 건너편이에요, 양수천자라고 그러는
데. 압록강이 이제 이렇게 있고, 저기엔 중
국이 있고. 여기는 조선이라 하게 되면 일
본 사람이 여기 와서. 뭐 그때도 일본 사
람이 기관총이 있었어요. 기관총, 대포 다
있었어요. 그런데 기관총을 몇 번 쏘더니
그 다음에는. 그때 중국에는 그 압록강 변
방으로 전부 포대가 있었어요. 그 부자들,
부자들이 그 압록강 변방에 쭉 올라가면
서. 포대가 다 있었는데, 그 포대가 그 홍

태가 그 홍보천(洪宝川)이라구(고). 그 홍씨네 집안, 이제 볼꺼니 홍씨네 집안이라우. 그냥 포태다가서라무니 대폴 쏠꺼니 이거 구녕이 뚝 뚫어뎃비럿다 말이. 그거 머 다도해(大刀會)가, 그땐 다도해, 다도해 헷이요. 즁(주)국에서 그 창 들구, 그거 군대디. 결국이야 이 중국의 군댄데. 중국에요 그거 참 점녕하기 대 : 기 쉬웟이요 그거 가마서 볼꺼니. 이제 생각헐(할)꺼니, 포태 그 총을 뚫거니, 대폴 쾅 : 허(하)먼 뚫어내 나갈꺼니. 이놈이, 강악에서 군대들이 그 다도해가 이렇게 나와개지구. 말 타구 달아나는 건 달아나구 머 나창 들구서 그리더니 다 : 달아날꺼니. 그댐엔 일본놈우 군대들이 압녹강을 군기 타구(고) 건너가더니. 그때 건너와개지구 쮜쓰(就是) 동북을 점녕허(하)디 않앗소? 그러구두, 그렇가 허(하)구서라무니 한 칠년, 칠년만에 내 중국에 건너왓디요.

조 네, 그럼 할아버지 고향은 어디시죠? 태어나신 곳은 어디시죠?

제 조선이디요

조 조선 의주쪽이십니까?

제 의주쪽이 아니구 초산이라요.

조 초산입니까?

제 예, 초산, 초산, 우연, 강계 그댐 만포 이렇디 머.

조 아, 초산이시네요.

제 네, 신으주 댐에 의주구, 의주 댐에 벽동이구, 벽동 댐에 초산이란 말이.

조 기억력이 참 좋으시네요. 다 기억하셨네요.

제 그 그때는 그 일본놈 건너와서 그 디도 다 : 보옛다 말이.

조 네, 저 침대 위에 이렇게 올라앉겠습니다.

제 아, 일없어요. 이 본래 올라오는데, 조선싸람이랑 올라와 앉디 않소?

조 네, 그때 사형제를 다 데리고 왔어요?

제 그때 우리, 내가 올 때는 내가 데일 맏이다. 우리 큰 뉘 : 야는 시집가구. 어, 내가 잇구,

보천이라고. 그 홍 씨네 집안, 이제 보니 홍 씨네 집안이라오. 그냥 포대에다가 대포를 쏘니 이것 구멍이 뚝 뚫어져버렸다 말이. 그것 뭐 항일의용군이, 그때는 항일의용군, 항일의용군 했어요. 중국에서 그 창을 들고, 그것 군대지, 결국이야 이 중국의 군대인데. 중국에요 그것 참 점령하기 되게 쉬웠어요. 그것 가만히 보니. 이제 생각하니, 포대를 그 총으로 뚫으니, 대포를 터뜨리면 뚫어내니. 이놈이, 강악에서 군대들이 그 항일의용군이 이렇게 나와서. 말을 타고 달아나는 건 달아나고 뭐 창을 들고서 그러더니 다 달아나니. 그 다음에 일본 사람의 군대들이 압록강을 군기를 타고 건너가더니. 그때 건너와가지고 바로 동북을 점령하지 않았소? 그러고도, 그렇게 하고서는 한 칠 년, 칠 년 만에 내가 중국에 건너왔지요.

조 네, 그럼 할아버지 고향은 어디시죠? 태어나신 곳은 어디시죠?

제 조선이지요.

조 조선 의주 쪽이십니까?

제 의주 쪽이 아니고 초산이라요.

조 초산입니까?

제 예, 초산, 초산, 위원, 강계 그 다음에 만포이렇지 뭐.

조 아, 초산이시네요.

제 네, 신의주 다음에 의주고, 의주 다음에 벽동이고, 벽동 다음에 초산이란 말이.

조 기억력이 참 좋으시네요. 다 기억하셨네요.

제 그 그때는 그 일본 사람이 건너와서 그 지도를 다 배웠다 말이.

조 네, 저 침대 위에 이렇게 올라앉겠습니다.

제 아, 괜찮아요 이 본래 올라오는데, 조선 사람은 (원래) 올라와 앉지 않소?

조 네, 그때 사형제를 다 데리고 왔어요?

제 그때 우리, 내가 올 때는 내가 제일 맏이지. 우리 큰 누나는 시집가고. 어, 내가 있고, 우리 동생이 있고, 여동생이 있고. 그

우리 동생이 잇구(고), 여동생 잇구(고). 그 댐에 남동생 그 세채(째), 네채는 낳디두 않앗이요 그때. 기렇게 그저 중국에 소발구, 그때는 그 집안헌 그짝으룬요. 차가 없, 겨울에는 차가 안 댕기요, 차가 없디요 머. 소, 파: 리(爬犁), 중국말로 머 뉴파: 리(牛爬犁) 아니야? 소 하나 잇든 거인데 소어다가. 그 발구에다가 이샛짐을 모아 싫구 온 식구가 건너왓디요 머. 건너와서 기렇게 살다가 중국에 이거 해방 대(돼)개지구.

6·25전쟁 당시의 삶

제 그 조선전쟁에, 조선전쟁 닐어나더구만요. 그때 조선전쟁 닐어나개지구 내가 그때 젊엇을꺼니. 지간 민병이라구 민병 노릇 햇단 말이. 그 만: 날 그저 그 압눅강 변에 가서 굴: 파구 창지. 겨울이면 인제 그 겨울이면 이거이 강이 전부 얼요. 그 수럭덩이를 말개지구 전부 이 파, 눅겉은데. 이제 산디그베다가서 구넹일 파구 갯다 방아를 이렇게 놓구. 불: 을, 장잭일 지우구 나가서 총두, 총을 메구. 장잭이 메구 갖다 불을 땠구선 그때 그저 한 여람: 씩 한패가. 이제 한 여람: 싸(사)람씩 나가서 보초 보는데. 압녹(록)강 왓다갓다허(하)구, 둘이서 그저 왓다갓다 보초 보구. 그때 지원군 나갈 때 참: 싸(사)람 숱: 해 죽엇이요. 그 일본, 미국놈 새기들 건너오면서 그 조선이 그 디에 이거 머 더 어데 바다 겉은데 갯다. 펫목을 이제 쭉: 놓구 그 후태시에 조선인민 군대허(하)구. 백성들허(하)구 전부 중국우루 건너오디 않앗오? 건너오느데 그냥 저낙때인데 이놈들이 총을 들구와서는: 총우(으)루 그때 머 이렇게 가: 득히 피난민들 그 펫목에 올라서서 건너오는 걸. 총을 쏠꺼니 전부 바다에, 그 어데 바다 겉은 물에 머. 떨어데서람 다: 죽구, 그 비행기루 그 척 우: 허(하)면서 오먼. 그저 이 비가 오두룩 번들번들을 허(하)구. 그저 허(하)게 대먼 쿵: 하(허) 머 소리 나디. 그

다음에 남동생 그 셋째, 넷째는 낳지도 않았어요 그때. 그렇게 그저 중국에 쇠발구, 그때는 그 집안현 그쪽으로는요. 차가 없, 겨울에는 차가 안 다녀요, 차가 없지요 뭐. 소, 발구, 중국말로 뭐 쇠발구가 아닌가? 소 한 마리가 있었던 것인데 소에다가. 그 발구에다가 이삿짐을 모아 싣고 모든 식구가 건너왔지요 뭐. 건너와서 그렇게 살다가 중국이 이것 해방이 돼가지고.

6·25전쟁 당시의 삶

제 그 조선전쟁, 조선전쟁이 일어나더라고요. 그때 조선전쟁이 일어나가지고 내가 그때 젊었으니. 기간 민병이라고 민병 노릇 했단 말이. 그 매일 그저 그 압록강 주위에 가서 굴을 파고 창지. 겨울이면 이제 그 겨울이면 이것 강이 전부 얼어요 그 수력발전소를 막아가지고 전부 이 파면 눅눅한데. 이제 산 밑에다가 구덩이를 파고 방아를 가져다 이렇게 놓고, 불을, 장작을 피우고 나가서 총도, 총을 메고. 장작이를 메고 갖다 불을 때고서는 그때 그저 한 열 명가량 한패가 (되어). 그저 한 열 명가량 나가서 보초 보는데. 압록강 왔다 갔다 하고, 둘이서 그저 왔다 갔다 하며 보초를 보고. 그때 지원군으로 나가서 참 사람이 숱해 죽었어요. 그 일본, 미국 사람들이 건너오면서 그 조선이 그 뒤에 이것 뭐 저 어디에 바다 같은데 가져다. 뗏목을 이제 쭉 놓고 그 후퇴 시에 조선인민 군대하고 백성들하고 전부 중국으로 건너오지 않았나요? 건너오는데 그냥 저녁때인데 이놈들이 총을 들고 와서는 총으로 그때 뭐 이렇게 가득 피난민들이 그 뗏목에 올라서서 건너오는 것을. 총을 쏘니 전부 바다에, 그 어디 바다 같은 물에 뭐. 떨어져서 다 죽고, 그 비행기로 그 척 우~ 하면서 오면. 그저 이 비가 오듯이 번쩍번쩍 하고 그저 떨어지게 되면 쿵 하며 소리가 나지. 그저 연기가

저 연기가 쑥: 올라오문 한 그 초산골이 그저 단번에. 한 시간두 못 대서 다: 붙어 빼릿디요 머. 지원, 거기 조선에 이 지원군 아님, 지원군 아니먼요. 머 남조선 다: 둘우왓디요 머.

조 저의 아버지도 지원군으로 갔다 오셨습니다.

제 나는 그때 식구레 많다 말이. 그 뽑헤개지구 더 집안헌 그 가서 신테검사 다: 허구. 그런데 식구레 많을꺼니 나 하나 보내문. 이 동네서라무니 우리 식굴 다: 믹이 살리야 댄다 말이. 그러꺼니 못 가게 햇디요 머, 그때 갓으먼 머 죽어두 죽구. 머 머슨 참 가서라머니 쌈: 이나 허구 나왓으먼. 지금 그래두 머 투이슈비래두 좀 많이 나올텐데.

조 네, 그러면 지금은 나오시는 거 없습니까?

제 지금 머 그 한 온 첨: 에 삼배예원 주더니. 차츰차츰 올라가서 지금 것: 두 한 눅(六)배권 댓이요.

조 그래도 지원군으로 가신 게 너무 고생했다고 그래요.

제 백분제 팔십은 다: 죽엇어요.

조 그러니까요.

제 우리 사춘두 건너가서 소식이 없구 우리 처남 하나두 건너가서. 소식이 없어 전부 렬: 사 가족우루 대 잇구.

조 그럼 그것을 먹어도 마음이 편치 않겠네요?

후손들의 현황

제 다: 기: 래, 사범학교 나가와개지구.

조 어디 사범학교요? 여기 심양사범학교요?

제 아니, 저: 어데 료닝(遼寧)대학, 료닝이 아니구 어데 금주(錦州).

조 아, 금주예요.

제 금주대학 나와개지구 여: 와서 쌍발(上班) 좀 허더니. 머 쌍발(上班), 머 돈 얼매 안 준다구 한국 갓(깟)어요. 한국 가개지구 머 작년 한 해 놀더니. 머슨 머 학습을 했다

쑥 올라오면 한 그 초산골이 그저 단번에. 한 시간도 못 돼서 다 붙어버렸지요 뭐. 지원, 거기 조선에 이 지원군이 아니면 지원군이 아니면요. 뭐 한국이 다 들어왔지요 뭐.

조 저의 아버지도 지원군으로 갔다 오셨습니다.

제 나는 그때 식구가 많다 말이. 그 뽑혀가지고 저 집안현에 가서 신체검사를 다 하고. 그런데 식구가 많으니 나를 하나 보내면. 이 동네에서 우리 식구를 다 먹여 살려야 된다 말이. 그러니까 못 가게 했지요 뭐, 그때 갔으면 뭐 죽어도 죽고 뭐 무슨 참 가서 싸움이나 하고 나왔으면. 지금 그래도 뭐 퇴직금이라도 좀 많이 나올 텐데.

조 네, 그러면 지금은 나오시는 거 없습니까?

제 지금 뭐 그저 제일 처음에 삼백 여원 주더니. 차츰차츰 올라가서 지금은 그것도 한 육백 원이 됐어요.

조 그래도 지원군으로 가신 게 너무 고생했다고 그래요.

제 백분의 팔십은 다 죽었어요.

조 그러니까요.

제 우리 사촌도 건너가서 소식이 없고 우리 처남 하나도 건너가서. 소식이 없어서 전부 열사 가족으로 돼 있고.

조 그럼 그것을 먹어도 마음이 편치 않겠네요?

후손들의 현황

제 다 그래, 사범학교를 졸업해가지고.

조 어디 사범학교요? 여기 심양사범학교요?

제 아니, 저 어디 요녕대학, 요녕이 아니고 어디 금주.

조 아, 금주예요.

제 금주대학을 나와서 여기 와서 출근을 좀 하더니. 뭐 출근, 뭐 돈을 얼마 안 준다고 한국 갔어요 한국 가서 뭐 작년 한 해를 놀더니. 무슨 뭐 공부를 했다나? 뭐 무슨

나? 머 머슨 학원? 그 공장에 들어가서 뗀노(電腦) 티는 모내이데. 뗀노 티구 앉아서 벌어먹는 모내이, 아마 좀 벌은 모내이.

조 예, 손자입니까? 할아버지 손자가 하나입니까?

제 손녀, 그 우리 손자 한나는 저 : 어데? 안산(鞍山) 데짝에 나가개지구 공장 채리구 잇어요.

조 안산쪽에서 공장을 차리고 있어요?

제 예, 그 로반(老闆)이 집 하나 이거 사주어개 : 구, 가 : 가 기술이 좋아요.

조 네.

제 기술이 좋아개구 전자 공 : 상을 채리개지구. 중학교를 졸업했어두 그놈이 머리가 좋을꺼니 그 전자를 보옛단 말이. 기렇게 해개지구 로반이 여 : 구서 쌍발하는 걸 데리구 갓디요. 데리구 가서 집 하나 주어개지구.

조 손군이 몇이에요? 손자, 손녀가 몇이에요?

제 아, 손자? 손자가 이거이 우리 큰 아 : 가 딸 둘에 아들 한나이구. 두채(째)레 아들 한나이구 지금 손자들 나구. 세채(째)는 이제 아들 하나, 딸 하나 낳아개지구.

조 아, 그래도 많으시네요?

제 네, 그때야 그 맘 : 대루 낳는 때 머.

지원군 시절의 추억

조 할아버지 방금 지원군으로 나가신 이야기 계속 해주세요.

제 내레 어디꺼질 말? 아 지원, 그 지원군 그렇게 나가개지구. 우리 또래 다 : 나갓이오. 지원군 그땐 다 : 나가개지구. 말두 못 해요 나 : 가 보초 보는데. 머, 즁(中)국싸람들 그 이렇게 막 그 무리 죽어구, 무리 죽어구 헐꺼니. 막 몰 : 래 막 달아나오디요 머, 총을 차구서 이. 내가 이제 괄(官)이라 허(하)면 괄(官) 그 밑에 싸람들. 아야 다 : 데리구 오는 것두 잇이오.

조 아, 그랬어요.

학원? 그 공장에 들어가서 컴퓨터를 하는 모양이더라. 컴퓨터를 하고 앉아서 벌어먹는 모양이야, 아마 좀 벌은 모양이야.

조 예, 손자입니까? 할아버지 손자가 하나입니까?

제 손녀, 그 우리 손자 하나는 저 어데? 안산 저쪽에 나가가지고 공장을 경영하고 있어요.

조 안산쪽에서 공장을 차리고 있어요?

제 예, 그 사장님이 집 한 채 이것 사줘서, 걔가 기술이 좋아요.

조 네.

제 기술이 좋아가지고 전자 공장을 차려가지고. 중학교를 졸업했어도 걔가 머리가 좋으니 그 전자를 배웠단 말이. 그렇게 해가지고 사장님이 여기서 출근하는 걸 데리고 갔지요. 데리고 가서 집 한 채 줘서.

조 손주가 몇이에요? 손자, 손녀가 몇이에요?

제 아, 손자? 손자가 이것 우리 큰 아들이 딸 둘에 아들이 하나이고. 둘째가 아들이 하나인데 지금 손자를 (이미) 낳았고. 셋째는 이제 아들 하나, 딸 하나를 낳아가지고.

조 아, 그래도 많으시네요?

제 네, 그때야 그 마음대로 낳는 때 뭐.

지원군 시절의 추억

조 할아버지께서 방금 지원군으로 나가신 이야기 계속 해주세요

제 내가 어디까지 말? 아 지원, 그 지원군으로 그렇게 나가가지고. 우리 또래는 다 나갔어요 지원군으로 그때는 다 나가가지고 말도 못 해요 나가서 보초를 보는데. 뭐, 중국 사람들이 그 이렇게 막 그 무리로 죽고, 무리로 죽고 하니. 막 몰래 막 달아나오지요 뭐, 총을 차고서 이. 내가 이제 간부라고 하면 간부 그 아래에 있는 사람들. 아예 다 데리고 오는 것도 있어요.

조 아, 그랬어요.

제 네, 말두 못 해요. 그 머 그저 요금세 나가 문 밤 : 에 딱 나가서라무니. 딱 머허구 햇는데, 아이구 머 그때 머 그 마즈막엔 그 팅짠(停戰)허(하)면서. 쏘련에서 그 무길, 무길 갖다 주어개구 그. 가 살편띠 머 그거 쭈 : 거, 그거 까타나 미국놈들이. 아마 손 들은 모내라, 팅짠해자구 그래 팅짠해삐리구. 아, 그러구 나개지구, 만 : 날 나가서 보초 보구 글꺼니. 아 이거 머 또 닐면 머 잘못허(하)면 죽갓구. 우리 집이 이게 이, 집안헌 그짝우루 이거이 벽돌집이 아니에요. 흙우루 이렇게 햇는데 이, 하루 쩌낙엔 우리 집이. 그놈 자동찰 딸라 겨울인데 자동차를 딸라개지구서라무니. 비행기가 이쪽우루 딸라 왓디요 이놈 새기(끼)들이. 딸라 와개지구 우 : 허(하)면 건너와개지구. 우리 큰 아 : 가 그 탈 : 이 잇엇이요. 탈 : 이 홍언리가 자꾸 나와개지구 백기를 자꾸 하던 거인데. 그 놈을 오좀 쌔우느라구 나 : 가, 토방에 나 : 가 앉앗다가. 앉아 쌔우느랄꺼니 아 : 머이 투두둑투두둑 허더니 총알이라. 그 호박 니파구에 그 머이 물이 오두룩 두둑두둑 허더니. 어 : 따 겁이 나개지구 그날 밤을 못 자구 그 이튿날 나가 볼꺼니. 이 농을 요롷게 놓앗는데 이 농에루. 총알이 둘어와개지구 입성속에 둘우와 붙엇디. 창팡(廠房)에는 독이 다 : 깨디구 머 쌀독에 총알이 다 : 둘우오구. 아 죽을 뻔 햇어요 그날 저낙에. 그래두 총알이 그 싸(사)람을 피해는 모내라요. 그러구 나서 한 해 잇다간 아이구 여구 잇다간 이거 머. 싸(사)람 죽갓다 허(하)구 여기루 둘우 오디 않앗소?

새 고향에서의 또 다른 생활

조 여기에 오셔서는 주로 무슨 일을 하셨습니까?

제 첫 해는 그 촌(천)에 둘우와개지구 농사 쫌 햇디요 머. 농사 해놓구선 우리 노친네허

제 네, 말도 못 해요. 그 뭐 그저 여기에 나가면 밤에 딱 나가서. 딱 뭐하고 했는데, 아이고 뭐 그때 뭐 그 마지막에는 그 정전하면서. 소련에서 그 무기를, 무기를 갖다 줘서 그. 그 신식 무기 뭐 그것 주고, 그것 때문에 미국 사람들이. 아마 손을 들은 모양이라, 정전하자고 그래서 정전해 버리고. 아, 그리고 나서, 매일 나가서 보초 보고 그러니. 아 이것 뭐 또 (전쟁이) 일어나면 뭐 잘못하면 죽겠고. 우리 집이 이게 이, 집안현 그쪽으로 이것 벽돌집이 아니에요. 흙으로 이렇게 했는데 이, 하루 저녁에는 우리 집에. 그 자동차를 따라서 겨울인데 자동차를 따라서. 비행기가 이쪽으로 따라 왔지요 이놈 새끼들이. 따라 와가지고 우 하면서 건너와가지고. 우리 큰 아이가 그 탈이 있었어요. 탈이 항문이 자꾸 나와서 흰 곱똥을 자꾸 누던 것인데. 그 아이를 오줌 누이느라고 나가서, 토방에 나가 앉았다가. 앉아 누이는데 아 뭐 투두둑투두둑 하더니 총알이라. 그 호박 잎사귀에 그 뭐 비가 오듯이 두둑두둑 하는데. 어찌(너무) 겁이 나서 그날 밤을 못 자고 그 이튿날 나가보니. 이 장롱을 이렇게 놓았는데 이 장롱으로. 총알이 들어와서 옷 속에 들어와 붙었지. 헛간에는 독이 다 깨지고 뭐 쌀독에 총알이 다 들어오고 아 죽을 뻔 했어요 그날 저녁에. 그래도 총알이 그 사람을 피하는 모양이에요 그리고 나서 한 해 있다가, 아이고 여기 있다가는 이것 뭐. 사람 죽겠다 하고 여기로 들어오지 않았나요?

새 고향에서의 또 다른 생활

조 여기에 오셔서는 주로 무슨 일을 하셨습니까?

제 첫 해는 그 촌에 들어와서 농사를 좀 했지요 뭐. 농사 해놓고서는 우리 노친하고 (두

구 타구. 아들, 그 아들은 일을 못허(하)디요. 그 둘이 농사 해놓구선 가을이 댈꺼니 우리 그 집안헌에 잇는. 함께 살던 싸(사)람이 니근옹(李根雍)이라구. 그 싸(사)람이 와서 창장(廠長) 노릇을 하데요.

조 네.

제 그래 하루는 오더니 '아이, 동무 그 놀：때 팔동기 겉은 거 볼 줄 아는가?' 아니, 내레 머 만：날 그거 개구던 싸(사)람인데 와 모르나? 그머 저：농당(장)우루 오라구 그래개지구 그 농당에 가개지구 머. 어 타작, 그 그게 개지구 타작두 해주구. 그게 보멘서 타작두 해주구 그저. 쌀두 띃는데 전부 그게루 허는데 그게 바주구. 그렇게 한 삼년 또 벌어먹다가. 아이 그렇게 첫 해 벌구서, 기：서 벌구선 계수 농사는 햇는데. 그댐에 살딜 못 하것이요, 겨우 묵는다. 이：때 심양 서쪽 마산가：라구 하는데. 마산가 서쪽에 그 농당이 잇던 거인데. 전부 물이구 그래개지구 쌀리루(三里路)루 나와개지구. 쌀링이(三耆一)래는데 나와서 또 중(주)국대대 들어가서 그게 또 바줏이요 머. 그러다가 게：서 한 이태 해먹구 제약창(廠)에 둘우왓이요 제약창에 둘우와개지구 그때는 그 호랭이 담배 푸이는 때라요. 나 겉은 놈두 기술자라구 그 심양시 제약창(廠)우루 둘우올꺼니. 그때 뉵급공(六級工)우(으)루 주데 뉵급공이면 그때 돈 그. 교원들 이쓰이(一十一), 한 이삼십언씩 받앗디요 교원들. 소학교 교원들 한 이삼십언 받앗이요, 그래두 나는 칠십, 칠십 뉵(뉴)원.

조 오, 그렇게 많이요?

제 칠십 뉵(뉴)원 얼매던가? 곱 뺐앗디요.

조 세 배를 받았네요.

제 네, 그게 수리헐(할)꺼니 그 공일날허(하)구 명질 때 안 쉬구 헐(할)꺼니. 보통 돈 뺴원, 그때 똔 한 뺴원씩 받앗이요. 그때는 기술자란 말이, 지금이야 택두 없수다. 지금이야 기술자 많디 않소 그때는 기술자 없엇

몫의 양식만) 타고. 아들, 그 아들(들)은 일을 못하지요. 그 둘이 농사 해놓고서는 가을이 되니 우리 그 집안현에 있는. 함께 살던 사람이 이근옹이라고 그 사람이 와서 공장장을 하더라고요.

조 네.

제 그래 하루는 오더니 '아니, 동무 그 놀 때 발동기 같은 것을 볼 줄 아는가?' 아니, 나는 뭐 매일 그것 가꾸(만지)던 사람인데 왜 모르겠나? 그럼 자기 농장으로 오라고 그래서 그 농장에 가서 뭐. 어 타작, 그 기계를 가지고 타작도 해주고 기계를 보면서 타작도 해주고 그저. 쌀도 찧는데 전부 기계로 하는데 그 기계도 봐주고 그렇게 한 삼 년 또 벌어먹다가. 아니 그렇게 첫 해 벌고서, 그래서 벌고서는 계속 농사는 했는데. 그 다음에 살지를 못 하겠어요, 겨우 먹는다. 이때 심양 서쪽에 마산가 라고 하는데. 마산가 서쪽에 그 농장이 있던 것인데. 전부 물이고 그래가지고 삼리로 나와가지고. 삼령일이라는데 나와서 또 한족대대에 들어가서 기계를 또 봐줬지요 뭐. 그러다가 거기서 한 두 해 해먹고 제약공장에 들어왔어요. 제약공장에 들어와서 그 때는 그 호랑이 담배 피우는 때예요. 나 같은 사람도 기술자라고 그 심양시 제약공장으로 들어가니. 그때 육 급 노동자로 쳐주는데 육 급 노동자이면 그때 돈 그 교원들 십일 급이니 한 이삼십 원씩 받았지요 교원들. 초등학교 교원들 한 이삼십 원씩 받았어요, 그래도 나는 칠십, 칠십육 원.

조 오, 그렇게 많이요?

제 칠십육 원 얼마던가? 곱을 받았지요.

조 세 배를 받았네요.

제 네, 기계를 수리하니 그 주말하고 명절 때도 안 쉬고 하니. 보통 돈 백 원, 그때 돈 한 백 원씩 받았어요. 그때는 기술자란 말이, 지금이야 턱도 없지요 지금이야 기술자가 많지 않소. 그때는 기술자가 없었어

이요. 그래개지구 그때 머 기릏게 그저 건
달터럼 그저. 이릏게 댕기머 벌어먹구 잇
다가. 그 디뵤준에 이 혼하푸(渾河堡)에 와
개지구 나올꺼니. 그 또 머 기술이라구, 쫌
잇다구 그럴꺼니 농사는 안 씨이데요. 기
래 그저 이럭데럭 그저 이릏게 살앗이요.

조 할아버지 그때 여기 주위에서 제일 잘 사
셨겠습니다. 초등학교 교원 몇 배의 월급
을 받고 사셨으니깐요.

제 그렇디요, 그리기 그때 식구가 우리 동상네
그 전부 잇던 거인데. 닐굽인데 그걸 다 :
믹에 살구 또 집을 삿단 말이.

조 대단하십니다. 그럼 여기 농사일을 하시고
부터는 좀 힘들게 되셨습니까? 농사일을
안 했어요, 그저 그 기계나 슬슬 보러 다니
고 그저 예.

제 농사일 안 했어요, 그저 그 그계나 슬슬 보
러 댕기구 그저 예. 그리다가 그 등소펑 그
늘어서개지구. 하는 바람에 그때 농사 쪼
꼼 햇디요 머.

조 네.

제 농사 하담 : 이제 머 늘어데서 농사 못허
구 이제 그렇게 살디요.

조 그럼 이 집은 뭐 어디에서 산 것입니까? 준
것입니까?

제 치 : 그때 준 거이 어디서요? 여기 농사꾼
은 주는 거이 없이요

조 아, 네.

제 그때 훈하푸(渾河堡)에 그 집을 짓구 잇다
가. 뚱첸(動遷)허(하)게 댈 싸(사)람, 집을 좀
많이 제 : 낫더니. 거굼에서 집을, 이 혼하
푸래는 데 이것 훈난리(渾南里)라구 잇이요.
여구 안 살꺼니 모르겟수? 집이 어디라요?

조 아, 저 원래 장춘에서 컷는데 훈난을 들어
는 봣습니다. 압니다. 여기 좀 잇엇기에 압
니다.

제 요 털뚝 나가면 전부 훈난취(渾南區)라요.
그래개지구 고굼에 집을 이백이십펑(平)을
타 : 개지구.

요. 그래가지고 그때 뭐 그렇게 그저 건달
처럼 그저. 이렇게 다니며 벌어먹고 있다
가. 그 3년 재해에 이 혼하보에 와가지고
나오니. 그 또 뭐 기술이라고, 좀 있다고
그러니 농사는 안 시키데요. 그래 그저 이
럭저럭 그저 이렇게 살았어요.

조 할아버지 그때 여기 주위에서 제일 잘 사
셨겠습니다. 초등학교 교원 몇 배의 월급
을 받고 사셨으니깐요.

제 그렇지요, 그러게 그때 식구가 우리 동생네
도 그 전부 있던 것인데. 일곱인데 그걸 다
먹여 살리고 또 집을 샀단 말이.

조 대단하십니다. 그럼 여기 농사일을 하시고
부터는 좀 힘들게 되셨습니까? 농사일을
안 했어요, 그저 그 기계나 슬슬 보러 다니
고 그저 예.

제 그러다가 그 등소평 체제가 그 들어서서.
(호도거리 책임제를) 하는 바람에 그때 농
사를 조금 했지요 뭐.

조 네.

제 농사 하다가 이제 뭐 늘어서 농사를 못하
고 이제 그렇게 살지요.

조 그럼 이 집은 뭐 어디에서 산 것입니까? 준
것입니까?

제 치 그때 준 것이 어디 있어요? 여기 농사꾼
은 주는 것이 없어요

조 아, 네.

제 그때 혼하보에 그 집을 짓고 있다가. 재개
발하게 될 사람, 집을 좀 많이 지어놓았더
니. 거기에서 집을, 이 혼하보라는 데 이것
혼남리라고 있어요. 여기에 안 사니 모르
겠어요? 집이 어디예요?

조 아, 저 원래 장춘에서 컸는데 혼남을 들어
는 봤습니다. 압니다. 여기 좀 있었기에 압
니다.

제 요 철길을 나가면 전부 혼남구예요. 그래가
지고 거기에 집을 이백이십 평방미터를 타
가지고.

조 네.

<table>
<tr><td>

조 네.

제 그때 머 그걸 놔 : 뒀으면 지금 머 몇 백만 원 댓(됐)겟수다. 그걸 다 : 아들레 주는 건 주구, 남는 거는 팔아개지구. 이거, 이거 한나 살구구 쪼굼 놔 : 둣다 말이. 그때 집을 사 놓앗으면 지금 잘 : 사는 거인데. 그거 팔짜래는 거 잇이요, 할 재간 없어요.

조 네, 그래도 집은 없어도 할아버지 건강이 있지 않습니까?

제 예, 건강헐(할)꺼니 멋 : 보다 나 : 요

조 건강이 가장 좋으시죠?

제 건강헐(할)꺼니 멋 : 부단두 다 : 좋다구요.

조 네, 그렇죠. 그렇습니다. 여기 위에도 어느 조선족 분이 사시는 것 같요.

제 요 밑에 살아요

조 근데 지금 이 녹음기 소리가 아래의 조선족 집에서 들리는 겁니까?

제 예, 아래서 올라와요 이 우에는 우리 손자네 집이던 거인데. 중(주)국쌔(사)람 추쭈(出租)햇이요.

조 아, 그래요? 여기 아래 분은 뭐 연세가 많으신 분입니까?

제 년세가 한 팔십 댓(됐)이우 그

조 할머님, 할아버지 두 분 같이 계세요?

제 고거 야체(牙簽)레 잇는데 더거 더 그 쌍멜(上面).

조 여기 아래층에는 누구누구 삽니까?

제 아니, 그것두 노태태(老太太) 혼차 살아요

</td><td>

제 그때 뭐 그걸 놔뒀으면 지금 뭐 몇 백만 원 됐겠어요 그걸 다 아들네 주는 것은 주고, 남는 것은 팔아가지고, 이것, 이것 하나 남았고(사고) 조금 놔뒀다 말이. 그때 집을 사 놓았으면 지금 잘 사는 것인데. 그것 팔자라는 것이 있어요 할 수가 없어요.

조 네, 그래도 집은 없어도 할아버지 건강이 있지 않습니까?

제 예, 건강하니까 무엇보다 나아요

조 건강이 가장 좋으시죠?

제 건강하니 무엇보다도 다 좋다고요

조 네, 그렇죠. 그렇습니다. 여기 위에도 어느 조선족 분이 사시는 것 같네요

제 여기 밑에 살아요

조 근데 지금 이 녹음기 소리가 아래의 조선족 집에서 들리는 겁니까?

제 예, 아래서 올라와요 이 위에는 우리 손자네 집이던 것인데. 한족사람한테 세를 줬어요

조 아, 그래요? 여기 아래 분은 뭐 연세가 많으신 분입니까?

제 연세가 한 팔십 됐어요 그

조 할머님, 할아버지 두 분 같이 계세요?

제 거기 이쑤시개가 있는데 저것 저 그 위에.

조 여기 아래층에는 누구누구 삽니까?

제 아니, 거기에도 할머니 혼자 살아요.

</td></tr>
<tr><td>

할아버지의 하루 일과

조 할머님 혼자 사십니까? 할아버지는 돌아가셨습니까? 할아버지 지금 가장 큰 바램은 혹시 무엇입니까?

제 가장 바래는 거요? 가장 바래는 거 그저. 만 : 날, 그저 밥 먹구는 그저 시내 한바쿠 댕기구 그저. 그 어데 카(卡)를 하나 줫이요, 차 타는 거이.

조 네.

제 카를 줘개지구 그 그저 심심허면 머 심양

</td><td>

할아버지의 하루 일과

조 할머님 혼자 사십니까? 할아버지는 돌아가셨습니까? 할아버지 지금 가장 큰 바람은 혹시 무엇입니까?

제 가장 바라는 거요? 가장 바라는 것은 그저. 매일, 그저 밥 먹고는 그저 시내를 한 바퀴 다니고 그저. 그 어떤 카드를 하나 줬어요, 차를 타는 것.

조 네.

제 카드를 줘서 그 그저 심심하면 뭐 심양 (시

</td></tr>
</table>

한바쿠씩 돌구 오디 머.	내를) 한 바퀴씩 돌고 오지 뭐.
조 아, 오늘 오전에도 심양 시내에 갔다 오셨어요?	조 아, 오늘 오전에도 심양 시내에 갔다 오셨어요?
제 예, 심양 갓더랫이요.	제 예, 심양 시내에 갔댔어요
조 그래 가서서 그저 한 바퀴 돌고 오셨습니까?	조 그래 가서서 그저 한 바퀴 돌고 오셨습니까?
제 일 : 두 보구 그저 일 없으면 그저 한바쿠 돌구. 공원에두 가 : 좀 놀구 그저 그래요 그러거니, 이 공산당 정책이란기 좋긴 좋아요 지금 카 : 를 이렇게 줘 : 개지구.	제 일도 보고 그저 일이 없으면 그저 한 바퀴 돌고 공원에도 가서 좀 놀고 그저 그래요 그러니까, 이 공산당 정책이란 것이 좋긴 좋아요 지금 카드를 이렇게 쥐어가지고.
조 네, 압니다. 노인카드, 이건 무료죠? 아무리 많이 타도 되시죠?	조 네, 압니다. 노인카드, 이건 무료죠? 아무리 많이 타도 되시죠?
제 이건 무료야래, 이거는 무료라요.	제 이건 무료야, 이것은 무료예요.
조 올라가면 노인카드란 말이 나오는데 어디나 마음대로 갔다 오실 수 있죠?	조 올라가면 노인카드란 말이 나오는데 어디나 마음대로 갔다 오실 수 있죠?
제 이걸 줘 : 개지구 일년에 그저 십원만 물면 대요 근데 요 쌍얼쓰(三二四) 안대요. 떼싼(電三) 안 대요, 떼이(電一)허구 얼(二)허구 우(五). 머 이 그 : 케 카 : 딜이모는데는 다 : 대요.	제 이걸 쥐어가지고 일 년에 그저 십 원만 내면 돼요 그런데 이것 324번 (버스는) 안돼요 3번 전차도 안 돼요, 전차 1번과 2번, 5번. 뭐 이 그렇게 카드 찍을 수 있는 데는 다 돼요
조 이것 잘 건사하십시오, 할아버지께는 이 카드가 보배입니다.	조 이것을 잘 건사하십시오, 할아버지께는 이 카드가 보배입니다.
제 머, 데 못씨게 대면 또 가서 허면 또 해 줘요.	제 뭐, 저 못쓰게 되면 또 가서 하면 또 해 줘요.
조 그럼 또 십 원 내라고 하시요?	조 그럼 또 십 원 내라고 하시요?
제 이거 잃어먹으면 십원 더 줘 : 요.	제 이것 잃어버리면 십 원 더 줘(야 해)요.
조 할아버지 이것 드세요.	조 할아버지 이것 드세요.
제 아니, 일없이요, 내 해요.	제 아니, 괜찮아요, 내가 해요.

할아버지의 건강 비결 / **할아버지의 건강 비결**

조 할아버지, 참 건강하십니다. 장수의 비결이 무엇입니까?	조 할아버지, 참 건강하십니다. 장수의 비결이 무엇입니까?
제 비결이 잇나요 머, 그저 허투루 그저 이렇게 살디요 머. 근데 가만 세 : 볼꺼니요, 담배 안 피야 대요, 술 쫌 안 먹이야 대요.	제 비결이 있나요 뭐, 그저 마음대로 그저 이렇게 살지요 뭐. 그런데 가만히 세어(생각해)보니, 담배를 안 피워야 돼요, 술도 좀 안 먹어야 돼요.
조 네, 할아버지께서는 담배도 안 피우시고 술도 안 드십니까?	조 네, 할아버지께서는 담배도 안 피우시고 술도 안 드십니까?
제 아, 들라, 들라요 내 개 : 와요. 일없이요.	제 아, 드시, 드세요 내가 가져와요. 괜찮아요.

조 할아버지, 지금 담배를 전혀 안 피우십니까? 냄새가 안 나는 걸 보니 담배 안 피우시네요.	조 할아버지, 지금 담배를 전혀 안 피우십니까? 냄새가 안 나는 것을 보니 담배 안 피우시네요.
제 담배가 내 젊어서 오십 전에 좀 푸엣이요 좀 푸이다가 한 삼년 푸엣나? 안 푸엣이요. 기침 나구 가래가 자꾸 성해요. 안 푸(피)엣디요 머.	제 담배는 내가 젊었을 때 오십 전에 좀 피웠어요 좀 피우다가 한 삼 년 피웠나? 안 피웠어요 기침도 나고 가래가 자꾸 성해요. 안 피웠지요 뭐.
조 네, 잘 하셨습니다.	조 네, 잘 하셨습니다.
제 그 또 술은 본래 우리 원씨네 집안이요, 우리 조상이 안 먹을꺼니. 술은 좀 먹으면 못 결레요 지금 그래 피주(啤酒)두 쪼꼼 먹긴 먹다가 안 대서 그담에. 이제 쌀루 탁주래는 거 쪼꼼씩 해서 예, 탁주레 데일 동아요.	제 그 또 술은 본래 우리 원 씨네 집안이요, 우리 조상이 안 먹으니. 술은 좀 먹으면 못 견뎌요 지금 그래서 맥주도 조금 마시긴 마시다가 안 돼서 그 다음에. 이제 쌀로 탁주라는 것 조금씩 해서 예, 탁주가 제일 좋아요.
조 할아버지 탁주도 하실 수 있습니까? 할 줄 아십니까?	조 할아버지 탁주도 하실 수 있습니까? 할 줄 아십니까?
제 알아요	제 알아요
조 아, 정말 부지런하십니다.	조 아, 정말 부지런하십니다.
제 탁주 해개지구 그저 한 끼에, 그저 한보기씩 쪼꼼씩 마시면 좋아요.	제 탁주를 해서 그저 한 끼에, 그저 한 보시기씩 조금씩 마시면 좋아요.
조 아, 네.	조 아, 네.
제 신테 좋아요	제 신체에 좋아요.
조 신체에 좋죠? 하하……	조 신체에 좋죠? 하하……
제 그러구 하루 밥을 그저 삼시 끼 안 번데야 대요. 좀 많이 먹디 말구 쪼꼼씨래두 먹구.	제 그리고 하루 밥을 그저 삼시 끼니 안 건너야 돼요. 좀 많이 먹지 말고 조금씩이라도 먹고
조 아침, 점심, 저녁요?	조 아침, 점심, 저녁요?
제 예, 글구 이 실과 좀 많이 먹구. 난 돈은 머 크게 없어두 당: 실과는 안 떨어디구 살아요	제 예, 그리고 이 과일을 좀 많이 먹고 나는 돈은 뭐 많이 없어도 늘 과일은 안 떨어지고 살아요.
조 아, 그것이 좋습니다.	조 아, 그것이 좋습니다.
제 까짓 놈이야 머이래구 머 내 혼자 그저. 아무래 그(구)저 이렇게 삽: 무다 그저.	제 그까짓 남이야 뭐라고 해도 뭐 나 혼자는 그저. 마음대로 그저 이렇게 삽니다 그저.
조 할아버지 자제분들은 몇 분이십니까?	조 할아버지 자제분들은 몇 분이십니까?
제 자제분 지(기)굼?	제 자제분 지금?
조 네.	조 네.
제 우리 큰 아들 잇구, 두채(째) 잇구. 아들 서:이에 딸 하나 잇(이)던건데 딸은 재작년에 그 차에 사고 나서 죽엇이요.	제 우리 큰 아들이 있고, 둘째가 있고. 아들 셋에 딸 하나 있던 것인데 딸은 재작년에 그 교통사고가 나서 죽었어요.

조 아, 네. 여기에서 사고가 났습니까?	조 아, 네. 여기에서 사고가 났습니까?
제 그 저 : 어데 심양 서쪽에서 낫어요.	제 그 저 어디 심양 서쪽에서 났어요.
조 아, 그러셨습니까? 그러니까 사시다 보면 이런저런 일이 다 있죠. 마음이 많이 아프셨겠어요?	조 아, 그러셨습니까? 그러니까 사시다 보면 이런저런 일이 다 있죠. 마음이 많이 아프셨겠어요?
제 아이구, 아파두 머 할 재간 없디요.	제 아이고, 아파도 뭐 별 수가 없지요.
조 네, 그렇습니다. 그래도 연세가, 그래도 쉰이 되셨죠?	조 네, 그렇습니다. 그래도 연세가, 그래도 쉰이 되셨죠?
제 그저 속이 펜안해야 대요, 이 마음이 펜안해야 그 좀. 마음이 쪼꿈 불카허(하)면 싸(사)람이래는 거 오래 못 살아요.	제 그저 속이 편안해야 돼요, 이 마음이 편안해야 그 좀. 마음이 조금 불쾌하면 사람은 오래 못 살아요.
조 네, 그렇습니다.	조 네, 그렇습니다.
제 원만한 건 생각 안 해야 대요. 이자 머 이, 그렇게 댄 걸 어떻게 허갓소? 이자?	제 웬만한 것은 생각 안 해야 돼요. 이제 뭐 이, 그렇게 된 걸 어떻게 하겠소? 이제?
조 할아버지 사진이 나왔습니다. 그리고 할아버지 매일 아침 운동 어디로 가서 하십니까?	조 할아버지 사진이 나왔습니다. 그리고 할아버지께서 매일 아침 운동을 어디로 가서 하십니까?
제 그전에 노친네 잇을 때는 이거 한 바쿠씩 돌던 건 : 데. 아직엔, 머 요즘엔 낮에는 덜 댕게요. 밥 해 먹어댜 머 그 밀 : 좀 집 안두 좀 치우야 허(하)디 헐(할)꺼니. 그저 밥이나 먹구 그저 보 : 통 이젠 시내 댕게요. 나 이거 겨울에 이거 그저 한 사나흘. 한 사할에 한번씩은 시내 꼭꼭 댕게요.	제 그전에 노친이 있을 때는 여기를 한 바퀴씩 돌던 것인데. 아침에는, 뭐 요즘에는 낮에는 덜 다녀요. 밥을 해 먹어야지 뭐 그 뭘 좀 집안도 좀 치워야 하지 하니까. 그저 밥이나 먹고 그저 보통 이제는 시내를 다녀요. 나 이것 겨울에 이것 그저 한 사나흘. 한 사흘에 한 번씩은 시내를 꼭꼭 다녀요.
조 아, 가서 뭐 구경하실 것 있습니까?	조 아, 가서 뭐 구경하실 것이 있습니까?
제 그저 공원에두 가구 그저 사방 그저 척 : 척 댕기다가. 사방 댕기구, 차를 타두 또 환처(換車)허(하)게 대면 또 걸이야 댄다 말이.	제 그저 공원에도 가고 그저 사방 그저 척척 다니다가. 사방에 다니고, 차를 타도 또 갈아타게 되면 또 걸어야 된다 말이.
조 네.	조 네.
제 집이 이거 가만히 잇으면 그저 둔너 : 자야 댄단 말이.	제 집에 이렇게 가만히 있으면 그저 들어 누워 자야 된단 말이.
조 네, 낮에 자면 안 좋죠.	조 네, 낮에 자면 안 좋죠.
제 자면 안 대디요 머, 나가 놀레니 나 같은 나이 많은 싸(사)람 없 : 구. 나가면 그래두 머 낯선 싸(사)람, 그래두 말두 좀 허(하)구. 그저 이력데럭 그러꺼니 괘탆아요.	제 자면 안 되지요 뭐, 나가 놀려니 나처럼 나이가 많은 사람이 없고. 나가면 그래도 뭐 낯선 사람, 그래도 말도 좀 하고. 그저 이럭저럭 그러니까 괜찮아요.
조 네, 괜찮아요? 어제 오후에는 혹시 어디에 계셨습니까?	조 네, 괜찮아요? 어제 오후에는 혹시 어디에 계셨습니까?
제 어제 오후에두 심양 갓더랫이요.	제 어제 오후에도 심양(시내)에 갔댔어요.

조 할아버지를 어제 오후부터 뵙고 싶었는데요 연락할 수 없다고 하셨어요. 보통 저녁은 몇 시에 주무십니까?	조 할아버지를 어제 오후부터 뵙고 싶었는데요 연락할 수 없다고 하셨어요. 보통 저녁은 몇 시에 주무십니까?
제 보:통 저낙에 그저 이렇게 시내에 갔다 오구 허(하)게 대면. 야덟 시, 아홉 시면 자다요 머.	제 보통 저녁에 그저 이렇게 시내에 갔다 오고 하게 되면. 여덟 시나 아홉 시면 자지요 뭐.
조 네.	조 네.
제 근데 이 집어서 잠을 자노면 잠이 안 와개지구 열 시 넘구. 머 이 열 시 넘어야 자구 열두 시 건덜테야 댄단 말이. 게:우:야 댕게요.	제 그런데 이 (낮에) 집에서 잠을 자놓으면 잠이 안 와서 열 시 넘고 뭐 이 열 시 넘어야 자고 열두 시 건너야 된단 말이. 그래서 일부러 다녀요.
조 네, '일부러'를 못 알아듣죠? 아니, 학생들은 이제 금방 한국어를 배웠기 때문에 옛말을 잘 모릅니다. 할아버지 평소에 아침에 몇 시에 일어나십니까?	조 네, '일부러'를 못 알아듣죠? 아니, 학생들은 이제 금방 한국어를 배웠기 때문에 옛말을 잘 모릅니다. 할아버지께서는 평소에 아침에 몇 시에 일어나십니까?
제 보:통 여섯 시는 닐어나요, 그저 앉아, 깨기야 그저 너덧 시 대면야 깨디요 머.	제 일반적으로 여섯 시에는 일어나요, 그저 앉아, 깨어나기야 그저 네댓 시 되면 (잠에서) 깨어나지요 뭐.
조 일어나셔서 뭐 하십니까?	조 일어나셔서 뭐 하십니까?
제 그저 앉아서 그저 덴스(電視)두 좀 보구 그저 노래두 좀 보구. 아:제는 노래 안 들어요. 그저 덴스나 좀 보구 그저.	제 그저 앉아서 그저 텔레비전도 좀 보고 그저 노래도 좀 듣고 아침에는 노래를 안 들어요 그저 텔레비전이나 좀 보고 그저.

기억 저 편의 어려웠던 학교생활

조 할아버지 인상이 가장 깊었던 일은 뭡니까? 저 조선에서 열네 살 때 오셨으면 그쪽의 일이 많이 생각나실 텐데요.	조 할아버지께서 인상이 가장 깊었던 일은 뭡니까? 저 조선에서 열네 살 때 오셨으면 그쪽의 일이 많이 생각나실 텐데요.
제 생각나요.	제 생각이 나요
조 거기에 살던 집도 생각나고 정원, 앞뜨락도 생각나고 그러시죠?	조 거기에 살던 집도 생각나고 정원, 앞뜨락도 생각나고 그러시죠?
제 나디요.	제 나지요.
조 네, 한번 말씀해 주시겠습니까? 어떤 곳에서 사셨는지요?	조 네, 한번 말씀해 주시겠습니까? 어떤 곳에서 사셨는지요?
제 근데 거:기는 내 학교 댕길 때:는.	제 그런데 거기는 내가 학교를 다닐 때에는.
조 네.	조 네.
제 초산과 우리, 나는 우연(渭原郡), 초산에서 살앗는데.	제 초산과 우리, 나는 위원, 초산에서 살았는데.
조 네.	조 네.
제 나기는 초산에서 낳는데 살기는 우연(渭原	제 낳기는 초산에서 낳는데 살기는 위원 지역

郡) 띠대서 살앗단 말이. 초산 띠대고 이래 경계쯤에, 요곤 초산이구 이건 넌풍동이래 는데. 넌풍동에서 살앗는데 그 이거 지금 아 : 들은요 호광이라요. 참 : 호광이디요, 내 그 닐곱 살에서부텀 초산골을 댕기는데. 초산골과(官) 그 넌풍동과 이십리란 말이. 이십린 : 네 매 : 일 하루씩 한번 갓다오야 햇단 말이. 그 학교 댕기 : 기 위해서라무 니 하루 왕래허(하)디요 머. 그땐 돈이 없 구 그럴꺼니 머 왕래할. 그땐 또 다 : 댕깃 이요 그렇게 아이들이. 그래 공불 일학년 에는 좀 조꼼 햇는데. 차츰차츰 대니꺼니 곤 : 해개지구. 책보는 쌌는데 학교 가야 풀어 보온단 말이. 학교서 싸놓구, 싸개지 구 개 : 구 오면. 집에 오면 머 곤 : 해서라 무니 밥 먹기레 바빠서 자야 댄다 말이. 자 다가 또 아직에 식전에 부모네가 이제 깨 우게 대면. 할 재간 없어 그때야 머. 그 지 금은 머 전부 니밥 아니요? 그때는 전부 잡곡이란 말이. 좁쌀 아니면 강낭쌀 그담 : 쉽 : 쌀 이렇게 먹기 때문에. 먹기 싫어 서 아직에는 그저 굶어서두 가구 그저. 또 어떤 때는 질 : 개나 쪼꿈성 쫌 딩심을 싸 : 개구 가구. 맞갖디 않으면 그저 아직두 안 먹구. 학교를 갓다 와서 저낙에 먹는단 말이.

조 그럼 한 때만 드세요?

제 한 때 먹디요, 기 : 씨(사)람이 그때는 장수 라요 전부. 지금 아 : 들 그렇게 해면 다 : 죽어요.

조 할아버지께서 그때 그 이십 리 길을 왔다 갔다 하셨기 때문에 지금 이렇게 건강하십 니다.

제 눅년을 그렇게 댕깃이요, 눅년.

조 육 년이 어디에요?

제 고 방학 때 그저 안 갓디요, 방학 때두 그 저. 지금 머 한달 넘게 허디 않소? 그때는 그저 한 이십일?

조 네.

에서 살았단 말이. 초산 지역이고 이렇게 경계에, 여기는 초산이고 여기는 연풍동이 라는데. 연풍동에서 살았는데 그 이것 지 금 아이들은요 호강이에요 참 호강이지요, 내가 그 일곱 살에서부터 초산골을 다니는 데. 초산골과 그 연풍동이 이십 리란 말이. 이십 리인데 매일 하루에 한 번씩 갔다 와 야 했단 말이. 그 학교를 다니기 위해서 하 루에 왕래하지요 뭐. 그때는 돈이 없고 그 러니 뭐 왕래할. 그때는 또 다 (걸어) 다녔 어요 그렇게 아이들이. 그래서 공부를 일 학년에서는 좀 조금 했는데. 차츰차츰 되 니까 피곤해가지고. 책보는 쌌는데 학교에 가야 풀어 본단 말이. 학교에서 싸놓고, 싸 서 가지고 오면. 집에 오면 뭐 피곤해서 밥 먹기가 바쁘게 자야 된다 말이. 자다가 또 아침에 식전에 부모님이 이제 깨우게 되면. 할 수 없이 그때야 뭐. 그 지금은 뭐 전부 이밥이 아닌가요? 그때는 전부 잡곡이란 말이. 좁쌀이 아니면 강냉이쌀 그 다음에 수수쌀을 이렇게 먹기 때문에. 먹기 싫어 서 아침에는 그저 굶어서도 가고 그저. 또 어떤 때는 반찬이나 조금씩 (좋으면) 좀 점 심을 싸가지고 가고. 알맞지 않으면 그저 아침도 안 먹고 학교를 갔다 와서 저녁에 먹는단 말이.

조 그럼 한 때만 드세요?

제 한 때만 먹지요, 그 사람이 그때는 참 건강 해요 전부. 지금 아이들은 그렇게 하면 다 : 죽어요.

조 할아버지께서 그때 그 이십 리 길을 왔다 갔다 하셨기 때문에 지금 이렇게 건강하십 니다.

제 육 년을 그렇게 다녔어요, 육 년을.

조 육 년이 어디예요?

제 그 방학 때에 그저 안 갔지요, 방학 때도 그저. 지금은 뭐 한달 넘게 하지 않나요? 그때는 그저 한 이십 일?

조 네.

제 그저 일년에 한달반두 채 안해요 그 우리, 그리 : 내 젊었어요 보통 이백오십리, 한 이백리 길 갓다요.

삶의 질 개선을 위한 피타는 노력

제 내 이 집 자리 이 보레 오는 거 그 집안헌서 이 환등꺼지 오는 거. 전부 걸어왓다니깐. 그제 머 차레, 차가 없어요.

조 네.

제 기차는, 기차는 이제 잇엇는데, 기차는 현에 올라가야. 한 몇 백리 길(낌)을 올라가야 이제 기차라구 잇구. 그 그 어간엔 자던 거두 못 타디, 이 빠스레 다 : 머야? 없어요. 전부 걸어, 걸이야 대요. 이 남자목에서 그 남자목꺼지 나가개지구 통화루 그렇게 나가먼. 사 : 할이면 우리 집이 가는데 한 사 : 백리, 한 오백리 길 대는데. 사 : 할이면 집에 가디요 머.

조 네, 지금 사람들은 열흘도 못 가요, 열흘 가도 못 가요.

제 지금요 하루도 못 가요 지금 싸람, 걸음 많이 걸엇이요 내.

조 그러니까 지금도 얼마나 건강하십니까?

제 그때 : 그 우리, 우리는 압녹(록)강벤에 잇엇기 때멘에.

조 네.

제 예, 그 전부 압록강벤에는요 이 전부 자갈이라요 돌. 자갈 꾸뎅에다가서 농살 : 햇는데. 갸 : 우 벌어먹이야 농, 식냥(날) 벌디 말디 하다 말이. 그리기 다른 데는 돈을 좀 쓸레먼. 그 머 버부에 쬣이래두 쫌 허야 댄단 말이. 조선우루 왓다갓다 하무서라무니 쌀을 지구, 여 : 구 쌀을 지구 가먼. 조선에 가먼, 갓다 팔먼 여 : 구 한 말 : 이, 두 말 : 댄단 말이. 오십근 지구 가먼 백근은 살 수 잇단 말이. 그저 그 밤에먼 그렇게 햇디요 머, 밤에 또 몰래 가야 대서. 산을 넘어서, 산 넘어서 그댐 : 에 강 건너가개지구.

조 그 강을 마음대로 건닐 수 잇습니까? 꽤 깊

제 그저 일 년에 한 달 반도 채 안 해요 그 우리, 그래서 내 젊을 때요 보통 이백오십리, 한 이백 리 길을 갔어요.

삶의 질 개선을 위한 피타는 노력

제 내 이 집 자리 이 보러 오는 것 그 집안헌에서 이 환등까지 오는 것. 전부 걸어왔다니까. 그때는 뭐 차가, 차가 없어요.

조 네.

제 기차는, 기차는 있기는 있었는데, 기차는 현에 올라가야. 한 몇 백 리 길을 올라가야 겨우 기차라고 있고. 그, 그 중간에는 자전거도 못 타지, 이 버스가 다 뭐예요? 없어요. 전부 걸어, 걸어야 돼요. 이 남자목에서 그 남자목까지 나가가지고 통화로 그렇게 나가면. 사흘이면 우리 집에 가는데 한 사백 리, 한 오백 리 길 되는데. 사흘이면 집에 가지요 뭐.

조 네, 지금 사람들은 열흘도 못 가요, 열흘 가도 못 가요.

제 지금요 하루도 못 (걸어)가요 지금 사람, 걸음을 많이 걸었어요 내가.

조 그러니까 지금도 얼마나 건강하십니까?

제 그때 그 우리, 우리는 압록강변에 있었기 때문에.

조 네.

제 예, 그 전부 압록강변에는요 이 전부 자갈이라요 돌. 자갈 밭에다가 농사를 했는데. 겨우 벌어먹어야 농, 식량 벌지말지 하다 말이. 그래서 다른 데는 돈을 좀 쓰려면. 그 뭐 부업이라도 좀 해야 된단 말이. 조선으로 왔다 갔다 하면서 쌀을 지고, 여기 쌀을 지고 가면. 조선에 가면, 가져다 팔면 여기 한 말이, 두 말 된단 말이. 오십 근을 지고 가면 백 근은 살 수 있단 말이. 그저 그 밤이면 그렇게 했지요 뭐, 밤에 또 몰래 가야 해서. 산을 넘어서, 산을 넘어서 그 다음에 강을 건너가서.

조 그 강을 마음대로 건닐 수 있습니까? 꽤 깊

340

던데요?

제 그 쪽구이라구 잇다요, 그 밑 식구 거기 가 잇다 잇어요. 그 머 : 슨 멀 물건을 실케구 가게 대면 여구, 그 뱃사공이 잇단 말이. 뱃사공을 리용해서 그렇게 건너가문. 이거 건너가두요 이 산, 길이 아니라요. 산 그, 산을 이렇게 막 그저 이걸 넘어가야 댄단 말이. 이짝에서 넘어가야 대구, 이짝에서 넘어가야 대구. 기렇게, 기렇게 살앗이요. 소금두 없으면 조선 가서 또 개 : 구(고) 오 구(고).

조 조선이 더 싸죠? 더 많이 싸나요?

제 조선이 그 낭식은 비싸구, 낭식은 주국이 눅구. 물건은 조선이 눅구, 그랫디요. 기 : 리 고상 같이 햇이요, 우리 말두 못해요. 한 이 : 십, 수물, 수물 다싯까지는 숱 : 해 욕 밧어요 내가. 당 : 댕게(기)야 되거든, 식구를 벌어 믹일래꺼니 당 : 댕게(기)야 댄단 말이. 낮엔 자구 밤에는 머 쥐, 쥐놀음허(하)구. 지금 싸(사)람 겉으머야 못(모)해먹어요.

조 늘 다녀야 해요?

제 예, 몰래 댕길꺼니 예 : 서두 밤에 떠나면. 그댐에 조선 가먼 또 일없단 말이요. 그 내놓구 댕기디요 머. 고 강 건너갈 때만 모르면 댄단 말이. 그때는 머 아무거 증명두 없어요 외국싸람두 증명 없구 주국싸람두 증명 없구 그저.

조 그럼 어느 나라 사람인지 모르죠?

제 모르디요 머, 또 알아두 일없구 머.

조 생긴 것이 다 같으니깐요.

제 근데 옷이요, 조선이 맑아요, 조선이 맑다구요 같은 옷을 입엇어두 하얀 옷을 입구 가먼. 주국에 암 : 만 하 : 야게 빨아 입는데두 조선싸람만 못해요. 조선싸람이 하 : 야디요. 주국싸람은 아무래도 이 물이 그런디 컴컴해요. 또 댕기는 거 보머 알구, 조선싸람은 이 : 게 댕기는 것두 파륵바륵. 이렇게 까뚜룩까뚜룩 허먼(하문) 댕기는데.

던데요?

제 그 오두막이라고 있어요, 그 몇 식구가 거기 가서 다 있어요. 그 무슨 뭘 물건을 싣고 가게 되면 여기, 그 뱃사공이 있단 말이. 뱃사공을 이용해서 그렇게 건너가면. 이것 건너가도요 이 산, 길이 아니에요. 산 그, 산을 이렇게 막 그저 이것을 넘어가야 된단 말이. 이쪽에서 넘어가야 되고, 이쪽에서 넘어가야 되고. 그렇게, 그렇게 살았어요 소금도 없으면 조선에 가서 또 가지고 오고.

조 조선이 더 싸죠? 더 많이 싸나요?

제 조선이 그 양식은 비싸고, 양식은 중국이 싸고 물건은 조선이 싸고, 그랬지요 그래서 고생 많이 했어요, 우리 (고생한 것) 말도 못해요. 한 이십, 스물, 스물다섯까지는 정말 고생 숱해 했어요 내가. 늘 다녀야 되거든, 식구들을 벌어 먹여야하니까 늘 다녀야 된단 말이. 낮에는 자고 밤에는 뭐 쥐, 박쥐 놀음하고 지금 사람 같으면 못 해먹어요.

조 늘 다녀야 해요?

제 예, 몰래 다니니 여기서도 밤에 떠나면. 그 다음에 조선에 가면 또 괜찮단 말이요. 그 내놓고 다니지요 뭐. 그 강을 건너갈 때만 모르면 된단 말이. 그때는 뭐 아무런 증명도 없어요 외국 사람도 증명이 없고 중국 사람도 증명이 없고 그저.

조 그럼 어느 나라 사람인지 모르죠?

제 모르지요 뭐, 또 알아도 괜찮고 뭐.

조 생긴 것이 다 같으니깐요.

제 그런데 옷은 조선 (사람들)이 깨끗해요, 조선 (사람들)이 깨끗하다고요. 같은 옷을 입었어도 하얀 옷을 입고 가면. 중국 (사람들)이 아무리 하얗게 빨아 입어도 조선 사람들만큼 못해요 조선 사람의 (옷이 더) 하얗지요. 중국 사람은 아무래도 이 물이 그런지 컴컴해요. 또 다니는 것을 보면 알고, 조선 사람은 이것 다니는 것도 빨리빨리 주국싸람이 어디 머 늑 : 으, 천 : 천히 세월이 가거라 허(하)구 가는데. 그 또 일본놈, 일본은 더 해요, 일본놈 까딱까뜩허(하)게 참 : 빨리 갑무다. 그 조선놈은, 조선싸람은 그 좀 보옛단 말이, 일본놈한테. 좀 고것 쪼꼼 뜨구, 주국싸람은 항소같우루 해요, 그 나타나요 그건. 조선 건너가두 나타난다네, 주국싸람은.

조 그러면 바로 건너가면 뭐가 있어요? 조선의 어느 도시예요?

제 초산골이라요, 초산골 당 : 에 가 댕게요, 한 쥐 : 닷새, 엿새 당인데. 오 : 일만에 한, 당 : 하나씩인데 그 당 : 에는 가서 머. 멀 : 사디 않아두 구경을 가두 가야디요.

조사자 학생에 대한 칭찬

조 강산 학생, 못 알아들었죠? 장이 장보러 간다는 뜻이예요?

제 지(集) : 간지 : (趕集)야.

조 학생들은 잘 못 알아들을 거예요.

제 근데 학교는 주국 학교요?

조 남경대학교입니다.

제 남경대학? 아 저 : 싸(사)람 남경대학에 잇소?

조 여기에서 공부를 아주 잘 해서 남경대학교에 왔어요.

제 그 몇(및) 살이게 이 싸(사)람?

조 스물두 살입니다.

제 수물두 살? 송구 어리구나, 공부 잘 햇구만. 우리 손자딸은 지굼 수물, 수물여섯인가? 수물여섯.

조 공부를 잘 했어요. 여기에서 일등을 했어요.

제 아, 그렇거니 거구루 가디.

조 네, 그래서 좋은 대학교에 왔어요.

제 지금 머 대학생 많아두요 실다 대학생 몇 안대요.

조 이렇게 좋은 대학교에 와야 대학생이라고 할 수 있어요. 남경대학교는 전국에서 상

이렇게 빨랑빨랑 하며 다니는데. 중국 사람은 어디 뭐 느리고, 천천히 세월이 가라 하고 가는데. 그 또 일본 사람, 일본 사람은 더 해요, 일본 사람은 까딱거리며 참 빨리 갑니다. 그 조선 사람은, 조선 사람은 그 좀 배웠단 말이, 일본 사람한테. 좀 조선 사람은 조금 느리고, 중국 사람은 황소같이 늦어요, 그 나타나요 그건. 조선(현재 한국) 건너가도 나타난다네, 중국 사람은.

조 그러면 바로 건너가면 뭐가 있어요? 조선의 어느 도시예요?

제 초산골이에요, 초산골의 장에 다녀요, 한 주에 5일, 6일이 장날인데. 오 일만에 한, 장 하나씩인데 그 장에는 가서 뭐. 뭘 사지 않아도 구경을 가도 가야지요.

조사자 학생에 대한 칭찬

조 강산 학생, 못 알아들었죠? 장이 장보러 간다는 뜻이에요?

제 장, 장보러 간다는 뜻이야.

조 학생들은 잘 못 알아들을 거예요.

제 그런데 학교는 한족 학교예요?

조 남경대학교입니다.

제 남경대학? 아 저 학생은 남경대학에 있소?

조 여기에서 공부를 아주 잘 해서 남경대학교에 왔어요.

제 그 몇 살인가 이 학생?

조 스물두 살입니다.

제 스물두 살? 아직 어리구나, 공부 잘 했구만. 우리 손녀는 지금 스물, 스물여섯인가? 스물여섯.

조 공부를 잘 했어요. 여기에서 일등을 했어요.

제 아, 그러니 거기로 가지.

조 네, 그래서 좋은 대학교에 왔어요.

제 지금 뭐 대학생이 많아도요 실제 (수준이 있는) 대학생은 몇 안돼요.

조 이렇게 좋은 대학교에 와야 대학생이라고 할 수 있어요. 남경대학교는 전국에서 상

위 십위권이에요.

제 이 싸(사)람들 나오면 분배 시게요?

조 스스로 다 잘 찾아요 손녀딸 같은데 왜 자꾸 이 사람이라고 하십니까?

제 손녀딸보단 나이 적은데 머.

조 이 학생의 할아버지 역시 여든 여섯인데, 오전에 녹음하고 왔습니다.

제 아바지레 주국싸(사)람이야? 한족인가?

조 아니요, 어머니가 한족이에요.

제 어머니? 어머니가 주국싸(사)람일꺼니 그래 조선말을 잘 못 허누나.

조 네.

후손교육에 대한 앞선 걱정

제 우리, 우리 손자가 지금 한족을(을) 찾앗단 말이.

조 네.

제 아 : 가 이제 한나 낳 : 는데 그 이제 주국말만 허게 댓어.

조 할아버지께서 가르치시면 되죠.

제 근데 저 : 어데 그 요구 오군 하는데 그 이. 거 : 길 나가 잇어개구 거기 주국싸람만 사는데 머. 그 이제 한 살, 만 한 살 넘엇는데. 이제 명넌쯤(쯤)은 머 여구 댕기다가 어데. 조선학교 댕기다가 조선말 좀 보예주야 대는데.

조 할아버지도 그랬으면 좋겠어요? 그래도 손자이니깐요.

제 아니 근데 주(중)국말, 우리 손자는 그 주(중)국학꼴 댕깃이요, 그 유티워네 이. 그때는 또 세월이 그래개지구 유티원에 댕기는데. 이놈아 : 가 조선, 조선 유티워넬 보낼꺼니 머이 말이 까뜨라구 헐꺼니. 주국 유티원에 가갓다구 그래. 주국 유티원에 갓다가 주국학교 보낸는데. 또 그때는 주국 글 또 알이야 써먹는단 말이.

조 네, 맞습니다.

제 지금 또 개방이 대개지구 조선, 주국글두 알이야 대지요. 조선싸람 조선말두 알이야

위 십위권이에요.

제 이 학생들이 졸업하면 분배를 시켜요?

조 스스로 다 잘 찾아요 손녀딸 같은데 왜 자꾸 이 사람이라고 하십니까?

제 손녀보다는 나이 적은데 뭐.

조 이 학생의 할아버지 역시 여든 여섯인데, 오전에 녹음하고 왔습니다.

제 아버지가 중국(한족) 사람이야? 한족인가?

조 아니요, 어머니가 한족이에요.

제 어머니? 어머니가 한족 사람이니 그래서 조선말을 잘 못 하는구나.

조 네.

후손 교육에 대한 앞선 걱정

제 우리, 우리 손자가 지금 한족을 찾았단 말이.

조 네.

제 아이를 이제 하나 낳았는데 그 이제 중국말만 하게 됐어.

조 할아버지께서 가르치시면 되죠.

제 그런데 저 어디 그 여기에 오곤 하는데 그 이. 거기에 나가서 있어가지고 거기에 한족 사람만 사는데 뭐. 그 이제 한 살, 만 한 살 넘었는데. 이제 내년쯤은 뭐 여기 다니다가 어디에. 조선족 학교를 다니며 조선말을 좀 배워줘야 되는데.

조 할아버지도 그랬으면 좋겠어요? 그래도 손자이니깐요.

제 아니 그런데 중국말, 우리 손자는 그 한족 학교를 다녔어, 그 유치원에 이. 그때는 또 세월이 그래가지고 유치원에 다니는데. 이 아이가 조선, 조선족 유치원에 보내니 뭐 말이 까다롭고 하니. 한족 유치원에 가겠다고 그래. 한족 유치원에 갔다가 한족 학교에 보냈는데. 또 그때는 중국 글을 또 알아야 써먹는단 말이.

조 네, 맞습니다.

제 지금은 또 개방이 돼가지고 조선, 중국 글도 다 알아야 되지요. 조선 사람이 조선말도

대디, 다 : 알이야 댄단 말이. 그러꺼니 아무리 조선글 알이야 댄다구 지금.	알아야 되지, 다 알아야 된단 말이. 그러니 어떻게 해도 조선 글을 알아야 된다고 지금.
조 네, 배워주겠죠 아빠가 조선족이니까 배워주겠죠.	조 네, 배워주겠죠 아빠가 조선족이니까 배워주겠죠.
제 긴 : 데 아바지두 그쎄 그 주국말을 모르던 거 사회에 나갈꺼니. 억지루래두 그 한국 끼업에 댕기문서 좀 보옛이요 것 : 두 보예개지구 이젠 조선말두 좀 하긴 하는데. 그 여자가 주국싸람일꺼니 아무래 주국말을 많이 허(하)게 대디요 머.	제 그런데 아버지도 글쎄 그 조선말을 모르던 것이 사회에 나가니. 억지로라도 그 한국 기업에 다니면서 좀 배웠어요 그것도 배워가지고 이제는 조선말도 좀 하긴 하는데. 그 여자가 한족 사람이니 아무래도 중국말을 많이 하게 되지요 뭐.
조 네, 지금 뭐 민족차이가 있겠습니까?	조 네, 지금 뭐 민족차이가 있겠습니까?
제 민족차이야 머 크게 없디요 머. 그래두 조선싸람이, 조선족이 그 조선말을 해야디.	제 민족차이야 뭐 크게 없지요 뭐. 그래도 조선 사람이, 조선족이 그 조선말을 해야지.
조 네, 조선족이 조선말을 해야 더 정이 오죠?	조 네, 조선족이 조선말을 해야 더 정이 오죠?
제 맞아요. 긴 : 데 한족이, 한족을 그 깔보는 거이 아니구 한족 싸람들이 아무래두. 좀, 조선싸람만쿰 그리 깨끗한 싸(사)람이 적어요.	제 맞아요. 그런데 한족이, 한족을 그 깔보는 것이 아니고 한족 사람들이 아무래도 좀, 조선 사람만큼 그렇게 깨끗한 사람이 적어요.
조 강산 학생 어머님은 깨끗합니다. 아주 부지런하고요, 할머님께서 높은 평가를 주시던데요 뒷집의 식당은 조선족 식당이 맞습니까?	조 강산 학생 어머님은 깨끗합니다. 아주 부지런하고요, 할머님께서 높은 평가를 주시던데요 뒷집의 식당은 조선족 식당이 맞습니까?
제 예?	제 예?
조 여기 조선족 식당이 있어요?	조 여기 조선족 식당이 있어요?
제 예, 요고이 잇어요 가주 시작햇는데 머 식당 머 변변탏 : 아요.	제 예, 여기에 있어요. 금방 시작했는데 뭐 식당이 뭐 변변찮아요
조 네, 변변치 않아요? 여기 원래 보신탕식당이에요?	조 네, 변변치 않아요? 여기 원래 보신탕식당이에요?
제 그쪽은 조선싸(사)람이야요.	제 그쪽은 조선족 주인이에요
조 그쪽은 조선족이 아직 합니까?	조 그쪽은 조선족이 아직 합니까?
제 해요.	제 해요.
조 원래 하던 사람입니까?	조 원래 하던 사람입니까?
제 그 싸(사)람 친척이라.	제 그 사람의 친척이라.
조 아, 어디가 더 맛있습니까?	조 아, 어디가 더 맛있습니까?
제 아무리 여 우 : 갓지요. 여 우 : 가면 대요.	제 아무럼 여기 위겠지요 여기 위에 가면 돼요
조 네, 보신탕집에요?	조 네, 보신탕집에요?
제 예.	제 예.
조 네, 그곳이 더 맛있습니까? 그곳은 조선족이 맞습니까?	조 네, 그곳이 더 맛있습니까? 그곳은 조선족이 맞습니까?

젭 예, 조선족 맞아요.	젭 예, 조선족 (주인)이 맞아요.
졉 손님이 많습니까?	졉 손님이 많습니까?
젭 거 : 구 싸(사)람, 젠에는 그 멘제 하던 싸(사)람들 많던건데. 뒤에 이거는(른), 머 식당 많아눌 : 꺼니. 그 젠에 이거 하나이던 거인데, 잘 댓는데.	젭 거기에 사람, 전에는 그 먼저 하던 (주인일 때는) 사람들 많던 건데. 뒤에 여기는, 뭐 식당이 많으니. 그 전에는 이것 하나이던 것인데, 잘 됐는데.
졉 네.	졉 네.
젭 식당 이거 머, 돈 벌겟을꺼니 머. 너두 나두 다 : 허(하)게 댈꺼니 젠에가 같소? 인제야?	젭 식당 이것 뭐, 돈 벌겠으니 뭐. 너도 나도 다 하게 되니 전과 같겠소? 지금이야?
졉 네.	졉 네.
젭 지금쯤 전부 경쟁헐(할)꺼니.	젭 지금은 전부 경쟁이니.

중국에 대한 무한한 긍정

중국에 대한 무한한 긍정

졉 네. 할아버지, 사시면서 혹시 그 언제가 제일 좋았어요? 그 조선에 살 때가 좋았어요,	졉 네. 할아버지, 사시면서 혹시 그 언제가 제일 좋았어요? 그 조선에 살 때가 좋았어요, 아님 중국에 와서가 더 좋았어요?
젭 싸(사)람 사는데 송(소)구 쥬(중)국이 나아요.	젭 사람 사는 데는 아직 중국이 나아요.
졉 중국이 나아요?	졉 중국이 나아요?
젭 쥬(중)국이 낫디요 지금 한국이 암 : 만 좋대 : 두 이 사는 데는 쥬(중)국만 못해요.	젭 중국이 낫지요 지금 한국이 아무리 좋다고 해도 이 사는 데는 중국만 못해요.
졉 네.	졉 네.
젭 한국이 그, 그리 좋다구 해두, 지금 조선이 못 살댛아요?	젭 한국이 그, 그리 좋다고 해도, 지금 조선이 못 살잖아요?
졉 네.	졉 네.
젭 못 살아두 송구 조선이 나은 셈이라. 왜 그러나? 조선은 집은 다 : 잇단 말이. 이 한국의 한 싸(사)람이 빗이 많 : 아요. 매일 내 저거 덴스에 당 : 봣는데, 빗 다 : 물어 주면 아무것두 없어요.	젭 못 살아도 아직 조선이 나은 셈이라. 왜 그런가? 조선은 집은 다 있단 말이. 이 한국의 매 사람들이 빚이 많아요. 매일 내가 저거 텔레비전에서 늘 봤는데, 빚 다 물어 주면 아무것도 없어요
졉 네.	졉 네.
젭 그러구 남조선은 미국놈우 000란 말이요. 이 : 건 긴 : 데 이거 독재란 말이. 이 : 것 우리끼리 멋 말허는 거이다. 이 조선은 실디는(른) 옳은, 옳은 정책이라요(오). 옳은 정책인데 너무 독재란 말이. 독재만 아니구 좀 개방해 살면, 조선이 낫갓는데. 지금 그 넝도를 갖다가서라무니 자꾸 거기. 그 한날 대대루 내려올꺼니 이거이 안 댓디.	젭 그리고 한국은 미국 사람의 000란 말이요 이것은 그런데 이것이 독재란 말이. 이것은 우리끼리 말하는 것이지. 이 조선은 실제는 옳은, 옳은 정책이에요. 옳은 정책인데 너무 독재란 말이. 독재만 아니고 좀 개방해서 살면, 조선이 낫겠는데. 지금 그 지도자를 갖다가 자꾸 거기. 그 계속 대대로 내려오니 이것이 안 됐지.
졉 할아버지 그렇게 보셨습니까?	졉 할아버지께서 그렇게 보셨습니까?

제 그리 글 : 티 않아요? 내 보기는 그 : 래 보예요. 긴 : 데 난, 놈들은 머 지금 한국에 가서 포 : 는 잘 : 벌어요, 잘 : 버는데. 실디 한국 싸람들 빗 다 : 물어주면 아무것두 없어요. 허허, 거긴 사장촌 다 : 잇이요 그 긴 : 데 이 조선에는 암 : 만 못 살아두 집은 잇단 말이. 이 옳게만 벌어먹으면 대는데 지금 정티.

조 한국도 그런 작은 집을 주면요 다 있을 수 있어요, 큰 집을 원하고 그래서 그래요.

제 그래두 집 없은 싸람이요 절반 더 : 대요. 한국은 그 빗 다 : 물으면(믄) 아무것두 없어요.

조 그래서 중국이 가장 좋습니까?

제 쥬(중)국이 낫디요 이거요 내 보기에는 지금 쥬국 딸라갈 나라이 없이요 미국이 암 : 만 먼 쎄다 해두 쥬(중)국헌데 못 겔리요 쥬(중)국에서 이 군대 나가는 거 나간다 해두. 한 개 공사에서라무니 군대 몇 개 나가우?

조 네.

제 한 개, 한 개 촌에서, 여굼에서 이 근넨(렌)에 한낳두 못 나가요 지금. 다른 나라에서는, 그 남조선에선 군대 안 나가면 안 댄단 말이. 제 싸움만 닐면 머 싸(사)람이 잇어야 머 싸움을 해디. 암 : 만 무기레, 이거요 싸움이 지금 핵무기루 해결한다 해두. 마즈막엔 싸(사)람이 해결핸다구요.

조 네.

제 앞으룬 다 : 점넝을 해두 싸(사)람 없으면 그댐에 대(때)게 쇼용 없어요. 이 조선에서라무니 그때 조선전쟁 어디꺼지 나갓나 하문. 대구 그쪽에꺼지 다 : 나갓다 밀구. 나가개지구 그 모가지 짜르는 바람에 그 정티를 못헐꺼니. 그, 거 : 구 갓다 삭 : 군대 래두 꽉 들이 몰앗으면야 못 들어오디. 밀구 나가기만 햇디, 정틸 못 핼꺼니. 목 짜르는 바람에 깝짝 못 햇단 말이. 그댐에 지원군이 쭉 : 나가개지구 그래 해결햇디. 쥬국 아니면 베쎄 왈라(完了)대요 지금두요 쥬(중)국 아니면 안대요.

제 그래 그렇지 않아요? 내가 보기에는 그렇게 보여요. 그런데 난, 다른 사람들은 뭐 지금 한국에 가서 돈은 잘 벌어요, 잘 버는데. 실제 한국 사람들은 빚 다 물어주면 아무것도 없어요. 허허, 거기에는 달동네가 다 있어요 그 그런데 이 조선에는 아무리 못 살아도 집은 있단 말이. 이 옳게만 벌어먹으면 되는데 지금 정치.

조 한국도 그런 작은 집을 주면요 다 있을 수 있어요, 큰 집을 원하고 그래서 그래요.

제 그래도 집 없는 사람이요 절반이 더 돼요. 한국은 그 빚 다 물면 아무것도 없어요.

조 그래서 중국이 가장 좋습니까?

제 중국이 낫지요 이것을 내가 보기에는 지금 중국을 따라갈 나라가 없어요. 미국이 아무리 뭐 세다고 해도 중국한테 못 겨루(비겨)요. 중국에서 이 군대 나가는 것 간다 해도 한 개 항에서 군대 몇 명이 나가요?

조 네.

제 한 개, 한 개 촌에서, 여기에서 이 최근에 한 명도 못 나가요 지금. 다른 나라에서는, 그 한국에서는 군대에 안 나가면 안 된단 말이. 진짜 전쟁이 일어나면 뭐 사람이 있어야 뭐 싸움을 하지. 아무리 무기가, 이것요 싸움이 지금 핵무기로 해결한다 해도. 마지막에는 사람이 해결한다고요.

조 네.

제 앞으로는 다 점령을 해도 사람이 없으면 그 다음에 대체로 소용이 없어요. 이 조선에서 그때 조선전쟁 때 어디까지 내려갔는가 하면. 대구 그쪽에까지 다 내려갔다고 밀고 나가가지고 그 목을 자르는 바람에 그 정치를 못하니. 그, 거기에다가 군대라도 꽉 들어 몰았으면 못 들어오지. 밀고 나가기만 했지, 정치를 못 하니. 목 자르는 바람에 꼼짝 못 했단 말이. 그 다음에 지원군이 쭉 나가가지고 그래서 해결했지. 중국이 아니면 벌써 끝나요 지금도 중국이 아니면 안 돼요.

조 조선말이에요?

조 조선말이에요?

제 예, 주(중)국 아니먼 안대요.

제 예, 중국이 아니면 안돼요

조 할아버지 혹시 조선에 친척분이 있습니까?

조 할아버지께서 혹시 조선에 친척분이 있습니까?

제 잇디요, 우리 세채 동생 잇이요. 잇는데 우리 큰 뉘이가 잇는데 그건 소식두 모르구. 그건 디주루 대 : 노꺼니 어디 몰래 가 죽엇단 말이. 그 조선이 그거 하나 나뿌디. 그 싸(사)람이 그 가짜 디주, 부농이라 허(하)면, 말만 한 마디 잘 못 허면요 그날 쩌낙에 그 다 : 몰아가요. 그 근체 싸(사)람뚜 모르게 갓다 몰아내요. 그거이, 이번에 그 저 : 데거 그 고무부 그 죽는 거 보오 그 이 주국 겉으면 그 죅이갓어? 그래, 안 죅이다.

제 있지요, 우리 셋째 동생이 있어요. 있는데 우리 큰 누나도 있는데 거건 소식도 모르고. 거건 지주로 돼 있으니 어디에 몰래 가서 죽었단 말이. 그 조선이 그것 하나 나쁘지. 그 사람이 그 정말 지주, 부농이라 하면, 말만 한 마디 잘 못 하면요 그날 저녁에 그 다 몰아가요. 그 근처의 사람도 모르게 갖다 몰아내요. 그것이, 이번에 그 저 저거 그 고모부 그 죽이는 것을 보고 그 이 중국 같으면 그 죽이겠어? 그래, 안 죽이지.

조 그래서 그런 걸 보시면 무섭죠?

조 그래서 그런 것을 보시면 무섭죠?

제 무섭디 않구요? 그 이 군국주의부단 더 : 허단 말이요, 일본놈부단 더 : 해요 그거. 일본놈은 그렇게꺼진 안 헌단 말이. 더 : 조선은요 이 당원의 당원에, 당원의 당원이 또 잇단 말이요 당원 가운데두 그 거기 높은 거 그 당원끼리두 모른대요. 당원끼리두 말 잘못허면 어 : 언 놈이 어 : 니 싸(사)람이 가찹고 모르는지 건 : 모른대요. 이 동북에두요, 동북에두 이 조선 특무 많이 잇이요 조선 특무 많다구요. 잡사요 아 난 머 안 먹갓이요.

제 무섭지 않고요? 그 이 군국주의보다는 더 하단 말이요, 일본 사람보다는 더 해요 그것. 일본 사람은 그렇게까지는 안 한단 말이. 저 조선에는요 이 당원의 당원에, 당원의 당원이 또 있단 말이요 당원 가운데에서도 그 거기 높은 (직위의) 그 당원끼리도 모른대요. 당원끼리도 말 잘못하면 어느 사람과 어느 사람이 가깝고 하는지 그것을 모른대요. 이 동북에도요, 동북에도 이 조선 특무가 많이 있어요. 조선 특무가 많다고요 잡수세요. 아 나는 뭐 안 먹겠어요.

추억 속 고향마을의 집들

추억 속 고향마을의 집들

조 할아버지께서 그 사시던 집은 어떤 집이었는지 좀 설명해 주세요.

조 할아버지께서 그 사시던 집은 어떤 집이었는지 좀 설명해 주세요.

제 집이요?

제 집이요?

조 초산에서요.

조 초산에서요.

제 집이 그, 이 초산에서 살 때는 그 부잣십이선. 그 토기와라구 이 저 : 어데 요구 덜간 겉은데 가문 기와 잇디 않아요?

제 집이 그, 이 초산에서 살 때는 그 부잣집에서는. 그 토기와라고 이 저 어디 여기의 절 같은 데 가면 기와 있지 않아요?

조 네.

조 네.

제 그런 기와루 허구(하고), 쪼곰 쪼곰 그보단 쪼곰 부자 아닌 거는 저 : 또 나물 이렇게

제 그런 기와로 하고, 조금 조금 그보다는 조금 부자 아닌 사람은 저 또 나무를 이렇게

해 떠어개지구 빤때기를 맨들어요 빤때기
루 그 나무 빤때기, 동기와라, 그걸 동기와
라구 해요. 북선말루 동기와라구 허(하)는
데, 동기와 넝구. 그댐 : 에 보 : 통 사는 거
야 전부 초가찝이야. 벳딥우루 해아 닊는
그 능을 쓰구. 새 베다가 새를 해 넝구 그
저 기렇게 햇디요. 그러구 집 직는거이 벽
돌이 없이요 젠에는. 나무 이렇게 세워 놓
구 네모 세워 놓구 그 나물 이렇게 세워
놓구선 수 : 깡, 수 : 께이, 수당우루 이제
베제개지구. 그댐 : 에 남기루 페게 흐모라
네개 지구선 이렇게 흙우루 짓디요 머. 흙
문대 노 : 문 다라요.

조 그럼 집안에는요?

제 집안에는 저 : 온돌병, 온돌방인데 돌멩이.

조 네.

제 이 : 릴 그 돌이 많으끼니. 전부 이렇게 넓
적돌 해 갖다가서 구둘 놓디요 머. 구둘 놓
아개지구 불 땧구 그렇게 살디요 우리 잇
을 때는 난치(暖氣)법이 없엇이요. 내 그 디
보준에 나갈꺼니. 저 : 어데 강계 나(라)갈
꺼니 거기 전쟁 후에 이제 층집을 지엇는
데. 오층, 눅(륙)층 대두 그 위생(行)실이 저
: 어데 땅바닥에 내리가 잇이요 오좀 매
럽우먼 글루 내리가야 댄단 말이. 이 러우
팡(樓房)에 그 없단 말이. 강계 나갈꺼니 그
너관에 들을꺼니 그렇데요 지금은 몰라라.
그때는 그 조선이 좀 발전햇다구 좋다구
구래 나가볼꺼니. 그때는 와 먹기는 개탏
게 먹두만두. 가 : 만 생각헐(할)꺼니 나두
그 조선 나갈라구, 나가 살아볼라구. 나가
갓더랫어, 그래서 머 몰 : 래 나갓다 몰 :
래 둘우왓디요 머.

조 결혼하신 후예요?

제 예, 아 : 들 다 : 잇구요.

조 그때 조선에요?

제 조선, 조선전쟁 후에.

조 잘 들어오셨네요.

제 예, 지금 살앗으면요. 내가 지금꺼지 살디

해 찍어가지고 판자를 만들어요. 판자로
그 나무 판자, 돌기와라, 그것을 돌기와라
고 해요. 북선말로 돌기와라고 하는데, 돌
기와를 넣고. 그 다음에 보통 사는 것은 전
부 초가집이야. 볏짚으로 해서 엮는 그 능
을 쓰고 새 볏짚에다 새를 해 넣고 그저
그렇게 했지요. 그리고 집을 짓는 데는 벽
돌이 없어요 전에는. 나무를 이렇게 세워
놓고 네모로 세워 놓고 그 나무를 이렇게
세워 놓고서는 수수깡, 수수깡, 수당으로
엮어가지고 그 다음에 나무로 펴서 네 개
짓고서는 이렇게 흙으로 짓지요 뭐. (마지
막에) 흙을 문질러 놓으면 끝나요.

조 그럼 집안에는요?

제 집안에는 저 온돌방, 온돌방인데 돌멩이.

조 네.

제 이렇게 그 돌이 많으니. 전부 이렇게 넓적
돌을 해서 가져다가 구들을 놓지요 뭐. 구
들을 놓아가지고 불을 때고 그렇게 살지요
우리 있을 때는 난방법이 없었어요. 내가
그 삼년 재해에 나가니. 저 어디 강계를 나
가니 거기 전쟁 후에 이제 층집을 지었는
데. 오층, 육층이 돼도 그 화장실이 저 어
디 땅바닥(1층)에 내려가야 있어요. 오줌
마려우면 그리로 내려가야 된단 말이. 이
층집에 화장실이 없단 말이. 강계에 나가
니 그 여관에 드니까 그렇데요. 지금은 모
르지만. 그때는 그 조선이 좀 발전했다고
좋다고 그래 나가보니. 그때는 왜 먹기는
괜찮게 먹던데. 가만히 생각하니 나도 그
조선에 나가려고, 나가 살아보려고. 나갔댔
어, 그래서 뭐 몰래 나갔다 몰래 들어왔지
요 뭐.

조 결혼하신 후예요?

제 예, 아이들이 다 있고요.

조 그때 조선에요?

제 조선, 조선전쟁 후에.

조 잘 들어오셨네요.

제 예, 지금 살았으면요. 내가 지금까지 살지

를 못해요, 먹딜 못해서두 못 산다구요.	를 못해요, 먹지를 못해서도 못 산다고요.
조 할아버지께서 훌륭한 선택을 하셨어요?	조 할아버지께서 훌륭한 선택을 하셨어요?
제 나가 척 : 볼꺼니 아무래두 주국이 나아요. 나 : 제는 주국이 낫갓다 허(하)구 도루 둘우오디 않았어? 가서 한 달, 한 주일만에 도루 둘우왓이요.	제 나가서 척 보니 아무래도 중국이 나아요. 향후에는 중국이 더 낫겠다 하고 도로 들어오지 않았어? 가서 한 달, 한 주일 만에 도로 들어왔어요.
조 혼자 나가셨댔어요?	조 혼자 나가셨댔어요?
제 예. 혼자 나갓디요. 가족은 놔 : 두구 나가 형편을 보구서 이제. 패탏으면 다 : 데 : 구 나갈라구 그랫댔는데 나가 볼꺼니 안대겟어요. 내 보 : 긴 기래두, 척 : 이 : 레 돌아볼꺼니. 앞우룬 아무래 주(중)국이 낫갓다구 도루 둘우왓디요.	제 예. 혼자 나갔지요. 가족은 놔두고 나가서 형편을 보고서 이제. 괜찮으면 다 데리고 나가려고 그랬었는데 나가서 보니 안 되겠어요. 내가 보기는 그래도, 척 이렇게 돌아 보니. 앞으로는 아무리 중국이 낫겠다고 도로 들어왔지요.
조 네.	조 네.
제 지금도(다)요 이 주(중)국, 주(중)국만헌데가 없이요. 한국에 우리 겉은 놈 나가먼 다 : 일해야 대요 일 안 허면 먹을 거이 없이요. 그 쌔(사)람들이 이제 미국 싸람들두 나갓어라. 그 돈을 벌어개지구 여구 와 쓰니 그리디, 거구가 살먼 맨 : 같애요 돈은 못 벌어요, 그 돈 벌어개지구 오야디. 그 또 그 : 구 여 : 구 싸람들 나가개지구 못 사는 거이. 못 사는 것두 많대요. 술 먹어야디. 거기 가먼 이 주국과 또 다릏단 말이, 주국에두 지금 개방 햇두. 거기 가먼 지금 새 : 씨네 집이 가야디. 머 술 먹어야디 또 투전하야디. 그런 쌔(사)람들은요 잘못, 마즈막엔 돈이 없어서 자살허구 많대요. 살기에 이 주국이 살만 해요 실디. 주국이 넓디 않소?	제 지금도 이 중국, 중국만한 데가 없어요. 한국에 우리 같이 나이 많은 사람도 나가면 다 일해야 돼요. 일을 안 하면 먹을 것이 없어요. 그 사람들이 이제 미국 사람들도 나갔지. 그 돈을 벌어가지고 여기 와서 쓰니 그러지, 거기에서 살면 역시 같아요. 돈은 못 벌어요, 그 돈을 벌어가지고 와야지. 그 또 그리고 여기 사람들이 나가가지고 못 사는 것이. 못 사는 것도 많대요 술 먹어야지. 거기 가면 이 중국과 또 다르단 말이, 중국에도 지금 개방을 했어도. 거기 가면 지금 술집에 가야지. 뭐 술 먹어야지 또 도박해야지. 그런 사람들은요 잘못, 마지막에는 돈이 없어서 자살하고 많대요. 살기에는 이 중국이 살만 해요 실제. 중국이 넓지 않소?
조 비행기 타고 여기서 한국 가는 것보다 더 멉니다. 저 남쪽이요.	조 비행기 타고 여기서 한국 가는 것보다 더 멉니다. 저 남쪽이요.
제 예.	제 예.
조 저희도 두 시간 넘게 왔습니다. 할아버지께서 사시던 집은 어떤 집이었어요?	조 저희도 두 시간 넘게 왔습니다. 할아버지께서 사시던 집은 어떤 집이었어요?
제 삼 간 집이래두 이 집이 이렇게 크디 않아요. 어떵 그저 요 : 저 : 그저 요만허구 그저 이렇게 삼 간 집. 이렇게 짓구 살구. 근데 집안헌 그짝우루 나가문 다 : 조선집들 : 인	제 삼 칸 집이라도 이 집이 이렇게 크지 않지요. 어떤 그저 요 저 그저 요만하고 그저 이렇게 삼 칸 집. 이렇게 짓고 살고. 그런데 집안현 그쪽으로 나가면 다 조선집들

데, 지금은 다 : 개변햇다구 기래. 전부 토, 벽돌루 다 : 젯 : 다구 그 : 대요 이자는.

조 그랬어요? 방은 구들이에요?

제 구둘이디요.

조 그럼 위에는 돌을 깔고 또 뭐를 깝니까?

제 돌 깔구 젠에는 그 삿자리라구 그 수 : 땅 갈아개지구. 그 샅을 맨 이후두 캉씨라구 잇엇다구 그따구 깔구. 긴 : 데 지금은 다 : 집안헌 그짝우루 나가두 집 다 : 잘 짓구 잇데요.

조 네.

제 집안헌 그짝에두 드믄드믄 나가는데 집들은 다 : 잘 짓구 잇이요

조 집안에는 언제 제일 마지막으로 가셨어요? 집안에요?

제 집안헌, 집안헌 요 멫 해 젠에두 갓더랫이요.

조 동생네 집에 가셨댔습니까? 혼자 가셨습니까?

제 그때는 우리 넝감, 노친이 다 : 갓던 거인데 이젠 먼 : 노친네 죽구 머. 그댐엔 지금 아마 한 오년 못 나갓수다.

동고동락했던 할머님을 먼저 보내고

조 할머님은 어째서 돌아가셨어요? 혹시 뇌출혈이에요?

제 우리 노친네두 그 병은 없엇이요 그래. 긴 : 데 팔십닐, 팔십여슷에 없어겟어.

조 네.

제 나허(하)구 동갑이라요.

조 아, 동갑이에요? 저 할머님 생각이 납니다. 지난번 최은복 학생이 녹음해 온 것을 들었습니다.

제 아니? 어떻게 봣이요.

조 그 회장님 따님이 녹음도 하고 사진도 찍어 왔어요.

제 오, 요구 와서 사진 떡어갓구나.

조 네, 사진을 찍어왔는데 제가 바로 온다고 해놓고 여직 못 왔어요.

제 그때루 우리 그러구 노친네 잇을 때 왓더

인데. 지금은 다 개변했다고 그래. 전부 토, 벽돌로 다 지었다고 그러대요 이제는.

조 그랬어요? 방은 구들이에요?

제 구들이지요

조 그럼 위에는 돌을 깔고 또 뭐를 깝니까?

제 돌을 깔고 전에는 그 삿자리라고 그 수수깡 갈아가지고. 그 샅을 맨 이후도 돗자리라고 있었는데 그런 것을 깔고 그런데 지금은 집안현 그쪽으로 나가도 집을 다 잘 짓고 있더라고요.

조 네.

제 집안현 그쪽에도 드문드문 나가는데 집들은 다 잘 짓고 있어요

조 집안에는 언제 제일 마지막으로 가셨어요? 집안에요?

제 집안현, 집안현 이 몇 년 전에도 갔댔어요.

조 동생네 집에 가셨댔습니까? 혼자 가셨습니까?

제 그때는 우리 영감, 노친이 다 갔던 것인데 이제는 뭐 노친이 죽고 뭐. 그 다음에는 지금 아마 한 오 년 못 나갔어요.

동고동락했던 할머님을 먼저 보내고

조 할머님은 어째서 돌아가셨어요? 혹시 뇌출혈이에요?

제 우리 노친도 그 병은 없었어요. 그런데 팔십일, 팔십 여섯에 없어졌어.

조 네.

제 나하고 동갑이에요.

조 아, 동갑이에요? 저 할머님 생각이 납니다. 지난번 최은복 학생이 녹음해 온 것을 들었습니다.

제 아니? 어떻게 봤어요

조 그 회장님 따님이 녹음도 하고 사진도 찍어 왔어요.

제 오, 여기에 와서 사진을 찍어갔구나.

조 네, 사진을 찍어왔는데 제가 바로 온다고 해놓고 여직 못 왔어요.

제 그때 그래 우리 노친이 있을 때 왔댔어요.

랫이요.

조 제가 조금 더 일찍 왔으면 이것을 빨리 녹음하겠는데요.

제 우리 노친네 말은 잘 해요 말은 머 : 어데 놈헌테 지디 않게 허(하)구. 글 : 은 없디요, 글 : 은 없는데 정신두 개탏구한데. 말 : 수단이 나보다 낫디요.

조 할아버지도 아주 재미있게 잘 해주시는데요.

제 아이구, 나 요즘 쓸데없은 말 그저.

조 할아버지 그래도 저희들이 와서 좋으시죠? 말동무도 되고요.

제 좋디요

조 할아버지 힘드세요?

제 힘 안 들어요

조 그럼 이야기 계속 해주세요

후반 인생에 대한 계획

제 내 송구두 그저 안죽꺼진 병이 없을꺼니 그런대루 그저 나가 댕기요 머. 이제 병이나 잇게 대면 머 어니 아들네 집우루 가두 가야디요 머.

조 네, 어느 아들네 집으로 가시고 싶습니까?

제 지금요, 지금 어니 아들네 집에 가야 다 : 싫어해요 결국은. 그저 이렇게 살다가 정 : 죽게 대면 데 료양원에나 가는 거. 이것 그저 별재간 없을 거 같애.

'효(孝)'의 변화에 대한 섭섭함

제 세워리 이렇거이, 지금 늙은 싸(사)람 누구레 좋(동)아해요? 예, 쪼꼬만 아이들은 조상 모시두루 해두. 늙은이 : 요, 늙은이 돈 없으면요. 네 갈 길 네 가라 글구 보두두 않아요 지금 세월이, 세월이 그렇단 말이요.

조 다 그렇지는 않습니다. 그래도 우리 조선족들은 좀 괜찮아요

제 그래두 조선족두요 돈, 부모레 돈 잇이야 댄다구. 돈, 내레 듼누워서라무니 멀 먹구 푸먼은 돈을 내 게집에서 내서라무니. 너

조 제가 조금 더 일찍 왔으면 이것을 빨리 녹음하겠는데요.

제 우리 노친 말은 잘 해요 말은 뭐 어디 다른 사람한테 지지 않게 하고 글(지식)은 없지요, 글은 없는데 생각도 괜찮고 말 솜씨가 나보다 낫지요

조 할아버지도 아주 재미있게 잘 해주시는데요.

제 아이고, 나 요즘 쓸데없는 말 그저.

조 할아버지 그래도 저희들이 와서 좋으시죠? 말동무도 되고요.

제 좋지요

조 할아버지 힘드세요?

제 힘 안 들어요

조 그럼 이야기 계속 해주세요

후반 인생에 대한 계획

제 내가 아직도 그저 아직까지는 병이 없으니 그런대로 그저 나가서 다니지요 뭐. 이제 병이나 있게 되면 뭐 어느 아들네 집으로 가도 가야지요 뭐.

조 네, 어느 아들네 집으로 가시고 싶습니까?

제 지금은, 지금 어느 아들네 집에 가도 다 싫어해요 결국은. 그저 이렇게 살다가 정말 죽게 되면 저 요양원에나 가는 거. 이것 그저 별 수 없을 것 같아.

'효(孝)'의 변화에 대한 섭섭함

제 세월이 이러니, 지금 늙은 사람을 누가 좋아해요? 예, 어린 아이들은 조상을 모시는 것처럼 해도 늙은이요, 늙은이가 돈이 없으면요 네가 갈 길은 네가 가라 그러고 보지도 않아요 지금 세월이, 세월이 그렇단 말이요

조 다 그렇지는 않습니다. 그래도 우리 조선족들은 좀 괜찮아요

제 그래도 조선족도요 돈, 부모가 돈이 있어야 된다고 돈, 내가 들어 누워서 뭘 먹고 싶으면 돈을 내 주머니(지갑)에서 내서. 너희

: 들 데거 좀 사오나 이리면 러 : 허디(樂
呵地) 가서 사온단 말이.

조 네.

제 내가 돈두 없구, 아이구 이건 약두 먹이야
대구. 이 병웬두 가야 대구 멀 좀 사오나
허먼. 속우루에 개찮애야 좋(동)다구 허디
만 속으룬 찍인단 말이. 좋(동)댄단 싸(사)
람 하나 없어요

조 그래서 할아버지께서 섭섭하십니까?

제 긴 : 데 늙어나서라무니 이거이 이 빨리 죽
어야 대는데 죽딘 않구. 자꾸 이 살아, 기
래두 국, 이거 사회가 좋아서 이, 다문 나
오늘 쪼꿈이래두 주구. 또 : 모아놓 : 던
돈이 쪼꿈 잇구 헐(함)꺼니. 내 살 때꺼진
살 거 같애요.

조 오래 사셔야죠. 지금 세월이 점점 이렇게
좋아지는데 가시면 얼마나 원통하십니까?

제 세월이야 좋디요. 지금 세월, 아, 머 세월은
좋은데. 그거이 지금 그렇딘 않아요. 지금
자식네두 이거 저 : 부모가 돈이 잇이야디
자(사)식 쇠용없어요. 그저 제 자식 나 : 야
이거 이, 대 : 감인 줄 알디. 이 : 늙은 싸
(사)람은요 지금 쪼꿈한 아이들, 가주 난
것들은 생일을 이 크 : 게 해주는데. 나 같
은 놈은 생일이 디내가두 와 보는 놈 적어
요. 저 : 우리 증손주 금넌에 음넉 초닷새
날이 생일인데. 저 : 할배레 목걸이 사다
줘, 굼우루, 굼우루요, 굼목걸이 사다줫디.
가락지, 쪼꼬마 : 한 가락지 사줘디. 이 데
손, 손에 이거 홀목에 끼는 것두 굼우루 사
주디. 아이구, 쏘가툰(蘇家屯) 그 저 : 어데
쏘가툰. 그, 아야 쏘가툰 앞에, 그 털로국
앞에, 그 공상 앞에 그. 대사천이 그 판뗀
(飯店), 그 머 어니 머슨 판뗀이던가? 그 광
장 그 맞디리 말이야. 저 : 어데 병원 맞디
리, 병원 뚜거(對个).

조 맞은편 보고 그래요

제 마주컨에, 조선싸람 거 : 구 가 다 : 하데.
초닷샌 날 여 : 거 : 구, 거 : 구 가서 우리

| 들 저거 좀 사오너라 이러면 싱글벙글하며
가서 사온단 말이.

조 네.

제 내가 돈도 없고, 아이고 이것 약도 먹어야
되고 이 병원도 가야 되고 뭘 좀 사오너라
하면. 속으로 괜찮아야 좋다고 할 수 있지
만 속으로는 찍힌단 말이. 좋다는 사람이
하나도 없어요.

조 그래서 할아버지께서 섭섭하십니까?

제 그런데 늙어서 이제는 이 빨리 죽어야 되
는데 죽지는 않고. 자꾸 이 살아, 그래도
국, 이것 사회가 좋아서 이, 다만 나에게
오늘 조금이라도 주고. 또 모아놓았던 돈
이 조금 있고 하니. 내가 살 때까지는 살
것 같아요.

조 오래 사셔야죠. 지금 세월이 점점 이렇게
좋아지는데 가시면 얼마나 원통하십니까?

제 세월이야 좋지요. 지금 세월, 아, 뭐 세월은
좋은데. 그것이 지금 그렇지는 않아요. 지
금 자식네도 이것 저 부모가 돈이 있어야
지 자식이 소용없어요. 그저 제 자식을 낳
아야 이것 (그 애가), 대감인 줄 알지. 이
늙은 사람은요. 지금 자그마한 아이들, 금
방 난 것들은 생일을 이 크게 해주는데. 나
같은 사람은 생일이 지나가도 와 보는 사
람이 적어요. 저 우리 증손자 금년에 음력
초닷새 날이 생일인데. 저 할아버지가 목
걸이 사다줘, 금으로, 금으로요, 금으로 목
걸이 사다줬지. 반지, 조그마한 반지를 사
주지. 이 저 손, 손에 이것 팔목에 끼는 것
도 금으로 사주지. 아이고, 소가툰 그 저
어디의 소가툰. 그, 아, 소가툰 앞에, 그 철
도국 앞에, 그 공장 앞에 그. 대사천이 그
식당, 그 뭐 어느 무슨 식당이던가? 그 광
장의 그 맞은편 말이야. 저 어디의 병원 맞
은편, 병원 맞은편.

조 맞은편 보고 그래요

제 맞은편에, 조선족들이 거기에 가서 다 하
데. 초닷새 날에 거기에, 거기에 가서 우리 |

손자 생ː 일(얼) 얻어먹엇는데.	손자 생일상을 얻어먹었는데.
조 그러셨어요?	조 그러셨어요?
제 돈 천원 갖다 줫ː다.	제 돈 천원을 가져다 줬다.
조 그럼 할아버지 갖다 주시지 말아야지요.	조 그럼 할아버지 갖다 주시지 말아야지요.
제 그까짓 돈 그 뒷다 멀헐레? 죽우문요, 돈 일푼 못 개구가요.	제 그까짓 돈을 그 뒀다 뭘 하려고요? 죽으면 요, 돈 한푼도 못 가지고 가요.
조 할아버지께 다 쓰셔야지요. 드시고 싶은 것 다 드시고 그래야죠	조 할아버지께 다 쓰셔야지요. 드시고 싶은 것 다 드시고 그래야죠
제 돈 많이 놔ː두문 아들낄 싸ː움 나ː요. 그 ː기 돈 다ː 써삐리야 대요.	제 돈 많이 놔두면 아들끼리 싸움이 나요. 그 러기에 돈을 다 써버려야 돼요.
조 할아버지께서 정말 똑똑하십니다.	조 할아버지께서 정말 똑똑하십니다.
제 돈 놔ː두먼 아ː들 쌈ː 해요. 내가 백만 원 대문요. 백만원이먼, 백만원만큼 아ː들 이 싸운단 말이. 작으면, 정ː 없으면 안 싸와요.	제 돈을 놔두면 아이들이 싸움해요. 내가 백만 원 되면요. 백만 원이면, 백만 원만큼 아이 들이 싸운단 말이. 적으면, 아예 없으면 안 싸워요.
조 네.	조 네.
제 싸울레야 싸울질, 멀 먹을 거이 잇이야 싸 우디.	제 싸우려도 싸울 것이, 뭘 먹을 것이 있어야 싸우지.
조 아드님이 손자 생일은 챙겨도 할아버지 생 신은 챙기지 않으셨습니까? 손자 목걸이도 사 췄어요?	조 아드님이 손자 생일은 챙겨도 할아버지 생 신은 챙기지 않으셨습니까? 손자 목걸이도 사 췄어요?
제 우리 아들이 사췄디요.	제 우리 아들이 사췄지요.
조 그렇지요, 아드님이 증손자한테는 역시 할 아버지가 되지요.	조 그렇지요, 아드님이 증손자한테는 역시 할 아버지가 되지요.
제 맞아요 할애비. 까꾸루 댓다구요 아이구.	제 맞아요 할아버지. 거꾸로 됐다고요 아이고
조 그런데 할아버지 생신 때는 안 오셨어요?	조 그런데 할아버지 생신 때는 안 오셨어요?
제 집이 근래는 오두도 안해요, 이건 머 저ː 돈 벌ː레기 머. 오문 돈이 슐ː해 나가디. 그갓 생일을 한 끼 얻어먹자구 나두 오디 말라구 그래요.	제 집에 최근에는 오지도 않아요, 이건 뭐 자 기 돈을 벌려기에 뭐. 오면 돈을 숱해 쓰 지. 그까짓 생일을 한 끼 얻어먹자고 나도 오지 말라고 그래요
조 네.	조 네.
제 고 오문 머 저ː 손핸데. 한국에서 우야 오 문 오겟이요 그래?	제 그 오면 뭐 자기 손해인데. 한국에서 일부 러 (오라고 하)면 오겠어요 그래?
조 그래도 오지 말라고는 하시지 마세요 한국 에는 나가신지 얼마 됐어요?	조 그래도 오지 말라고는 하시지 마세요 한국 에는 나가신지 얼마 됐어요?
제 아ː들이 우리 큰 아들은 이거 나간데가 한 십오넌 대구(고). 우리 세, 세채는 더거 이 이제 한, 한 이티 댓(뎃)수다. 그 우리 세채렌 데일 못 사는 셈이라요.	제 아이들이 우리 큰 아들은 이것 나간 지가 한 십오 년 되고. 우리 세, 셋째는 저 이제 한, 한 이 년이 됐어요 그 우리 셋째네가 제일 못 사는 셈이에요.

조 그럼 누가 제일 잘 삽니까?

제 큰 아들이 잘 살디요, 큰 아들이야 십오년 댓(돼)을꺼니 머. 이제 둘우와두 저: 먹을 건 스:컨 대(돼)디요.

조 그럼 큰 아들하고 같이 살지 않으셨습니까?

제 아이구, 그 마음이 맞소 그래? 그저 혼자 사는 거이 이거 데일 펜안해요.

조 네.

제 이 혼자 살문 그저 저: 눅구푸문 눅구. 내 나가푼, 댕기푼 나가댕기구. 그 저: 암: 만 나가댕기다가 와두 머. 저: 모를꺼니 걱정헐 필요두 없는거요 내가 안죽꺼지 그저 정신이 잇을꺼니. 내 심앙빠닥엔 또 모르는 거 없이 다: 알아요. 데, 길 다: 안다구요. 그 공당: 댕기멘서두 그 포에 삼아 그계두 고테주구 헐꺼니 그저. 심양이 지대를 다: 싸댕기구 헷는데 촌에 내 레와서 또. 그 머슨 그곌 부속 사게 대면 만: 날 일 없이 돌아댕긴다 말이. 그러꺼니 심앙시양빠닥 다: 깨 알디요 머 지금. 근데 지금 개방이 대(돼)개지구 집을 너무 제: 놀꺼니.

도시화로 달라진 시가지 모습

조 여기가 여기인지? 거기가 거기인지 잘 모르지요?

제 가두 이젠 내, 내 살던데두 가서라무니 물우야 대요. 어딘가? 아, 변동이 요거 요 삼년에 말두(뚜) 못해요. 이: 여기 요굼에서 저: 어데 다리 건너꺼지 집 없던 거인데. 요: 이, 이삼년에, 이거 콱 들어차디 않앗어? 내 이: 삼지사방에 이거 다: 차 타구 댕기놀꺼니. 이 가: 술이요, 전: 부 구: 신 난: 데, 집이서 구: 신 나갓어요. 전: 부 부옛다구요. 러우팡, 꼬층(高層). 그 월루 러우층(樓層), 다: 부옛이요, 이제 쏘 가툰 남쪽우루. 이렇게 동쪽우루 머, 저: 어데 북쪽우루 전: 부 부옛이요.

조 아, 전부 다 비였어요?

조 그럼 누가 제일 잘 삽니까?

제 큰 아들이 잘 살지요, 큰 아들이야 십오 년 됐으니 뭐. 이제 들어와도 자기 먹을 것은 실컷 되지요.

조 그럼 큰 아들하고 같이 살지 않으셨습니까?

제 아이고, 그 마음이 맞겠소 그래? 그저 혼자 사는 것이 이것 제일 편안해요.

조 네.

제 이 혼자 살면 그저 자기 눕고 싶으면 눕고 내가 나가고 싶으면, 다니고 싶으면 나가 다니고. 그 자기가 아무리 나가다니다가 와도 뭐. 저 모르니 걱정할 필요도 없는 거예요 내가 아직까지 그저 정신이 있으니. 내가 심양바닥에는 또 모르는 것이 없이 다 알아요. 저, 길을 다 안다고요. 그 공장에 다니면서도 그 취미 삼아 기계도 고쳐 주고 하니 그저. 심양의 이 지역을 다 싸다니고 했는데 촌에 내려와서 또 그 무슨 기계의 부속품을 사게 되면 매일 일 없이 돌아다닌다 말이. 그러니까 심양바닥을 다 잘 알지요 뭐 지금. 그런데 지금 개방이 돼서 집을 너무 지어 놓으니.

도시화로 달라진 시가지 모습

조 여기가 여기인지? 거기가 거기인지 잘 모르지요?

제 가도 이제는 내가, 내가 살던 데도 가서 물어야 돼요. 어딘가? 아, 변동이 이것 이 삼년에 말도 못해요 이 여기 여기에서 저 어디 다리 건너까지 집이 없던 것인데. 요 이 이삼 년에, 이것 꽉 들어차지 않았어? 내 이 산지사방에 이것 다 차를 타고 다니니 이 변두리에요, 전부 귀신이 날 듯, 집에서 귀신이 나오겠어요. 전부 비였다고요. 층 집, 고층. 그 위의 집들은, 다 비였어요, 이 소가툰 남쪽으로 이렇게 동쪽으로 뭐, 저 어디 북쪽으로 전부 비였어요

조 아, 전부 다 비였어요?

제 꽉, 층집은 꽉 들어찼는데 비였다고요. 거

제 꽉, 루팡(樓房)은 꽉 들어찻는데 부옛다구요. 거기 이전 누구레 다 : ? 사기는 데 : 한솔.

조 다 팔았을 거예요.

제 예, 그 송구 채 못 다 : 팔앗이요 지금. 이데, 요, 요메이 돌, 뱅 : 돌리 요 심양 가차이. 이 : 는 비슷이 팔앗는데, 많이 머산헌 데는 싸(사)람 찻는데. 이 외촌에 나가문요, 집 많아요 이 내 보기엔 이 : 집을, 집을 많이 사두 내주에 돈 물레문. 세 : 물레문 꺼우창(夠嗆)이라요 인제 세 : 물어야 댄다구요.

조 지금 세금 낸다고 해서 많이 못 사고 있어요?

제 지금 몰 : 라요 이제 잇는 집, 잇는 집두 이거 돈 내야 대. 이것두 이거 재산이란 말이.

조 네.

제 이거 외국 딸라 보옌다구요, 지금 주국에서. 한국에서 그 집 많 : 은 싸(사)람 세 많 : 이 내디 않소? 여구두 이제 결국은 그렇게 댄다구. 집 많 : 아두, 집 많 : 이 사놔두 걱정이라요.

조 맞습니다. 그래 저 한국이랑은 다 재산세를 냅니다.

제 한국에는 그, 긴 : 데 이 주(중)국에두요 자본가 많아요.

조 네.

제 자본가 많아요 옛말 듣기에는 저 : 등소평(鄧小平) 자식네든가. 후진토(胡錦濤) 자식네들, 그 먼저 그 해먹던 싸(사)람들. 자식네가 지금 탐오 많이 햇대요. 많이 햇는데 국가에서 지금, 외국에서(사) 말 허는데 한국에서 말헌다구요.

조 네.

제 이거이 지금 머 어디 허갓는디? 송구 소식이 없단 말이.

조 할아버지 그 정보도 많이 아시네요 그런 정보도 다 아시네요

기 이제는 누가 다? 사기는 저 거의 (샀을 것인데).

조 다 팔았을 거예요.

제 예, 그 아직 채 못 다 팔았어요 지금. 이 저, 여, 여기에 돌, 뱅 돌아 여기 심양 가까이. 여기는 비슷하게 팔았는데, 많이 번화한 데는 사람이 찼는데. 이 교외로 나가면요, 집이 많아요 이 내가 보기에는 이 집을, 집을 많이 사도 나중에 돈을 물려면. 세금 물려면 힘들어요. 이제 세금을 물어야 된다고요.

조 지금 세금 낸다고 해서 많이 못 사고 있어요?

제 지금 몰라요 이제 있는 집, 있는 집도 이것 돈 내야 돼. 이것도 이것 재산이란 말이.

조 네.

제 이것 외국을 따라 배운다고요, 지금 중국에서. 한국에서 그 집이 많은 사람들 세 많이 내지 않소? 여기도 이제 결국은 그렇게 된다고 집 많아도, 집 많이 사놔도 걱정이에요.

조 맞습니다. 그래 저 한국이랑은 다 재산세를 냅니다.

제 한국에는 그, 그런데 이 중국에도요 자본가가 많아요.

조 네.

제 자본가 많아요 말 듣기에는 저 *** 자식들이든가. *** 자식들, 그 먼저 그 지도자로 계셨던 사람들. 자식들이 지금 탐오를 많이 했대요 많이 했는데 국가에서 지금, 외국에서는 말 하는데 한국에서 말한다고요.

조 네.

제 이것 (이번 지도자가) 지금 뭐 어떻게 하겠는지? 아직 소식이 없단 말이.

조 할아버지 그 정보도 많이 아시네요 그런 정보도 다 아시네요

제 아직 그것은 들춰내지를 않았단 말이. 그 웬만한 것, 저 어디 세력이 없는 사람들.

조 다 들춰냈으면 좋겠어요?

제 송구 그거는 둘처내딜 않앗단 말이. 그 원만한 거, 저 : 어데 세력 없은 싸람들.

조 다 들춰냈으면 좋았어요?

제 다 : 둘처내야디요 저 : 실디는, 둘처내야 댄다구.

조 네.

제 옳게 핼레먼 다 : 둘처내야 대요. 내 이 촌에꺼지 와서 다 : 둘처내면 둏갓단 말이. 우리 촌에두 그 간부 노릇 해먹던 싸(사)람들. 다 : 들, 들여먹구 가디 않앗소? 다 : 들여먹구선 한국에 나가선 숨어 잇단 말이.

조 아, 그래요?

제 그래요. 지금 작은, 지금 주국에서. 작은 괄은 작게 먹구 큰 괄은 크게 먹엇단 말이.

조 네.

제 긴 : 데 이번 주석 올라와개지구 좀 들어내기야 숟 : 해 들어냇디.

조 네.

제 많 : 이 들어내지 이번에.

조 네, 그래서 속이 시원하십니까? 조금?

제 그 시원해야 먼 : 내게 한 납두 둘우오디 못 헌데 까짓것. 들어내갓으면 내구 말갓으면 말구

조 그럼 안 되죠, 빨리 많이 들춰내야 된다고 해야지요. 그럼 이 촌에 와서 빨리 들춰내라고 제가 편지 써 볼까요?

제 그 써보시오

조 할아버지께서 쓰시면 더 힘이 있습니다. '나는 구십 세 할아버지인데' 하고 말씀하세요

제 아이구, 말이 그렇디, 그 까짓것 머 대(되)는대루 살다가 그저 죽으면 다 : 라.

할아버지의 생활비

조 할아버지, 그러면 자식들이 얼마씩 이렇게 생활비를 드리시는 거예요?

제 생활비 안 주 : 요

조 오, 그런데도 할아버지 혼자 다 되십니까?

제 안 주, 난 내 혼자 해결해요

제 다 들춰내야지요 저 실제는, 들춰내야 된다고.

조 네.

제 옳게 하려면 다 들춰내야 돼요 나는 이 촌에까지 와서 다 들춰냈으면 좋겠단 말이. 우리 촌에도 그 간부직을 맡았던 사람들. 다 들, 해먹고 가지 않았소? 다 해먹고서는 한국에 나가서 숨어 있단 말이.

조 아, 그래요?

제 그래요. 지금 작은, 지금 중국에서. 작은 간부는 작게 해먹고 큰 간부는 크게 해먹었단 말이.

조 네.

제 그런데 이번 주석이 올라와서 좀 들춰내기야 숱해 들춰냈지.

조 네.

제 많이 들춰내지 이번에.

조 네, 그래서 속이 시원하십니까? 조금?

제 그 시원해야 뭐 내게 한 입도 들어오지 못한데 까짓것. 들어내겠으면 내고 말겠으면 말고

조 그럼 안 되죠, 빨리 많이 들춰내야 된다고 해야지요. 그럼 이 촌에 와서 빨리 들춰내라고 제가 편지 써 볼까요?

제 그 써보세요

조 할아버지께서 쓰시면 더 힘이 있습니다. '나는 구십 세 할아버지인데' 하고 말씀하세요

제 아이고, 말이 그렇지, 그 까짓것 뭐 되는대로 살다가 그저 죽으면 다야.

할아버지의 생활비

조 할아버지, 그러면 자식들이 얼마씩 이렇게 생활비를 드리시는 거예요?

제 생활비를 안 줘요

조 오, 그런데도 할아버지 혼자 다 되십니까?

제 안 줘, 나는 나 혼자 해결해요

조 아, 그렇습니까?

제 안 주(줘)요.

조 그럼 달라고 하셔야죠.

제 아이, 그 달래면 멀허간? 죽을 때 또 다 : 내놓 : 야 대(되)는데.

조 아, 돌아가실 때도 안 내놓아요. 할아버지 드시고 싶은 것도 다 드시고, 혹시라도 병이 나실 수도 있잖아요?

제 가 : 들 머 안 주(줘)도 머 내 먹을 대루 먹는데 머 그까짓.

조 혹시 됩니까? 혹시 그 지금 돈 나오는 것으로 모자라지 않습니까?

제 그것 개구야 안 대디요, 나오는 거 개 : 군 안 대요.

조 그럼 할아버지 어디에서요? 전에 저축이 많으신가 봐요?

제 저축은 많다두 않아요. 그저 쫌 어루치, 머 한 천원짝 댄단 말이야.

조 그러면 됩니다.

제 그저 일년에, 한 달에 그저 한 천 원 예산 허구 쓰는데. 이전 돈이 더 썩어디먼 모재라디.

조 네.

제 안죽꺼진 댄다구, 한 천 원 예산허구 쓰문 댄다구.

조 아, 네.

제 한 달에 머 한 천 원쯤 헐꺼니 대(되)긴 대(돼)요 아푸딜 않을꺼니, 아푸문 안 대는데.

꺽다리 힘장사 할아버지

조 어쨌든 건강에 주의하셔야겠습니다.

제 아이, 이젠 앓으면 죽을 때요 이젠, 이젠요.

조 네.

제 아푸문 시시헌 그 저 : 어데 배나 아푸구, 감기나 아푸문 그저 약이나 먹구. 고티갓다구 글다만 머슨 큰 병이나 들면 수술두 할 필요두 없다구요. 우리겉은 놈 수술해야 고상만 햇디 쇠용 머요? 때가 다 : 댓(됏)는데 이젠 그게가 다 : 낡아서 암 : 만

조 아, 그렇습니까?

제 안 쥐요.

조 그럼 달라고 하셔야죠.

제 아니, 그 달라면 뭘 하겠어요? 죽을 때 또 다 내놓아야 되는데.

조 아, 돌아가실 때도 안 내놓아요. 할아버지 드시고 싶은 것도 다 드시고, 혹시라도 병이 나실 수도 있잖아요?

제 그 아이들 뭐 안 줘도 뭐 내 먹을 대로 먹는데 뭐 그까짓.

조 혹시 됩니까? 혹시 그 지금 돈 나오는 것으로 모자라지 않습니까?

제 그것 가지고야 안 되지요, 나오는 것을 가지고는 안 돼요.

조 그럼 할아버지 어디에서요? 전에 저축이 많으신가 봐요?

제 저축은 많지도 않아요. 그저 좀 대략, 뭐 한 천 원쯤 된단 말이야.

조 그러면 됩니다.

제 그저 일 년에, 한 달에 그저 한 천 원씩 예산하고 쓰는데. 이제 돈의 (가치)가 더 떨어지면 모자라지.

조 네.

제 아직까지는 된다고, 한 천 원을 예산하고 쓰면 된다고.

조 아, 네.

제 한 달에 뭐 한 천 원쯤 하니 되긴 돼요. 아프지 않으니, 아프면 안 되는데.

꺽다리 힘장사 할아버지

조 어쨌든 건강에 주의하셔야겠습니다.

제 아이, 이제는 앓으면 죽을 때에요 이제는, 이제요.

조 네.

제 아프면 시시한 그 저 어디 배나 아프고, 감기나 걸리면 그저 약이나 먹고 고치겠다고 그러지만 무슨 큰 병이나 들면 수술도 할 필요도 없다고요. 우리 같은 사람 수술해야 고생만 했지 소용이 뭐예요? 때가 다

수술해두 안 댄다구요

조 할아버지는 백세까지 충분하십니다.

제 아이구 백세를 어 : 케 대(되)소?

조 할아버지께서는 백세까지 충분하십니다.

제 긴 : 데 어디 나가문 구십 낫대먼 하 : 해
요.

조 그렇죠, 할아버지께서는 팔십도 안 되어 보
이십니다.

제 그저 한 팔십 보는 거 같애요

조 네, 저도 놀랐습니다. 할아버지 혹시 키가
얼마 되십니까? 백칠십 얼마입니까?

제 백칠십, 이 : , 이미빠(一米八) 쪼꼼 못 대요.

조 그렇죠 그 시절에 키껵다리라고 하셨죠?
그 시대에 그 정도면 키가 얼마나 큰 축이
십니까?

제 예, 이 동네두 암매 내 키가 암매 비슷이라
무니 데일 클거라요

조 아, 제일 커요? 멋있었겠어요, 젊었을 때요.

제 예 : , 젊었을 땐 내 무서운 거 없엇이요 실
디.

조 쌀도 한 이백 근 들 수 있었셨겠어요

제 그렇디요 젊어시야 머 그까짓거 머, 한 이
백 근 겉엔야. 지금두 머 루팡에 올라갓다
내레갓다는 일없어요.

조 아, 그래요?

제 예 : , 지금두 그 띠테(地鐵) 타는데 그 층대
그 많디 않아요?

조 네.

제 술술술술 내리가는데요 머 내레갓다 올라
왓다 헌(한)다구.

조 정말 부럽습니다.

제 그래개지구 그저, 그 또 띠테 그 빠르데요
그거이.

조 네.

제 그저 한 오 분, 오 분, 눅 분, 내 시계 볼꺼
니. 오 분, 눅 분만에 꼭꼭 와요, 띠테가.

조 네, 그것은 시간이 규정되어 있습니다.

제 예, 그건 : 겉은 여구 머 없을꺼니. 그거 칭

됐는데 이제는 기계가 다 낡아서 아무리
수술해도 안 된다고요

조 할아버지는 백세까지 충분하십니다.

제 아이고 백세까지 어떻게 되겠소?

조 할아버지께서는 백세까지 충분하십니다.

제 그런데 어디에 나가서 구십 났다면 하~
하고 (놀라요).

조 그렇죠, 할아버지께서는 팔십도 안 되어 보
이십니다.

제 그저 한 팔십으로 보는 것 같아요

조 네, 저도 놀랐습니다. 할아버지 혹시 키가
얼마 되십니까? 백칠십 얼마입니까?

제 백 칠십, 백, 백 팔십이 조금 못 돼요.

조 그렇죠 그 시절에 키껵다리라고 하셨죠?
그 시대에 그 정도면 키가 얼마나 큰 축이
십니까?

제 예, 이 동네도 아마 내 키가 아마 비슷하게
제일 클 거예요

조 아, 제일 커요? 멋있었겠어요, 젊었을 때요.

제 예, 젊었을 때는 나는 무서운 것이 없었어
요 실제.

조 쌀도 한 이백 근 들 수 있었셨겠어요.

제 그렇지요 젊어서야 뭐 그까짓 것 뭐, 한 이
백 근 같은 것이야. 지금도 뭐 층집에 올라
갔다 내려갔다 하는 것은 괜찮아요

조 아, 그래요?

제 예, 지금도 그 지하철 타는데 그 계단이 그
많지 않아요?

조 네.

제 술술술술 내려가는데요 뭐 내려갔다 올라
왔다 한다고.

조 정말 부럽습니다.

제 그래서 그저, 그 또 지하철 그 빠르데요 그
것이.

조 네.

제 그저 한 오 분, 오 분, 육 분, 내가 시계를 보
니. 오 분, 육 분만에 꼭꼭 와요, 지하철이.

조 네, 그것은 시간이 규정되어 있습니다.

구이(輕軌) 여구 어데 칭구이 잇는데 그건 머 항소 가두루. 그저 일 없을 싸(사)람이나 타갓습니다.

조 네.

제 띠테는 그 일 많은 싸(사)람들 타기는 참 : 좋겟이요.

조 아, 그래요? 강산 학생이, 할아버지께 아무거나 한국말로 물어보세요. 할아버지께 아무거나 물어봐도 돼요.

조 할아버지, 좋아하시는 음식은 뭐예요?

제 좋아하는 거? 저 : 쌀밥, 데일이더라 머. 밥이 데일이디 머.

조 그럼 술은 좋아하세요?

제 술, 술 좋아해두 머 얼 : 마 안 먹어.

조 왜요?

제 그 신테에 나쁠꺼니.

조 아, 네. 저의 아빠는 많이 먹어요.

제 예, 부실 많이 잡사요?

조 네.

제 술을? 아바지가 지금 한 : 오십 넘엇나?

조 네, 오십이에요.

제 우리, 우리 아들 낫 : 세로구나.

조 그럼 할아버지는 언제부터 술을 마시지 않으셨어요?

제 난 술 : 젊어서두 안 먹엇어.

조 아, 그러세요?

제 우리 조상 때 : 서부텀 술 : 못 먹는단 말이.

조 아, 그러세요?

제 술 먹우문 버쎄 이 상이 새빠래디구 그래 개지구 술을 안 먹디 머.

조 아, 회한하네요. 조선족은 다 : 술을 잘 마시는 것 같은데요

제 우리는 명질 때 싸(사)람이 숱 : 해(하) 모엣어두 피주 다섯 병이 남는다구.

조 네, 그것이 좋아요. 할아버지께서는 정말 건강하십니다.

제 담배도 덜(절) 푸이구, 아들네두 담배 덜 푸예. 우리 손자두(도), 데리구 잇던 손자두

제 예, 그 (지하철) 같은 것은 여기에 뭐 없으니. 그것 지상전철이 여기 어디에 지상전철이 있는데 그건 뭐 황소가 가듯이 (느려). 그저 일이 없을 사람이나 타겠습니다.

조 네.

제 지하철은 그 일이 많은 사람들이 타기는 참 좋겠어요.

조 아, 그래요? 강산 학생이, 할아버지께 아무거나 한국말로 물어보세요. 할아버지께 아무거나 물어봐도 돼요.

조 할아버지, 좋아하시는 음식은 뭐예요?

제 좋아하는 것? 저 쌀밥이 제일이더라 뭐. 밥이 제일이지 뭐.

조 그럼 술은 좋아하세요?

제 술, 술 좋아해도 뭐 얼마 안 먹어.

조 왜요?

제 그 신체에 나쁘니.

조 아, 네. 저의 아빠는 많이 먹어요.

제 예, 부식을 많이 잡숴요?

조 네.

제 술을? 아버지가 지금 한 오십이 넘었나?

조 네, 오십이에요.

제 우리, 우리 아들(과 같은) 나이대로구나.

조 그럼 할아버지는 언제부터 술을 마시지 않으셨어요?

제 나는 술을 젊어서도 안 먹었어.

조 아, 그러세요?

제 우리 조상 때로부터 술을 못 먹는난 말이.

조 아, 그러세요?

제 술 먹으면 벌써 이 얼굴이 새파래지고 그래서 술을 안 먹지 뭐.

조 아, 회한하네요. 조선족은 다 술을 잘 마시는 것 같은데요

제 우리는 명절 때 사람이 숱해 모였어도 맥주 다섯 병이 남는다고.

조 네, 그것이 좋아요. 할아버지께서는 정말 건강하십니다.

제 담배도 덜 피우고, 아들네도 담배 덜 피워.

담배, 술 안 먹는다고.

조 아, 손자가 몇 명이세요?

제 손자가 서이, 너이 아(다)매 댓 댈거라.

조 다 손자예요? 아니면 손녀도 있어요?

제 손녀(녀)두 잇다.

조 손자, 손녀들은 지금 다 한국에 있어요?

제 손녀, 손자, 손녀 한국에 간 싸(사)람 한국에 가구. 머 여구 잇는 건 여구 잇구.

조 손자, 손녀들은 서로 많이 친하세요?

제 예, 우리 손주 딸, 한국에 가서 더 덴노(電腦) 허는데 잇어.

조 덴노는 무슨 뜻이에요? 아, 컴퓨터요?

조사자 학생에 대한 궁금증

제 성이 머 : 이라구? 네 성이 머 : 이라구? 성, 씽사야(姓啥呀)?

조 아, 성씨요? 강씨예요.

제 강씨? 강가? 강, 강자 이, 이 잔 : 가?

조 네, 생강 강자예요.

제 강 : , 마지막 계집 녀(女) 허(하)는거. 이거 쟝(姜), 쟝아?

조 네, 맞아요

제 어, 강씨로구나. 아바지는 조선싸람이구 오마니레 한족이로구나. 오마니 니약해? 페로워? 어, 아바지레 못 길레? 아바지부단 쎈 : 가? 오마니?

조 다 좋아요. 우리 엄마 아주 착해요.

제 다 : 좋아? 착해? 착허문 나 : 싱(邢行), 여자들.

조 그리고 또 부지런해요. 일도 잘하고 그렇게 착한 사람이 없어요

제 오. 젠에 농사 짓 : 나? 농사 지엇어?

조 우리 농사를 안 지어요

제 아, 젠에. 그 부노네레 멀 햇노?

조 아, 우리 엄마는 선생님이에요.

제 오, 선생이야?

조 네, 중학교 선생님이에요

제 응, 그럴꺼니 딸이 공부 잘햇디, 오빠두 잇나?

우리 손자도, 데리고 있던 손자도 담배랑 술을 안 먹는다고.

조 아, 손자가 몇 명이세요?

제 손자가 셋이, 넷이, 아마 다섯이 될 거라.

조 다 손자예요? 아니면 손녀도 있어요?

제 손녀도 있지.

조 손자, 손녀들은 지금 다 한국에 있어요?

제 손녀, 손자, 손녀 한국에 간 사람은 한국에 가고 뭐 여기에 있는 사람은 여기에 있고.

조 손자, 손녀들은 서로 많이 친하세요?

제 예, 우리 손녀, 한국에 가서 저 컴퓨터 하는 데 있어.

조 덴노는 무슨 뜻이에요? 아, 컴퓨터요?

조사자 학생에 대한 궁금증

제 성씨가 무엇이라고? 네 성씨가 무엇이라고? 성씨, 성씨가 뭐야?

조 아, 성씨요? 강씨예요.

제 강씨? 강가? 강, 강자 이, 이 자인가?

조 네, 생강 강자예요.

제 강, 마지막에 계집 여 하는 것. 이것 강, 강이야?

조 네, 맞아요

제 어, 강씨로구나. 아버지는 조선족이고 어머니가 한족이로구나. 어머니가 이악스러워? 까다로워? 어, 아버지가 못 이겨? 아버지보다 센가? 어머니가?

조 다 좋아요. 우리 엄마 아주 착해요.

제 다 좋아? 착해? 착하면 괜찮아, 여자들.

조 그리고 또 부지런해요. 일도 잘하고 그렇게 착한 사람이 없어요

제 오. 전에 농사를 지었나? 농사를 지었어?

조 우리 농사를 안 지어요

제 아, 전에. 그 부모님이 뭘 했니?

조 아, 우리 엄마는 선생님이에요.

제 오, 선생님이야?

조 네, 중학교 선생님이에요

제 응, 그러니 딸이 공부를 잘했지, 오빠도 있나?

<table>
<tr><td>조</td><td>아버지께서도 원래 교사셨는데 그만뒀어요. 지금은 한국 회사에서 일하고 있어요.</td><td>조</td><td>아버지께서도 원래 교사셨는데 그만뒀어요. 지금은 한국 회사에서 일하고 있어요.</td></tr>
<tr><td>제</td><td>오 아이 그렇구, 오 : 그래놀꺼니 공부 잘 햇구나. 보쎄 교원 자식이면 그 공부 잘헌 다구. 보쎄 교육이 딸라 간다구(고).</td><td>제</td><td>오, 아이 그렇고, 오 그러니 공부를 잘 했구나. 벌써 교원 자식이라면 그 공부를 잘한 다고 벌써 교육이 따라 간다고.</td></tr>
<tr><td>조</td><td>아니, 그렇게 잘하는 것은 아니에요.</td><td>조</td><td>아니, 그렇게 잘하는 것은 아니에요.</td></tr>
<tr><td>제</td><td>아니, 안 그래. 보쎄 교원 자식은 그 공부 잘해.</td><td>제</td><td>아니, 안 그래. 벌써 교원 자식은 그 공부를 잘해.</td></tr>
<tr><td>조</td><td>왜요?</td><td>조</td><td>왜요?</td></tr>
<tr><td>제</td><td>그 부모네레 이 자식 나 : 문 보(버)쎄 보예 준다구 자꾸.</td><td>제</td><td>그 부모들이 이 자식을 낳으면 벌써 배워 준다고 자꾸.</td></tr>
<tr><td>조</td><td>네.</td><td>조</td><td>네.</td></tr>
<tr><td>제</td><td>네모두 보예주구 각 색깔 다 : 보예준다구, 선생 자식은. 이 촌싸람들은 안 그래. 촌싸 람들이야 그 되나? 그 촌싸람들이야 욕, 보(베)쎄 남을 그 때리는 그. 주국싸람은 그저 초니마(操你媽) 머, 그 욕말, 욕부터 보예준다구(고). 선생 자식은 그 욕은 안 보예준다구.</td><td>제</td><td>예절도 배워주고 여러모로 다 배워준다고, 선생님 자식은. 이 촌사람들은 안 그래. 촌 사람들이야 그 되나? 그 촌사람들이야 욕, 벌써 남을 그 때리는 그 한족 사람은 그저 *** 뭐, 그 욕, 욕부터 배워준다고. 선생님 자식은 그 욕은 안 배워준다고.</td></tr>
<tr><td>조</td><td>원래 우리도 다 농촌 사람이잖아요?</td><td>조</td><td>원래 우리도 다 농촌 사람이잖아요?</td></tr>
<tr><td>제</td><td>농촌싸람? 어디서 살앗노?</td><td>제</td><td>농촌 사람? 어디서 살았어?</td></tr>
<tr><td>조</td><td>우리 할머님도 그냥 농촌이에요. 중국 사람 은 원래 거의 다 농촌 사람이잖아요</td><td>조</td><td>우리 할머님도 그냥 농촌이에요. 중국 사람 은 원래 거의 다 농촌 사람이잖아요</td></tr>
<tr><td>제</td><td>그럼.</td><td>제</td><td>그럼.</td></tr>
</table>

강아지에 대한 편견

강아지에 대한 편견

<table>
<tr><td>조</td><td>할아버지, 강아지에 대해서 더 많이 이야기 해주세요. 원래 키웠던 강아지에 대해서요.</td><td>조</td><td>할아버지, 강아지에 대해서 더 많이 이야기 해주세요. 원래 키웠던 강아지에 대해서요.</td></tr>
<tr><td>제</td><td>강아지, 강아지에 대해서? 강아지 그거이, 그 난 애호 안해. 이거이 부락이, 시내레 되놀꺼니 개같은 거는 이거. 평팡(平房)에 잇을 때는 개를 멕엣는데 이 루팡에 잇으 문. 개 멕인 거 비린내가 나디, 털이 뽑아 디디. 기래서 더, 더러운 거이 없다구, 디려 워. 루팡에 개 믹일 거이 아니라구. 똥 싸 디, 오좀 싸디 그거 어덕헐래? 지금, 긴데 지금 강아지 좋아하나? 그거 루팡에서 못 길러.</td><td>제</td><td>강아지, 강아지에 대해서? 강아지 그것, 그 나는 좋아하지 않아. 이것 이 부락이, 시내 가 되니 개 같은 것은 이것. 단층집에 있을 때는 개를 먹였는데 이 층집에 있으면. 개 먹이는 것이 비린내가 나지, 털이 뽑아지 지. 그래서 더, 더러운 것이 없다고, 더러 워. 층집에서 개를 먹일 것이 아니라고 똥 을 싸지, 오줌을 싸지 그것을 어떡할래? 지 금, 그런데 지금 강아지를 좋아하나? 그것 층집에서 못 길러.</td></tr>
<tr><td>조</td><td>네, 저는 개를 키워본 적이 없어요. 저는 큰</td><td>조</td><td>네, 저는 개를 키워본 적이 없어요. 저는 큰</td></tr>
</table>

개를 좋아해요. 그런데 왜 키우셨어요?

제 그저 젠에야 그 집 보라구, 집 보라구 길렀디.

조 진짜 집을 볼 수 있어요?

제 강아지, 실디는 그 강아지가 도죽놈 못 막는다구(고). 보쎄 도죽놈 보, 보문 쫓게가는데 개 : 가. 그 난 그 강아지, 개에 대해서는 애호 안 해. 길루디, 길루 내딜 못해. 우리 부모네는 그, 강아질 기루기 위해서. 우리 노치네두 길룻는데 그 길루다가서라무니 그저. 기루문 것 : 두 주인을 잘 알아서 좋긴 좋아, 긴데 이 루팡엔 안돼. 루팡에 냄새 나서 안된다구, 부지런해야 되구.

첫 아이가 가져다 준 기쁨

조 네, 그렇죠 혹시 할아버지 첫 아이를 가졌을 때 특히 뭐 기억에 남는 것이 있으세요?

제 첫 아이 날 때 그때 다 : 없이 살아서라무니. 그저 나 : 서 좋기야 좋디 머. 좋은데 멕일 거 없디, 나가서 일허야디, 그때. 지금 겉으며 지금 아 : 들이야 호, 참 행복허디 머.

조 네.

제 요새 중학교 댕게두 다 : 데리, 데리구 댕기디 않나? 그때야 우리 아 : 들 기(길)룰 때두 그저 닐굽 살이문, 닐굽 살이문 야듧 살이구. 나 : 서라무니 일학년, 일학년 가게 대문 제 혼자 걸어가구. 걸어가구 제 혼자 걸어왔다구. 암 : 만 멀어두 학, 여구 와서 그저 한 오리 길씩 됐디. 우리터럼 그렇게 한 이십리 길 걷디는 않았어. 한 오리 길 대(되)는 거, 제 혼자 걸어 댕겟다구(고). 지금 아 : 들이야 머 볘쎄 이거 이. 차 잇어서 람 차 다 : 싫구 댕기디 않나? 데리다 주구 데레오구 머, 차 : 나가 받아오구 머. 행복이라, 행복이라구.

조 네, 그래요 정말 행복합니다.

제 그 쿠(苦)헌 걸, 이 고생이래는 거 몰, 모루구 산다구.

조 네, 저도 그래요. 할머님께서 임신하셨을

개를 좋아해요. 그런데 왜 키우셨어요?

제 그저 전에야 그 집을 보라고, 집을 보라고 길렀지.

조 진짜 집을 볼 수 있어요?

제 강아지, 실제는 그 강아지가 도둑놈을 못 막는다고. 벌써 도둑놈을 보, 보면 쫓겨 가는데 개가. 그 나는 그 강아지, 개는 좋아하지 않아. 길렀지, 길러 내지를 못해. 우리 부모님은 그, 강아지를 기르기 위해서. 우리 노친도 길렀는데 그 기르다가 그저. 기르면 그것도 주인을 잘 알아서 좋기는 좋아, 그런데 이 층집에서는 안 돼. 층집에 냄새가 나서 안 된다고, 부지런해야 되고

첫 아이가 가져다 준 기쁨

조 네, 그렇죠 혹시 할아버지 첫 아이를 가졌을 때 특히 뭐 기억에 남는 것이 있으세요?

제 첫 아이를 날 때 그때 다 없이 살아서. 그저 낳아서 좋기야 좋지 뭐. 좋은데 먹일 것이 없지. 나가서 일해야지, 그때. 지금 같으면 지금 아이들이야 호, 참 행복하지 뭐.

조 네.

제 요새 중학교를 다녀도 다 데리, 데리고 다니지 않나? 그때야 우리 아이들을 기를 때도 그저 일곱 살이면, 일곱 살, 여덟 살이고. 나서 일 학년, 일 학년 가게 되면 자기가 혼자서 걸어가고 걸어가고 자기가 혼자서 걸어왔다고 아무리 멀어도 학, 여기 와서 그저 한 오리 길씩 됐지. 우리처럼 그렇게 한 이십 리 길을 걷지는 않았어. 한 오리 길 되는 거, 자기가 혼자서 걸어 다녔다고. 지금 아이들이야 뭐 벌써 이것 이. 차가 있어서 차에 다 싣고 다니지 않나? 데려다 주고 데려오고 뭐, 차로 나가서 마중해오고 뭐. 행복이라, 행복이라고.

조 네, 그래요 정말 행복합니다.

제 그 고생하는 걸, 이 고생이라는 것을 몰, 모르고 산다고.

조 네, 저도 그래요 할머님께서 임신하셨을

때 할아버지 첫 반응은 어떠셨어요? 기쁘셨어요?

제 어, 임신허(하)문 그때 좋긴 머, 그저 그:치. 임신 햇음 햇구 그 머, 임신햇어두 그 때두 일 : 해야 댄다구.

조 아, 그랬어요? 휴가 같은 것이 없어요?

제 고롬, 휴가 겉은? 휴가, 이 휴가래는 거이 아 : 나서라무니. 막달 잡어서두 이번 달에 날, 낳는다 해두. 일을 나가 허야 밥을 먹엇다구, 젠엔 다 : 그랫어. 아 : 낳구두 예. 주국, 이 한족들은 백 날 들어 앗, 들어 잇디 않나? 백날이 마, 만월(滿月)인가? 머, 백날 잇디? 조선싸람들은 사흘 넘어가문. 닌, 닌 : 나서 밥 헐만 허문 밥 허야 대.

조 네, 고생이 많으셨네요.

제 젠엔 다 : 그렇게 살앗어.

조 할아버지께서 제일 싫어하는 것은 뭐예요?

제 제일 싫어허는 거?

조 네, 제일 싫어하는 사람은 어떤 사람이에요?

제 제일 싫어허는 거? 제일 싫어허는 거? 미련헌 거 제일 싫. 미련, 미련허다구.

조 미련요?

제 미련허(하)다구, 그 자기 욕심만 채우구, 어 내꺼만 내, 내꺼이구. 놈우 사 : 절 모룬다구, 그런 싸(사)람 데일 싫다.

조 혹시 그런 사람이 주위에 있으세요?

제 어? 나 그런 싸(사)람은, 그 우리 식구에는 머 그렇게 미련헌 싸(사)람 없어.

조 네, 어떤 사람? 친구 아니면?

제 어떤 싸(사)람? 그 동네 나가게 대문. 미련 부리구 먹을 거 갓다르 놔 : 두. 저만 먹구 놈 권할 줄 모루구, 이런 싸(사)람 좋디 머.

조 네.

제 네모레 없디 머, 머이유리모(沒有禮貌). 저만 알구. 싸(사)람이 게 : 살면 경호가 잇이야 댄다구.

조 네.

때 할아버지 첫 반응은 어떠셨어요? 기쁘셨어요?

제 어, 임신하면 그때 좋긴 뭐, 그저 그렇지. 임신을 했으면 했고 그 뭐, 임신했어도 그 때도 일해야 된다고

조 아, 그랬어요? 휴가 같은 것이 없어요?

제 그럼, 휴가 같은? 휴가, 이 휴가라는 것이 아이를 낳아서. 막달을 잡아서도 이번 달에 날, 낳는다 해도. 일을 나가 해야 밥을 먹었다고, 전에는 다 그랬어. 아이를 낳고도 예. 중국, 이 한족들은 백 일을 들어 앗, 들어 있지 않나? 백날이 마, 만월인가? 뭐, 백날 있지? 조선족 사람들은 사흘이 넘어가면. 일어, 일어나서 밥을 할 만 하면 밥을 해야 돼.

조 네, 고생이 많으셨네요.

제 전에는 다 그렇게 살았어.

조 할아버지께서 제일 싫어하는 것은 뭐예요?

제 제일 싫어하는 것?

조 네, 제일 싫어하는 사람은 어떤 사람이에요?

제 제일 싫어하는 것? 제일 싫어하는 것? 미련한 것이 제일 싫어. 미련, 미련하다고.

조 미련요?

제 미련하다고, 그 자기의 욕심만 채우고, 어 내 것만 내 것이고. 다른 사람의 사정을 모른다고, 그런 사람이 제일 싫지.

조 혹시 그런 사람이 주위에 있으세요?

제 어? 나 그런 사람은, 그 우리 식구 중에는 뭐 그렇게 미련한 사람이 없어.

조 네, 어떤 사람? 친구 아니면?

제 어떤 사람? 그 동네에 나가게 되면. 미련을 부리고 먹을 것을 갖다 놓아두고. 자기만 먹고 다른 사람을 권할 줄 모르고, 이런 사람이 좋지 않지 뭐.

조 네.

제 예의가 없지 뭐, 예의가 없어. 자기만 알고. 사람이 그래 살면 경우(시비도리)가 있어야 된다고.

제 놈, 내, 놈이 대접허문 대(되)방에 대접헐 줄 알구 그리야디 기리. 그러구 데일 싫은 거이. 아이들 그 어른들와서람 농담허(하)구 이런 거 데일 싫어.

조 네, 혹시 이런 일이 있으셨어요? 남을 해치는 그런 일이 있었어요?

제 해치는 거 거ː 이, 거이 나쁜 싸(사)람이다.

조 네, 혹시 주변에 그런 일이 있으셨어요?

제 우리 머 싸우, 싸우딘 않았어, 싸워보딘 않았어. 놈 때리거나 머 그러딜 않았어.

조 그럼 할아버지께서는 싫어하는 사람을 만나면 어떻게 하세요?

제 싫어허는 싸(사)람 그저 안, 덜ː 만내디머. 해서 이거 동무들끼리두 어 좋아하는 싸(사)람꺼징 댕기구. 싫어, 쫌 걸거, 눈에 걸거체기나 허(하)문. 악헌 싸(사)람허구 말쫌 덜ː 허구, 쫌 머 피허문 다ː 디 머.

조 피해요? 할아버지도 참 착하세요.

제 피허야디. 피허야 댄다구. 그 맞세야 더ː 쌈ː 이나 허구 쇠용없어. 막 싸움허문 손해라구.

조 네, 맞아요

제 쪼꼼 참으문, 참으문 만사가 펜안허다구.

조 네, 할아버지 텔레비전을 자주 보세요?

제 어, 케이비 그것, 그저 이때, 어?

조 중국 드라마를 좋아하세요? 아니면 한국 드라마를 좋아하세요?

제 그 조선 드라마 더러 보던 거인데. 조선 드라마 잘 안 나와 한국의치레.

조 네.

제 그래 그 어ː 직께 또 유센(有線)에 들어가 그 데. 이ː 데 쪼꼬만ː 바가지 하나 갖다 해놓앗더이 것ː 두. 덴스 나오데.

조 네. 이것 몇 년 전에 사신 거예요? 십 년이 되지 않았어요?

제 이거 한 십년 넘엇어. 내 여구 온 데가 십년 넘엇는데. 여구 그냥 잇다. 그러구.

조 할아버지 이것은 뭐예요?

제 어던 거이? 어, 그거이 그 데 한국 그게. 밑

조 네.

제 남이, 내, 남이 대접하면 상대방도 대접할 줄 알고 그래야지 그래. 그리고 제일 싫은 것이. 아이들이 그 어른들께 와서 농담하고 이런 것이 제일 싫어.

조 네, 혹시 이런 일이 있으셨어요? 남을 해치는 그런 일이 있었어요?

제 해치는 것 그것이, 그것이 나쁜 사람이지.

조 네, 혹시 주변에 그런 일이 있으셨어요?

제 우리 뭐 싸우, 싸우지는 않았어, 싸워보지는 않았어. 남을 때리거나 뭐 그러지를 않았어.

조 그럼 할아버지께서는 싫어하는 사람을 만나면 어떻게 하세요?

제 싫어하는 사람은 그저 안, 덜 만나지 뭐. 그래서 이것 동무들끼리도 어 좋아하는 사람까지는(끼리) 다니고. 싫어, 좀 거치, 눈에 거치적거리거나 하면. 악한 사람하고 말을 좀 덜 하고, 좀 뭐 피하면 다지 뭐.

조 피해요? 할아버지도 참 착하세요

제 피해야지. 피해야 된다고. 그 맞서야 더 싸움이나 하고 소용없어. 막 싸우면 손해라고

조 네, 맞아요

제 조금 참으면, 참으면 만사가 편안하다고

조 네, 할아버지 텔레비전을 자주 보세요?

제 어, 텔레비전 그것, 그저 이때마다 어?

조 중국 드라마를 좋아하세요? 아니면 한국 드라마를 좋아하세요?

제 그 한국 드라마를 가끔 보던 것인데. 한국 드라마가 잘 안 나와 한국의 것이.

조 네.

제 그래 그 어제는 또 유선방송에 들어가 그 저. 이 저 조그마한 위성 안테나 하나 갖다 해놓았더니 그것도 텔레비전이 나오더라.

조 네. 이것 몇 년 전에 사신 거예요? 십 년이 되지 않았어요?

제 이것 한 십 년이 넘었어. 내가 여기 온 지가 십 년이 넘었는데. 여기 그냥 있지. 그

364

에 치는 그 주(중)국 그계구.

조 할아버지 혹시 매일 고정적으로 보시는 것이 있어요?

제 어 : 그 머슨 드라마 겉은 거? 드라마 그거 : 이.

조 신문, 뉴스 같은 것 보세요?

제 뉴스겉은 거 좀 : 보구 텐치위보(天氣豫報) 그 좀 : 들어보구. 그렇구는 머 나가 댕기구 그저 그래. 나가 댕기는 거이 데일이야, 더거 오래 보문 눈 아푸구.

조 할아버지는 평소에 언제 주무세요?

제 내 : 시내 안 나가게 대문 낮에 한잠씩 자는데. 이건, 집이선 낮에 한 번씩 자문. 밤에 잠이 안 와서 댈(될)수 잇으문 나 안 잘라구 그래.

조 그러면 밤에는 언제 주무세요?

제 밤에 그저 야덟 시, 야덟 시 넘어 아홉 시, 아홉 시 넘어야 자.

조 일쩍 주무시네요. 그럼 젊었을 때는 언제 주무셨어요?

제 젊엇을 때? 젊어서 일헐 때야 곤 : 헌데 머 일허구 나문. 밥 먹으문 자디 머. 그때야 시간이, 시간 알 : 구 머 자나? 곤 허문 자다가서 깨우문 또 밥 먹구 나가. 또 일허야 대구 그렇디. 지 : 금 다 : 펜안히 살 : 니 머 그러디. 그 요 : 좀에 손자네들 볼꺼니 열두 시 되두룩 안 자대. 그주 케이비 보구 머 데 예, 이놈우 서우지(手機) 이기 개구 장난허구. 그 담 : 은 덴노 개구 장난허(하)구 그러데.

뒤늦게 온 사랑이 가져다준 행복

조 할아버지께서 어떤 이야기를 가장 좋아하실까요? 할아버지께서 지금까지 가장 기뻤던 때는 언제입니까? 가장 행복했던 때요?

제 행복햇던 때가요?

조 예.

러고

조 할아버지 이것은 뭐예요?

제 어느 것? 어, 그것이 그 저 한국 (텔레비전 위성방송) 기계. 밑에 것은 그 중국 (텔레비전 위성방송) 기계고.

조 할아버지 혹시 매일 고정적으로 보시는 것이 있어요?

제 어, 그 무슨 드라마 같은 것? 드라마 그것이.

조 신문, 뉴스 같은 것 보세요?

제 뉴스 같은 것 좀 보고 일기예보 그 좀 들어보고 그리고는 뭐 나가 다니고 그저 그래. 나가 다니는 것이 제일이야, 저것을 오래 보면 눈이 아프고.

조 할아버지는 평소에 언제 주무세요?

제 내가 시내에 안 나가게 되면 낮에 한잠씩 자는데. 이것, 집에서 낮에 한 번씩 자면. 밤에 잠이 안 와서 될 수 있으면 나는 안 자려고 그래.

조 그러면 밤에는 언제 주무세요?

제 밤에 그저 여덟 시, 여덟 시 넘어 아홉 시, 아홉 시 넘어야 자.

조 일찍 주무시네요. 그럼 젊었을 때는 언제 주무셨어요?

제 젊었을 때? 젊어서 일할 때야 피곤한데 뭐 일하고 나면. 밥 먹으면 자지 뭐. 그때야 시간이, 시간을 알고 뭐 자나? 피곤하면 자다가 깨우면 또 밥을 먹고 나가. 또 일해야 되고 그렇지. 지금 다 편안히 사니 뭐 그렇지. 그 요즘에 손자들을 보니 열두 시 되도록 안 자대. 그저 텔레비전을 보고 뭐 저 예, 이 휴대폰 이것을 가지고 장난하고 그 다음에는 컴퓨터 가지고 장난하고 그러더라.

뒤늦게 온 사랑이 가져다준 행복

조 할아버지께서 어떤 이야기를 가장 좋아하실까요? 할아버지께서 지금까지 가장 기뻤던 때는 언제입니까? 가장 행복했던 때요?

제 행복했던 때가요?

조 예.

제	행복햇던 때가 이제, 그 머 저 : 없이 살앗을꺼니. 머 그리 행복헌 때가 없어요. 그저 밥 벌어 먹을라구 그저 아글타글 이랬디. 기 : 리 고상한 거이 많디 머. 크게 행복헌 거이 없어요. 그러구 이제 이렇게 친굴 이걸 만날꺼니 이거이 기 : 둥 행복해보예요.	제	행복했던 때가 이제, 그 뭐 저 없이 살았으니. 뭐 그리 행복한 때가 없어요. 그저 밥 벌어 먹으려고 그저 아글타글 이랬지. 그렇게 고생한 것이 많지 뭐. 크게 행복한 것이 없어요. 그리고 이제 이렇게 친구를 이래 만나니 이것이 가장 행복해 보여요
조	지금요? 일생에서요?	조	지금요? 일생에서요?
제	일생에서 이거이 기 : 둥 행복해예요.	제	일생에서 이것이 가장 행복해 보여요
조	아, 그렇습니까?	조	아, 그렇습니까?
제	어 : 우리 노친넨 요 키레 작아서. 젠엔 댕길 때두 이 함께 못 댕깃단 말이.	제	어 우리 노친은 요 키가 작아서. 전에는 다닐 때도 이 함께 못 다녔단 말이.
조	왜요?	조	왜요?
제	나는 이제, 나는 이거이 키가 크 : 구, 우리 노친네 이거 키가 작을꺼니. 이 척 나세문 흥축허(하)디요 머.	제	나는 이제, 나는 이 키가 크고, 우리 노친은 이 키가 작으니까. 이 척 나서면 흉축하지요 뭐.
조	아, 그렇습니까?	조	아, 그렇습니까?
제	말년에 가서는 이제 아푸다구 허문. 그저 차두 태와개구 함께두 댕기구 이제 이랬는데. 젊어서 이 : 한 눅십, 눅십 전에는 함께 대니보딜 못했어.	제	말년에 가서는 이제 아프다고 하면. 그저 차도 태워가지고 함께도 다니고 이제 이랬는데. 젊어서 이 한 육십, 육십 전에는 함께 다녀보질 못했어.
조	할아버지께서 같이 다니지 말자고 했습니까?	조	할아버지께서 같이 다니지 말자고 했습니까?
제	나가문 흥축허(하)단 말이, 또.	제	나가면 흉축하단 말이, 또
조	네, 할머님께서 같이 다니지 않으려고 했어요? 아니면 할아버지가 싫어하셨어요?	조	네, 할머님께서 같이 다니지 않으려고 했어요? 아니면 할아버지가 싫어하셨어요?
제	내가 이거 데리구푸 : 두 못 댕기디요 머, 너무 차이가 많을꺼니.	제	내가 이것 데리고 다니고 싶어도 못 다니지요 뭐, 너무 차이가 많으니.
조	할아버지께서 데리고 다니고 싶지 않았겠습니다.	조	할아버지께서 데리고 다니고 싶지 않았겠습니다.
제	예, 데리구 댕기기, 할 재간 없어 그저 이렇게 살앗다구, 한평생(쌩).	제	예, 데리고 다니기, 할 수 없어(서) 그저 이렇게 살았다고, 한평생.
조	네, 그런데 이 할머님하고는 안 그렇습니까? 같이 다니십니까?	조	네, 그런데 이 할머님하고는 안 그렇습니까? 같이 다니십니까?
제	이 할머니는 그래두 어 : 틴구디만. 키가 비슷힐꺼니 어디 나가두 어 : , 보기 좋구. 그리구 어디 나가게 대면 내 옷을 자꾸 챙게주구, 이린단 말이.	제	이 할머니는 그래도 어, 친구지만. 키가 비슷하니 어디 나가도 어, 보기 좋고. 그리고 어디 나가게 되면 내 옷을 자꾸 챙겨주고, 이런단 말이.
조	그 원래 할머님은 안 챙겨주셨습니까?	조	그 원래 할머님은 안 챙겨주셨습니까?
제	예, 촌엔 여자레 대노꺼니 그렇게 챙길 줄	제	예, 촌 여자(사람)이니까 그렇게 챙길 줄도

366

지역어	표준어
두 모루구(고). 내가 또 그 머 성질이 그리 한낱, 그 자유, 자유겔혼 겉으먼. 거의 그렇디만 그 부모네레 막 머산해개주구. 우리 할 재간 없이 산 거이다.	모르고. 내가 또 그 뭐 성질이 그리 한낱, 그 자유, 자유결혼 같으면. 거의 그렇지만 그 부모님이 막 결정해가지고. 우리 할 수 없이 산 것이지.
조 네.	조 네.
제 자식이 그저 하나 둘 날, 낳기 시작헐(할)꺼니 그댐엔 니혼하기. 하기두 힘들어 뗏 : 고, 중간에 가서라무니. 예 : 우리 오마니가 너무 차이 잇을꺼니. 근체 노치네 과 : 부를 하나 데리다가서. 그 싸(사)람허구 그 맺아줄라구 그런거 내가 싫다구 그랫디요. 그 이 자식이 잇구 이제 니혼허게 대먼. 우리 노친네두 고상이구, 아이들 고상이구. 내가 또 다른 싸(사)람 얻어개구 또 자식 나게 대먼. 오히려 고상을 더 : 헐 거 겉애, 그래서 그저 에이 내 한 평생 그저. 이렇게 살아보자 허구 그냥 살아왓디요 머.	제 자식이 그저 하나 둘 날, 낳기 시작하니 그 다음에는 이혼하기. 하기도 힘들게 됐고, 중간에 가서. 예, 우리 어머니가 너무 차이가 있어 보이니. 근처의 노친(에게 부탁해서) 과부를 하나 데려와서. 그 사람하고 그 맺어주려고 그런 것을 내가 싫다고 그랬지요. 그 이 자식이 있고 이제 이혼하게 되면. 우리 노친도 고생이고, 아이들도 고생이고 내가 또 다른 사람을 얻어서 또 자식 낳게 되면. 오히려 고생을 더 할 것 같아, 그래서 그저 에이 내 한평생을 그저. 이렇게 살아보자 하고 그냥 살아왔지요 뭐.
조 그랬습니까?	조 그랬습니까?
제 그 이제 우리 노친네 이 말년에 가선. 잘 살던 거인데 병이 나개지구 이제, 돌아가삐릴꺼니.	제 그 이제 우리 노친 이 말년에 가서는. 잘 살던 것인데 병이 나가지고 이제, 돌아가 버리니.
조 그럼 할머님 돌아가시고 할아버지께서 한때 참 마음이 아프고 속상하고 우울하고 그러셨겠어요?	조 그럼 할머님 돌아가시고 할아버지께서 한때 참 마음이 아프고 속상하고 우울하고 그러셨겠어요?
제 그저 그렇디요 머, 그저 그렇게 머산허구 머 그저. 이 할마이허구 이제 머산허(하)면서 좀 행복해 보인거 겉애요.	제 그저 그렇지요 뭐, 그저 그렇게 지내다가 뭐 그저. 이 할머니하고 이제 (무엇하다)교제하면서 좀 행복한 것 같아요
조 아, 그렇습니까?	조 아, 그렇습니까?
제 예, 어디 나가두 머 뻐젓허(하)구.	제 예, 어디 나가도 뭐 뿌듯하고.
조 같이 다니시면 뿌듯합니까?	조 같이 다니시면 뿌듯합니까?
제 뻐젓허(하)디요.	제 뿌듯하지요.
조 아, 이렇게 젊은 사람이랑요?	조 아, 이렇게 젊은 사람이랑요?
제 네.	제 네.
조 그리고 예쁘게도 생겼지요?	조 그리고 예쁘게도 생겼지요?
제 예쁘디요 그럼.	제 예쁘지요 그럼.
조 네, 그러면 더 잘 해주셔야 되겠네요.	조 네, 그러면 더 잘 해주셔야 되겠네요.
제 내가 본래 여 : 구 이사 와개지구 데런 여 잘허(하)구 한번. 기래서 한 : 평생 생활해 봣으면 좋갓다는 생각이 잇던 건 : 데. 맘	제 내가 본래 여기에 이사 와가지고 저런 여자하고 한번. 그래서 한평생 생활해 봤으면 좋겠다는 생각이 있었던 것인데. 마음

: 대루 대긴 댓는데 그저 그렇디요 머. 맘
: 대루 댓어요.

조 마음대로 됐습니까?

제 예.

새 할머님을 위한 끊임없는 노력

조 그 할아버지께서 의도적으로 할머님하고
같이 있으시려고 많이 노력하셨죠? 그렇
죠?

제 노력을 좀 많이 했디요 머.

조 어떻게 노력하셨습니까? 말씀해보십시오.
할아버지의 노력이 되시는가 안 되시는가
좀 보겠습니다.

제 그 머이 못씨기 댓다면 그저 자꾸 가가 고
테주구. 그렇게 그러거니 서루 그저 왓다
갓다 허(하)게 대(되)대요 머.

조 네, 할머님이 불렀어요? 아니면 할아버지께
서 주동적으로 가셨어요?

제 주동적우루 머이 못씨(모시)기 댓다면, 머
이 못씨(모시)기 댓으면. 가 : 고테주마 그
러구 그저 고테주구 그저.

조 할아버지께서 목적이 있으셨네요. 그렇죠?
할머님께서 이렇게 깨끗이 해놓고 이러니
까 좋죠?

제 기분이 좋디요.

조 네, 남자들은 다 그러겠죠. 원래 할머님은
좀 안 그러셨어요?

제 우 : 리 노친네 그러지 못 햇어요.

조 이거 보통 살림솜씨가 아니에요.

제 보 : 통이 아니래요, 못 허는 일이 없어요.

조 네, 그래서 지금이 가장 행복해요?

제 지금이 가장 행복허디요, 내, 내 평생에는
행복해요.

조 아, 그러세요?

제 이 : 나 : 많게는 자식부단두 송구 로빨(老
伴)이 잇이야 대요.

조 네, 그렇죠

제 로빨이 잇이야, 이 말동무두 대구 이 : 그
렇다. 이 자식이 암 : 만 많대두. 이거 이

대로 되긴 됐는데 그저 그렇지요 뭐. 마음
대로 됐어요.

조 마음대로 됐습니까?

제 예.

새 할머님을 위한 끊임없는 노력

조 그 할아버지께서 의도적으로 할머님하고
같이 있으시려고 많이 노력하셨죠? 그렇
죠?

제 노력을 좀 많이 했지요 뭐.

조 어떻게 노력하셨습니까? 말씀해보십시오.
할아버지의 노력이 되시는가 안 되시는가
좀 보겠습니다.

제 그 무엇이 못쓰게 됐다면 그저 자꾸 가서
고쳐주고. 그렇게 그러니 서로 그저 왔다
갔다 하게 되더라고요 뭐.

조 네, 할머님이 불렀어요? 아니면 할아버지께
서 주동적으로 가셨어요?

제 주동적으로 무엇이 못쓰게 됐다면, 무엇이
못쓰게 됐으면. 가서 고쳐주마 그리고 그
저 고쳐주고 그저.

조 할아버지께서 목적이 있으셨네요. 그렇죠?
할머님께서 이렇게 깨끗이 해놓고 이러니
까 좋죠?

제 기분이 좋지요.

조 네, 남자들은 다 그러겠죠. 원래 할머님은
좀 안 그러셨어요?

제 우리 노친은 그러지 못 했어요.

조 이것 보통 살림솜씨가 아니에요.

제 보통이 아니에요, 못 하는 일이 없어요.

조 네, 그래서 지금이 가장 행복해요?

제 지금이 가장 행복하지요, 내, 내 평생에는
행복해요.

조 아, 그러세요?

제 이 나이가 많을 때는 자식보다도 아직 배
우자가 있어야 돼요.

조 네, 그렇죠

제 배우자가 있어야, 이 말동무도 되고 이 그
렇지. 이 자식이 아무리 많아도. 이것 이

참 자식허구 그 부모허구는. 각색 말을, 막이 로빨허군 각색 말을 해두 일없단 말이. 그럴꺼니 암 : 만 로빨이 친한 셈이라.

조 제일 친하죠 한 이불 쓴다는 자체가 얼마나 친하겠어요?

제 예, 젤 : 친해요.

조 영 촌이에요 부부간은 영 촌이고 부모, 자식 간은 일 촌이에요

제 맞아요.

조 그렇죠. 원래 그래요 형제끼리는 이 촌, 그래서 형제하고 아버지 동생은 삼 촌이죠

제 이거 이, 이 남들 간에는 이거 이렇게 우의 좋다가두. 이게 헤 : 디먼 남이디만 자식디 간에는 남은 못 댄다구. 그래두 이 : 넝감, 노친네 이거 친할 때는 데 : 일 가깝디.

조 영 촌이죠. 할아버지, 할머님이랑 친하신지 이 년이 됐습니까?

제 친한데요? 친한데는 쫌 오래 댓어요.

조 아, 그랬습니까? 그럼 원래 할머님 계실 때부터 전기랑 고쳐주고 하셨습니까?

제 네, 그랫어요.

조 그리고 이제 이 옷도 선물 받으시고 하시니 기분이 좋으시죠?

제 기분이야 좋디요.

조 내 자식도 안 사주는데 그렇죠? 그런데 지금 할머님께서 계속 말을 안 들으시는 거예요?

제 말 : 을 안 듣는 거이 아니구, 기쎄 말 아까 안 그래요? 흉축하다구.

조 할아버지는 어떠세요?

제 내가 나이 많구 혈(할)꺼니 한데 합티는 거이. 또 그러구 이거 합, 만악에 합티게 대면 내놓구 머산허게 대면. 네 자식이 잘못해두 그러구. 내 자식이 잘못해두 그러(구루)구 서루 머산이가 생긴다. 그거이 생긴다구. 이렇게 그저, 그저 왓다갓다 허(하)무. 이렇게 사는 거이 데 : 일 펜안허(하)대요 나두 또 데 : 일 펜안해요 그렇자구 그랫어요. 그저 기렇게 사는 거이 데 : 일 펜안헌

참 자식하고 그 부모하고는. 아무 말을, 막이 배우자하고는 아무 말을 해도 괜찮단 말이. 그러니 아무리 해도 배우자가 친한 셈이라.

조 제일 친하죠 한 이불 쓴다는 자체가 얼마나 친하겠어요?

제 예, 제일 친해요.

조 영 촌이에요 부부간은 영 촌이고 부모, 자식 간은 일 촌이에요

제 맞아요.

조 그렇죠. 원래 그래요 형제끼리는 이 촌, 그래서 형제하고 아버지 동생은 삼 촌이죠

제 이것 이, 이 남과는 이것 이렇게 우의가 좋다가도. 이렇게 헤어지면 남이지만 자식지 간에는 남은 못 된다고. 그래도 이 영감, 노친이(배우자가) 친할 때는 제일 가깝지.

조 영 촌이죠. 할아버지, 할머님이랑 친하신지 이 년이 됐습니까?

제 친한데요? 친한지는 좀 오래 됐어요.

조 아, 그랬습니까? 그럼 원래 할머님 계실 때부터 전기랑 고쳐주고 하셨습니까?

제 네, 그랬어요.

조 그리고 이제 이 옷도 선물 받으시고 하시니 기분이 좋으시죠?

제 기분이야 좋지요.

조 내 자식도 안 사주는데 그렇죠? 그런데 지금 할머님께서 계속 말을 안 들으시는 거예요?

제 말을 안 듣는 것이 아니고, 글쎄 말을 좀 전에 안 그래요? 흉축하다고.

조 할아버지는 어떠세요?

제 내가 나이 많고 하니 한데 합치는 것이. 또 그러고 이것 합, 만약에 합치게 되면 내놓고 같이 있게 되면. 네 자식이 잘못해도 그러고 내 자식이 잘못해도 그러고 서로 갈등이 생긴다. 그것 (갈등이) 생긴다고 이렇게 그저, 그저 왔다 갔다 하면. 이렇게 사는 것이 제일 편안하다고 해요. 나도 또 제일 편안해요 (그래서) 그러자고 그랬어요.

거 같애요. 안 그러면 여 명절 때, 생일 때
이거 머. 서루 네 자식이 오니 내 자식이
오니. 이거 분란이 자꾸 닌 : 다구요 이렇
게 살문 그저. 자식네두 그저 그렇거니 허
구서. 또 머 네 자식이 그 암 : 만 못써댕기
두 부관(不管)요 헌다. 이게 데일 펜안해요.

조 그런데 계속 같이 있고 싶으시지 않으세요?
텔레비전 보실 때도 그러고요.

제 아, 그거야 머 계속 볼 수 잇디요 머.

조 그리고 아침에 혼자 일어나시는 것도 싫고
하시잖아요?

제 그건 관계 없이요.

조 그래도 집에 사람이 왔다 갔다 하면 좋으
시죠?

제 예, 맞아요.

조 사람 있는 집에 문 열고 들어가는 기분이
다르죠? 할머님, 살림을 참 잘 하십니다.

제 간닪디 않아요. 그 이거 아까두 말허디 않
아요? 딸허구 아들허구 다 : 알아요.

조 네.

제 이렇게(게) 친허(해)게 댕긴 줄 안다구요 손
주두 알구 머.

조 네.

제 우리 아 : 들두 알구 우리 큰 아들두 알구
그 다 : 안다구요 서루, 서루 그저 그렇거
니 허구, 그저 서루, 서루 암 : 매. 볼 셈이
라, 저 : 아 : 들끼리 한번(분) 보갓디 머.
어떻게, 어떻게 맞으면 어떻게 대나? 이거
이 이 그저 모르댾아. 저 : 끼리 이제 그거
이 잇갓디요 머.

조 네, 그래서 할아버지께서는 할머님이랑 이
런 행복한 삶을 오래오래 더 살고 싶어서
더 열심히 운동하고 하십니까?

제 내요? 그거이 한 개 산, 그것두 잇디만 해
두.

조 네.

제 그저 이렇게 나갓다 오게 대면.

조 네.

제 밤에 잠이 잘 와요. 집이 가만히 잇으먼 아

그저 그렇게 사는 것이 제일 편안한 것 같
아요. 안 그러면 이 명절 때, 생일 때 이것
뭐. 서로 네 자식이 오니 내 자식이 오니.
이것 모순이 자꾸 일어난다고요 이렇게 살
면 그저. 자식들도 그저 그렇거니 하고서.
또 뭐 네 자식이 그 아무리 잘못 하고 다
녀도 상관하지 않으니. 이것이 제일 편안
해요.

조 그런데 계속 같이 있고 싶으시지 않으세요?
텔레비전 보실 때도 그러고요.

제 아, 그거야 뭐 계속 볼 수 있지요 뭐.

조 그리고 아침에 혼자 일어나시는 것도 싫고
하시잖아요?

제 그건 상관없어요.

조 그래도 집에 사람이 왔다 갔다 하면 좋으
시죠?

제 예, 맞아요.

조 사람이 있는 집에 문 열고 들어가는 기분
이 다르죠? 할머님, 살림을 참 잘 하십니다.

제 보통이 아니에요. 그 이것 좀 전에 말하지
않아요? 딸하고 아들하고 다 알아요.

조 네.

제 이렇게 친하게 다니는 줄 안다고요 손자도
알고 뭐.

조 네.

제 우리 아이들도 알고 우리 큰 아들도 알고
그 다 안다고요 서로, 서로 그저 그렇거니
하고, 그저 서로, 서로 아마. 볼 셈이라, 저
아이들끼리 한번 보겠지 뭐. 어떻게, 어떻
게 맞으면 어떻게 되나? 이것 이 그저 모르
잖아. 자기네끼리 이제 그것이 있겠지요 뭐.

조 네, 그래서 할아버지께서는 할머님이랑 이
런 행복한 삶을 오래오래 더 살고 싶어서
더 열심히 운동하고 하십니까?

제 저요? 그것이 한 개 이유, 그것도 있지만
해도

조 네.

제 그저 이렇게 나갔다 오게 되면.

조 네.

무래 낮잠이래두 좀 자야 댄단 말이.

조 네.

제 이 낮에 이렇게 동무래두 잇구 허게 대면 낮잠은. 잘래두 잠이 잘 안 온다구.

조 네.

제 가만히 잇어 케이비나 보구 잇다간 자게 대면. 밤 : 에 못 자문, 낮에 잔 건 쇠용없어요 밤에 자야디.

조 그렇죠

제 기래서 그저 밥 먹군 나가요

조 네.

제 그저 심양 빠닥우루 그저 사 : 방 그저 가구푼데루. 슬 : 슬 댕기다간 그저 덤씸 땐 둘우와 덤씸 먹구 그저. 덤씸 먹군 좀 쉬식 허(하)구.

조 네.

제 그 이틀날 : 또 나가 댕기구 그저.

조 할머님이랑 같이 다니시지 왜 혼자 다니세요?

제 일 : 을 좋아해요 지금 밭에 나가서 일 핸다구 안 구러우?

못 말리는 할머님의 고집

조 같이 안 다니시려고 그래요?

제 같이 댕기기야 댕기디(리)요.

조 네.

제 댕기는데 지금 밭에 일 : 허게 댈(될)꺼니. 나가 밭에 허구 그런다구요 머야 쪼꼼 머하(사)나 거더째꺼리먼. 속이 그, 그것 치우야 말아요. 이, 구둘두 이것 딲디 말래두 그 : 낭 딲디요 머.

조 네, 그럼 할아버지께서 좀 같이 해주시지 그래요?

제 같이 해두 마음에 들 : 딜 않아 해요.

조 그래서 할아버지께서는 아예 안 해요?

제 밭에 나가서 일 : 을 해두. 그거이 나 허(하)는 거는 깨끗이 못 헌(한)다구요 그저 거 : 칠게 그저 허는데, 밭에 나 : 두 깨 : 끗이

제 밤에 잠이 잘 와요. 집에 가만히 있으면 아무래도 낮잠이라도 좀 자야 된단 말이.

조 네.

제 이 낮에 이렇게 동무라도 있고 하게 되면 낮잠은. 자려고 해도 잠이 잘 안 온다고.

조 네.

제 가만히 있어 텔레비전이나 보고 있다가는 자게 되면. 밤에 못 자면, 낮에 잔 것은 소용이 없어요 밤에 자야지.

조 그렇죠.

제 그래서 그저 밥을 먹고는 나가요

조 네.

제 그저 심양 시내로 그저 사방 그저 가고 싶은 데로. 슬슬 다니다가는 그저 점심 때는 들어와서 점심을 먹고 그저. 점심을 먹고는 좀 쉬고.

조 네.

제 그 이튿날 또 나가 다니고 그저.

조 할머님이랑 같이 다니시지 왜 혼자 다니세요?

제 일을 좋아해요 지금 밭에 나가서 일을 한다고 안 그런가요?

못 말리는 할머님의 고집

조 같이 안 다니시려고 그래요?

제 같이 다니기야 다니지요

조 네.

제 다니는데 지금 밭에서 일을 하게 되니. 밭에 나가서 (일을) 하고 그런다고요 뭐야 조금 뭐 하나 거추장스러우면. 성격이 그, 그것을 치우고야 말아요. 이, 구들도 이것을 닦지 말라고 해도 계속 닦지요 뭐.

조 네, 그럼 할아버지께서 좀 같이 해주시지 그래요?

제 같이 해도 마음에 들지가 않아서 그래요

조 그래서 할아버지께서는 아예 안 해요?

제 밭에 나가서 일을 해도. 그것이 내가 하는 것은 깨끗이 못 한다고요 그저 거칠게 그저 하는데, 밭에 나가도 깨끗이 하니 싫어

헐꺼니 싫어해요.	해요
조 네.	**조** 네.
제 밭에 나가문 싸울, 싸우는 거이 일 : 이라요.	**제** 밭에 나가면 싸울, 싸우는 것이 일이에요.
조 아, 그래서 아예 같이 안 해요?	**조** 아, 그래서 아예 같이 안 해요?
제 작년(년)꺼지 같이 햇디요, 같이 햇는데.	**제** 작년까지 같이 했지요, 같이 했는데.
조 계속 싸워요?	**조** 계속 싸워요?
제 금년 내 같이 안 할 셈이라.	**제** 올해는 내가 같이 안 할 셈이야.
조 왜요?	**조** 왜요?
제 정 : 같이 허(하)자구 구러문 같이 허(하)구. 그 담 : 운 같이 안 할 셈이(비)라요.	**제** 자꾸 같이 하자고 그러면 같이 하고 그 다음에는 같이 안 할 셈이에요.

할머님에 대한 따뜻한 관심

제 장년엔 그저 이직껏, 그 내가 이만 일 : 해 두요 오토바이 태와개구 댕기요	**제** 작년에는 그저 여태껏, 그 내가 이만 일 해도요 오토바이에 태워가지고 다녀요.
조 네, 정말 대단하십니다.	**조** 네, 정말 대단하십니다.
제 태와개구 댕기구 그 쌍쌰발(上下班) 댕길 때두. 내 쩨쑹(接送)허(하)디요 머.	**제** 태워서 다니고 그 출퇴근을 할 때도. 내가 데려다주고 데려오고 하지요 뭐.
조 아, 계속 데려다주고 데려오고 했습니까?	**조** 아, 계속 데려다주고 데려오고 했습니까?
제 쩨쑹햇어요 이 저 : 어데 이, 싼싼디(三山地) 이거 더 : 기? 요류우(一六五) 타는데 이거 한 삼리 길 대는데 그저. 오게 대문 던화 오문 가 또 쩨(接)해오구. 아칙에 쑹(送)해주구 그랫다구요	**제** 데려다주고 데려오고 했어요. 이 저 어디 이, 삼산지(三山地)라는 이것 저기? 165번 버스 타는데 이것 한 삼 리 길 되는데 그 저. 오게 되면 전화 오면 가서 또 데려오고 아침에 데려다 주고 그랬다고요.
조 원래 할머님이 안 계실 때 그랬죠?	**조** 원래 할머님이 안 계실 때 그랬죠?
제 안 : 계시디요 더 우리 할 : 마(매)이는 근 : 한 사년 대 : 와요.	**제** 안 계시지요. 저 우리 노친은 (돌아간 지) 근 한 사 년이 돼 와요
조 아, 그래서 전화 오면 할아버지께서 마중을 나가요? 할아버지께서 오토바이를 그렇게 잘 타세요?	**조** 아, 그래서 전화 오면 할아버지께서 마중을 나가요? 할아버지께서 오토바이를 그렇게 잘 타세요?
제 예, 잘 : 타요 지금두 타요	**제** 예, 잘 타요 지금도 타요
조 아, 대단하십니다.	**조** 아, 대단하십니다.
제 암 : 매 내 낫 : 에 그 오두바이 타는 싸(사)람 없어요.	**제** 아마 내 나이에 그 오토바이 타는 사람이 없어요.
조 자전거는 안타시고 오토바이만 타세요?	**조** 자전거는 안타시고 오토바이만 타세요?
제 오두바이 타요 젠에는 자전거 타구 댕기더건 : 데.	**제** 오토바이만 타요. 전에는 자전거를 타고 다니던 것인데.
조 네.	**조** 네.
제 그 뗀빙처(電瓶車), 그것 타요.	**제** 그 스쿠터, 그것을 타요.
조 아, 그런데 왜 스쿠터를 타게 됐어요? 오토	**조** 아, 그런데 왜 스쿠터를 타게 됐어요? 오토

바이를 안 타시고요?

제 그 오도, 그 오도바이 그래 덴빙처 오도바이란 말이.

조 왜 자전거를 타시지 않고 오토바이를, 스쿠터를 타게 됐어요?

제 그 자전거가 힘(심)이 들디요 머.

조 아, 그래서 스쿠터를 타세요? 그런데 스쿠터를 타실 때 주의하셔야 요.

제 예, 주의해요.

조 네, 꼭 주의하셔야 돼요.

제 내가 이거 키레 클꺼니 그저 주의하문 이거, 키가, 팔이.

제 다리가 이거 길어놀꺼니 오르내 타구 가두. 안 대게 대(되)문 척 세ː문 단ː데 머.

조 그래도 속도를 좀 줄이세요

제 예, 속도야 그 줄이요, 빨린데서 일 절ː어요 빠른 데서 일을 절인다구, 바쁜 데서 일 절이구(고).

조 그렇죠.

제 자전차는 내 이거 한 평생 탔이요.

조 네, 자전거는 한평생을 탔어요?

제 예, 젊엇을 때ː서부터 그저 계ː속 타개구 잇엇는데.

조 그래서 할아버지께서 전화 오면 마중가고 아침에는 데려다 주고 하셨습니까?

제 예, 한 일, 일 넌 그랫이요.

조 그때가 가장 행복하세요?

제 행복허(하)디요 그럼.

조 그 시간을 기다리고 언제 전화가 오나 하고 시간을 기다리고 했어요? 좋습니다. 그래도 할머님께서 행복하게 느끼기 때문에 지금 더 잘해주시겠죠

제 예, 또 날ː 돌ː 바줘요.

조 네, 그렇기 때문에 할아버지께서 지금 더 젊으셨다고요.

제 예.

조 그렇죠 그렇게 챙겨주고, 그렇게 기다리고 행복하지 않으면 팍팍 늙으실 거예요 사람이 혼자 고독하고 그러면 팍팍 늙으실

바이를 안 타시고요?

제 그 오토, 그 오토바이 그래 스쿠터 오토바이란 말이.

조 왜 자전거를 타시지 않고 오토바이를, 스쿠터를 타게 됐어요?

제 그 자전거가 힘이 들지요 뭐.

조 아, 그래서 스쿠터를 타세요? 그런데 스쿠터를 타실 때 주의하셔야 요.

제 예, 주의해요.

조 네, 꼭 주의하셔야 돼요.

제 내가 이것 키가 크니 그저 주의하면 이것, 키가, 팔이. 다리가 이것 기니까 오르막을 타고 가도 안 되게 되면 척 서면 다인데 뭐.

조 그래도 속도를 좀 줄이세요

제 예, 속도는 그 줄이요, 빠른 데서 일을 저질러요 빠른 데서 일을 저지른다고, 바쁜 데서 일을 저지르고.

조 그렇죠.

제 자전거는 내가 이것 한평생을 탔어요.

조 네, 자전거는 한평생을 탔어요?

제 예, 젊었을 때부터 그저 계속 타가지고 있었는데.

조 그래서 할아버지께서 전화 오면 마중가고 아침에는 데려다 주고 하셨습니까?

제 예, 한 일, 일 넌 그랬어요

조 그때가 가장 행복하세요?

제 행복하지요 그럼.

조 그 시간을 기다리고 언제 전화가 오나 하고 시간을 기다리고 했어요? 좋습니다. 그래도 할머님께서 행복하게 느끼기 때문에 지금 더 잘해주시겠죠

제 예, 또 나를 보살펴줘요.

조 네, 그렇기 때문에 할아버지께서 지금 더 젊으셨다고요.

제 예.

조 그렇죠 그렇게 챙겨주고, 그렇게 기다리고 행복하지 않으면 팍팍 늙으실 거예요 사람이 혼자 고독하고 그러면 팍팍 늙으실

거예요.

제 본래 이래 머산, 우리 노친네 가구서부턴 머산햇는데. 안 그러문 좀 고달푸디요 머, 밥 해먹을래니 구루구.

조 네.

제 와서 돌 : 바줄꺼니 이 행복해요.

조 그렇죠.

제 예, 자기네 자식들이 오게 대먼 우리 집을 못 오디.

조 네.

제 일 : 이 잇으문, 그때는 그저 혼자 또 밥 해 먹어야디요.

조 그때는 시간이 너무 길게 느껴지고 혼자가 지루하시죠?

제 그저 좀 그렇디요 머.

조 할머님께서 한국에 가 계실 때도 너무 오래 있지 말고 빨리 오지 싶어요?

제 멀 : 그건 그 내 또 밥 핼 줄 알꺼니.

조 네.

제 그 머 : 크게 머산한 거이 없어요 그저 오문, 오문 반갑구 안 오문 그저 그렇구 그저.

감기에 걸린 할머님을 위해

조 그래도 혼자가 다 하시려면 얼마나 힘드시겠습니까? 그런데 할머님이 감기에 걸리신 것을 할아버지께서 모르셨어요?

제 알아요.

조 그런데 감기약이랑 좀 사주셨어요?

제 감기약이야 내가 사주디요. 안 : 먹어요 데 싸(사)람이. 그 감기약, 감기레 와두 제가 가서. 그 감기약 사갓다구 그 : 걸 안 해요. '아 : 푸다'구, 내가 그 보문 막 답답해서라무니. 가서 또 사오군 허디요. 그저 사오게 대문 할 재간 없어 먹는다구요. 그래두 감기가 오문 이제 이 약 먹구, 시초에 그 약을 먹구. 덴디(点滴)겉은 거 놓구 이제 이러면 대는데 그러질 않아요. 그저 그냥 : 감기레 떨어디두룩. 단렌허구 그렇게 떨루 : 갓다구. 거 : 기 대(돼)요? 그(구)래, 감기레?

거예요.

제 본래 이래 고독, 우리 노친이 가고서부터는 고독했는데. 안 그러면 좀 고달프지요 뭐, 밥 해 먹으려니 그러고.

조 네.

제 와서 보살펴주니 이 행복해요.

조 그렇죠.

제 예, (그런데) 자기 자식들이 오게 되면 우리 집에 못 오지.

조 네.

제 일이 있으면, 그때는 그저 혼자 또 밥을 해 먹어야지요.

조 그때는 시간이 너무 길게 느껴지고 혼자가 지루하시죠?

제 그저 조금 그렇지요 뭐.

조 할머님께서 한국에 가 계실 때도 너무 오래 있지 말고 빨리 오지 싶어요?

제 뭘 그건 그 내가 또 밥을 할 줄 아니.

조 네.

제 그 뭐 크게 아쉬운 것이 없어요 그저 오면, 오면 반갑고 안 오면 그저 그렇고 그저.

감기에 걸린 할머님을 위해

조 그래도 혼자 다 하시려면 얼마나 힘드시겠습니까? 그런데 할머님이 감기에 걸리신 것을 할아버지께서 모르셨어요?

제 알아요.

조 그런데 감기약이랑 좀 사주셨어요?

제 감기약이야 내가 사주지요. 안 먹어요 저 사람이. 그 감기약, 감기가 와도 자기가 가서. 그 감기약을 사겠다고 그걸 안 해요. '아프다'고, 내가 그것을 보면 막 답답해서. 가서 또 사오곤 하지요. 그저 사오게 되면 할 수 없어서 먹는다고요. 그래도 감기가 오면 이제 이 약을 먹고, 초기에 그 약을 먹고 링거 같은 것을 맞고 이제 이러면 되는데 그러지를 않아요. 그저 그냥 감기가 떨어지도록(낫도록). 단련하고 그렇게 떨구겠다고(고치겠다고). 그것이 돼요? 그래, 감

감기가 데일 무섭다구요 감기에서 큰 병
이 생기는데 그걸 모루구.

조 그것을 모르고 말도 안 들어요?

제 그때는 참 : 미워요.

조 미워요? 그러면 할아버지께서 탁 이것으로
한번 때려 보세요.

제 아 : 이구.

조 엉덩이를 한번 때려 보세요

제 아, 그렇게 허(하)문 대나요?

조 그러면 몇 번 타일러 보세요, 그러면 안 된
다고요.

제 그래두 어떻게서 제 성질에 머 낫낸데두
아야 그까짓 것. 작년인가, 재작년인가 감
기 들어서라무니. 욕 봤이요 온 : 첨 : 에
약, 약을 사다가 줫 : 디요 머. 줘서 먹엇는
데 안 낫디요 머, 게 : 서 뗀디 맞자구. 그
데리구 갈 : 레두 가딜 안 낸 : 머 어더러
겟어? 안 가요. 뎅딜 : 안 맞갓대요.

조 그래서 어떻게 하셨어요?

제 혼 : 낫이요, 재작년(녀)에.

조 그래서 오래 걸렸어요?

제 근 : 들, 한 달, 한 달 넘기 걸렸어요.

조 그런데 링거도 안 맞았어요? 그래도 어떻
게 나았어요?

제 그댐 : 에 어떻게 약을 자 : 꾸 먹(멕)일거니
낫데요 머.

조 그래요? 그럼 다행이네요. 그래도 이렇게
사시는 것을 보면 저희들은 아요

제 근데 내가 아까두 말해, 근체에서 생탕 그
저. 우욱 : 떠들러 대구 저 : 온 : 첨 :
엔 그러던 거. 이젠 일없이(어)요 이젠 머
그저. 우리두 머 그렇거니 허구 그저 디내
구.

조 네, 그 제일 처음에는 우욱 띠들이대고 해
서 할아버지께서도 기분이 참 안 좋으셨어
요?

제 그거이 아무래두 좋디 않이요 머.

조 그래도 할아버지는 괜찮은데 할머님이 더
힘들어 하셨죠?

기가? 감기가 가장 무섭다고요. 감기에서
큰 병이 생기는데 그것을 모르고.

조 그것을 모르고 말도 안 들어요?

제 그때는 참 미워요.

조 미워요? 그러면 할아버지께서 탁 이것으로
한번 때려 보세요

제 아이고.

조 엉덩이를 한번 때려 보세요

제 아, 그렇게 하면 되나요?

조 그러면 몇 번 타일러 보세요, 그러면 안 된
다고요.

제 그래도 어떻게 해서 자기 성질에 뭐 낫는
다 하는데도 아예 그까짓 것. 작년인가, 재
작년인가 감기가 들어서. 고생 많이 했어
요. 제일 처음에 약, 약을 사다가 줬지요
뭐. 줘서 먹었는데 안 낫지요 뭐, 그래 링
거 맞자고 그 데리고 가려고 해도 가질 않
는데 뭐 어떡하겠어? 안 가요. 링거를 안
맞겠대요.

조 그래서 어떻게 하셨어요?

제 고생 많이 했어요, 재작년에.

조 그래서 오래 걸렸어요?

제 거의, 한 달, 한 달 넘게 걸렸어요.

조 그런데 링거도 안 맞았어요? 그래도 어떻
게 나았어요?

제 그 다음에 어떻게 약을 자꾸 먹으니 낫데
요 뭐.

조 그래요? 그럼 다행이네요. 그래도 이렇게
사시는 것을 보면 저희들은 아요

제 그런데 내가 아까도 말했듯이 근처에서 괜
히 그저. 우욱 떠들어 대서 맨 처음에는 그
러던 것. 이제는 괜찮아요 이제는 뭐 그
저. 우리도 뭐 그렇거니 하고 그저 지내고.

조 네, 그 제일 처음에는 우욱 떠들어대고 해
서 할아버지께서도 기분이 참 안 좋으셨어
요?

제 그것이 아무래도 좋지 않지요 뭐.

조 그래도 할아버지는 괜찮은데 할머님이 더
힘들어 하셨죠?

<table>
<tr><td>

제 힘들어 허디요. 이 남자들이야 머 그저 그러문 그렇구. 지금 또 세월이 젠에 겉으문 큰 홍 : 이디만. 지금야 머 그, 늙은 싸(사)람들이 그 서루 머산허(하)문. 이거 다 : 찬성허(하)는 때 아니요?

조 네.

제 서루 모예 살문 그 이, 다 : 국가에서두 찬성허(하)는데.

조 그래서 할아버지께서 할머님을 어떻게 다독여 드렸어요?

제 머이 다 : 알아요, 머 다 : 알아서 자기레 다 : 처리해요. 우리, 이 할마니 이거 머 간닪디 않아요.

조 아, 그래요? 그래서 할아버지 좀 무섭기도 하세요? 너무 보통이 아니어서 좀 무서우세요?

제 머 무서워? 크게 무섭딘 않아요. 그저 성질 내문 그 : 저 내가 좀 가만 : 히 잇구 머 그저.

조 아, 그래요? 할아버지, 이전에도 돌아가신 할머님께서 화를 내고 하시면 가만히 있고 하셨어요?

제 성질 못 : 내디요, 우리 할마이야.

조 감히 못 내요?

제 감 : 히 못 내요

조 네, 몇 살 차이었어요?

제 예, 동갑이라요.

조 그저 할아버지께서 더 감히 화를 내고 그러셨어요?

제 내가 이거이 전부 그저 배켄 닐에. 그 살림은 내가 벌어개지구 내가 살림 전부 헐(할)꺼니.

조 네.

제 노친네야 말 못 허디요. 여 뒤에 그저 거뒬러나 주구 그저 아이들이나 키우구 그저 그랫디요.

조 네, 그러니까 화를 내시지 못 하죠?

제 성질 감히 못 내, 차이가 또 많디요. 비슷비슷해야 말두 머 오구 가구 허갓는데. 내가

</td><td>

제 힘들어 하지요. 이 남자들이야 뭐 그저 그러면 그렇고. 지금 또 세월이 전과 같으면 큰 홍이지만. 지금이야 뭐 그, 늙은 사람들이 그 서로 좋아하면. 이것 다 찬성하는 때가 아니에요?

조 네.

제 서로 모여서 살면 그 이, 다 국가에서도 찬성하는데.

조 그래서 할아버지께서 할머님을 어떻게 다독여 드렸어요?

제 뭐 다 알아요, 뭐 다 알아서 자기가 다 처리해요. 우리, 이 할머니 이것 뭐 보통이 아니에요.

조 아, 그래요? 그래서 할아버지 좀 무섭기도 하세요? 너무 보통이 아니어서 좀 무서우세요?

제 뭐 무서워? 크게 무섭지는 않아요. 그저 화를 내면 그저 내가 좀 가만히 있고 뭐 그저.

조 아, 그래요? 할아버지, 이전에도 돌아가신 할머님께서 화를 내고 하시면 가만히 있고 하셨어요?

제 화를 못 내지요, 우리 (원래) 노친이야.

조 감히 못 내요?

제 감히 못 내요.

조 네, 몇 살 차이었어요?

제 예, 동갑이에요.

조 그저 할아버지께서 더 감히 화를 내고 그러셨어요?

제 내가 이것 전부 그저 밖의 일에. 그 살림은 내가 벌어가지고 내가 살림을 전부 하니.

조 네.

제 노친이야 말 못 하지요. 이 뒤에서 그저 거들어나 주고 그저 아이들이나 키우고 그저 그랬지요.

조 네, 그러니까 화를 내시지 못 하죠?

제 화를 감히 못 내, 차이가 또 많지요. 비슷비슷해야 말도 뭐 오고 가고 하겠는데. 내가 말하게 되면 아예 말을 안 하니 싸움을 할

</td></tr>
</table>

말허(하)게 대머 아 : 야 말을 안 헐꺼니 싸움 헐 노릇이 없디요

부드러워진 할아버지 성격

조 조용하게 그냥 할아버지만 모시고 그러셨군요 그런데 이 할머님은 막 화도 내시고 그래요?

제 그 제 성질 날 때게 나디요 머.

조 그러면 할아버지께서는 가만히 있으시고요? 혹시 할아버지께서도 화를 내시고 하세요?

제 내 머 성질 머, 내 성질은 머, 성질 내디두 않구. 그저 그렇게 살아요.

조 이제는 성질이 다 없어졌어요?

제 젠의 성질이 다 : 없어뎃이요 내 이거 젊엇을 때 성질이 좀 머 잇엇댓(덧)디요 그거 젊엇을 때 그 내가 일 : 정(日政) 때 그 이 : 기생이던 건데.

조 네.

제 그 훈런 받으레, 일정 때 그 훈런을 받는데. 훈런 받으레 가서두 머 교관, 그때 머 교관 어 : 쩍허문 때렛이요. 긴 : 데 우 : 린 때리딜 못 햇이요, 그 교관이 감 : 히.

조 아 그랬어요? 할아버지를 때리시지 못 했어요?

제 때리딜 못 햇이요, 우리는, 야 날 : 막.

조 힘도 세고요

제 힘이야 쎄렌만 머 그때는 저, 내가 일본놈 학콜 : 나왓을거니. 일본말, 일본말두 잘허(하)디, 그 촌 : 아이들. 그 일본말 못 허는 건 천 : 대겉이 받앗디요 머. 매 : 일 매 맞는 거이 그거이 큰 일 : 이구.

조 네, 그랬어요?

일제강점기 일본 사람들의 행패

제 일본놈들 말두 못 해요. 거기 그 우리 그 조선에서 건너올 때. 일본싸(사)람들 그 겡찰소 : 서, 우리 닥을 믹엣는데. 야 아이들 때, 이제 이 송구두 생각이 나. 홀닥이라구

일이 없지요.

부드러워진 할아버지 성격

조 조용하게 그냥 할아버지만 모시고 그러셨군요 그런데 이 할머님은 막 화도 내시고 그래요?

제 그 자기 화가 날 때는 내지요 뭐.

조 그러면 할아버지께서는 가만히 있으시고요? 혹시 할아버지께서도 화를 내시고 하세요?

제 내 뭐 성질 뭐, 내 성질은 뭐, 성질을 내지도 않고. 그저 그렇게 살아요

조 이제는 성질이 다 없어졌어요?

제 전의 성질이 다 없어졌어요. 내 이것 젊었을 때 성질이 좀 뭐 있었댔지요. 그것 젊었을 때 그 내가 일정 때 그 2기생였었는데.

조 네.

제 그 훈련 받으려고, 일정 때 그 훈련을 받았는데. 훈련을 받으러 가서도 뭐 교관, 그때 뭐 교관들이 걸핏하면 때렸어요. 그런데 우리는 때리지를 못 했어요, 그 교관이 감히.

조 아 그랬어요? 할아버지를 때리시지 못 했어요?

제 때리지를 못 했지요, 우리는 야 나를 막.

조 힘도 세고요

제 힘이야 세지만 뭐 그때는 저, 내가 일본 학교를 나왔으니. 일본말, 일본말도 잘하지, 그 촌의 아이들. 그 일본말 못 하는 사람은 천대를 많이 받았지요 뭐. 매일 매를 맞는 것이 그것이 큰일이고.

조 네, 그랬어요?

일제 강점기 일본 사람들의 행패

제 일본 사람들은 말도 못 해요. 거기 그 우리 그 조선에서 건너올 때. 일본 사람들은 그 경찰서에서, 우리 닭을 먹었는데. 야 아이들 때, 이제 이 아직도 생각이 나. 홀닭이

잇이요, 홀닥이라구 잇는데. 우리 집이 그 닥이 잇을꺼니. 쩍 : 허문 와서라무. 닥을 달라구 해서 잡아, 잡아 주디요 머. 안 잡아 주면 행패를 허(하)는데 그 다 : 못 해구. 농사 지 : 면 다 : 끌어가구. 할 재간 없어서, 그 조선에 그 토디가 좀 잇엇이요, 산골. 그걸 팔아개구 주(중)국에 와서, 또 산골, 산골째기 가서라무니. 밭을 쪼꼼 사개구 건너 왓는데, 그 건너올꺼니 그 놈 새끼들 또 그 놈 생실(치)가 그 주국에두 또 그 놈 생 : 실 또 쓰거던.

조 네.

제 농사허(하)문 다 끌어가구.

조 네.

제 그 일본놈들이 그렇게 악허게 놀앗이요, 일본놈. 아 : 매 이 젊은 싸(사)람들 모를거라요 낭식, 그, 이 데 나락겉은 거는 다 : 개 갓비리구.

조 네.

제 강쉬쉬쌀, 강넹쌀, 좁쌀 이거 내주구. 그 닙쌀은 아야, 저레 다 : 끌어다가 저 : 나라에 개 : 가구.

조 네, 그랬어요?

제 예, 그러더니 그 놈들 망해개지구. 망헐꺼니 막 참 : 기뻐요.

조 네.

제 저 : 통화꺼지 들어가개지구, 그 군대 들어가개지구. 오늘, 오늘 달아난다, 내일 달아난다 더거들꺼리. 야, 이거 이저는 전쟁판에 나가문 죽는다. 여 : 어떻게 짬을 바서 람 달아나자.

조 네.

제 그 사 : 방 살펴볼꺼니 전부 보초 보구 달아날 때가 없어요 그러니 하루 이틀, 하루 이틀 디내더니. 그 일본놈 그 턴황폐하가, 명령을 내리와개지구 손(촌) 들엇디요 머. 기래개지구 집이 돌아오디 않앗어?

조 네, 그러셨군요.

제 그 집이 돌아와개지구 잇으꺼니(리) 그때는

라고 있어요, 홀닭이라고 있는데. 우리 집에 그 닭이 있으니. 쩍하면 와서. 닭을 달라고 해서 잡아, 잡아 주지요 뭐. 안 잡아 주면 행패를 부리는데 그 당하지 못 하고. 농사를 지으면 다 끌어가고. 할 수 없어서, 그 조선에 그 토지가 좀 있었어요, 산골에. 그걸 팔아가지고 중국에 와서, 또 산골, 산골짜기에 가서. 밭을 조금 사가지고 건너 왔는데, 그 건너오니 그 놈 새끼들이 또 그 놈의 행실이 그 중국에서도 또 그 행실을 또 쓰거든.

조 네.

제 농사를 하면 다 끌어가고.

조 네.

제 그 일본 사람들이 그렇게 악하게 놀았어요, 일본 사람. 아마 이 젊은 사람들은 모를 거예요 양식, 그, 이 저 벼 같은 것은 다 가져가 버리고.

조 네.

제 수수쌀, 옥수수쌀, 좁쌀 이것을 내주고. 그 입쌀은 아예, 아예 다 끌어다가 자기 나라에 가져가고.

조 네, 그랬어요?

제 예, 그러더니 그 사람들이 망해가지고. 망하니 막 정말 기뻐요

조 네.

제 저 통화까지 들어가가지고, 그 군대들이 들어가가지고. 오늘, 오늘 달아난다, 내일 달아난다 저희들끼리. 야, 이것 이제는 전쟁판에 나가면 죽는다. 여 어떻게 짬을 봐서 달아나자.

조 네.

제 그 사방을 살펴보니 전부 보초를 보고 달아날 때가 없어요. 그러더니 하루 이틀, 하루 이틀을 지내더니. 그 일본 사람 그 천황폐하가, 명령을 내려가지고 손을 들었지요 뭐. 그래가지고 집에 돌아오지 않았어?

조 네, 그러셨군요.

제 그 집에 돌아가지고 있으니 그때는 또

또 한, 한 반년(반년). 한 일년 근 : 펜안햇이요, 펜안햇는데. 그댐엔 팔로군이 이제, 팔로군이 아니구 그 일본놈 앞우루 그 경 : 찰 노릇 허던 놈들이 전부 토비가 댓(됏)다구요. 토비가 대(돼)개지구 해방댓는데 그놈으 토비(디)가 대(돼)개지구. 와서 또 (토) 그놈들이 와 도(토)적질 허(하)구.

조 할아버지 물 좀 드릴까요?

제 나 물 쪼끔 머, 그 고뿌 좀 달래요?

조 제가 드릴게요 할아버지 계속 이야기 해주세요 그 일본 사람들이 그렇게 나빴어요?

제 아이, 나뿌디요 참 : 나빳이요 일본놈들 말두 못 해요.

조 그랬습니까?

제 일본놈들 그 손 둘구두 통화(通化) 위에서라무니. 그놈들이 판캉(反抗)우루 이젠 그 팔로군을 다 : 쥑이갓다구. 하루 쩌(짜)낙 그걸 : 계획을 햇다구요 기래.

조 네.

제 그 통화 그짝에는 비행기레 잇구, 일본놈 그 어 : 주둔, 주둔해개구 그, 거굼에서 주둔해개구 쏘런우(으)루 가서라무니. 쏘런 그 경계루 싸움 나가갓다구 허던 거인데.

조 네.

제 하루 쩌낙에는 그 일본놈 그 그 팔로군 다 : 쥑이갓다구 계획해개지구.

조 네.

제 그런 걸 팔로군이 미리 알앗디요 머 그 늘어세자마자. 일본놈 그 비행기 뜨자마자 팔로군이 싹 : 들어가개지구. 일본놈부에서 몬딱 잡아개지구. 어 : 따 쓸엇는디 알아요? 그 강, 파디강이라구 그

조 네.

제 파디상, 그 앞에 그 통화 그 앞에 파디강이라구 잇이요.

조 할아버지 이것 물 좀 드세요 할아버지 물 좀 많이 드셔야 합니다.

제 기래개지구 그 일본놈들 그 잡아개구, 그 겨울이라요 그 얼움구뎅이에 다 : 몰아넷

한, 한 반 년. 한 일 년 거의 편안했어요, 편안했는데. 그 다음에는 팔로군이 이제, 팔로군이 아니고 그 일본 사람 앞으로 그 경찰 노릇을 하던 사람들이 전부 토비가 됐다고요. 토비가 돼가지고 해방됐는데 그 사람의 토비가 돼가지고 와서 또 그 사람들이 와 도둑질 하고

조 할아버지 물 좀 드릴까요?

제 내 물 조금 먹을래, 그 컵을 좀 달라요?

조 제가 드릴게요 할아버지 계속 이야기 해주세요 그 일본 사람들이 그렇게 나빴어요?

제 아니, 나쁘지요 정말 나빴어요. 일본 사람들 말도 못 해요.

조 그랬습니까?

제 일본 사람들이 그 손을 들고도 통화 위에서. 그 사람들이 반항하여 이제는 그 팔로군을 다 죽이겠다고 하루 저녁에 그것을 계획을 했다고요 그래.

조 네.

제 그 통화 그쪽에는 비행기가 있고, 일본 사람이 그 주둔, 주둔해가지고 그, 거기에서 주둔해가지고 소련으로 가서. 소련의 그 경계로 싸움 나가겠다고 하던 것인데.

조 네.

제 하루 저녁에는 그 일본 사람들이 그 그 팔로군을 다 죽이겠다고 계획해가지고.

조 네.

제 그런 것을 팔로군이 미리 알았지요 뭐 그 늘어서자마자. 일본 사람 그 비행기 뜨자마자 팔로군이 싹 들어가가지고. 일본 군부대에서 몽땅 잡아가지고 어디에다 쓸어 넣었는지 알아요? 그 강, 파디강이라고 그

조 네.

제 파디강, 그 앞에 그, 통화 그 앞에 파디강이라고 있어요

조 할아버지 이것 물 좀 드세요. 할아버지 물 좀 많이 드셔야 합니다.

제 그래가지고 그 일본 사람들을 그 잡아가지고, 그 겨울이에요 그 얼음 구덩이에 다

어요. 막 쥑이구 막 아ː, 어른헐 거 없이. 일본놈 새끼(기)라 허(하)문 그저 다ː 몰아네ː구 죽잇디요 머.

조 네.

제 그렇게 사빙(士兵), 그 일본놈 해방 대ː구 그놈들이 일본제국. 본국에 가디 않구 그 따우쩔 하다가 몬딱 죽엇디요. 그때 이거 다ː 이거 추억이라, 가마ː 생각허니. 그건 내레 보디 못 허구 들은 소리거던.

조 네.

제 내가 이거 지금꺼지 산 거이, 내가 공불 못 해서 살앗이요. 공부만 잘 햇으문 베쎄 이거 이 세상 싸람이 아니라요 그때 공부만 잘 햇으면 아무걸 한 자리 해 먹어두 해 먹는다구요. 그때 해 먹우문 멀 해 먹나 허(하)문. 교원 노릇 못 허(하)게 대면 경찰밖은 해 먹을 거 없다구. 경찰을, 만약에 경찰을 해 먹엇으문 죽엇디 머. 왜 죽엇나 허(하)문 팔로군허구 그, 팔로군 둘우와개지구. 그 라ː지(垃圾) 다ː 허(하)구서는 그 댐ː 토디게획이 잇디 않앗소?

조 네.

토지개혁에 대한 긍정적 평가

제 토디게획 허(하)문 잘 모를거라요

조 네.

제 어디, 어디 게셋는디? 토디게획이 어디 데ː일 쎈가 허(하)문. 이 동북에는 콴뎬(寬甸)이 데ː일 싸(사)람 많이 잡구, 죽구. 화이넌(桓仁)이 두채루 가구. 집안헌, 우리 사는 데가 세채루 갓다구. 토디게획 참ː 헹펜 없엇이요.

조 그랬어요?

제 예, 또 그 주국이요 그거이, 그 토디게획을 안 햇으문. 또 이만쿰 대두두 못 해요.

조 네.

제 토디(지)계획 그 헐 때는 그, 경찰 해 먹구. 어, 디주부농(地主富農), 이거 다ː 뛰덮어 엎읏는데. 그저 갑작 잘못허(하)문 다 쥑여

몰아넣었어요. 막 죽이고 막 아이, 어른 할 것 없이. 일본 사람이라 하면 그저 다 몰아넣고 죽였지요 뭐.

조 네.

제 그렇게 병사, 그 일본 사람이 해방되고 그 사람들이 일본제국. 본국에 가지 않고 그 따위 짓 하다가 몽땅 죽었지요. 그때 이것 다 이것 추억이라, 가만히 생각하니. 그것은 내가 (직접) 보지 못 하고 들은 소리야.

조 네.

제 내가 이것 지금까지 산 것이, 내가 공부를 못 해서 살았어요. 공부만 잘 했으면 벌써 이것 이 세상 사람이 아니에요. 그때 공부만 잘 했으면 아무것을 한 자리 해 먹어도 해 먹는다고요. 그때 해 먹으면 뭘 해 먹나 하면. 교원 노릇을 못 하게 되면 경찰밖에 해 먹을 것이 없다고. 경찰을, 만약에 경찰을 해 먹었으면 죽었지 뭐. 왜 죽었나 하면 팔로군하고 그, 팔로군이 들어와서. 그 쓰레기를 다 치우고서는 그 다음에 토지개혁이 있지 않았소?

조 네.

토지개혁에 대한 긍정적 평가

제 토지개혁 하면 잘 모를 거예요.

조 네.

제 어디, 어디가 거셌는지? 토지개혁이 어디가 제일 센가 하면. 이 동북에는 관전이 제일 사람을 많이 잡고, 죽였고 환인이 두 번째로 가고. 집안현, 우리 사는 데가 세 번째로 갔다고. 토지개혁 참 형편이 없었어요.

조 그랬어요?

제 예, 또 그 중국이요 그것이, 그 토지개혁을 안 했으면. 또 이만큼 되지도 못 해요.

조 네.

제 토지개혁을 그 할 때는 그, 경찰이 해 먹고. 어, 지주부농, 이것 다 뒤집어엎었었는데. 그 저 까딱 잘못하면 다 죽여요.

조 네.

요.

조 네.

제 그 빈고농 그, 팔로군 둘우와개지구. 그 토
디게획 해 놓구서는. 퇴데게 그 디주부농
을 다 때레부시구야 이제 토디(지)게획을
헌다구요.

조 네.

제 그 토, 부농허구 디주는 무조건 집이 그 짓
까치허구. 완(碗) 하나 허구 어, 주면 다라요
입운 거 내놓구 집이 이거, 이거 다 : 벗게
가요 전부. 쪽 : 뺏게 갓이요 뺏게다 누굴
주나? 빈고농. 어 빈, 지금 주(중)국에 온 첨
: 에 토디게획 헐 땐 고 : 농이 잇구. 그댐
: 에 빈농 잇구, 그댐 : 에 중농, 상중농.

조 네.

제 어, 부농, 상중농, 디주, 그댐 : 에 개다리.
근데 이 중농을 내놨던 거인데 마즈막에
투쟁허(하)다가 이. 이거 우에는 다 : 허구
저 : 중(주)농꺼지 할러(라)구 그(구)러다가.
어떤 싸(사)람은 중농두 걸레서 다 : 빼떼
갓이요 그러다 주펜허는데. 다 : 빼딸어
가구 머 개코나 머 잇이야 머, 주펜헐 땐
멀 : 갖다줘요. 말, 말루만 주펜햇디 머 주
펜, 죽은놈 죽구 머 그랫는데.

조 네.

제 그 디주들두 악이 나해 해요. 그렇거구두
또, 또 잘 살데요.

조 네.

제 토디게획 허는 거 고농, 그 일등, 이등을 재
: 치기 뽑아개지구. 고 : 농이라 허(하)문
놈의 일꾼 살이 허(하)던 싸(사)람. 그 싸(사)
람들이 이제 전 : 부. 좋 : 은 토디 나가 골
라잡아, 나레 이거, 이거이. 이거 허갓다 허
문 이거 주구, 더거 허갓다 허문 더거 주구.

조 네.

제 그 싸(사)람 맘 : 대루, 그댐에는 이제 빈농
주구. 그댐에 주(중)농, 그댐엔 디주 부농,
부농허구 디주. 이렇게 주는데 디주는 머
저 : 형편없어 저 : 상빤때기나 주구, 이

제 그 빈고농 그, 팔로군이 들어와가지고 그
토지개혁을 해 놓고서는. 호되게 그 지주
부농을 다 때려부시고 이제 토지개혁을 한
다고요.

조 네.

제 그 토, 부농하고 지주는 무조건 집에 그 젓
가락하고. 그릇 하나 하고 어, 주면 다예요.
입은 것을 내놓고 집에 이것, 이것을 다 벗
겨가요 전부. 쭉 벗겨 갔어요 벗겨서 누구
를 주나? 빈고농. 어 빈, 지금 중국에 맨 처
음에 토지개혁을 할 때는 고농이 있고. 그
다음에 빈농이 있고, 그 다음에 중농, 상중
농.

조 네.

제 어, 부농, 상중농, 지주, 그 다음에 주구. 그
런데 이 중농을 내놓았던 것인데 마지막에
투쟁하다가 이. 이것 위에는 다 하고 저 중
농까지 하려고 그러다가. 어떤 사람은 중
농인데도 걸려서 다 빼앗아 갔어요 그러다
주편하는데. 다 빼앗아 가고 뭐 좀 뭐 있어
야 뭐, 주편할 때는 뭘 갖다 줘요. 말, 말로
만 주편했지 뭐 주편, 죽은 사람은 죽고 뭐
그랬는데.

조 네.

제 그 지주들도 악이 나서 그래요. 그렇게 하
고도 또, 또 잘 살더라고요.

조 네.

제 토지개혁을 하는 거 고농, 그 일등, 이등을
제비 뽑아가지고. 고농이라 하면 다른 사
람의 일꾼 살이 하던 사람. 그 사람들이 이
제 전부. 좋은 토지를 나가 골라서, 나는
이것, 이것. 이것 하겠다 하면 이것 주고,
저것 하겠다 하면 저것 주고.

조 네.

제 그 사람들 마음대로, 그 다음에는 이제 빈
농을 주고. 그 다음에 중농, 그 다음에는
지주 부농, 부농하고 지주. 이렇게 주는데
지주는 뭐 저 형편없이 저 상판대기만큼
조금만 주고, 이랬다고요.

랫다구요.

조 세월이 완전히 거꾸로 됐죠?

제 꺼꾸루 댓디요 이 빈농은 저, 젠에루 말(맬)허문. 양반이구, 디주부농은 샹 : 놈이 댓디요. 머.

조 네.

제 헹펜(번) 없어요, 우리 집께 그 박기쑤라구, 그 싸(사)람이 고농 농부. 머슴살이 햇는데 그 싸(사)람을 회장을 내놓앗단 말이. 빈고농 회장을 내놧다구.

조 아, 네.

제 일자무식이라, 이 일, 이, 삼, 사를 그릴 줄 모루는데.

조 네.

제 그 싸(사)람을 내세워개지구 다 : 군중을 모아개지구 싸(사)람들이. '이 시람이 어더래요?' 허구 이 디주. 그때 우리 장, 장뎬, 장뎬팡(張甸方), 장뎬팡이 아니구 그 동네 그, 젠에 촌장 노릇허(하)던 그 싸(사)람허(하)구. 너느 싸(사)람들허구 그 액허게 살아. 세 : 싸(사)람인가 네 싸(사)람인가 내다 세와놓구. 긴데 이 싸(사)람들두 잘못허긴 잘못햇어. 갇헤개지구 이거 서루 그

연금과 저금에 대한 할아버지의 생각

조 할아버지 연금, 연금이 있으시죠?

제 그까이 노보야, 그까이(짓) 지금 얼매? 지금 돈 한 오백여원 나오는데 눅백원 채 안대요.

조 그래도 안 나오는 것보다 좋죠?

제 안 나오는 거부단 낫디, 그러구 이제 솔딕히 말해디 머 이거. 좀 머, 그저 한, 한 달에 한 천 원씩 쓰문.

조 네.

제 생활 대요, 그 이 내가 술 안 먹디, 담배 안 먹을꺼니. 밥 먹, 밥 먹는 거이 지금 돈이야 얼매 둘우? 돈 얼매 안 든다구요 한 천 원 그저 예산허구 쓰문 생(새)활 대요. 예, 그럴꺼니 그저 그 늙어서두, 그렇게 그 이

조 세월이 완전히 거꾸로 됐죠?

제 거꾸로 됐지요 이 빈농은 저, 전에로 말하면. 양반이고, 지주부농은 상놈이 됐지요 뭐.

조 네.

제 형편없어요, 우리 집 주위에 그 박기수라고, 그 사람이 고농 농부. 머슴살이 했는데 그 사람을 회장으로 내놓았단 말이. 빈고농 회장을 내놓았다고.

조 아, 네.

제 일자무식이라, 이 일, 이, 삼, 사를 쓸 줄 모르는데.

조 네.

제 그 사람을 내세워가지고 다 군중을 모아가지고 사람들이. '이 사람이 어때요?' 하고 이 지주. 그때 우리 장, 장전, 장전방, 장전방이 아니고 그 동네 그, 전에 촌장 노릇하던 그 사람하고 여느 사람들하고 그 악하게 살던. 세 사람인가 네 사람인가를 내다 세워놓고. 그런데 이 사람들도 잘못하긴 잘못했어. 갇혀가지고 이것 서로 그

연금과 저금에 대한 할아버지의 생각

조 할아버지 연금, 연금이 있으시죠?

제 그까짓 연금이야, 그까짓 지금 얼마(라고)? 지금 돈이 한 오백여 원 나오는데 육백 원도 채 안 돼요.

조 그래도 안 나오는 것보다 좋죠?

제 안 나오는 것보다는 낫지, 그리고 이제 솔직히 말하지 뭐 이것. 좀 뭐, 그저 한, 한 달에 한 천 원씩 쓰면.

조 네.

제 생활이 돼요, 그 이 내가 술을 안 마시고, 담배를 안 피우니. 밥 먹, 밥 먹는 것이야 지금 돈이 얼마 드오? 돈이 얼마 안 든다고요 한 천 원 그저 예산하고 쓰면 생활이 돼요 예, 그러니 그저 그 늙어서도, 그렇게

	력데럭 살아가는데.		그 이럭저럭 살아가는데.
조	할아버지 오래 오래 계셔야 돼요. 오래 계시면 계실수록 그 퇴직금도 점점 늘어나요.	조	할아버지 오래 오래 계셔야 돼요. 오래 계시면 계실수록 그 퇴직금도 점점 늘어나요.
제	아니요, 그까이 그 늘어나야 같애요 왜 그게 같은가?	제	아니요, 그까짓 그 늘어나야 같아요. 왜 그것이 같은가?
조	생활이요?	조	생활이요?
제	돈이 썩어딘다구요, 돈이 이거 하, 이거 이 돈 데금해서 이거 나. 이거 우리 데금해야 디 않아요?	제	돈의 가치가 떨어진다고요, 돈이 이것 하, 이것 돈 저금해서 이것이 나. 이것 우리 저금해야지 않아요?
조	네.	조	네.
제	그 데금, 그 니자부단 더 올라가, 더 없어데요. 그 니자허야 그거 보태 : 두 이 손해라구. 이, 하르, 일년에 이거 이, 돈이 이거. 기리 런민비(人民幣)가 자꾸 내리가게 대(돼) : 잇다구.	제	그 저금, 그 이자보다도 더 올라가, 더 없어져요 그 이자를 그것 보태도 이 손해라고. 이, 하루, 일 년에 이것 이, 돈이 이것. 그래 인민폐가 자꾸 내려가게 돼 있다고.
조	네.	조	네.
제	젠에는 이거이, 내 젠에 그 공당에 댕길 때는 칠십 눅 원. 칠십, 칠십 눅 원 사십 전씩 받앗는데. 그때 원만한 공인들의 두곱 받앗단말이. 그것 받아개지구 야덟식구, 닐굽식구 이거 밥 믹이구두. 쪼꼬마 : 한 집두 하나 사구 이랫는데 지금 그렇게 받아개구대(돼)요.	제	전에는 이것이, 내가 전에 그 공장에 다닐 때는 칠십육 원. 칠십, 칠십육 원 사십 전씩 받았는데. 그때 웬만한 노동자의 두 배를 받았단 말이. 그것을 받아가지고 여덟식구, 일곱 식구 이것 밥을 먹이고도 조그마한 집도 하나 사고 이랬는데 지금 그렇게 받아가지고 돼요

‖ 찾아보기 ‖

저자 이금화

길림성 장춘 출생
연변대학 조선언어문학학과 졸업(1995)
연변대학 조선언어문학학과 문학석사(2003)
서울대학교 대학원 국어국문학과 문학박사(2007)
현재 중국 남경대학교 한국어문학과 부교수(2007~)

저서 『평양지역어의 음운론』(2007)
『의주(심양)지역어 텍스트』(2014)

역서 『한국인의 의식구조 4』(2015)

논문 「평양지역어 활용어간의 공시형태론」(2006)
「구개음화에 대한 고찰」(2006)
「정주지역어의 자음동화」(2007)
「경음화에 대한 고찰」(2008)
「평양지역어의 음운특징」(2009)
「한중음운체계 비교 및 교수법」(2010)
「한중회상어미 비교 및 교수법」(2011)
「평북 방언 친족어 연구」(2014)
「경북 방언 친족어 연구」(2014)
「의주지역어 활용어간의 공시형태론」(2015)
외 다수

중국 조선어 방언 텍스트 총서 ②

평안북도 ②
초산(집안)지역어 텍스트

초판1쇄 **인쇄** 2015년 12월 10일
초판1쇄 **발행** 2015년 12월 18일

저 자 이금화
발행인 이대현
편 집 권분옥
발행처 도서출판 역락
서울 서초구 동광로 46길 6-6 문창빌딩 2층
전화 02-3409-2058(영업부), 2060(편집부)
팩시밀리 02-3409-2059
이메일 youkrack@hanmail.net
등록 1999년 4월 19일 제303-2002-000014호
역락 블로그 http://blog.naver.com/youkrack3888
I S B N 979-11-5686-286-4 94710
979-11-5686-155-3 (세트)
정 가 28,000원

* 파본은 구입처에서 교환해 드립니다.